中国经济发展

"十一五"中期评估和"十二五"展望

 陈佳贵◎主编

中国社会科学出版社

图书在版编目（CIP）数据

中国经济发展："十一五"中期评估和"十二五"展望／
陈佳贵主编 . —北京：中国社会科学出版社，2010.6
　ISBN 978-7-5004-8852-1

　Ⅰ. ①中…　Ⅱ. ①陈…　Ⅲ. ①经济发展—研究—中国
Ⅳ. ①F124

中国版本图书馆 CIP 数据核字（2010）第 114057 号

责任编辑	金　泓
责任校对	郭　娟
封面设计	李尘工作室
技术编辑	李　建

出版发行	中国社会科学出版社		
社　　址	北京鼓楼西大街甲 158 号	邮　编	100720
电　　话	010—84029450（邮购）		
网　　址	http://www.csspw.cn		
经　　销	新华书店		
印　　刷	北京君升印刷有限公司	装　订	广增装订厂
版　　次	2010 年 6 月第 1 版	印　次	2010 年 6 月第 1 次印刷
开　　本	710×1000　1/16		
印　　张	31.25	插　页	2
字　　数	448 千字		
定　　价	57.00 元		

中国经济重大问题跟踪分析课题组成员

一 总课题组

负责人：陈佳贵　全国人大常委会委员，中国社会科学院学部主席
　　　　　　　　团代主席、经济学部主任、学部委员、研究员

成　员：（按姓氏笔画）

王国刚　中国社会科学院金融研究所所长、研究员

刘树成　中国社会科学院经济学部副主任、学部委员、
　　　　研究员

李　扬　中国社会科学院副院长、学部委员、研究员

张晓山　中国社会科学院农村发展研究所所长、学部委
　　　　员、研究员

张车伟　中国社会科学院人口与劳动经济研究所副所
　　　　长、研究员

金　碚　中国社会科学院工业经济研究所所长、研究员

高培勇　中国社会科学院财政与贸易经济研究所副所
　　　　长、研究员

黄群慧　中国社会科学院科研局/学部工作局副局长、
　　　　研究员

裴长洪　中国社会科学院财政与贸易经济研究所所长、
　　　　研究员

蔡　昉　中国社会科学院人口与劳动经济研究所所长、
　　　　研究员

潘家华　中国社会科学院城市发展与环境研究所所长、
　　　　研究员

二 子课题组

（一）宏观经济调控

负责人：刘树成 中国社会科学院经济学部副主任、学部委员、研究员

成　员：张晓晶 中国社会科学院经济研究所宏观经济研究室主任、研究员

汤铎铎 中国社会科学院经济研究所宏观经济研究室副研究员

（二）经济体制改革

负责人：刘树成 中国社会科学院经济学部副主任、学部委员、研究员

成　员：常　欣 中国社会科学院经济研究所宏观经济研究室副主任、研究员

（三）农业经济与发展

负责人：张晓山 中国社会科学院农村发展研究所所长、学部委员、研究员

成　员：党国英 中国社会科学院农村发展研究所农村宏观经济研究室主任、研究员

朱　钢 中国社会科学院农村发展研究所农村宏观经济研究室研究员

李国祥 中国社会科学院农村发展研究所农村宏观经济研究室副主任、研究员

（四）工业化、城市化进程与问题

负责人：黄群慧 中国社会科学院科研局/学部工作局副局长、研究员

成　员：钟宏武 中国社会科学院经济研究所微观经济研究室博士后

（五）经济结构问题

负责人：金　碚　中国社会科学院工业经济研究所所长、研究员

成　员：吕　铁　中国社会科学院工业经济研究所工业发展研究室主任、研究员

　　　　李晓华　中国社会科学院工业经济研究所工业发展研究室副主任、副研究员

　　　　孙承平　中国社会科学院工业经济研究所区域经济研究室助理研究员

（六）对外开放与经济发展

负责人：裴长洪　中国社会科学院财政与贸易经济研究所所长、研究员

成　员：王朝阳　中国社会科学院财政与贸易经济研究所《财贸经济》编辑部副主任、副研究员

（七）投资、消费与经济发展

负责人：李　扬　中国社会科学院副院长、学部委员、研究员

　　　　王国刚　中国社会科学院金融研究所所长、研究员

成　员：何海峰　中国社会科学院金融研究所结构金融研究室主任、副研究员

（八）收入分配、就业与经济发展

负责人：蔡　昉　中国社会科学院人口与劳动经济研究所所长、研究员

　　　　张车伟　中国社会科学院人口与劳动经济研究所副所长、研究员

成　员：张士斌　中国社会科学院人口与劳动经济研究所社会保障研究室博士后

（九）财政与税收

负责人：高培勇　中国社会科学院财政与贸易经济研究所副所长、研究员

成　员：杨志勇　中国社会科学院财政与贸易经济研究所财政研

究室主任、研究员

（十）金融发展与货币政策

负责人：李　扬　中国社会科学院副院长、学部委员、研究员

　　　　王国刚　中国社会科学院金融研究所所长、研究员

成　员：董裕平　中国社会科学院金融研究所公司金融研究室主任、副研究员

　　　　何海峰　中国社会科学院金融研究所结构金融研究室主任、副研究员

　　　　彭兴韵　中国社会科学院金融研究所货币理论与货币政策研究室主任、研究员

（十一）能源与环境

负责人：潘家华　中国社会科学院城市发展与环境研究所所长、研究员

成　员：陈　迎　中国社会科学院城市发展与环境研究所可持续发展研究室主任、副研究员

　　　　李宇军　中国社会科学院城市发展与环境研究所环境经济与管理研究室主任、副研究员

　　　　孟雨岩　中国社会科学院城市发展与环境研究所城市规划室助理研究员

　　　　郑　艳　中国社会科学院城市发展与环境研究所气候变化经济学研究室助理研究员

目　　录

序　言

陈佳贵

在 21 世纪头 20 年里，我国社会主义现代化建设的奋斗目标是全面建设小康社会。"十一五"规划纲要提出，我国要以科学发展观统领经济社会发展全局，坚持以人为本，转变发展观念，创新发展模式，提高发展质量，落实"五个统筹"，把经济社会发展切实转入全面协调可持续发展的轨道。"十一五"规划时期（2006—2010 年）在全面建设小康社会的进程中具有承前启后的重要地位。它既要巩固前一个时期我国在改革和发展上所取得的成果，又要为未来的进一步发展创造条件。在"十一五"规划执行期内，我国的发展和改革既具备良好机遇和有利条件，也面临着不少困难和不确定性。而第二次世界大战后最严重的国际金融危机的爆发，更使中国的发展和改革面临着新的复杂国际环境。

密切关注中国经济的发展状态，对中国经济运行形势进行跟踪分析，深入研究中国经济发展中遇到的理论和实践问题，并提出切实可行的对策建议，是中国现实经济研究中的热点之一。自 20 世纪 90 年代以来，中国社会科学院经济学部长期坚持分析和预测我国的年度宏观经济运行和季度经济形势。在此基础上，2004 年启动了"中国经济形势跟踪分析——'十五'期间的中国经济运行"重大课题。该项目主要研究"十五"期间和"十一五"前半期中国经济运行中的重大问题，并完成了一批具有理论和现实意义的科研成果。2008 年，中国社会科学院经济学部又整合各研究所的有关力量,组建了"中国经济重大问题跟踪分析"课题组,重点对"十一五"时期的中国经济运行形势进行跟踪研究。

这项研究主要集中在以下两个方面:一是总结和评估"十一五"规划执行中所遇到的重大问题以及规划的执行进展情况;二是在跟踪"十一五"规划执行情况的基础上,探讨"十二五"规划期间中国经济发展将面临的重大挑战以及应取的战略和对策。这项研究在内容上涵盖了我国经济发展中的许多重要方面,如宏观经济调控,投资、消费与经济发展,收入分配、就业与经济发展,对外开放与经济发展,财政与税收,金融发展与货币政策,经济体制改革,经济结构调整,农业经济与发展,工业化进程评估和战略,城市化进程与问题,能源与环境等十二个方面。在课题研究期间,课题组完成了大量很有学术价值和政策参考意义的学术成果。这些成果部分在学术刊物公开发表,部分通过中国社会科学院《要报》及内部报告等形式递交有关决策部门,成为政府决策的参考。本书是课题研究的最终成果,其中既包含了对"十一五"前3年经济发展的一个全面梳理,也包含对正在制定中的"十二五"规划的战略性建言。

"十一五"规划以来,我国国民经济和社会发展成就显著。这主要表现在几个方面:一是经济增长目标远超预期,中国经济继续保持快速增长的势头;二是人民生活和公共服务指标达到预期,社会发展和民生改善成绩显著;三是资源和环境保护方面的多数目标达到了要求,我国经济在可持续发展方面的能力得到了一定程度的提高。但是,在"十一五"规划的实施过程中,我国经济发展中存在的一些重大问题也亟待解决。其中,比较重要的问题有以下几个方面:

第一,经济结构性矛盾仍然突出,经济发展方式转变任务艰巨。这主要表现在收入分配结构失衡、贫富差距拉大;区域发展差距仍在扩大;城乡发展不协调;产业结构调整未能达到预期目标,服务业发展缓慢;需求结构失衡,消费增长不足;技术上的自主创新能力不足,经济增长主要依靠资本和劳动投入,全要素生产率出现下降。

　　第二，节能降耗进展缓慢，资源环境压力不断增大。另外，由于我国经济发展对资源的需求不断增加，资源环境面临巨大压力。

　　第三，经济发展中的深层次矛盾需要通过深化体制机制改革加以解决。"十一五"期间深层次体制机制改革面临的难度加大，进展缓慢。政府职能转变、垄断性行业改革、要素市场化改革、收入分配、社会保障和医疗体制改革等事关经济发展全局的重大改革问题尚未取得根本性突破。

　　即将到来的"十二五"规划时期是我国实现经济发展方式转变的关键时期，也是进行深层次体制机制改革的关键期。"十二五"期间我国的经济发展战略应以科学发展观为指导，以调整经济结构、转变经济发展方式为中心，以体制机制改革为手段，推动我国经济实现平稳较快增长。具体而言包括以下10个战略重点：（1）以潜在经济增长率为基准，加强和改善宏观调控；（2）巩固农业的基础地位，大力发展现代生产性服务业，优化产业结构；（3）深化投资体制改革，缩小行政性垄断范围，实行公平的准入政策；（4）制定实施科学的技术创新鼓励政策，提高自主创新能力；（5）树立正确的"转变外贸增长方式"的政策导向，进一步提高利用外资的质量和水平；（6）积极扩大就业，缩小收入差距，建立兼顾经济增长与劳动者保护的灵活的劳动力市场；（7）深化财税体制改革，科学扩大政府支出，促进经济增长方式转变；（8）深化金融体制改革，完善金融宏观调控体制；（9）将整体上改善环境质量列为"十二五"国家经济社会发展的目标，提高可持续发展能力；（10）深化政府体制改革，促进经济发展方式转变，保障和改善民生。

　　这些问题的研究和解决涉及多方面的因素，各因素之间的互动关系也极其复杂，本书的分析和见解只是阶段性的，目的在于引发讨论，深化认识，供决策部门参考。对于书中的不足和不当之处，欢迎批评指正。

第一章

我国"十一五"规划三年实施情况分析

"十一五"时期是我国全面建设小康社会的关键时期，具有承前启后的历史地位，既面临难得机遇，也存在严峻挑战。在这种大的发展背景下，"十一五"规划纲要提出：我国要以科学发展观统领经济社会发展全局，坚持以人为本，转变发展观念、创新发展模式、提高发展质量，落实"五个统筹"，把经济社会发展切实转入全面协调可持续发展的轨道。到2008年底，"十一五"已经过了3年，本报告试图分析2006年到2008年"十一五"规划的总体实施情况，对其中一些重大经济发展问题进行研究，为更好地进一步落实"十一五"规划和"十二五"规划编制提供若干有价值的建议。

一 "十一五"规划实施三年情况的总体分析

"十一五"规划纲要根据全面建设小康社会的总体要求，提出"十一五"时期要努力实现经济社会发展的主要目标包括宏观经济平稳运行、产业结构优化升级、资源利用效率显著提高、城乡区域发展趋向协调、基本公共服务明显加强、市场经济体制比较完善、人民生活水平继续提高、民主法制建设和精神文明建设取得新进展等9个方面，并从可量化评价角度提出了经济增长、经济结构、人口资源环境、公共服务人民生活4个方面22项指标。总体而言，"十一五"前3年，基本实现了"十一五"规划纲要的多数主要目标和指标的进度要求，但一些深层次问题的解决还缺少实质性的进展，"十一五"后期和"十二五"期间攻坚任务仍很繁重。

1. "十一五"规划纲要实施三年的主要指标完成情况

"十一五"规划纲要实施3年，22项主要指标大多数达到了预期的进度要求。如表1所示，在全部14项预期性指标中，反映经济增长、人口环境和民生改善方面的10项预期性指标中，除了农村转移劳动力未达到预期进度，其余9项全部达到或者超过预期进度要求，其中国内生产总值、人均国内生产总值、工业固体废物综合利用率3项指标提前达到了五年目标；但是，反映经济结构的4项预期性指标，除城市化率达到预期要求外，其他3项预期指标进展都没有达到要求；在8项约束性指标中，除了森林覆盖率指标缺少年度数据难以准确评估、单位国内生产总值能源消耗指标进展滞后外，其他6项指标都超额完成进度，甚至新型农村合作医疗覆盖率已经提前实现了5年目标。总体上，"十一五"前3年，22项指标中有4项提前实现了5年目标，12项达到或者超过了3年预期进度（2项指标是参照两年数据），5项未达到3年进度要求，1项的指标未能评价，总体指标实现率不低于72.7%。从未来发展，到"十一五"期末，预计服务业增加值比重、服务业就业比重和研究与试验发展经费支出占国内生产总值比重、单位GDP能耗等4项指标完成难度大以外，其他指标都有望完成，完成率至少应该能够达到82%。单从"十一五"规划纲要的22项指标看，"十一五"规划实施总体进展顺利。

表1 "十一五"规划纲要主要指标前3年（2006—2008）进展情况

类别	指标	5年（2006—2010）规划目标				3年（2006—2008）进展情况				进展评价
		2005年	2010年	年均增长率（%）	属性	2006年	2007年	2008年	年均增长率（%）	
经济增长	国内生产总值（万亿元）	18.3	26.1	7.5	预期性	21.2	25.0	30.1	11.2	提前实现五年目标
	人均国内生产总值（元）	14053	19270	6.6	预期性	16165	18934	22641	10.7	提前实现五年目标
经济结构	服务业增加值比重（%）	40.1	43.3	[3]	预期性	40.0	40.4	40.1	[0]	未达规划预期
	服务业就业比重（%）	31.4	35.3	[4]	预期性	32.2	32.4	33.2	[1.8]	未达到规划预期
	研究与试验发展经费支出占国内生产总值比重（%）	1.34	2	[0.7]	预期性	1.42	1.49	1.52	[0.18]	未达到规划预期
	城镇化率（%）	43	47	[4]	预期性	43.9	44.9	45.7	[2.7]	超过规划预期
人口资源环境	全国总人口（万人）	130756	136000	<8‰	约束性	131448	132129	132802	5‰	好于规划要求
	单位国内生产总值能源消耗降低（%）	—	—	[—20]	约束性	—	—	—	[−10]	未达到规划要求
	单位工业增加值用水量降低（%）	—	—	[30]	约束性	—	—	—	[−23]	好于规划要求
	农业灌溉用水有效利用系数	0.45	0.5	[0.05]	预期性	0.46	0.47	—	前两年累计提高0.02	达到规划要求

续表

类别	指标		5 年（2006—2010）规划目标				3 年（2006—2008）进展情况				进展评价
			2005 年	2010 年	年均增长率（%）	属性	2006 年	2007 年	2008 年	年均增长率（%）	
人口资源环境	工业固体废弃物综合利用率（%）		55.8	60	[4.2]	预期性	60.2	62.1	64.9	[9.1]	提前实现五年目标
	耕地保有量（亿公顷）		1.22	1.2	-0.3	约束性	1.2178	1.2174	1.2172	-0.1	好于规划要求
	主要污染物排放总量（万吨）	COD	1414	1270	[-10]	约束性	1428.2	1381.8	1320.7	[-6.6]	达到规划要求
		SO₂	2548	2295	[-10]	约束性	2588.8	2468.1	2321.2	[-8.9]	好于规划要求
	森林覆盖率（%）		18.2	20	[1.8]	约束性	—	—	—	—	没有年度指标
公共服务与人民生活	国民平均受教育年限（年）		8.5	9	[0.5]	预期性		8.7		两年累计提高0.2年	达到规划预期
	城镇基本养老保险覆盖人数（亿人）		1.74	2.23	5.1	约束性	1.88	2.01	2.19	8.0	好于规划要求
	新型农村合作医疗覆盖率（%）		23.5	>80	>[56.5]	约束性	50.7	85.6	100%	[56.5]	提前实现五年目标
	五年城镇新增就业（万人）		—		[4500]	预期性	1184	1204	1113	[3501]	超过规划预期
	五年转移农业劳动力（万人）		—		[4500]	预期性	705	718	上半年数据743万人	前两年半累计转移2166万人	未达到规划预期
	城镇登记失业率（%）		4.2	5	—	预期性	4.1	4.0	4.2	—	好于规划预期

续表

类别	指标	5年（2006—2010）规划目标				3年（2006—2008）进展情况				
		2005年	2010年	年均增长率（%）	属性	2006年	2007年	2008年	年均增长率（%）	进展评价
	城镇居民人均可支配收入（元）	10493	13390	5	预期性	11760	13786	15781	10.3	超过规划预期
	农村居民人均纯收入（元）	3255	4150	5	预期性	3587	4140	4761	8.3	超过规划预期

注：国内生产总值和城乡居民收入规划目标数字为2005年价格，进展情况数字为当年价格；带［ ］的为5年累计数，规划目标为5年累计数，进展情况为3年累计数；农业灌溉用水有效系数、国民平均受教育年限数据截止到2007年，只评价2年情况；农业劳动力转移数据截止到2008年中期，该指标评价时段为两年半；森林覆盖率没有年度数据，这里没有进行评价。

数据来源：国家发改委：《〈中华人民共和国国民经济和社会发展第十一个五年规划纲要〉实施中期评估报告》，2008年12月；人力资源和社会保障部、国家统计局：《2008年度中国人力资源和社会保障事业发展统计公报》，2009年5月；国家统计局：《中华人民共和国国民经济和社会发展2008年统计公报》，2009年2月。

2."十一五"规划纲要实施3年取得的主要成就

"十一五"规划实施3年，我国国民经济和社会发展取得了巨大的成就，这至少可以概括为3个主要方面。

第一，经济增长目标远远超过了预期，中国经济继续保持了快速增长的势头。2006年、2007年和2008年3年的国内生产总值增长率分别为11.6%、13%和9%，远远高于预期的7.5%的目标。即使在2008年国际金融危机的背景下，中国经济增长率也保持了9%的增长率。具体而言，粮食生产稳定发展，发展现代农业成效显著，新农村建设取得了阶段性的成效；工业发展取得了突出成就，工业总量创历史新高，诸多领域的工业生产总量和规模成为世界最大；服务业总体发展也在加快，就业不断增加，一些大城市初步形成了以服务经济为主的产业结构；一些中西部省份经济增长加速，区域经济增长差距有所缩小；伴随着经济快速增长，扩大就业取得积极进展，形成了稳定就业新格局，2001—2005年间，城镇登记失业率平均为4.1%，2006—2008年继续保持在4.1%的平均水平。

第二,**人民生活和公共服务指标达到预期,社会发展和民生改善成绩显著**。城乡居民收入快速增长,城镇居民可支配收入年均增长10.3%,农村居民人均纯收入年均增长8.4%,均大幅高于年均增长5%的规划预期目标。城乡居民的居住、交通、教育、文化、卫生和环境等方面有了较大的改善。初步建成了覆盖城乡的医疗保障制度,到2008年底,全国所有县级地区都已经展开了新型农村合作医疗工作,新型农村合作医疗基金累计支出总额为429亿元,提前实现了农村新型合作医疗制度全覆盖的目标;农村社会养老保险制度建设实现突破,在"十一五"期间正式建立了农村社会养老保障制度的基本框架;覆盖城乡最低生活保障制度初步建成,社会福利制度不断完善。2008年底,全国共有2334万城市居民,4291万农村居民得到最低生活保障,基本实现了"应保尽保"。

第三,**资源环境目标多数达到要求,可持续发展能力方面得到一定程度的改善**。到2008年底,"十一五"环境规划目标实现情况好于预期,除了单位国内生产总值能耗指标没有达到预期目标外,全国总人口指标、耕地保有量指标都得到了有效的控制,主要污染物(二氧化硫和化学需氧量)排放量控制指标出现了重大突破。虽然单位国内生产总值能耗指标没有达到预期目标,但是进入"十一五"后,该指标逐年下降,扭转了自2002年以来逐年上升的趋势。总体上,全国污染加重和生态破坏的趋势逐步减缓,许多地区和城市环境质量得到了一定程度的改善。

3. **"十一五"规划纲要实施3年存在的主要问题**

"十一五"规划前3年实施过程中,也表现出一些重大的问题有待进一步解决。尤其是在2008年下半年以后,国际金融危机对我国影响逐步加深,使得"十一五"后期以及未来我国经济发展面临着巨大的调整。

第一,**经济发展方式亟待转变,经济结构矛盾仍然突出**。"十一五"实施3年,整体上粗放的经济增长方式并没有大的改观,造成我国深层次结构性矛盾比较突出。一是在产业结构上,服务业发展相对缓慢，无论是服务业产值比例，还是服务业就业比例，都大大低于预期目标要求，经济增长还主要依靠工业，尤其是重化工业的快速发展，这使得我国经济增长难以摆脱高消耗、高污染的发展方式。二是需求结构上，投资与消费失衡，出口与进口失衡，经济增长主要依靠出口和投资为主导。长期以来，特别是"十五"期间，我国投资率、净出口额持续走高，消费率相对较低，形成了主要依靠投资、净出口拉动的经济增长。"十一五"前两年，这种趋势依然保持。2007 年我国最终消费率为 48.8%，较 2006 年下降了 1.1 个百分点；资本形成率为 42.3%，较 2006 年下降了 0.3 个百分点；而货物和服务净出口则达到 23380.5 亿元，较 2006 年增长 40.4%。2008 年由于国际金融危机，出口贡献下降，但由于经济刺激计划，经济增长更依靠投资。三是全要素生产率下降，经济增长主要依靠资本投入，而且投资收益不断递减。四是创新投入不足，自主创新能力有待提高。2008 年研究与实验发展经费支出占国内生产总值的比重仅为 1.52%，低于预期要求。该比例"十一五"3 年累计提高了 0.18%，离"十一五"期间累计提高 0.7% 的预期要求相差较远。

第二，能耗降低目标实现困难，资源环境压力不断增大。"十一五"规划纲要实施 3 年，单位国内生产总值能耗累计降低 10%，而规划要求"十一五"期间单位国内生产总值能耗累计降低 20%，这要求在 2009—2010 年两年单位国内生产总值能耗每年平均降低 5%。考虑到我国以高能耗重工业为主的产业结构难以短期改变，仅仅通过技术改造和淘汰落后产能的措施很难持续，所以上述能耗目标实现起来十分困难，对"十一五"后两年是一个巨大的挑战。另外，一方面我国经济总量不断扩大，经济还要保持多年的高速增长，对于土地、能源、淡水、矿产等资源需求不断增加，另一方面，这些资源的保障水平和环境承受能力随着经济的不断发展是不断降低的。因此，未来我国的资源环境压力必然是不断增大，对我国节能减排的要求也就进一步提高。

第三，体制机制改革有待深化，和谐社会建设任重道远。"十一五"前3年,经济体制改革在总体上取得了一定进展,在财税、金融等领域,推出了若干重要改革举措;同时在构建科学发展的制度保障方面,特别是在促进经济社会协调发展和统筹城乡发展方面,进行了新的探索。但是,一些深层次体制机制问题的解决进展并不顺利。一是政府职能转变滞后,政府主导经济发展的模式还没有完全触及,政府的公共服务职能仍然偏少偏弱;二是垄断性行业改革进程缓慢,"十一五"前3年,垄断性行业改革没有真正冲破传统体制的束缚;三是要素市场化改革落后,相对于较高程度的商品市场化水平,土地、矿产、资金等要素市场化水平长期偏低;收入分配、社会保障、教育体制和医疗卫生等社会领域改革进展缓慢,在一定程度上导致了诸多社会矛盾和问题的产生。在收入分配方面,收入分配体制尚未理顺,收入分配不合理,差距继续扩大,宏观收入分配结构向非居民部门倾斜的趋势愈益明显,城乡收入差距、行业收入差距日益扩大;在社会保障方面,社会保障制度不完善,基本养老保险统筹层次低,社会保险关系转移接续难,做实个人账户缓慢;在教育体制方面,教育资源不公平,教育体制不灵活,总体教育质量不够高,教育结构不合理;在医疗卫生体制上,看病难、看病贵等问题的解决,还没有从体制机制上有重大突破,食品医药安全事件时有发生。

二　我国重大经济领域"十一五"前3年进展研究

(一)宏观经济调控

"十一五"规划纲要对我国的宏观调控政策做出了原则性的说明,并提出了相关的政策目标。"十一五"纲要对宏观经济调控政策的原则要求是:"必须保持经济平稳较快发展。要进一步扩大国内需求,调整投资和消费的关系,合理控制投资规模,增强消费对经济增长的拉动作用。正确把握经济发展趋势的变化,保持社会供求总量基本平衡,避免经济大起大落,实现又快又好发展。"有关具体的宏观调控政策目标涉及增长(包括总体 GDP 与人均 GDP 的增长)、就业、物价与国际收支 4 大宏观经济指标：国内生产总值年均增长 7.5%，实现人均国内生产总值比 2000 年翻一番；城镇新增就业和转移农业劳动力各 4500 万人，城镇登记失业率控制在 5%；价格总水平基本稳定；国际收支基本平衡。

从总体 GDP 增长看，由于 2006—2008 年增长迅猛，完成年均增长 7.5% 的目标已成定局。现在的问题是增长过程波动较大，而且 7.5% 的预期性目标有偏低之嫌。从人均 GDP 增长看，以 1978 年为 100 计算，2000 年人均 GDP 指数为 575.5，要实现翻一番，即 2010 年人均 GDP 指数要达到 1151。如果以 2005 年的人均 GDP 指数为起点，达到上述目标所要求的年均增长率仅为 5.5%，低于 6.6% 的目标。也就是说，只要完成人均 GDP 年均增长 6.6% 的目标，那么比 2000 年翻一番的目标也将会超额完成。事实上，我国 2006 和 2007 年的人均 GDP 增长分别达到 11% 和 11.4%，要实现年均 6.6% 的目标，后 3 年年均增长只要达到 3.6% 即可。从历史上看，我国人均 GDP 在 1978—2007 年年均增长 8.58%[1]，3.6% 是一个比较低的标准，可以说"十一五"经济增长目标实现已成定局。

从就业指标看，2006—2008 年我国全年城镇新增就业分别为 1184 万人、1204 万人和 1113 万人，合计 3501 万人。要实现 4500 万人的目标，后两年城镇新增就业累计需要达到 999 万人，年均 499.5 万人。从当前国际国内经济形势看，实现全面复苏还要假以时日，就业目标实现有一定难度。2006—2008 年年末城镇登记失业率分别为 4.1%、4.0% 和 4.2%，都在 5% 以内。由于目前经济下滑态势明显，后两年要保持这一水平需要付出更大的努力。

从物价指标看，2006—2008 年的 CPI 上涨率分别为 1.5%、4.8% 和 5.9%，大致保持平稳。然而，2007 年下半年到 2008 年上半年出现了比较明显的通货膨胀压力。从月度数据来看，2008 年 2 月份 CPI 同比上涨 8.7%，达到这一轮物价上涨的峰值，部分地区的

---

[1]　按照年率递增计算，以 1978 年为基年。

CPI 上涨率在多个月份超过 10%。

从国际收支指标看,21 世纪以来,我国的对外贸易发展迅猛,2001 年突破 5000 亿美元,2004 年突破 10000 亿美元,2007 年突破 20000 亿美元。2004 年以前,我国的外贸顺差一直维持在 500 亿美元之下,2005 开始急剧增长,当年即突破 1000 亿美元。此后 3 年增速逐年回落,2008 年比上年增长 12.8%,达到 2954.7 亿美元。从 2006 年开始,贸易顺差过大成为困扰我国经济发展的一个突出问题,这又和全球经济失衡的大背景有着千丝万缕的联系。要完成"十一五"规划纲要提出的国际收支基本平衡的目标,难度很大。

从 2006—2008 年经济运行的总体态势来看,尽管有些指标大体完成了"十一五"规划纲要设定的目标,但还不能说完全实现了保持宏观经济平稳运行的要求。特别是,经济出现了明显过热,然后又急剧下滑。当然,这与外部环境特别是次贷危机的爆发与蔓延有很大关系,不能完全归咎于宏观调控。"十一五"前 3 年,我国宏观经济的运行情况并不是很理想。增长目标(包括总体 GDP 与人均 GDP)"超额"完成;物价稳定基本实现,但出现了一段时间的高通胀;就业目标在高增长的拉动下实现,但未来就业压力非常大;国际收支方面,贸易顺差过大的问题不但没有缓解,反而越来越严重。而在调整经济结构、转变增长动力方面,所取得的成效更是有限,事实上,投资与消费的关系进一步失衡,而依靠消费拉动经济增长更是长路漫漫。

(二) 投资、消费与经济增长

总体来说,2006—2008 年,中国经济整体上经历了加快、偏快以及迅速低落的变化。在这一过程中,投资与消费基本延续并发展了自亚洲金融危机以来所形成的相对格局与规律趋势——直到这次国际金融危机对中国的影响开始显现。短时间内,中国经济势必依靠内需,但仍不得不采取扩大投资的旧道路;未来 3—5 年内,即使外需可能得到重新恢复,中国还是需要加大力度解决投资与消费的协调配合问题;中长期内,在一些体制性和机制性问题得到解决后,消费才有可能发生转折性变化。2006 年和 2007 年，消费对于国内生产总值的贡献率初步止住了自 1999 年以来的连续下滑态势，开始略有反弹；投资对于国内生产总值的贡献率则出现了小幅降低。2006 年和 2007 年，投资对于国内生产总值的贡献率均高于消费的贡献率。2008 年，为了应对国际金融危机，经济运行与政策措施出现了新变化，投资高于消费对国内生产总值的贡献率的状况将进一步扩大，而不可能在短期内得到扭转。

"十一五"前 3 年投资与消费领域的主要问题可以简要总结为以下几个方面。第一，无论从规模水平还从速度上看，而且不管是在支出法还是生产法下考察，投资对于经济增长的贡献和拉动都大于消费，并且这一格局仍将延续一段时期。因此，转变中国经济增长方式到主要靠内需上——尤其是消费的轨道上来很有可能是一个中长期问题。第二，固定资产投资越来越集中于城镇地区，目前已经达到了86%，而且增长速度明显高于农村，说明城乡地区投资差距在进一步加大。虽然，中国市场经济的发展决定了城市化和工业化可能还持续较长时期，但协调城乡同步发展，事关经济和社会发展的全局。这也是一个中长期问题。第三，需要注意的是，城镇地区的投资虽然固定资本形成总额在不断上升、存货下降，但城镇固定资产的交付使用率在不断下降，说明建设投资效果不理想。这是前一问题的子问题，但是应属于中期内可以解决的问题。第四，投资增长的行业结构存在问题，尤其是教育，三年内位列全部行业两年倒数第一、一年倒数第二，大大低于平均水平。教育的意义不必强调，中国经济未来科技、技能乃至企业、产品的国际竞争力能否提高与持续都取决于教育。而且，教育目前更成为影响甚至制约居民扩大消费的一个障碍。第五，中央和地方项目投资增速存在较大差距，中央投资项目没能带动起地方投资项目的启动。这是一个短期问题，目前更需要加快解决。第六，制造业和房地产业投资增速差距有可能扩大。由于二者合计占全部投资 50% 以上，对整个投资的贡献和拉动作用比较大。但是，由于被列入振兴目录，制造业投资未来将不断加速，而房地产业投资将存在不确定因素。如何保持两者的健康发展，防止此起彼伏，对于未来整体投资增长具有稳定和持续作用。这是一个中期甚至短期问题。第七，消费、居民消费、农村消费依次递进的困境是较长时期以来的一个难题。它既涉及经济增长方式，又涉及国民收入分配（包括初次分配和再次分配），还涉及城乡协调发展。具体的问题包括劳动报酬（工资收入）合理增长（包括如何调节不同行业差距问题）、农村居民收入提高、社会保障以及教育医疗等问题。这是一个长期战略性问题。第八，社会消费品零售方面县及县以下（可以认为是农村地区）与城市的水平和增速差距问题，这既有支付购买能力（涉及收入）又有商品市场流通建设问题。

（三）产业结构演进

从产业结构演进角度看，"十一五"前3年我国产业结构并没有发生明显的变化，这突出表现在三次产业产值比例大体稳定，2006—2008年，第一产业产值占比保持在11%左右，第二产业产值占比保持在49%左右，第三产业产值占比保持在40%左右。显然，这种三次产业比例，与世界大多数国家特别是发达国家相比，我国第二产业的比重偏高、第三产业比重偏低。尤其是"十一五"前3年，服务业占比并没有呈现出明显的比例提高的趋势，"十一五"规划的预期目标难以实现。但是，应该认识到，我国这样的三次产业结构比例，是有其合理性的。因为，判断产业结构是否合理，应看其是否与其经济发展阶段相适应。与我国当前发展阶段类似的国家或者发达国家类似的历史发展阶段进行比较，我国的三次产业比例大体合理。与东南亚的印度尼西亚、马来西亚、泰国等国家相比，我国第二产业的比重并不算太高、第三产业比重也不算太低，我国第二产业比重也略高于韩国。从发达国家的发展历史看，1971年美国、日本、德国、法国、英国等发达国家的第二产业比重均在35%以上，德国、日本、英国分别为46%、45%和43%，与我国目前的第二产业比重基本相当。较高的第二产业比重是符合我国世界制造业基地的地位和发挥我国的比较优势的。我国第二产业比重较高的第二个原因是，由于我国劳动力相对丰富、资本相对稀缺，因此劳动力含量高的服务业产品的价格上涨滞后于资本含量高的第二产业产品的价格上涨。相对来说，发达国家服务业价格上涨得更快，而产业结构是按照当前价格计算的。

产业结构演进的第二个问题是我国重化工化问题。进入"十五"以来，我国的再重工业化趋势十分明显。关于重化工化，近些年理论界产生了大量的争论。进入"十一五"以后，这种趋势仍没有改变，还在不断加快，到 2006 年，轻重工业比例为 30% 比 70%，这已经成为新中国成立以来二者比例相差最大。即使在 2008 年，由于受金融危机的影响，工业增加值增速开始回落，而且轻工业增速回落慢于重工业，但全年轻、重工业增加值分别增长 12.3% 和 13.2%，重工业增加值的增速仍高于轻工业增加值的增速。可以预见，这种重化工化趋势仍会延续整个"十一五"期间，甚至更长的时间。重工业的高速增长也带来土地和水资源不足、环境恶化、资源约束加剧、能源安全风险增大等问题。但是，还必须认识到，我国这种重工业化趋势同样有其合理性。一是与改革开放前国家完全依靠国有企业推动重化工业的发展有很大不同，1999 年以来，民营经济、外资经济对重化工业的发展发挥了越来越重要的作用，在许多高速增长的重化工业领域的投资主体恰恰是民营资本和外资；同时国家对资源的控制能力大大削弱，很难获得有效的手段调控资金的投向，这也是为什么在钢铁、电解铝、水泥、汽车等领域，国家宏观调控目标往往难以实现的原因。二是目前重化工业的发展从经济上看也是合理的。与原来国家主要依靠扭曲要素价格实现重化工业快速发展不同，现在我国几乎所有商品都由市场定价，作为重化工业重要投入品的铁矿石等矿产资源的价格更是已经与国际接轨。在市场经济条件下，资本的逐利性会自然趋使其流向回报率更高的领域。2007 年，轻工业和重工业规模以上企业的利润总额与资产之比分别为 7.62% 和 7.72%，轻工业和重工业规模以上企业的利润总额与主营业务收入之比分别为 5.78%、7.21%，这就说明重化工业的高速发展有其经济上的合理性。三是我国重工业的内涵与发达国家重化工业化过程中以及发达国家当前的重工业存在很大的不同,统计意义上的重工业并不意味着一定完全是资本密集型行业。自 20 世纪末特别是进入 21 世纪以来,随着信息技术和运输技术的发展,世界产业组织形态呈现出许多新的特征,外包和离岸外包成为企业在全球范围内最优配置资源和获取竞争优势的重要手段。在这一趋势下,发达国家往往保留生产链条中资本和技术密集型的环节,而将劳动密集型的环节转移到发展中国家。

我们认为,我国的三次产业结构以及三次产业内部结构,特别是轻重工业结构、制造业结构有其合理性,产业结构方面的问题主要不是各层次产业之间比例的高低,而是由产业的发展方式粗放和发展质量低下导致的问题,主要包括:重化工业粗放增长带来的环境、资源和能源压力增强;制造业以高能耗、低技术、低附加值产业为主,高技术产业以原始设备制造(OEM)为主,处于全球产业链和价值链低端;过度依赖出口并且出口拉动力减弱;资本深化与劳动力数量巨大之间的矛盾,以及高技能的劳动力短缺等。尤其是,我国生产性服务业发展还比较滞后。生产性服务业是指向生产者提供中间性投入服务的产业。除个别时期外,1987 年以来我国生产性服务业一直保持比较快的增长,特别是近年来随着对生产性服务业重要性认识的提高以及国际生产性服务业向我国转移,生产性服务业的增长加快。但是与发达国家乃至与我国发展水平相当的国家相比,我国生产性服务业的发展仍相当落后。

(四)财税领域

1. 财税体制改革

2006—2008 年,按照《国民经济和社会发展第十一个五年规划纲要》的要求,中国在财政体制和税收制度的完善上取得了较大的进展。

在财政体制改革上的进展主要表现在以下三个方面:其一,取消农业税,为建立城乡统一的公共财政体系迈出了重要的一步。其二,进一步完善中央和省级政府的财政转移支付制度，对省以下财政体制改革进行了积极的探索。"省直管县"财政体制改革在许多地方得到推行，基本公共服务均等化的财力保障机制逐步形成。其三，部门预算、国库集中收付、政府采购和收支两条线管理制度改革正逐步深化，财政透明度正逐步提高。国库现金管理和国债余额管理制度已经建立起来。非税收入管理制度也逐步规范。政府收支分类改革也顺利进行。

在完善税收制度上，主要在以下几个主要方面取得进展：第一，在全国范围内，实现了生产型增值税向消费型增值税的转型。第二，调整了消费税征收范围，调整了部分应税品目税负水平和征缴办法，将燃油税制改革融入消费税制。第三，出口退税率作了多次调整。第四，统一了内外资企业所得税制。第五，进一步完善了个人所得税制。第六，适时调整房地产税制，统一了内外资的房地产税制，实现了房地产税与城市房地产税的统一。在一些地方进行物业税"空转"试点。第七，提高了耕地占用税的税负。第八，对证券交易印花税税率以及相关征收方式作了多次的调整。

2. 财税形势

在"十一五"前3年中，中国财政与税收形势发生了很大的变化。2006—2008年，全国财政收入总体上延续了1994年财税改革以来的快速增长趋势。2006年全国财政收入为38730.62亿元，比2005年增加7081.33亿元，增长22.4%。2007年，全国财政收入51304.03亿元，比2006年增加12543.83亿元，增长32.4%。2008年全国财政收入61316.9亿元，比2007年增加9995.12亿元，增长19.5%。2008年，财政收入的增速出现大幅下滑。财政收入的快速增长，直接导致财政收入占GDP比重的上升。1994年财税体制改革之后，财政收入占GDP比重的最低值出现在1995年，为10.27%。1996—2005年，这个比重数字一直在提升。2006年和2007年延续了其稳步上升的态势，分别为18.29%和20.56%。2008年该比重略微下降，为20.39%，但也比1994—2006年之间的任何一年都要高。从财政收入占 GDP 的比重来看，财政收入的增长是正常的。财政收入的增长表明 1994 年财税改革所确定的提高财政收入占 GDP 比重的目标已经实现。伴随着"财政收入稳定增长机制的形成"，财政收入以高出 GDP 增速较多的速度快速增长。从总体上看，经济向好是财政收入增长的基础。如果没有经济的快速增长，财政收入的快速增长是难以做到的。财政收入的快速增长，有一次性、政策性和超常规因素。但从现实来看，税收征管的改善是财政收入超 GDP 增长的最主要因素。

2006—2008 年，全国财政支出一直保持快速增长趋势。2006 年全国财政支出 40213.16 亿元，比 2005 年增加 6282.88 亿元，增长 18.5%。2007 年全国财政支出 49565.4 亿元，增加 9142.67 亿元，增长 22.6%。2008 年全国财政支出 62427.03 亿元，增加 12645.68 亿元，增长 25.4%。2006—2008 年，财政支出的快速增长与收入增长是一致的。财政支出结构的调整是完善公共财政体系的要求。从总体上看，2006—2008 年延续了改革以来财政支出结构的变动趋势，财政支出中用于经济建设的比重下降。财政支农力度一直在加强。2006年，中央财政用于"三农"的各项支出 3397 亿元（"三农"支出还包括医疗卫生支出和其他支出中的涉农部分，不包括用石油特别收益金安排的对种粮农民综合直补 120 亿元），比 2005 年增加 422 亿元，增长 14.2%。2007 年，中央财政用于"三农"的各项支出合计 4318 亿元，比 2006 年增加 801 亿元，增长 23%；财政支出的重点向社会事业倾斜，教育、医疗卫生、社会保障、环境保护等支出得到有力的保障，社会发展的薄弱环节得到加强，促进了经济社会的协调发展；从 2006 年到 2008 年，中央财政赤字规模逐步缩小，而且，每年的国债余额均控制在年度预算限额之内，可以说，这是稳健（中性）财政政策的体现。

3. 财税政策

"十一五"前 3 年，财政政策从稳健转向积极，财政压力前所未有。2006—2008 年在财政政策上所呈现的最大变化，就是 2008 年下半年财政政策实现了从稳健向积极的转型。自1998年为应对亚洲金融风暴出台积极财政政策以来,这是第二次。1998年,正是凭借着以"增发国债—扩张支出—拉动内需"为主要线索的一系列扩张性财政举措,才使中国走出了通货紧缩的阴影,并使经济重返平稳较快发展的轨道。当前的全球性金融危机,牵涉的范围更广,影响的程度更深,带来的压力更大。故而,积极财政政策的操作,用温家宝总理的话讲,必须"更直接、更有力、更有效"。与上一次积极财政政策的重心主要放在扩大财政支出一条线上不同,这一次实施的积极财政政策,则是财政支出与财政收入两翼同时并举、两条线协同作战。在其中,不仅有扩大财政支出的传统举措,也有结构性减税的新动作。就扩大财政支出而言,不仅有增加政府公共投资的项目,也有增加中低收入群体收入以及实施家电下乡、汽车下乡等方面的安排。就结构性减税而言,不仅涉及诸如增值税转型、两个企业所得税法合并等份额较大的税种的减收,也有包括个人所得税、二手房交易税、股票交易印花税等份额相对较小的税种的减收。因而,可以说,这一次的积极财政政策所实施的是"全方位"的扩张。

在财政收入一翼,实行结构性减税,为企业和居民减轻负担。通过实施企业所得税新税法、提高个人所得税工薪所得减除费用标准、暂免征收储蓄存款和证券交易结算资金利息个人所得税、降低住房交易环节税收负担、调高部分产品出口退税率、取消和降低部分产品出口关税、下调证券交易印花税税率并改为单边征收、调整汽车消费税政策、允许困难企业阶段性缓缴社会保险费、降低4项社会保险费率等税费减免举措,2008年共减免了大约2800亿元的企业和居民负担。在此基础上,今年又推出了全面实施消费型增值税、实施成品油税费改革、取消和停征100项行政事业性收费等新的税费减免举措,从而拿出了将减轻企业和居民负担约5500亿元的"减税大单"。

在财政支出一翼,扩大政府公共投资并增加中低收入群体收入,以此带动和引导投资和消费需求。继2008年新增中央政府公共投资1040亿元并提前安排2009年灾后恢复重建资金200亿元之后,2009

年中央政府公共投资达到 9080 亿元，增加 4875 亿元。这些投资，主要用于农业基础设施及农村民生工程建设（2081 亿元）、保障性住房建设（493 亿元）、教育和医疗卫生等社会事业建设（713 亿元）、地震灾后恢复重建（1300 亿元）、节能减排和生态建设（680 亿元）、自主创新和技术改造及服务业发展（452 亿元）以及包括铁路、公路、机场和港口等在内的基础设施建设（2317 亿元）。

除此之外，通过进一步增加对农民的补贴、提高城乡低保补助水平、增加企业退休人员基本养老金、提高优抚对象等人员抚恤补贴和生活补助标准、对困难群体直接发放一次性生活补贴等途径，在不断提高中低收入群体收入方面投入了 2208.33 亿元。并且，分别安排了家电下乡补贴 200 亿元和汽车下乡补贴 50 亿元，以实施家电和汽车下乡补贴政策。

任何事情都是效益和成本并存的。上一次长达 7 年（1998—2004年）之久的积极财政政策实践成果，是在我们付出了国债和赤字规模双双激增的昂贵代价之后取得的。这一次的积极财政政策操作，仅在第一年，就安排了高达 9500 亿元的赤字和相应规模的国债发行。根据目前的经济态势和经济周期运行的规律，即便做非常保守的预期，这一次积极财政政策的实施区间至少要跨越 3 年。注意到当前财政收入持续下滑和财政支出逆势上扬的势头，可以预期，与积极财政政策操作的进一步深化与完善相伴随，在今后一个可能不算短的时间内，我国财政收支上的困难局面在所难免。

（五）金融发展与货币政策

"十一五"前 3 年，我国积极推进金融体制改革开放，在金融宏观调控、金融机构与市场体系的改革发展方面都取得了显著的成效。

"十一五"期间，货币政策经历了从防经济过热、防通货膨胀到应对金融危机的转变，因此，货币政策调控方向也经历了"稳中适度从紧"、"从紧货币政策"和"适度宽松货币政策"的转变。货币政策调控第一次转变是在 2007 年 6 月，国务院常务会议决定货币政策"稳中适度从紧",改变了1998年以来的"稳健货币政策"。然而,在随后半年左右时间里,通胀预期有所上升,2007年12月,中央经济工作会议明确提出要实行"从紧的货币政策"。这是货币政策的第二次转变。2008年9月中旬,中国人民银行开始降低存贷款利率和法定存款准备金利率,到11月初,为应对金融危机,政府提出要实行积极的财政政策和"适度宽松的货币政策",这是短短两年时间里货币政策的第三次转变。配合这些货币政策的转变,央行公开市场操作从冲销流动性转变到保障流动性供给的转变;法定存款准备金比率依旧是央行流动性管理的最重要工具,也经历了冻结流动性到保障流动性供给的转变;利率政策经历了频繁上调存贷款利率到急剧下调利率的逆转;重启信贷规模控制;人民币汇率灵活性有所增强,升值态势暂时终结。

从金融机构和市场体系的改革与发展看,(1)在"十一五"前3年,银行业改革继续深入。中国工商银行成功改制上市,农业银行改革方案最终确定,国家开发银行以及邮政储蓄银行的改革也得到实质性的推进。在农村金融方面,除农信社改革之外,村镇银行等新型农村金融机构的发展也进入了全面试点的新阶段。银行业经营绩效改进,存贷款规模继续大幅增长,银行业整体抗风险能力进一步增强。(2)在"十一五"前3年,中国股票市场经历了一次大的牛市和股市泡沫破灭的过程。2006年至2007年10月中旬,中国股票市场价格持续大幅上涨,沪深两市的成交量也迅速扩张。进入2007年第4季度后,股票价格指数不断下跌,成交量也逐步萎缩。到2008年11月初,中国陆续采取了大规模经济刺激计划后,股票市场开始摆脱持续下跌的趋势,出现了较大幅度反弹的行情。2005年中国开始股权分置改革,到2007年底基本完成,原来制约中国股票市场发展的一个重要基础制度因素——分割且具有不同制度安排的公司所有权结构和治理结构得到了改善。(3)在"十一五"前3年,中国债券发行市场呈现出如下特点:一是债券发行总量大幅增加;二是"公司债券"与"企业债券"分立,新的债券品种继续涌现;三是债券发行的平均期限明显延长；四是股票市场对债券发行的影响显著增加，资金的波动性和需求的稳定性均与此相关。（4）在“十一五”前3年，货币市场在解决金融机构的流动性、满足企业的短期资金需求、货币政策的传导乃至利率市场化改革等诸多方面都发挥了重要作用。2006—2008年，尽管宏观经济环境急剧变化，外部有严重的金融危机冲击，国内先是物价快速上涨、后是失业增加与经济增长下降的不利影响，但我国货币市场仍然保持了有序、良好的发展状况。无论是票据市场、债券回购市场还是同业拆借市场的交易量均大幅上升，这些子市场得到了较为均衡的发展。（5）在“十一五”前3年，利率市场化改革得到稳步推进。2007年1月4日上海银行间同业拆放利率（简称Shibor）正式运行，这是中国利率体系建设的重要事件。在应对全球金融危机的过程中，央行也顺势推动了贷款利率的市场化改革。（6）在“十一五”前3年，汇率机制和外汇管理体制改革进展快速。根据主动性、可控性、渐进性的原则，继续推出一系列汇率形成机制改革配套措施，完善了有管理的浮动汇率制度；为促进国际收支基本平衡，加快推进外汇管理体制改革，有重点、分步骤地推动人民币可兑换的发展；推进人民币国际化步伐，已与越南、蒙古、老挝、尼泊尔、俄罗斯、吉尔吉斯斯坦、朝鲜和哈萨克斯坦8个国家的中央银行签署了有关边境贸易本币结算的协定，与韩国、中国香港、马来西亚、白俄罗斯、印度尼西亚和阿根廷共签订了6500亿元人民币的货币互换协议。

　　“十一五”以来，我国金融宏观调控体系不断完善，金融业的发展与改革成就显著，但我们还应该清楚地认识到金融发展改革过程中所存在的以下突出问题。一是货币政策效果不尽如人意；金融体系不健全，结构不尽合理；金融企业的经营机制尚未根本转向市场化；金融创新能力不足，竞争力还不强；金融监管协调不畅，分业监管与综合经营的矛盾开始显现，“一行三会”缺乏有效协调，监管的过度与不足问题同时并存；包括市场基础设施在内的金融运营环境有待完善；国际金融危机冲击造成金融市场与资本账户的开放风险加大。

（六）农业发展

按照"十一五"规划纲要，"十一五"期间，要提高农业综合生产能力，重点是提高粮食单产，确保粮食综合生产能力达到 5 亿吨左右。推进农业结构调整，加快发展畜牧业和奶业。考察 2006—2008 年农业形势的主要变化，国家确立的"十一五"目标前期完成情况总体上较好，但是也出现了部分农产品生产滑坡，影响了农业结构调整。特别是受到国际国内多重因素影响，国内农产品市场波动加剧。"十一五"后 2 年，实现农业稳定发展的任务仍然艰巨。

自 2004 年以来，我国粮食总产、单产和人均占有粮食产量这 3 项指标连续 5 年都呈增长趋势。2008 年粮食总产量近 5.3 亿吨，是 40 年来首次出现连续 5 年粮食增产。继"十五"后期粮食连续 2 年增产后，2006—2008 年连续 3 年粮食继续实现总产和单产连续增长。2008 年粮食总产量和单产双双超过历史最好水平。在粮食持续增产的 5 年中，2008 年粮食总产量在较高的基数上仍然实现了 5.4% 的增长，而且粮食增产的不同来源中，单产增长的贡献率高达 81%。"十一五"前期粮食连续增产除了单产贡献外，播种面积稳定增加的贡献也十分重要，特别是 2007 年粮食播种面积对粮食增产的贡献率超过了 90%。"十一五"前期，油料曾出现连续 2 年减产。2006 年油料出现大幅度减产，总产量比 2005 年下降 14.2%。2007 年油料继续减产，比 2006 年又下降了 2.7%。油料虽然在 2008 年出现大幅度增产，总产量恢复到 2950 万吨，比 2007 年增产 14.8%，但总产量仍然比 2005 年低 127 万吨；受到需求增长强劲影响，我国棉花产量在"十一五"前期出现了大幅度增产。"十一五"前期，畜牧业生产发生明显波动。2008 年多数农产品普遍增产，有力地抵御了世界农产品市场剧烈波动对国内主要农产品供求关系的冲击，化解了全球粮食危机传导到国内的风险。多数农产品普遍增产，也为国内抗击极端自然灾害，实现全年国家的宏观调控目标，稳定价格水平发挥了重要作用。

　　与"十五"相比较,"十一五"前3年,农产品价格出现了明显的波动。主要原因是国际农产品市场价格大幅度波动对国内的传导,以及"十一五"前期经济快速增长对农产品需求比较强劲,国内部分农产品价格周期性上涨等因素引起的。"十一五"前期,我国农产品价格大幅度上涨曾引起了明显的通货膨胀压力。2007年和2008年农产品生产价格总指数较上年分别上涨了18.5%和14.1%。在农产品生产价格大幅度上涨的带动下,城乡居民食品消费价格分别上涨了12.3%和14.3%,成为CPI上涨的主要推动者。

　　"十一五"规划纲要提出,要坚持粮食基本自给,稳定发展粮食生产,确保国家粮食安全。近年来,我国采取的粮食安全相关政策大体上包括保护和调动粮食生产积极性政策、保护和提高粮食生产能力政策以及深化粮食流通体制改革三大类。加快农村税费改革,采取各类粮食补贴政策、在粮食主产区实行最低收购价格政策和加大农业生产资料监管等政策措施,主要是保护和调动粮农积极性。加大中央财政对粮食主产区的转移支付力度,采取对产粮大县奖励政策则主要是保护和调动粮食主产区地方政府发展粮食生产的积极性;严格控制各类建设对耕地尤其是基本农田的侵占行为,加强农业基础设施建设,加速粮食领域的技术创新则是保护和提高粮食生产能力的政策;同时,国家充分利用近年来粮食供求处于紧平衡的有利时机,不断深化粮食流通体制改革。这些政策的实施,在提高国家粮食安全保障性方面取得了明显的成效,实现了粮食增产、粮农增收、粮价合理、粮食市场化过渡平稳、国有粮食企业活力增强和国家对粮食的宏观调控能力提高等多重政策目标。但是,近年来实施的一些粮食安全重大政策在粮食供求形势发生明显变化后,我国粮食安全政策面临着新的两难选择。如,粮食最低收购价政策,是继续扩大实施范围和强度还是淡化最低收购价政策?继续激励农民扩大粮食生产,可能会带来粮食的过剩,给国家财政和仓容带来压力,但如果调整粮食政策,可能会带来农民对政策连续性的怀疑。

　　自2004年到2008年,农民收入增幅连续5年超过6%,这是20

多年来第一次。受农产品价格高位运行影响,"十一五"前期,农民人均纯收入中来源于家庭经营的第一产业收入保持较快增长,实现了农业增产农民增收。家庭经营第一产业纯收入增长相对较快,为"十一五"前期农民人均纯收入快速增长作出了贡献。2006—2008年,农民人均纯收入年均实际增长超过8%,其中2007年农民人均纯收入较2006年实际增长达到9.5%。"十一五"前3年农民人均家庭经营第一产业纯收入对农民人均纯收入的贡献率平均为31.6%,其中2007年达到40.5%,略高于工资性收入的贡献率。

2009年农民增收形势可能比较严峻。金融危机持续,世界经济增长进一步放缓,如果中国经济增速继续回落,中国农业经济形势将出现新的转折。农民增收的两个主要来源都可能出现问题,导致2009年农民收入有可能增长缓慢,甚至停滞。一方面,尽管国家在2009年提高了粮食最低收购价,但由于2008年农业生产增产,供给发生变化,同时由于需求受经济增长减缓、收入预期下降而下降,特别是对一些关键食品(如猪肉)消费需求在下降,这将导致农产品价格下行,当前除粮食外,其他一些主要农产品价格、特别是生猪价格涨幅已经出现了逐步回落的态势。这将影响家庭经营第一产业纯收入的增长。另一方面,近几年农民增收的一个主要来源是农民外出打工收入的增长,在经济增速下滑、出口加工业面临困境的情况下,沿海地区不少劳动密集型中小企业倒闭或开工不足,以及建筑房地产业不景气,农民外出打工收入增长可能会大打折扣,甚至出现下降。

(七)工业化进程

改革开放以来,尤其是在"九五"和"十五"期间,我国快速推进了工业化进程。"十一五"已经过半,尤其是始于2007年美国的国际金融危机,对世界经济的影响是十分巨大和深远,那么,"十一五"中期,我国的工业化进程将发展到什么水平呢?

从历史和国际经验看,一个国家和地区经济发展过程的本质是工业化进程,也可以说是经济现代化进程。经济发达国家和地区往往是

实现工业化的国家和地区。一般可以把一个国家和地区的工业化进程
分为前工业化阶段、工业化初期阶段、工业化中期阶段、工业化后期
阶段和后工业阶段。世界上一些很落后的、还没有开始工业化的国
家，如一些非洲国家，属于前工业化阶段，而美国、英国、日本等实
现工业化的国家都处于后工业化阶段。绝大多数发展中国家都处于工
业化初期、中期或者后期。工业化初期、中期和后期又各具体划分前
半阶段、后半阶段。根据经典工业化理论，衡量一个国家或地区的工
业化水平，一般可以从经济发展水平、产业结构、工业结构、就业结
构和空间结构等方面来进行。我们具体选择以下指标来构造工业化水
平的评价体系：经济发展水平方面，选择人均 GDP 为基本指标；产
业结构方面，选择第一、二、三产业产值比为基本指标；工业结构方
面，选择制造业增加值占总商品生产部门增加值的比重为基本指标；
空间结构方面，选择人口城市化率为基本指标；就业结构方面，选择
第一产业就业占比为基本指标。

　　根据我们的测评，在"十五"期间我国处于工业化中期前半阶
段，而到"十一五"中期，我国工业化虽然还处于工业化中期，但
超过 50 分，已经达到工业化中期后半阶段。"十一五"前 3 年，工业
化进程仍很快，工业化进程以年均综合指数提高 4 左右的速度推进。
这与我们曾经评估的"十五"期间工业化速度大致相当，这意味着，
进入"十一五"后，我国工业化仍处于高速增长期。

　　"十一五"前 2 年，除了处于前工业化阶段的西藏和处于后工
业化阶段的上海、北京外，处于工业化进程中的各个省级区域工业化水
平综合指数都有了不同程度的提高。从工业化阶段变化看，处于工业
化后期的地区从 4 个变为 5 个，山东进入了工业化后期，而广东则进
入了工业化后期的后半阶段；进入工业化中期阶段的地区从 7 个增加
为 12 个，湖北、重庆、黑龙江、宁夏、陕西、青海等 6 个地区从工
业化初期进入到中期阶段；而处于工业化初期前半阶段的甘肃、云
南、广西、海南也进入到工业化初期的后半阶段。从排名看，总体格
局基本没有发生变化，前 10 位名次没有变化。但有些省区的位次上

升，内蒙位次上升一位，重庆上升两位，青海上升一位，四川上升两位。

从工业化进程的速度看，总体一些中西部地区省份工业化进程开始加快。东部地区只有山东在"十一五"前2年的工业化水平综合指数的提高幅度达到两位数（达到14），而中西部有内蒙古、重庆、青海、陕西、河南等5个地区工业化水平综合指数达到两位数（都达到10），湖北、宁夏、湖南、四川、广西等地区的工业化水平综合指数也提高很快。这意味着"十一五"期间我国区域间经济发展水平差异有缩小的趋势。

"十一五"期间，有一些重大问题已经或者将对我国工业化进程产生影响，在分析"十一五"期间我国工业化进程时，这些问题必须给予足够的重视。一是如何以科学发展观为指导探索具有区域特色的工业化战略。"以人为本、全面协调可持续的发展"，迅速推进产业结构优化升级、快速培育自主创新能力、快速改善民生、快速优化生态环境、尽快建设和谐社会，这成为科学发展观对地方探索自己的工业化发展道路的具体要求。但是，由于各地区的工业化水平差异十分巨大，处于工业化进程的不同阶段，我国各地区经济发展的要素禀赋、基础设施、市场发育、产业基础等也都不同，各地区需要针对自己地区所处的工业化水平阶段，以及自身的各种条件，探索适合自己区域特色的科学发展之路。二是正确认识金融危机对我国工业化进程的影响。从工业本身发展看，国际金融危机对工业发展影响较大。受国际经济金融形势变化等因素的影响，进入2008年下半年工业经济运行下行压力加大，生产增长放缓，出口明显下滑，部分行业、企业经营困难。由于国际金融危机造成工业经济和整个经济的下滑，无疑会在短期内对于我国整体工业化进程产生一些影响。但是，虽然2008年我国经济增长速度相比前几年有明显下降，但由于快速的城市化进程、产业结构的不断升级，我国的快速工业化进程并没有因国际金融危机而改变。而且，从长期看，金融危机会促进我国经济结构调整步伐的加快，以及十大产业（包括钢铁、汽车、船舶、石化、纺织、轻工、有色金属、装备制造、电子信息以及物流等)振兴规划的提出和实施,无疑都会对我国工业化进程产生积极的促进作用。三是科学认识十大产业振兴调整规划对我国工业化进程的意义。在2008年底和2009年初,我国积极应对金融危机,作为"保增长、扩内需、调结构"重要措施之一,出台了十大产业振兴调整计划。十大产业振兴调整规划的内容,不仅有开拓国内外市场的所谓"救市"政策,还有鼓励企业创新行为、完善市场竞争结构和调整产业发展方向的政策,都是推进产业结构升级、促进产业健康发展的工业结构调整与发展政策。在某种意义上,这些产业的振兴规划,可以认为是各个具体工业行业的现代化战略规划,对我国推进工业现代化进程和工业化进程起到重要的推进作用,具有重大战略意义。

(八) 经济体制改革

"十一五"前3年,经济体制改革在总体上取得了一定进展,在财税、金融等领域,推出了若干重要改革举措;同时在构建科学发展的制度保障方面,特别是在促进经济社会协调发展和统筹城乡发展方面,进行了新的探索。(1)推进行政管理体制改革。包括从中央和地方启动新一轮政府机构改革,探索行政层级改革,简化财政管理层级,探索行政体制上的"省直管县",拟定事业单位改革框架,推进行政透明化。(2)进一步完善基本经济制度。包括推进国有经济战略性调整,深化国有企业改革,推进国有资产监督体制、垄断行业和市政公用事业改革。2008年10月通过了《企业国有资产法》,施行《反垄断法》,为推动非公有制经济发展,通过了旨在平等保护公私财产的《物权法》。(3)深化财税体制改革。包括深化增值税、企业所得税、个人所得税、消费税、地方税制改革,深化公共产权收入制度改革,推进预算管理制度改革。(4)深化金融体制改革。深化国有独资商业银行改革,推进政策性银行改革,加快农村金融改革,引导和规范民间金融发展,积极推进保险业改革,探索金融混业经营的背景下,进一步健全金融业监管协调机制,推进金融服务业对外开放。（5）推进生产要素市场化改革，包括推进资本要素市场化改革和土地要素市场化改革等。（6）加快民生领域改革。推进收入分配制度改革，完善劳动力市场工资指导价位制度，健全最低工资制度；推进就业制度改革，实施《就业促进法》、《劳动合同法》、《劳动争议调解仲裁法》；加快社会保障制度改革，加强新型农村合作医疗制度建设，启动城镇居民基本医疗保险制度试点，建立农村最低生活保障制度。（7）深化涉农体制改革。体现在"多予、少取、放活"三个方面，国家财政逐年较大幅度地增加涉农支出，全面取消农业税，深化农村土地制度改革。（8）推进资源节约和环境保护市场化机制改革。推进矿业权有偿取得，建立矿山环境治理恢复保证金制度，探索建立排污权有偿使用和交易机制，实施成品油价格和税费改革。（9）深化涉外体制改革。深化外汇管理体制改革，推动市场主体持有和使用外汇的便利化，推进资本项目稳步开放，推进法律建设，公布并施行新的《外汇管理条例》；推进人民币汇率形成机制改革，进一步扩大人民币汇率弹性；改革外汇储备经营管理制度，组建成立中国投资公司。（10）加快综合配套改革试验。"十一五"期间，分别在东部、中部和西部选择部分地区，开展不同类型的综合配套改革试点，在全国已形成了东（上海、天津、深圳）、中（武汉、长株潭）、西（重庆、成都）互动的综合配套改革试点格局。

　　尽管"十一五"前3年的经济体制改革取得了若干明显的进展，但一些深层的体制性障碍依然存在，与社会主义市场经济体制完善定型的最终目标相比，还有不小的距离；同时在为新的发展框架提供体制保障方面，进展还只是初步的，实现经济体制创新与发展模式创新的紧密结合尚未真正破题。（1）政府职能转变滞后。政府主导经济发展的模式还没有完全触及，突出表现在政府过度从事生产经营活动，不适当地干预微观经济活动，包办企业决策或代替企业招商引资，在某些竞争性、营利性领域中甚至还扮演着投资主体的角色。相比之下，政府的公共服务职能仍然偏少偏弱。"十一五"以来，虽然按照新发展观和构建公共财政的理念，财政支出向教育、医疗卫生、社会保障等公共服务领域给予了更大程度的倾斜，但同国际标准相比，投入仍然偏低。（2）垄断性行业改革滞后。“十一五”前3年，垄断性行业改革虽然推出了一些举措，但总体上，还只是在既有体制框架内进行的初步改革，或者说浅层次的改革，没有真正冲破传统体制的束缚。商业化运营条件尚不充分，有效竞争尚未形成，非国有资本进入依然有限，科学监管尚未到位。（3）要素市场化改革滞后。相对于较高程度的商品市场化水平，要素市场化水平长期偏低。“十一五”以来，要素市场化改革虽有所推进，但政府对要素配置和价格形成直接干预依然过多，价格不能真实反映要素的稀缺性和供求关系以及环境损害程度，水平偏低。这突出地反映在土地要素、矿产资源和资金要素上。（4）收入分配体制尚未理顺，20世纪90年代中后期以来，宏观收入分配结构向非居民部门倾斜的趋势愈益明显，导致居民部门在国民收入分配格局中的相对地位趋向下降。“十一五”以来，这一趋势并未得到扭转，成为当前收入分配领域中的突出矛盾。

（九）开放型经济

“十一五”规划纲要提出了互利共赢的开放战略，指出要“坚持对外开放基本国策，在更大范围、更广领域、更高层次上参与国际经济技术合作和竞争，更好地促进国内发展与改革，切实维护国家经济安全。”该纲要从加快转变对外贸易增长方式、提高利用外资质量和积极开展国际经济合作三个方面提出了中国开放型经济发展的总体要求。

加快转变对外贸易增长方式包括优化出口结构、积极扩大进口、发展服务贸易和完善公平贸易政策等内容，旨在促进对外贸易由数量增加为主向质量提高为主转变。与“十五”初期相比，“十一五”前2年我国货物和服务净出口对GDP增长的贡献率显著增加，对经济增长的拉动作用明显，但这种情况在2008年发生了变化。由于金融危机，2008年我国货物和服务净出口对GDP增长的贡献率为负值，初步推算为 -7%。

提高利用外资质量包括引导外商投资方向和促进利用外资方式多样化两项基本内容。"十一五"前 2 年外商投资企业在企业单位数、工业总产值、总资产、主营业务收入、利润总额以及全部从业人员年平均人数等方面都有较为明显的增长。与全国总计数相比，这些指标所占的比重也基本保持稳定；"十一五"以来，涉外税收规模的增速与全国工商税收总额增速基本持平。同时，涉外税收规模在全国工商税收总额中也基本保持稳定；"十一五"期间，外资企业通过在国内设立研发中心，促进了国内企业技术水平和管理水平的提高，能够产生一定的外溢效应；"十一五"期间，服务业吸引外资规模不断提升，尤其是金融业吸引外资的规模有突破进展，对提高国内服务业发展水平具有重要意义。

积极开展国际经济合作包括实施"走出去"战略和推进国际区域经济合作两项内容，重点是完善促进生产要素跨境流动和优化配置的体制和政策，积极发展与周边国家及其他国家的经济技术合作，实现互利共赢。从海外上市看，"十一五"前 2 年，我国企业海外上市逐步增多，但是 2008 年，中国企业海外上市环境恶化，致使企业海外上市数量、融资额双双缩减。2008 年中国企业海外上市融资呈现出明显的集聚特点，一半左右企业集中于香港主板上市。从对外直接投资来看，"十五"以来，我国加快实施"走出去"战略，鼓励和支持有条件的各种所有制企业开展跨国经营，主动参与国际经济技术合作，对外开放进入了"引进来"和"走出去"并重阶段。在企业走出去的过程中，中国企业与国际上的经济合作也在不断增加。

从"十一五"后期和"十二五"看，我国对外开放面临很多问题。对转变外贸增长方式提出了新课题，但缺少具体的政策指向；美国金融危机后世界需求下降和世界经济调整问题；世界资源性产品价格波动以及供给安全问题；我国服务贸易出口竞争力问题。我国存在服务贸易规模不大，服务贸易逆差比较突出、服务贸易与货物贸易的比例严重失衡等问题；创新我国利用外资方式与提高利用外资水平问题。近几年来，我国吸收利用外资的特点包括第三产业吸收外商投资比重明显上升，第二产业引资乏力；外商"独资化"倾向加强，自由港成为外资主要来源地；我国吸收外资在全球流量中比重下降；创新我国企业在海外投资方式的问题，从世界范围来看，股权投资是当前全球跨国投资的主流，而全球股权投资交易的绝大部分，又是通过并购方式实现的。据统计，目前全球以跨国并购方式完成的股权投资交易额约占全球跨国投资总额的70%—80%。相比之下，我国并购投资比重仍然较低。

（十）就业与收入分配

目前，"十一五"前3年规划纲要中的大部分就业收入分配目标完成情况进展顺利，有些目标已经提前完成，很多工作成就突出。

扩大就业取得积极进展，形成了稳定就业新格局。虽然我国"十一五"期间的就业形势比"十五"期间严峻得多，但"十一五"新增就业人口达到历史最高峰，总就业人数也随之达到历史顶峰，就业面临前所未有的压力。从2006年以来，我国每年城镇新增就业人口都在1100万以上，年均增加1167万人，大大高于"十五"期间的年均889万人；总就业人数也持续上升，从2005年底的75825万人上升到2008年底的77480万人，增长了1655万人。2001—2005年间，城镇登记失业率平均为4.1%，2006—2008年也保持在4.1%的平均水平。到2008年，城镇新增就业岗位3028万，2010年增加4500万个就业岗位的目标已经实现了68%，如果2009年能够创造900万个城镇新增就业岗位（从目前的情况看来，应该可以做到），2009年底，"十一五"规划的就业目标将能完成87%，总就业目标应该能够提前完成。2006—2007年间，农村劳动力转移了2530万人，虽然在2008年下半年到2009年初，受国际金融危机冲击，有2000多万农民工返乡，但由于政府应对危机措施得力，国际金融危机对就业的冲击并没有改变我国稳定就业的基本格局。迄今为止，我国就业形势较为稳定，诸多促进经济增长、保障就业政策的出台有力保障了就业工作的顺利展开。

覆盖城乡社会保障制度建设取得重大进展。一是初步建成了覆盖城乡的医疗保障制度，到 2008 年底，全国所有县级地区都已经展开了新型农村合作医疗工作，新型农村合作医疗基金累计支出总额为429 亿元，提前实现了农村新型合作医疗制度全覆盖的目标。在城镇职工参保增加的同时，农民工参与医疗和工伤保险也获得较大突破。就"十一五"规划的相关目标而言，失业保险、生育保险的目标已经于 2008 年提前完成，城镇基本养老保险和工伤保险业已超过90％，估计 2009 年将能够提前完成目标。二是农村社会养老保险制度建设实现突破，"十一五"期间，国家加快了农村社会保障体系的建设，农村养老保险制度取得突破，建立了覆盖全部农村人口的养老保障体系，我国在"十一五"期间正式建立了农村社会养老保障制度的基本框架。三是覆盖城乡最低生活保障制度初步建成，社会福利制度不断完善。

在取得突出成绩的同时，"十一五"规划的执行过程中也有不尽如人意之处，突出问题包括就业结构性矛盾突出，初次收入分配格局扭曲，收入分配差距继续扩大等。（1）中国目前仍然面临着较大的城镇就业压力，压力主要来自两个方面，一是农村劳动力向城镇地区转移的就业压力，二是劳动力市场新进入者的就业压力。由于农村青年人越来越不选择在农村就业，上述两个方面的压力实际上正逐渐汇集为一种压力——新进入劳动力市场者的就业压力。与此同时，劳动供需之间不匹配的结构性矛盾越来越突出。一方面是对熟练工人、中高级技术工人的需求无法及时满足。目前农村转移劳动力中，约83％只受过初中及初中以下教育，受过正规职业培训的比例仅有15％左右，缺乏技能使得很多企业难以招到合格的技术工人。另一方面是大学生就业越来越困难。大学生就业难是劳动力市场结构性矛盾的具体反映。（2）劳动力市场保护不平等，非正规就业现象严重。当前的劳动力市场一方面是保护过度和缺乏弹性，另一方面则是缺乏保护和灵活过度，劳动者权益受到伤害。（3）收入初次分配格局扭曲、收入差距扩大趋势未见遏止。党的"十七大"报告明确提出了提高劳动者报酬在国民收入分配中比例的要求。20世纪90年代以来,劳动者报酬占国民收入的比重(劳动份额)下降比较明显:从1990年的53%下降到2007年的不足40%,下降幅度超过1/4。一个严峻的事实是,在经济持续高速增长,快速工业化和城镇化过程中,中国劳动份额不仅低于发达国家(发达国家的劳动份额集中在60%左右),非农产业的劳动份额也低于新兴工业化国家,似乎陷入了低水平陷阱,而且,2004—2007年间,我国劳动份额加速下降,说明收入分配格局处于加速扭曲状态。在劳动份额总体较低的情况下,一方面,行业间的平均劳动报酬却存在较大差异,收入分配进一步扭曲。另一方面,城乡收入差距持续扩大。2006—2008年,城乡居民人均收入都得到提高,但是,城镇居民人均可支配收入的增长速度仍然快于农村居民,以至于城乡收入差距仍然在扩大。

(十一) 节能减排与环境保护

节能减排与环保是"十一五"规划的重要内容,在22个指标中占较大的比重。扣除人口资源环境类指标中控制人口的目标,其他7个指标都属于节能减排和环保指标,这些指标大致可以分为三类:一是节能目标,这主要是降低单位GDP能源消耗(%);二是主要污染物排放控制目标,这主要是减少主要污染排放总量(%)、工业固体废物综合利用率(%);三是自然资源和生态保护目标,这部分内容涉及面较广,例如,耕地保有量(亿公顷)、森林覆盖率(%)、单位工业增加值用水量、农业灌溉用水有效利用系数,除此之外,矿产资源也属于自然资源和生态保护的范畴。

1. 节能

单位GDP能耗指标是一个关乎经济发展全局性指标。从2006—2008年节能目标的执行情况看,国家关于节能减排的一系列政策措施正在发挥积极作用,节能减排已初见成效。有几个方面值得肯定:政府高度重视,全社会高度关注;强化法律法规体系,建立统计监测考核和行政问责制度;财政税收等经济激励手段的应用;发挥市场力量，培育节能服务产业，中国节能服务行业规模 2007 年已达 70 亿元；注重调动地方、企业和全社会的力量，鼓励广泛参与。

但是，在国家如此密集出台和采取强有力节能减排政策措施的情况下，能源强度指标与"十一五"节能目标相比仍然不尽如人意，这一现象的背后，既有客观原因，也有主观原因。从客观原因来分析，目前我国正处于工业化、城市化加速发展的阶段，经济增长对重化工产业需求很大。有研究表明，降低单位 GDP 能耗，技术进步的贡献率为 30%—40%，而结构调整的贡献率为 60%—70%。促进结构调整的重要性不言而喻。但结构调整并非易事，从主观原因来分析，不少人对如何实现节能减排存在疑虑。比如，认为经济增长是要靠投资拉动，节能减排目标与经济增长目标之间存在矛盾。从政府制定和实施政策的角度看，也有需要改进的地方。首先，节能目标很大程度是"自上而下"确定，缺乏充分的科学研究作为决策支撑，节能目标的年度分解和区域分解随意性都很强。其次，节能目标实施之前缺乏完整的实施方案和政策设计，只能边走边看，政策协调性有待加强。第三，节能工作是关系社会经济全局的问题，调动地方、企业和全社会的力量，不仅是让地方政府、企业和全民广泛参与政策的执行，还应该广泛吸纳各方面的利益相关者参与决策。最后，应该重视各地区分工不同的差异性和产业转移问题。单位 GDP 的能源消耗是一个综合性指标，与经济增长、经济结构、能源结构、技术水平、资源环境等多种因素有关，各地区应该根据自身实际确定不同的节能目标。而且，区域之间高耗能产业的转移相当普遍，呈现从东部经济相对发达地区向中西部转移的趋势，对西部地区节能目标的影响值得重视，同时各地也应该根据实际情况对节能政策进行相应调整。

2. 减排

到 2008 年底，"十一五"环境规划目标实现情况好于预期，3 项环境质量指标和 2 项污染治理设施建设指标完成情况良好，主要污染物排放量控制指标出现了重大突破。7 大水系国控断面好于Ⅲ类的比例达到了 55%，远高于 43% 的规划目标；重点城市空气质量好于Ⅱ

级标准的天数超过 292 天的比例达到 95.6%，远高于 75% 的规划目标；地表水国控断面劣 V 类水质的比例达 23.1%，与规划目标 22% 相比差 1.1%；全国工业固体废弃物综合利用率从 2005 年的 55.8% 提高到 64.9%，超额完成“十一五”规划目标 60% 的要求；全国设市城市污水处理率从 2005 年的 52% 提高到 65%，与“十一五”规划目标要求相比还需要再提高 5 个百分点；全国化学需氧量、二氧化硫排放量分别为 1320.7 万吨、2321.2 万吨，比 2007 年分别减少 4.42% 和 5.95%；2006—2008 年，化学需氧量、二氧化硫排放量 3 年累计分别减少 6.61% 和 8.95%。

在党中央、国务院的正确领导下，各地各部门深入贯彻落实科学发展观，加快建设资源节约型、环境友好型社会，在经济快速增长和消费水平显著提高的情况下，落实减排责任制，通过工程减排、结构减排和监管减排等措施，运用经济、财税、贷款、法律等综合手段，促进减排，2007 年二氧化硫和化学需氧量排放量第一次出现了“拐点”，实现双下降，2008 年两种主要污染物排放量持续下降，污染减排取得突破性进展，污染防治由被动应对转向主动防控。以下举措为进一步推进污染减排提供了经验：科学统筹全面部署，为节能减排提供了强有力的政治保障；减排目标责任制的落实，强化了地方减排工作。2007 年 11 月 17 日，国务院发布了《主要污染物总量减排考核办法》，明确“十一五”主要污染物总量减排的责任主体是地方各级人民政府；环保投资力度加大，推进工程减排；调整产业结构，限制“两高一资”过快发展，促进结构减排；环保监管能力有所提高，强化了监管减排。实施经济鼓励政策，引导企业主动减排；国务院通过水体污染控制与治理 3 个科技重大专项实施方案，为污染减排提供了技术支撑；环境执法力度加大，为污染减排提供法律保障。

当前，我国经济社会发展与资源环境约束的矛盾日益突出，虽然前 3 年已经取得一定成绩，但要完成减排目标，还面临严峻的挑战。一是污染减排压力仍然很大。据测算，如果 GDP 以 10% 的速度增长，新建项目将导致二氧化硫和化学需氧量排放量分别新增加 370 万吨和

430 万吨，两者实际需要削减总量分别为 624 万吨和 574 万吨。二是资金投入不到位是工程减排的最大障碍。据估算"十一五"环境污染治理投资需求约为 15300 亿元，约占同期 GDP 的 1.35%，在目前经济不景气的背景下，投资难以保证。三是缺乏促进稳定减排的长效机制。从工程减排的角度分析，由于国家关于脱硫和污水处理设施运营管理的相关配套政策、机制、措施不健全和不到位，电厂脱硫设施和城市污水处理厂等治污设施虽然已经建成，具有减排能力，但因受到经济利益驱动，不运转减排设施，导致减排能力大打折扣。从结构减排的角度分析，由于国家实施产业结构调整缺乏配套扶持政策，实施难度较大。四是环境监管能力面临考验。一方面污染减排任务巨大，另一方面，由于经济利益驱动，发生污染设施不运行或低负荷运行发生的概率大大提高。五是过度依赖工程减排、末端减排。实现"十一五"污染减排目标最根本的措施就是工程减排，主要依靠建设脱硫设施和城市污水处理厂等末端处理设施，形成主要污染物的削减能力，而在源头减排、过程减排方面推进工作较少，事实上，通过技术革新，清洁生产，有可能大大降低污染物的产生量，起到事半功倍的效果。

3. 自然资源与生态的保护

"十一五"前 3 年，国家在土地、矿产、森林与生物多样性资源保护方面出台了许多重大政策措施，包括耕地保护政策、土地宏观调控政策、土地集约利用政策、促进土地市场发展政策、土地出让金收支管理政策、矿产资源开发整合政策、规范探矿权与采矿权出让政策、加大矿产勘察投入政策、加强森林资源管理政策、完善森林与生物多样性保护立法政策等。这使得我国在自然资源与生态保护方面取得了很多进展。

（1）土地资源保护利用。耕地减少速度趋缓，2006—2008 年全国耕地年均减少 0.10%，而 2000 年至 2005 年全国耕地年均减少 0.98%；土地整理复垦开发补充耕地成绩显著，2006—2008 年土地整理复垦开发补充耕地面积 79.24 万公顷，超过新增建设用地占用耕地总量 15.38 万公顷,不仅实现耕地占补平衡,而且增加了耕地面积;土地整理复垦 2006—2008 年已完成"十一五"规划指标的 69.5%,2009—2010 年如保持或加大土地整理复垦开发力度,有望超额实现"十一五"规划目标;建设用地增长速度下降,2006—2008 年建设用地年均增长速度 1.18%,2001—2005 年建设用地年均增长速度 1.29%;土地集约利用方面,单位建设用地第二、三产业产值增长呈现波动。2006—2007 年,全国单位建设用地第二、三产业产值快速增长,年均增长速度为 16.2%,2008 年受金融危机影响,全国单位建设用地第二、三产业产值较 2007 年降低 4.7%;市场配置土地资源的比例大幅提高。2006—2008 年,招拍挂出让土地面积占当年出让土地总面积比例快速提高,年均增长 32.7%。但是,未来土地资源保护利用方面还任重道远,尤其是耕地的保护压力很大。2006—2008 年,新增建设用地占用耕地面积 63.89 万公顷,占 3 年全部新增建设用地的 61.97%,2002—2005 年,新增建设用地占用耕地面积占全部新增建设用地的 46.17%,显示"十一五"前 3 年建设占用耕地的比重较"十五"时期提高,说明建设用地规模扩张以征占耕地为主,开发利用未利用地、废弃地的比重较低。2006—2008 年,新增建设用地占用耕地面积已占用"十一五"规划指标的 63.9%。新增建设用地占用耕地指标需严格控制。按照全国土地利用规划指标限制,土地供应必将产生巨大缺口。如何在建设用地指标有限、坚守 18 亿亩耕地红线不被突破的条件下,为"扩内需,保增长"政策投资提供土地支撑,保障特殊时期经济增长对土地需求的及时供应,是目前土地资源保护与利用面临的最关键问题,也是决定我国经济是否能够成功应对世界金融危机压力,实现长期平稳健康发展的重要影响因素。

(2)矿产资源保护利用。"十一五"以来,矿产资源地质勘察投入大幅增加,国土资源大调查和地质勘察基金项目的实施,引导带动了社会资金投入,勘察投资趋于多元化。2008 年地质勘察总投入为 717.2 亿元,较 2005 年增长 372.8 亿元,增长 52%;矿业权市场在整顿中发展。由于加大对矿产资源开发整合的力度以及宏观调控限制投资过热,许多地方严格限制矿产勘察、开采许可证件的发放,2007年有些地方甚至暂停办理矿产权证,进行整合治理,由此导致许可证件数和两权出让金总价呈现波动;中国大部分主要矿产品产量稳步上升,对社会经济发展的保障能力不断提高。2008年中国原煤产量27.93亿吨;原油产量1.90亿吨;天然气产量760.8亿立方米;铁矿石产量8.24亿吨;粗钢产量5.01亿吨;黄金产量282.01吨,首次位居世界第一;主要矿产品进出口逐年增多,2006年全国矿产品进出口贸易总额3839亿美元,占全国进出口贸易总额的比例为21.6%;2007年两项指标分别是4942亿美元和22.7%;2008年则为6588亿美元和25.7%。在矿产资源保护利用方面存在的问题包括:矿产资源节约与综合利用法律法规不健全,矿产开采存在严重浪费资源的违法行为,资源综合利用总体水平低,优势矿产普遍存在过量开采、过量出口的问题,矿产资源综合利用指数较低,矿产资源综合利用技术水平不过关,矿产品科技含量和附加值不高,尾矿及固体废弃物资源的开发利用尚处起步阶段。

（3）森林与生物多样性资源的保护和利用。"十一五"期间,林业建设稳步推进,林业产权制度改革不断推进,全国有27个省（自治区、直辖市）成立了集体林权制度改革领导小组,18个省出台了集体林权制度改革相关文件,已完成承包林地约7.1亿亩（4730多万公顷）,占集体林业地总面积的27.9%;"十一五"期间,中国自然保护区建设发展较快,截至2007年底,全国已建立不同生态系统类型的自然保护区2531个,总面积15188万公顷,占国土总面积的15.6%;"十一五"期间,在全国26个国家级自然保护区展开外来有害入侵物种调查,建立了120种外来入侵物种的信息数据库,国家生物物种资源数据库初步建立。但是,近年来中国森林覆盖率的提升,并没有从本质上改善森林资源的总体质量。目前我国森林与生物多样性资源保护与利用关键问题主要集中于以下方面:一是林业的管理体制和经营机制仍未彻底理顺,保护和利用的关系仍未真正理清；二是生态系统十分脆弱，一些生态脆弱地区造林投入高但效果有限；三是林权改革刚刚起步，具体的机构设置、运作方式等方面还需进一步调整完善；四是自然保护区在数量增加的同时管理相对滞后，许多自然保护区存在资金短缺、管理效率低下、缺乏部门合作以及保护区管理部门与地方之间存在利益冲突等问题，严重制约着自然保护区的健康发展；五是一些地方政府出于发展动机和利益驱使，常常以发展旅游经济为借口，违规开发国家自然保护区；六是生物多样性保护协调机制有待进一步加强。目前中国涉及生物多样性保护与管理的部门有 10 多个，由于错综复杂的利益和权属关系，使得一些生物多样性保护立法难以协调，“多龙治水”的局面制约了生物多样性保护的实际效果。

三　“十二五”期间主要目标与政策建议

“十二五”时期是我国现代化进程中的重要时期，“十二五”结束后我国将进入工业化后期，随着市场化改革深入市场经济体制进一步完善。整个“十二五”时期，我国要以科学发展观为指导，通过体制机制创新积极推进经济增长方式转变，努力建设和谐社会。“十二五”时期应该是经济增长方式初步转变的实现期、和谐社会建立的关键期、体制机制改革的攻坚期。

“十二五”期间的关键任务在于转变经济增长方式、调整经济结构。根据长远规划，到 2020 年我国要基本实现工业化、城镇化。据此，2020 年我国经济增长方式转变、经济结构调整和优化的目标应该设定为：力争能实现“五个改变”、“三个缩小和三个促进”。“五个改变是”：改变劳动者的工资收入在初次分配中偏低，居民在国民收入分配中比重偏低的现状；改变“一产不稳、二产不强、三产不足”的现状；改变过度依靠投资、出口拉动经济的现状；改变企业缺乏核心技术、知名品牌和核心竞争力的现状，改变牺牲环境、浪费资源能源换取经济发展速度和短期效益的现状。“三个缩小和三个促进"是：缩小收入差距、贫富差距，促进社会公平；缩小地区发展差距，促进区域经济社会协调发展；缩小城乡发展差距，促进城乡经济社会一体化发展。到2020年要实现上述经济结构调整目标，"十二五"期间的工作十分重要，"十二五"期间应该为2020年实现经济结构调整、转变经济增长方式奠定扎实的基础。具体而言，"十二五"经济增长方式转变的具体目标应该是：

在收入分配方面，要制止劳动者的工资收入在初次分配中的比重、居民收入在国民收入中的比重继续下降的势头，在5年中其比重至少要上升3个百分点以上；要缩小居民之间的收入差距特别是缩小贫富差距，基尼系数应该控制在警戒线以内。

在产业结构方面，稳定承包制，鼓励适度规模经营，促进农业产业化发展，加大对"三农"的投入，提高农业素质，稳定农业生产，一产的比重应该保持在8%左右；限制高耗能工业的发展、改造传统产业，努力发展高技术产业，淘汰落后生产力，优化工业的组织结构，在此基础上，稳定第二产业的比重；努力发展服务业特别是生产性服务业，力争到"十二五"末，其比重能上升到45%左右。

增强消费对经济的拉动，保持适度的投资力度，改善出口环境，努力提高出口企业的竞争力，力争在"十二五"期间，消费、投资、出口对经济增长的贡献率分别保持在55%、35%和10%左右。

加大西部大开发、中部崛起和振兴东北等老工业基地建设的政策力度，在缩小它们与东部地区发展差距上取得实质性进展。

加快改革阻碍城乡协调发展的体制机制，加速城乡一体化发展步伐，制止城乡收入扩大的趋势，力争"十二五"期间城乡收入差距能控制在3:1之内，社会文化事业的发展差距也应该有所缩小。

地方要根据国家的规划、自己的实际情况制定调整和优化产业结构，促进经济发展方式转变的长远目标和阶段性目标。

将上述目标归结为表2，要实现表2所示的经济结构调整目标，应该注意以下政策方面问题。

表2 **"十二五"期间经济结构调整的主要目标**

类别	指标	"十二五"期末目标
经济增长结构	消费、投资与出口比例	55:35:10
产业结构	三次产业比例	5:47:45
收入分配结构	城乡收入差距	控制在3:1之内
	劳动者的工资收入在初次分配中的比重	提高3个百分点
	居民收入在国民收入中的比重	提高3个百分点
区域结构		西部、中部和东北三个地区与东部地区发展差距上取得实质性进展

1. 以潜在经济增长率为重要基准，加强和改善宏观调控

从宏观调控的4大目标来看，经济增长是核心，其他都与之密切相关。这就是为什么潜在增长率是衡量宏观调控绩效的重要基准。对过去30年我国潜在增长率的估算表明，HP滤波法得出的增长率在8%—12%之间，菲利普斯曲线法得出与稳态通货膨胀率为5%相对应的稳态经济增长率为9.5%，生产函数法得出的潜在增长率为9.85%。综合起来，基本在9.5%左右。如果考虑到环境因素，潜在增长率将会有所下降，我国的潜在增长率将从9.5%下降到9%。从2006—2008年的实际经济增长分别为11.6%、13%和9%来看，前两年超过潜在增长率2.6和4个百分点，而2008年则刚好等于潜在增长率。显然，前两年是经济过热，而2008年是危机下的经济调整。这意味着宏观经济出现了较大的波动。而与之相关的"三过"问题，以及后来的高通胀，可以说都与之前的过热有较大关系。如果再往前推几年，从本轮周期来看，经济增速基本上都是超过潜在增长率的。从这个角度看，前些年增长过快了。从"十一五"看，完成预定计划的平均增长率为7.5%，而每年提出的增长目标是8%，这和潜在增长率9%比起来，又显得太低了。因此，如果以潜在增长率为衡量基准，今后可以考虑调整目标增长率或者直接公布潜在增长率（美国总统经济报告向来是公布这个数字的），这样的数字，无论对于宏

观调控部门还是对于全社会都将会有更大的参考价值。

2. 巩固农业的基础地位，大力发展现代生产性服务业，优化产业结构

产业结构调整应将巩固农业的基础地位作为重要任务来抓，一方面要促进粮食生产的稳产增产，另一方面要继续推进新型农业产业组织的发展和农业的产业化，在保障国家粮食安全的同时，也能够提高农民的收入，并为工业的发展提供优质可靠的原料；从工业发展看，一是加速推进产能过剩行业的调整，二是要积极推进工业的节能减排，三是要改造和提升劳动密集型产业，四是大力发展高技术产业；加快发展生产性服务业是推动产业结构优化升级的内在要求。生产性服务业的发展不仅是世界经济的发展趋势，能够促进第三产业内部结构的优化、吸纳就业，而且生产性服务业中研发、设计、营销、信息服务、物流等环节的发展，能够提高整个工业的运行效率，是我国工业提升在全球价值链中地位的基础。只有生产性服务业获得大发展，才有可能提高我国工业产品的开发设计能力，提高品牌价值。因此"十二五"时期要将生产性服务业作为重点发展的产业加以培育。目前，我国生产性服务业中很大一部分是内含于工业部门的，今后应该促进这些内含于工业的生产性服务业以更加专业化的组织形式加以存在。

3. 深化投资体制改革，缩小行政性垄断范围，实行公平的准入政策

投资体制改革是"十五"时期的重要体制改革内容，2004 年《国务院关于投资体制改革的决定》发布以后，党的"十七大"曾强调"深化投资体制改革，健全和严格市场准入制度"；但是，过去 4 年的《政府工作报告》并未强调甚至提及如何进一步深化或落实问题。从根本上讲，距离"市场引导投资、企业自主决策、银行独立审贷、融资方式多样、中介服务规范、宏观调控有效的新型投资体制"还比较远。"十二五"期间，必须深化投资体制改革，尽快消除体制性障碍。另外，目前在我国的供水、供电、供气、邮政、电信、运输、烟草等领域仍然存在着行政性垄断。近年来,国有重点企业利润越来越集中到少数的垄断性行业领域,我国企业500强的前100名也多为垄断型企业。缩小行政性垄断对于转换经济增长方式,调整产业结构,促进国内消费,发展第三产业具有重要的意义。除了极少数关系国计民生、国家安全的产业外,对其他产业应破除行政性垄断,向私人资本和外资开放。即使在那些关系国计民生、国家安全的产业领域,也并非就要实行完全的行政垄断,对于产业价值链中的一些非核心环节完全可以放开,允许其他性质的资本进入。在破除行政性垄断方面,要对国有与非国有资本实施统一的准入标准,杜绝歧视性的准入政策。

4. 制定实施科学的技术创新鼓励政策,提高自主创新能力

这方面政策的重心包括:一是从以自我为主向充分利用全球化创新资源转变,通过吸引跨国公司 R&D 投资、建立创新联盟、购买知识产权、委托研发设计等多种方式,实现技术水平和创新能力的不断提高;二将集成创新和引进消化吸收再创新作为自主创新的重点,加快对推动产业结构升级有重大影响的共性技术、关键技术和配套技术的开发,加大对集成创新和引进消化吸收再创新活动的投入;三是重视公共创新平台建设,建立公共科技基础条件平台,继续推进关键领域的国家重大装备工程中心、工业企业技术中心和行业重点实验室的建设,鼓励和扶持国内有实力的企业建立技术联盟、标准联盟,推进自主知识产权标准的确立;四是发挥重大项目的带动作用,以国家重大工程为牵引,通过关键技术突破产生的局部跃升,可以有效带动产业自主创新能力的全面提升;五是促进中小科技型企业的发展,切实为中小科技型企业的发展创造良好的环境。继续深入推进科技孵化器建设,为中小企业的创立创造条件。通过推进设立创业板、设立中小科技型企业创新基金和扩大基金规模、为有发展前途的中小科技型企业进行贷款担保和贷款贴息等方式,解决中小科技型企业的融资难问题。

5. 树立正确的"转变外贸增长方式"的政策导向,进一步提高

利用外资质量和水平

首先要继续坚持和完善战略性贸易和适度的进口替代政策。完善关税和非关税手段的目的是支持国内的"自主创新"和吸引外商投资,以促进产业优化升级。其次是在继续鼓励发展加工贸易的基础上采取正确的政策措施引导加工贸易转型升级。基本的政策方向是应促进内外贸一体化,即允许不同国内中间投入品配套比例的加工贸易产品以不同的税收优惠政策进入国内市场,在扩大出口部门市场空间的同时,吸引国内外投资进入配套领域生产,发展上游制造业和下游服务产业。在此过程中,人民币汇率水平应与市场扩大和配套生产水平相协调、相适应。再次是加快中国企业对外投资,特别是建立具有海外商业分销渠道的跨国商贸公司,以投资带动出口贸易。第四是要实现内外资待遇并轨,利用外资从追求数量和规模向追求质量的转变,利用外资的目的从弥补外汇资金不足转变为引进先进技术和管理经验上来,利用外资从"招商引资"到"招商选资"的转变,利用外资的区域重点从重东部转向中东西部并重。

6. 积极扩大就业,缩小收入差距,建立一个能够兼顾经济增长与劳动者保护的灵活的劳动力市场

扩大就业的重点应该放在通过培训等措施缓解农村劳动力向城镇地区转移的就业压力,和通过教育体制改革缓解大学生就业困难问题。缩小收入差距的一个工作重点是要提高劳动报酬占国民收入的比重。在我国当前的劳动力市场上,劳动者总体说处于相对弱势地位,从而导致劳动者收入在国民收入中的份额不断减低,初次收入分配向着不利于劳动者的方向严重倾斜。但我们也必须清醒地认识到,中国仍然是一个发展中国家,在今后相当长一段时期内发展仍然是第一要务,劳动力市场的建设和完善也必须与发展第一要务相适应。这就要求中国的劳动力市场要保持适度的灵活程度。因为灵活性是保持经济竞争能力的必要条件,只有兼顾到保障水平、市场灵活性和稳定性以及经济增长之间关系的劳动力市场才会既有助于维护社会稳定,同时也有利于经济发展。与世界其他国家相比尤其是与欧洲国家相比,中

国劳动力市场当前存在的最大问题是缺乏保护而不是保护过度,当前的劳动力市场应该说是灵活程度有余,安全性不足。因此,今后劳动力市场建设和改革的重点应该是如何增进劳动力市场的安全性和稳定性。

7. 深化财税体制改革,科学扩大政府支出,促进经济增长方式转变

从财税体制改革看,要围绕推进基本公共服务均等化和主体功能区建设,加快完善公共财政体系,加快形成财力与事权相匹配的财政体制和统一规范透明的财政转移支付制度,增强基层财政提供公共服务的能力。从税收制度完善来看,应该降低税收征管自由裁量权的空间,让不同企业在平等的税收环境中公平竞争。从中长期来看,中国仍要加快财税改革,建立起应对危机的快速反应机制,做到未雨绸缪,积极应对。特别是健全地方财政,让地方政府摆脱对土地出让金的依赖,能够在危机到来时与中央政府一起有能力来共同面对。从政府支出看,现在扩大政府支出的主要着眼点放在刺激最终消费需求上。对于低收入群体而言,其消费需求不足的深层原因在于收入水平相对较低。故而,在扩大政府支出方面要着眼于"增":即通过扩大政府支出,直接增加低收入群体的收入水平,全力提高人们的消费能力;对于中等收入群体而言,其消费需求不足的深层原因在于社会保障制度有欠完善。故而,在扩大政府支出方面应着眼于"减":即通过建立起行之有效的医疗、退休、教育等社会保障制度体系,减缓或解除人们的后顾之忧。比如,要进一步优化财政支出结构,加快以改善民生为重点的社会建设。以此为基础,稳定和改善居民消费预期,促进即期消费,拉动消费需求。又如,要进一步调整财政支出结构,严格控制一般性支出,重点加大"三农"、教育、就业、住房、医疗卫生、社会保障等民生领域的投入。同时,根据社会事业发展规律和公共服务的不同特点,积极探索有效的财政保障方式,建立健全保障和改善民生的长效机制,等等。

8. 深化中国金融体制改革与发展,完善金融宏观调控体制

一是继续完善货币政策调控方式、加大政策工具的创新，改进政策传导机制，加强本、外币的政策协调，保持币值稳定，促进国民经济又好又快地发展，在加强总需求管理的同时，促进国民经济的结构调整。为了提高货币政策的效率，应当进一步提高货币政策的前瞻性、预见性，把握好货币政策调控的力度，为国民经济的发展创造一个良好的金融环境。同时，由于中国具有越来越强大的国际影响力，货币政策应当注意国际协调力；二是要继续重点深化银行业改革，完善银行业的公司治理结构、风险控制和管理体系，健全银行金融机构的激励和风险约束机制，提高中国银行体系的稳定性；三是继续健全中国金融市场体系的建设，应适时大力发展企业债券市场，推动企业融资结构的多元化和促进金融市场的深化；四是进一步推进利率市场化改革，完善商业银行的利率风险管理机制，建立中央银行的利率调控体系，进一步推动央行利率体系建设，进一步降低乃至取消超额准备金利率，在此基础上，进一步扩大贷款利率的浮动区间，逐步改变中央银行直接调控商业银行存贷款利率的状况；完善人民币汇率机制，进一步提高人民币汇率的灵活性，让市场机制在人民币汇率的决定中发挥更为基础性的作用。

9. 将整体上改善环境质量列为"十二五"国家经济社会发展的目标，提高可持续发展能力

节能减排，控制二氧化硫或化学需氧量，只是改善环境质量的重要手段之一。我国环境保护方面还存在许多问题，例如忽视对空气颗粒物的控制，忽视农业生产的污染问题，忽视淡水取用损害地表水和地下水可持续性，忽视植树造林的质量。因此，可将改善环境质量列为环境保护目标，即应将污染控制目标转变为环境质量控制目标这样有利于各地方根据本地区的实际污染状况，通过综合分析，采取针对性更强的综合污染控制措施，促进环境质量的持续改进。另外应注意的是，我国的节能减排政策既要考虑到当前的国情、经济发展和就业的要求、产业的国际竞争力，又要考虑到资源和环境的承受能力；既要考虑到现有产业的可持续发展，又要考虑到新兴产业的培育。"十一五"规划提出单位 GDP 能耗降低 20%、主要污染物排放总量减少 10% 的目标，要坚决贯彻落实。在"十二五"时期仍然要提出单位 GDP 能耗和减排目标，并作为各级政府的"硬"任务加以落实。要大力推进新型能源产业、环保产业以及提高能源效率、降低污染排放的新工艺、新设备、新产品的发展，一方面促进节能降耗，另一方面也有利于产业结构的优化调整。

10. 深化政府体制改革，促进经济发展方式转变，保障和改善民生

无论是促进经济增长方式转变，还是缩小地区差距、收入差距，改善民生，构建和谐社会，都要依靠体制机制改革，而体制机制改革的关键是政府体制改革。"十一五"期间，政府体制改革相对较慢，一方面政府主导经济发展的模式还没有完全触及，政府过度从事生产经营活动，不适当地干预微观经济活动，另一方面，政府的公共服务职能仍然偏少偏弱。实际上，我国经济发展方式问题，我国存在的一些社会矛盾，其产生原因都在一定程度上可以追溯到政府体制改革缓慢。"十二五"期间，我国必须大力推进政府体制改革，将"十二五"作为我国政府体制改革攻坚期。通过政府体制改革，推进我国经济发展方式转变，推进我国和谐社会的建设。

（执笔：陈佳贵、黄群慧）

参考文献

刘树成、张晓晶、汤铎铎：《2006—2008 年我国宏观调控情况分析》，2009 年 6 月。

刘树成、常欣：《"十一五"前三年经济体制改革进程评估》，2009 年 6 月。

金碚、吕铁、李晓华：《我国产业结构问题跟踪分析》，2009 年 6 月。

李扬、王国刚、何海峰、彭兴韵、董裕平：《金融发展与货币政策》，2009 年 6 月。

李扬、何海峰：《"投资、消费与经济发展"中期研究报告》，2009 年 6 月。

张晓山、党国英、朱钢、李国祥：《我国农业与农村经济社会发展的回顾与分

析（2006—2008）》，2009 年 6 月。

　　裴长洪、王朝阳：《"十一五"中期中国开放型经济进展评述》，2009 年 6 月。

　　张车伟、张士斌：《就业、收入分配与经济发展——"十一五"规划进展评估》，2009 年 6 月。

　　高培勇、杨志勇：《中国财税运行（2006—2008）：回顾与展望》，2009 年 6 月。

　　陈佳贵、黄群慧、钟宏武：《"十一五"中期我国工业化水平与问题的初步分析》，2009 年 6 月。

　　潘家华、陈迎、李宇军、孟雨岩、郑艳：《"十一五"节能与环保目标中期（2005—2008）评估报告》，2009 年 6 月。

　　国家发改委：《〈中华人民共和国国民经济和社会发展第十一个五年规划纲要〉实施中期评估报告》，2008 年 12 月。

　　人力资源和社会保障部、国家统计局：《2008 年度中国人力资源和社会保障事业发展统计公报》，2009 年 5 月。

　　国家统计局：《中华人民共和国国民经济和社会发展 2008 年统计公报》，2009 年 2 月。

第 二 章

"十一五"宏观调控目标实现情况
与"十二五"政策建议

本章旨在对我国"十一五"时期宏观经济调控目标的实现情况进行分析，对"十二五"时期的经济增长目标提出相应的政策建议和论证。本章分为四部分：第一回顾《中华人民共和国国民经济和社会发展第十一个五年规划纲要》中所制定的有关宏观调控的指导原则和主要目标；第二说明这些宏观调控目标的实现情况；第三对"十二五"时期经济增长目标提出政策建议；第四对经济增长目标的测算与政策建议的分析。

一 "十一五"规划中关于宏观调控的
指导原则和主要目标

"十一五"规划的"第一篇"，即"指导原则和发展目标"，提出了6条指导原则。第一条就是关于宏观调控的指导原则，提出"必须保持经济平稳较快发展"。要求"正确把握经济发展趋势的变化，保持社会供求总量基本平衡，避免经济大起大落，实现又快又好发展"。

"十一五"规划提出了经济社会发展的9组主要目标，第一组目标就是"宏观经济平稳运行"。这包括4个方面的目标：（1）经济增长方面分为两个具体目标，即总量 GDP 年均增长 7.5%；人均 GDP 年均增长 6.6%，比 2000 年翻一番。（2）就业方面分为 3 个具体目标，即城镇新增就业和转移农业劳动力各 4500 万人，城镇登记失业率控制在 5%。（3）价格方面，价格总水平基本稳定。（4）国际收支方面，基本平衡。

"十一五"规划提出了 22 个量化指标，包括 14 个预期性指标和 8 个约束性指标。以上经济增长方面的两个具体目标和就业方面的 3 个具体目标，均为预期性指标。

二 "十一五"规划中宏观调控目标的实现情况

1. 关于经济增长目标

"十一五"时期各年 GDP 增长率分别为：2006 年，11.6%；2007 年，13%；2008 年，9.6%；2009 年，8.7%；2010 年，我们预测为 9.5%（见图 1）。5 年 GDP 年均递增 10.5%，超过了"十一五"规划所提出的年均增长 7.5% 的预期目标。

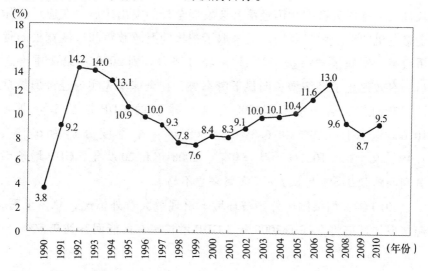

图 1　1990—2010 年 GDP 增长率

　　"十一五"时期 GDP 增长率的具体波动情况为:2006 年和 2007 年,承接了 2000 年以来 GDP 增长率连续上升趋势,也就是承接了"九五"最后一年和整个"十五"期间 GDP 增长率的连续上升趋势,分别达到 11.6% 和 13%。从 2000 年至 2007 年,我国 GDP 增长率连续 8 年保持在 8%—13% 的上升通道内,走出了一条新中国成立以来在历次经济周期波动中从未有过的最长的上升轨迹。而在过去历次经济周期波动中,上升阶段往往只有短短的一二年。但是,随着 GDP 增长率的节节攀升,也出现了"三过"问题,即固定资产投资增长过快、货币信贷投放过多、贸易顺差过大等问题。这使我们面临着经济增长由偏快转为过热、价格由结构性上涨演变为明显通货膨胀的风险。针对这种情况,2007 年底举行的中央经济工作会议提出了宏观调控的"双防"任务(防止经济增长由偏快转为过热,防止价格由结构性上涨演变为明显通货膨胀)。与此相适应,稳健的货币政策调整为从紧的货币政策,并继续实行稳健的财政政策。

　　2008 年,美国次贷危机恶化,并迅速演变为百年不遇的国际金融危机。这样,国内的经济调整与国际的金融危机相叠加,使经济增长过快下滑成为影响我国经济社会发展全局的突出矛盾。在应对国际金融危机的冲击中,我国及时采取了积极的财政政策和适度宽松的货币政策,实施了"一揽子计划"。经过努力,到 2009 年第 2 季度之后,有效遏止了经济增长明显下滑态势,在全球率先实现经济形势总体回升向好。从季度看,2008 年 4 个季度的 GDP 增长率分别为 10.6%、10.1%、9% 和 6.8%,[①] 2009 年 4 个季度分别为 6.2%、7.9%、9.1% 和 10.7%。从全年看,2008 年和 2009 年,GDP 增长率分别回落到 9.6% 和 8.7%,实属来之不易。

　　2010 年,如果国内外经济环境不出现重大意外情况,总体上看,经济发展环境将会好于 2009 年,GDP 增长率有可能回升到 9.5%。

----

　　① 国家统计局将 2008 年全年 GDP 增长率由 9% 修订到 9.6%,但没有公布 2008 年各季度 GDP 增长率的修订数。这里的季度数是与原全年 GDP 增长率 9% 相对应的。

如果把最近的 4 个五年计划或规划，即"八五"到"十一五"做个比较的话（见表 1），我们看到，"十一五"期间 GDP 年均增长 10.5%，低于"八五"期间的 12.3%，高于"九五"和"十五"期间的 8.6% 和 9.6%。从各五年计划或规划期间 GDP 增长率波动的标准差来看，"十一五"期间为 1.77 个百分点，小于"八五"期间的 2.16 个百分点，大于"九五"和"十五"期间的 1.02 和 0.87 个百分点。若直观地看波动幅度，即从各五年计划或规划期间 GDP 增长率的最高点与最低点之间的落差来看，"十一五"期间为 4.3 个百分点，小于"八五"期间的 5 个百分点，大于"九五"和"十五"期间的 2.4 和 2.1 个百分点。"八五"期间，GDP 增长率一起一落，波动幅度较大（见图 1）；"九五"期间，GDP 增长率基本处于平稳回落之中，波动幅度较小；"十五"期间，GDP 增长率处于平稳上升之中，波动幅度最小；"十一五"期间 GDP 增长率的波动小于"八五"，而大于"九五"和"十五"，这在应对百年不遇的国际金融危机的背景下，可说是基本实现了"十一五"规划所提出的保持经济平稳较快发展的总要求。

表 1   "八五"至"十一五"经济增长的比较 GDP

项目 规划期	GDP 年均增长率 （%）	GDP 增长率的标准差 （百分点）	GDP 增长率的最高点与 最低点的落差（百分点）
"八五"	12.3	2.16	5.0
"九五"	8.6	1.02	2.4
"十五"	9.6	0.87	2.1
"十一五"	10.5	1.77	4.3

值得提出的是，在"十一五"期间，我国 GDP 总量在 2006 年超过英国，2007 年又超过德国，成为世界第三大经济体。按照国际货币基金组织的预测，我国在"十一五"的最后一年，2010 年，GDP 总量将超过日本，成为世界第二大经济体。

"十一五"时期人均 GDP 的增长各年分别为：2006 年，11%；

2007 年,12.5%;2008 年、2009 年和 2010 年,分别预估为 9%、8.1% 和 8.9%。[①] 5 年人均 GDP 年均递增 9.9%,超过了"十一五"规划所提出的年均增长 6.6% 的预期目标。以 1978 年人均 GDP 为100,2000 年其不变价指数为 575.5,2010 年将达 1411,为 2000 年的2.45 倍,超额完成了"十一五"规划所提出的比 2000 年翻一番的目标。

2. 关于就业目标

"十一五"时期前 3 年,我国城镇新增就业分别为 1184 万人、1204 万人、1113 万人。在国际金融危机严重冲击和国内经济增速下滑的影响下,我国就业形势严峻。2008 年第 4 季度后,城镇登记失业人数首次突破 900 万人(达 915 万人)。据对 15 个城市 513 家企业的持续监测,2008 年 10 月到 2009 年 3 月,岗位流失情况严重,累计减幅达 8% 以上。[②]经过各方面努力,从 2009 年第 2 季度之后,城镇新增就业走出低谷,企稳回升。2009 年城镇新增就业 1102 万人。[③]至此,前 4 年合计共新增就业 4603 万人,已完成"十一五"规划所提出的城镇新增就业 4500 万人的预期目标。

对于我国城镇登记失业率,2006 年、2007 年、2008 年分别为4.1%、4%、4.2%。从 2008 年第 4 季度后,城镇登记失业率上升了0.3 个百分点,达到 4.3%,是近 5 年来的新高。2009 年全年为4.3%。[④] 据人力资源和社会保障部预测,2010 年,随着整个经济形势的好转,城镇新增就业和城镇登记失业率会相对稳定。这样,城镇登记失业率也可以完成"十一五"规划所提出的控制在 5% 的预期目标。

---

① 近几年来,我国人均 GDP 增长率一般低于 GDP 增长率 0.6 个百分点。按照这个情况,在前面 2008 年、2009 年和 2010 年 GDP 增长率分别为 9.6%、8.7% 和 9.5% 的基础上,这三年人均 GDP 增长率的预估数分别为 9%、8.1% 和 8.9%。

② 《就业形势逐季好转》,《人民日报》2009 年 12 月 25 日。

③ 《人力资源和社会保障部 2009 年第四季度新闻发布会》,中国网,2010 年 1 月 22 日。

④ 同上。

3. 关于价格目标

"十一五"时期前3年,我国居民消费价格上涨率分别为1.5%、4.8%、5.9%。2009年由正转负,为-0.7%;2010年,我们预测为3%。总体上说,达到了"十一五"规划所提出的价格总水平基本稳定的目标。但是,从居民消费价格月同比上涨率来看(见图2),由2007年6月4.4%开始明显攀升,到2008年2月上涨到8.7%,达到这一轮物价上涨的峰值。部分地区居民消费价格上涨率在多个月份超过10%。随后,在一系列调控措施下,并随着经济增长率的回落,居民消费价格月同比上涨率逐步下降,到2009年2月出现负增长,一直到2009年11月由负略微转正。

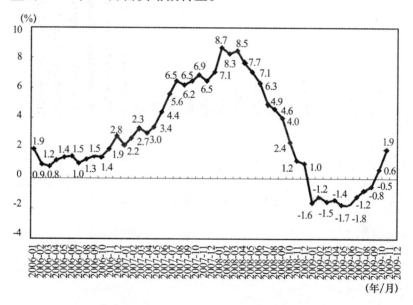

图2 2006年1月—2009年12月居民消费价格上涨率

4. 关于国际收支目标

1990年至2004年,我国外贸顺差(净出口额)一直在500亿美元以下,2005年开始急剧增长(见图3)。"十一五"时期前3年,我国外贸顺差分别为1774.8亿美元、2618.3亿美元、2981.3亿美元。外贸顺差偏大,成为我国经济发展中的一个问题。2009 年外贸顺差降为 1961 亿美元。2010 年,我们预测为 2200 亿美元。总的看,要完成"十一五"规划所提出的国际收支基本平衡的目标,还需一个过程。

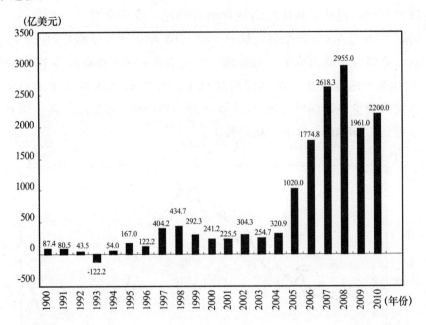

图 3　1990—2010 年净出口额

三　对"十二五"时期经济增长目标的政策建议

在宏观经济调控各项目标中,GDP 增长率目标具有综合性和核心性。这里,我们着重讨论"十二五"时期经济增长目标问题。先看"八五"到"十一五"这 4 个五年计划或规划期间经济增长目标的设定与实际运行结果之间的差距(见表 2)。

"八五"时期(1991—1995 年),经济增长目标原设定为 6%,后调整为 8%—9%,而实际运行结果为 12.3%,比调整后的目标高出 3.3—4.3 个百分点。

"九五"时期（1996—2000 年），经济增长目标设定为 8% 左右，实际运行结果为 8.6%，高出目标 0.6 个百分点。

"十五"时期（2001—2005 年），经济增长目标设定为 7% 左右，实际运行结果为 9.6%，高出目标 2.6 个百分点。

"十一五"时期（2006—2010 年），经济增长目标设定为 7.5%，实际运行结果为 10.5%，高出目标 3 个百分点。

表 2　　　　"八五"至"十一五"经济增长的目标值与实际值

规划期	GDP 增长的目标值	GDP 实际年均增长率（%）	实际值高于目标值（百分点）
"八五"	8%—9%	12.3	3.3—4.3
"九五"	8% 左右	8.6	0.6
"十五"	7% 左右	9.6	2.6
"十一五"	7.5%	10.5	3.0

从这 4 个五年计划或规划看，除"九五"外，实际经济增长率都较高地超过了原来设定的目标。"十二五"规划怎样设定经济增长目标呢？有三种方法：

第一种方法，仍沿用过去的习惯，把目标值设定得比较低，如仍像"十一五"规划那样设定为 7.5%。这样做的好处：一是，留有余地，有把握完成；二是，引导各方不要片面追求过高的速度；三是，长期以来大家都习惯了把五年计划或规划的目标设定得比较低，如果"十二五"提高了，容易使人误以为要追求高速度。但问题是，实际运行的结果往往过高地超过了目标，使目标失去了可信度。

第二种方法，可以设定目标区间。这一目标区间可称之为以潜在经济增长率为基准的适度经济增长区间。从我国目前发展阶段出发，建议潜在经济增长率把握在 9%，目标区间设定为 8%—10%（这一设定的测算和分析，将在本报告第四部分给出）。这样做的好处：一是使增长目标具有一定弹性,可以应对国内外经济形势的非预期变化,给宏观调控留有适度空间。二是,给不同地区经济增长目标的设定留有相应的调整空间,有利于各地区从实际出发设定本地的目标。一些地区可能增长得快一点,一些地区可能增长得慢一点,也都在目标区间内。三是,8%—10%的增长区间可能更接近于"十二五"期间的实际,执行结果不至于离实际太远。

第三种方法,不是给出单一的五年固定不变的目标值,也不是笼统地给出一个目标区间,而是对未来五年中的各年设定不同的、可以反映经济波动趋势的目标值。这就是以潜在经济增长率为基准,对未来各年给出高低有所不同的目标预测值(对"十二五"期间各年的测算和分析,也将在本报告第四部分给出)。这样做的好处:一是使各年增长目标具有动态性,即把经济的年度短期运行与五年的中期波动走势有机地结合起来,使大家在经济波动的动态中把握各年的目标。二是,有利于宏观调控政策将目光放得更远一些,即宏观调控不只是着眼于当年的经济增长目标和当年的经济平稳运行,而是着眼于各年间的相互衔接,使宏观调控政策既能保持连续性和稳定性,又可根据经济波动的不同态势具有相应的针对性和灵活性。三是,这也是国际上已有的做法。如《美国总统经济报告》,从1979年开始,每年都给出未来多年(5—6年)的目标预测值。世界银行的《全球发展金融》,一般会提供一个3年的预测。而国际货币基金组织的《世界经济展望》,也会提供一个未来5年的预测结果。现以美国《总统经济报告》为例。根据美国国会1946年《就业法》的规定,从1947年起,每年初都由总统经济顾问委员会撰写经济报告,由总统签署后,提交国会。该报告主要回顾和总结上年的经济运行情况,分析和展望当年及下一年的短期经济发展,就政府的主要经济目标和国内外经济政策进行阐释。1978年,美国国会将1946年《就业法》修订为《充分就业和平衡增长法》。新法要求政府在每年初的《总统经济报告》中不仅提出当年和下一年的短期经济发展目标,而且要提出未来中期的经济发展目标。由此,从1979年起,每年《总统经济报告》都制定和阐明当年及未来若干年的经济发展目标，并列出一张相应的经济目标预测表。表 3 就是 2009 年 1 月发表的《总统经济报告》中的预测表。表中发布了对 2009 年至 2014 年 6 年中各年的经济目标预测值。表中所包括的经济指标有 8 个：（1）名义 GDP 增长率，（2）实际 GDP 增长率，（3）GDP 价格指数变化，（4）消费者价格指数变化，（5）失业率，（6）利息率（91 天国库券），（7）利息率（10 年期国债），（8）非农部门受雇就业人数。

表 3　　　　　　　　美国《总统经济报告》中的政府经济目标预测表*

年份	名义 GDP	实际 GDP（环比）	GDP 价格指数（环比）	消费者价格指数（CPI—U）	失业率（%）	利息率(91 天国库券 %）	利息率(10 年期国债 %）	非农部门受雇就业人数（平均月度变化，第 4 季度对第 4 季度，千人）
2007（实际值）	百分比变化，第 4 季度对第 4 季度				水平，日历年			
	4.9	2.3	2.6	4.0	4.6	4.4	4.6	104
2008	2.4	-0.2	2.5	2.8	5.7	1.4	3.8	-114
2009	2.2	0.6	1.7	1.7	7.7	0.7	4.2	-235
2010	6.6	5.0	1.5	1.7	6.9	2.0	4.6	222
2011	6.5	5.0	1.5	1.8	5.8	3.5	4.9	269
2012	5.1	3.4	1.9	1.9	5.0	3.9	5.1	261
2013	4.5	2.7	1.7	2.0	5.0	3.9	5.1	121
2014	4.5	2.7	1.8	2.1	5.0	3.9	5.1	115

*《美国经济报告》2009 年。除 2007 年为实际值外，其余均为预测值。

以上第二、三种方法也可以作为"十二五"时期在实际经济运行中的把握。

四　对"十二五"时期经济增长目标的测算与分析

（一）潜在经济增长率及其测算方法

现对以上第二、三种政策建议进行具体的测算和分析。这两种政策建议都要以潜在经济增长率为基准。"十一五"期间的实际经济运行也给了我们两方面的告诫:其一,如果经济增长率过高,如高过11%,就容易引发严重的通货膨胀,产生高能耗、高物耗、高污染等严重问题;其二,如果经济增长率过低,如低于8%,像在国际金融危机冲击下2008年第4季度和2009年第1季度那样,经济增长率低到6.8%和6.2%,也会给城乡就业等带来巨大压力。归结到一点,为了保持经济的平稳较快发展,在宏观调控中,一个重要的环节就是把握好潜在经济增长率。

所谓潜在经济增长率是指,一个经济体,一定时期内,在各种资源正常限度地充分利用且不引发严重通货膨胀的情况下,所能达到的经济增长率。[①]潜在经济增长率表明一定时期内经济增长的中长期趋势。现实经济运行围绕潜在经济增长率上下波动。如果现实增长率过高地超过潜在经济增长率,则会引起资源、环境等的严重制约,引起严重的通货膨胀;反之,如果现实经济增长率过低地小于潜在经济增长率,则会造成生产能力过剩和资源的严重闲置,引起失业,引起通货紧缩。现实经济增长率可在适当的幅度内围绕潜在经济增长率上下波动,既不引起资源的严重制约,也不引起资源的严重闲置,物价总水平也保持在社会可承受的范围内,这一波动幅度即为适度经济增长区间。因此,潜在经济增长率的测算和把握,是正确分析经济运行态势和实施宏观调控政策的重要基础。

精确地测算和判定潜在经济增长率,是一个困难的问题。这是因为,不同的测算方法所得出的结果可能不尽相同;同时,一定时期内潜在经济增长率的把握也还需要考虑各种实际情况的变化。因此,潜在经济增长率不单纯是一个数量上的测算问题,而且也包含着多种因素的分析和把握问题。

---

① 参见刘树成、张晓晶、张平《实现经济周期波动在适度高位的平滑化》,《经济研究》2005年第11期。

关于潜在经济增长率或潜在产出的测算和研究，最早始于美国经济学家奥肯（Okun，1962）。著名的"奥肯定律"正是在这一研究中提出的。此后，随着宏观经济理论和统计计量技术的发展，以及政策制定和经济预测的需要，出现了很多测算潜在经济增长率或潜在产出的研究。一般来说，测算潜在经济增长率或潜在产出的方法可以分为两大类：

第一类是纯粹的统计和计量方法，基本不涉及宏观经济理论。其中又可以分两种具体方法：一种是单变量的趋势滤波法，一种是多变量的向量自回归方法（VAR，Vector Autoregression），前者比较常用。

第二类是经济理论方法（Amornthum，2002）。其中又可以分为三种具体方法：第一种大体从总需求方面入手，利用菲利普斯曲线和奥肯定律等宏观经济关系进行测算；第二种从总供给角度入手，利用总量生产函数进行测算；第三种则利用动态随机一般均衡方法进行测算，不过这种方法得到的结果不是很理想，在理论上也存在较大争议（Mishkin，2007）。

我们这里将根据我国改革开放 30 年来的数据资料，利用趋势滤波法、生产函数法和菲利普斯曲线法这三种方法分别测算我国的潜在经济增长率，以作为对"十二五"时期分析的基点。[①]

（二）潜在经济增长率和适度经济增长区间的测算与分析

1. 趋势滤波法

趋势滤波法利用已有的经济增长数据，通过频率选择滤波方法分离长期增长趋势和短期波动成分，其中的长期增长趋势部分即代表潜在增长。趋势滤波法是最简单的潜在经济增长率的测算方法，它利用的信息最少，只使用经济增长率数据，它的经济理论基础非常薄弱，其实只是一种简单的统计方法。

---

① 我们在《实现经济周期波动在适度高位的平滑化》（《经济研究》2005 年第 11 期）一文中，曾利用趋势滤波法和菲利普斯曲线法做过测算，当时的样本期分别为 1978—2004 年和 1980—2004 年。本章的测算，样本期得以延长，分别为 1978—2009 年和 1978—2008 年。

　　趋势滤波法有很多滤波器可供选择,但是在年度数据上各个滤波器差别不大。因此,我们选择最简单也最常用的 HP 滤波器。HP 滤波器由 Hodrick & Prescott(1980)提出,此后获得了广泛应用。他们认为,虽然现代经济增长理论取得了重大进展,但是还不足以利用增长核算得出精确的长期增长趋势。在趋势分解方面,增长理论可以告诉我们的就是趋势是平滑的。据此,他们设计了一个滤波器,该滤波器从时间序列 $\{x_t\}_{t=1}^{T}$ 中得到一个平滑的序列 $\{y_t\}_{t=1}^{T}$。$\{y_t\}_{t=1}^{T}$ 是下列问题的解:

$$\min_{\{y_t\}_{t=-1}^{T}}\left\{\sum_{t=1}^{T}(x_t-y_t)^2+\lambda\sum_{t=1}^{T}\left[(y_t-y_{t-1})-(y_{t-1}-y_{t-2})\right]^2\right\}$$

上式大括号中多项式的第一部分是波动成分的度量,第二部分是趋势项平滑程度的度量,λ 是自由参数,调节二者的权重。当 λ 取 0 时,序列 $\{y_t\}_{t=1}^{T}$ 和原始序列重合;当 λ 趋于无穷大时,序列 $\{y_t\}_{t=1}^{T}$ 在一条直线上。

　　测算的基本步骤如下:首先,将我国 1978—2009 年的 GDP 增长指数(1978 年为 100,2009 年为 1805.5)进行 HP 滤波,分解出趋势项和波动项,λ 取值 6.25。[①] 然后,将趋势项做一阶差分,得到 HP 滤波后的趋势增长率,如图 4 中的粗黑曲线所示。HP 滤波后的趋势增长率比实际增长率平滑,大体处于 8%—12% 的区间内。滤波后的 GDP 年均递增速度为 9.87%,这与 1979—2009 年 31 年间 GDP 实际增长的年均递增速度 9.78% 很接近,仅差 0.09 个百分点。我们可以将 8%—12% 这一区间视为我国改革开放以来以 9.8% 为潜在经济增长率中线的适度经济增长区间。

　　在今后的"十二五"时期,要考虑三大因素的变化:一是要更加注重提高经济增长的质量和效益,更加注重经济发展方式转变和经济结构调整;二是资源、能源、环境等约束不断强化;三是外需在一

---

　　① 这里 λ 取值 6.25,是根据 Ravn & Uhlig(2002)的研究。他们的研究认为,λ 的取值应该是观测数据频率的 4 次方,即年度数据应取 $\lambda=6.25$,季度数据应取 $\lambda=1600$,月度数据应取 $\lambda=129600$。

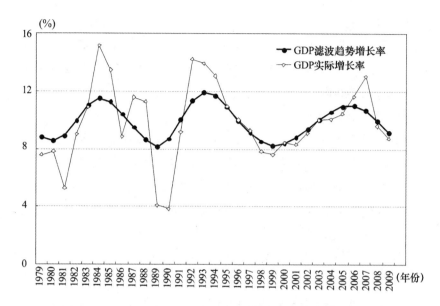

图 4 1979—2009 年 GDP 滤波趋势增长率和 GDP 实际增长率

段时期内将处于萎缩和低迷状态。因此，在"十二五"时期，适度经济增长区间的上限可下调 2 个百分点，即适度经济增长区间可把握在 8%—10%，潜在经济增长率的中线可把握为 9%。这对宏观调控的政策含义是：当实际经济增长率高出 10% 时，就要实行适度的紧缩性宏观调控政策；当实际经济增长率低于 8% 时，就要实行适度的扩张性宏观调控政策；当实际经济增长率处于 8%—10% 的区间时，可实行中性的宏观调控政策。

在"十二五"时期，适度经济增长区间把握在 8%—10%，也有6 大支撑因素：（1）体制因素。社会主义市场经济体制在改革中的不断完善，以公有制为主体的多种所有制经济的共同发展和相互促进，为经济的适度增长提供了重要的制度基础。（2）资源供给因素。改革开放 30 年来的经济发展，为经济的适度增长提供了必要的物质条件。（3）工业化和城市化因素。我国工业化和城市化的加快发展，为经济的适度增长提供了强大的内需动力。（4）消费升级因素。收入水平提高和消费结构升级，为经济的适度增长提供了新的消费需求动力。（5）新兴产业和科技因素。新兴产业和科学技术的发展为经济的适度增长提供了新的增长源泉。（6）地区因素。东、中、西部各地区在应对国际金融危机中的调整和发展，为经济的适度增长提供了广阔的地理空间。

2. 生产函数法

生产函数法利用总量生产函数估计潜在增长率，需要搜集和测算资本存量、就业人口、人力资本等数据。从基本理论角度来看，生产函数法最为严格，利用的信息也最多。然而，从实际操作层面看，由于许多数据不易搜集，测算得到的数据也因方法不同而存在较大差异，因而导致最后所得到的潜在增长率存在较大差异。

我们的测算方法和日本央行的方法（BOJ, 2003）非常接近。假设形式如下的对数线性总量生产函数：

$$\ln Y = (1-\alpha)\ln K + \alpha\ln L + \ln T \tag{1}$$

其中，Y 代表实际实现的 GDP，K 代表实际投入的资本，L 代表实际投入的劳动，T 是全要素生产率（Total Factor Productivity, TFP）。α 是劳动投入份额，设定规模报酬不变，即资本投入和劳动投入份额之和等于 1。然后，再假设同样形式的潜在总量生产函数：

$$\ln Y^* = (1-\alpha)\ln K^* + \alpha\ln L^* + \ln T \tag{2}$$

其中带星号的变量是相应变量的潜在水平。

在（1）式中，Y、K、L 和 α 是已知变量，可以据此求出全要素生产率 T。在（2）式中，K^* 和 L^* 是已知变量，代入前面求出的 T，就可以推出潜在产出 Y^*。整个测算方法比较简单，关键在于如何确定这些已知变量。

在测算过程中，有 5 个变量和 1 个参数需要事先确定，即 Y、K、K^*、L、L^* 和 α。Y 数据的获得相对直接和容易。根据测算需要，把 1978—2008 年的实际 GDP 增长指数转换为以 1991 年价格表示的实际 GDP 序列，即得到（1）式中的 Y。现对于其他数据和参数的测算及获得略作说明。

关于资本投入。在我国的宏观经济数据统计中，没有直接可用的总量资本数据，需要利用有关数据测算。最常用的测算方法是永续盘存法，以下式表示：

$$K_t = (1-\delta)K_{t-1} + I_t/P_t \tag{3}$$

其中 K 是实际资本存量，I 是名义资本形成，P 是投资价格指数，δ 是折旧率。（3）式的含义是，本期实际资本存量等于上期实际资本存量减去折旧，再加上本期实际资本形成。据此，要测算资本存量，有 4 个量需要确定：基期资本存量 K_0、名义资本形成总额、投资价格指数和折旧率。

关于基期资本存量的确定，在我国有很多讨论（张军、章元，2003；林毅夫等，2003）。由于我们的研究关心的是潜在经济增长率，基期资本存量的绝对数量对此影响不大。因此，我们直接采用林毅夫等（2003）测算的 1978 年资本存量 10072.51 亿元，并用投资价格指数将其转化为 1991 年价格，为 21302.53 亿元，相当于当年 GDP 的 3 倍。关于名义资本形成总额，可直接从历年《中国统计年鉴》获得。关于投资价格指数，在 1991 年之前，我国的宏观经济统计中没有提供，这成为测算的一个重要问题。有学者研究发现（张军、章元，2003），上海市的价格波动和全国相对一致，《上海市统计年鉴》提供了 1991 年之前的上海市固定资本形成价格指数，可以作为同期全国变量的良好替代。因此，我们以 1978—1990 年的上海数据和 1991—2008 年的全国数据合成投资价格指数序列，以 1991 年为基期。关于资本折旧率，从国际经验来看，大多数国家在 4%—6% 之间。我国资本存量的许多研究也大体采用这一区间的数值。这里，我们采用 5% 的折旧率。至此，（3）式中的变量和参数均已确定，可以据此算出我国 1978—2008 年的资本存量。

应该注意的是，上面得到的资本存量是 K^*，而不是 K。因为 K^* 是现实存在的全部资本，而 K 则是实际投入生产的资本。这就牵扯到资本利用率的问题。在经济过热和繁荣时期，可能会存在固定资本的超负荷使用和运转；而在经济过冷和衰退时期，可能存在固定资本闲置或使用不足。与日本相比（Kamada & Masuda, 2001；BOJ,

2003），我国相对缺乏刻画资本利用程度的指标和数据。在本研究中，我们使用发电设备平均利用小时数来刻画我国的资本利用程度，它是指在一定时期内发电设备运行的平均小时数。这一指标首先是对电力行业资本利用程度的良好刻画，因为小时数高表明设备利用充分，甚至是超负荷运转，小时数低则表示设备利用率低，甚至存在闲置。其次，这一指标和总发电量正相关，而总发电量可以部分刻画整个国民经济的资本利用程度。发电量高表明电力需求旺盛，相关行业的固定资产利用充分；发电量低则表明电力需求萎缩，相关行业固定资产利用不足。1978—2008 年，发电设备平均利用小时数的最大值出现在 2004 年，为 5455 小时，最小值出现在 1999 年，为 4393 小时。我们取整个序列的中数作为固定资本合理充分利用时的小时数。用这个小时数除整个序列，构造资本利用率指标序列。然后，将资本利用率和此前算出的潜在资本存量相乘，得到实际投入生产的资本存量 K。

关于劳动投入。目前，我国就业人员统计数据有两种来源。一种是人口普查，给出每年就业人员总数，以家庭为调查单位；一种是"三合一"劳动统计①，给出每年分行业就业人员数，以企业为调查单位。有学者研究指出（岳希明，2005），由于这两种统计在方法上存在差异，因此统计结果也存在差异。人口普查的就业以当时状态为标准，即 15 岁以上，在调查周内从事过有收入的工作；"三合一"劳动统计的就业采用经常状态标准，即以被调查人在较长一段时间内（一般是一年）的工作状态来判断就业。因此，人口普查统计出来的就业人口总数要比"三合一"劳动统计的加总结果大。显然，人口普查统计的就业人数偏向于高估，因为一部分非充分就业的人员也被包括在内；"三合一"劳动统计的就业人数偏向于低估，因为一部分

① "三合一"劳动统计一词是国家统计局劳动统计部门内部的用法，由三种不同的统计构成：由国家统计局以及劳动和社会保障部负责的城镇单位劳动统计，国家工商行政管理总局对城镇私营企业就业人员、个体劳动者的行政登记，以及由农村社会经济调查总队负责的乡村就业人员统计（岳希明，2005）。

人员的劳动投入被排除在外。由于我国的劳动统计很不全面，因此本文的研究用人口普查统计的就业人数代表潜在的就业人数，用"三合一"劳动统计的就业人数代表实际投入的就业人数。从二者的统计方法上来看，这种设定方法大体能反映我国的真实就业状况。但是这样得到的还不是 L 和 L^*，因为要得到真实的劳动投入，至少还有两个因素需要考虑。第一是劳动时间，即使劳动力数量不发生变化，工作时间的变化也会影响投入生产的劳动总量；第二是劳动的质量，高素质劳动者的增多在就业人数上无法反映，这样会低估投入生产的劳动总量（岳希明、任若恩，2008）。由于在我国缺乏可用的劳动时间数据，因此我们只考虑第二个因素，即劳动者质量。

1990 年第 4 次人口普查之前，我国的总就业人员数采用"三合一"劳动统计的结果，此后即开始采用人口普查数。这样，我国的总就业人数序列在 1990 年出现了一个非常突出的异常点，从 1989 年的 55329 万人猛增加到 1990 年的 64749 万人，增长速度达到了 17%。从数据的可获得性上来看，1978—2002 年的"三合一"劳动统计总就业人数可以直接获得，1990—2008 年的人口普查统计总就业人数可以直接获得。我们利用 2004—2008 年人口普查数的增长率推出"三合一"劳动统计在对应年份的人数，再利用 1978—1990 年"三合一"劳动统计人数的增长率推出人口普查统计在对应年份的人数。这样，我们不但解决了就业人数的异常点问题，也得到了研究所需要的潜在就业人数和实际就业人数。

劳动者质量又被称作人力资本。人力资本涵盖的内容比较广泛，但是一般的研究大多用劳动者的受教育情况来进行度量。刻画受教育情况的较好量化指标是受教育年限，因此，人力资本存量就等于劳动者受教育时间的加总。例如，一个受过小学教育的劳动者的人力资本为 6（人·年），一个受过硕士研究生教育的劳动者的人力资本为 19（人·年），如果这两个人组成一个经济体，则整个经济体的人力资本存量为 25（人·年）。假设期初的人力资本存量为 H_0，此后各期的人力资本存量可以根据下式推算：

$$H_t = (1 - \delta_{t-1}) H_{t-1} + \triangle H_t \qquad\qquad (4)$$

其中,δ_{t-1}代表 t—1 期的人力资本折旧,包括人口自然死亡、退出劳动人口和知识折旧等因素。$\triangle H_t$ 则表示 t 期新增的人力资本。有学者最近的研究(王小鲁等,2009)全面考虑了我国劳动力人口的受教育时间情况,计算出了我国 1952—2008 年的人力资本存量。然后,用劳动年龄人口(扣除在校学生)除人力资本存量,得到人均教育水平。我们的研究直接使用他们的数据。有了就业人数和人均教育水平,二者相乘就是全部劳动投入。用前面得到潜在就业人数乘人均教育水平得到 L^*,实际就业人数乘以人均教育水平得到 L。

以上提到的有关重要数据序列,见表 4。

表 4 　　　　　　　　　　重要数据序列

年份	国内生产总值（亿元）	实际投入的资本存量（亿元）	潜在资本存量（亿元）	潜在从业人员数（万人）	实际从业人员数（万人）	发电设备平均利用小时数（小时）	资本利用率（％）	人均教育水平（年）
1978	7081.11	21551.57	21302.53	45945 *	40152	5149	1.0117	3.872
1979	7619.28	23749.03	23356.65	46942.8 *	41024	5175	1.0168	4.107
1980	8214.09	25429.41	25487	48472.7 *	42361	5078	0.9977	4.457
1981	8646.04	26871.26	27600.66	50033.5 *	43725	4955	0.9736	4.705
1982	9424.96	29300.25	29783.02	51830.01 *	45295	5007	0.9838	4.919
1983	10451.7	32694.14	32620.43	53135.63 *	46436	5101	1.0023	5.07
1984	12037.9	36711.59	36000.7	55150.7 *	48197	5190	1.0197	5.205
1985	13659.5	42371.28	40627.1	57068.51 *	49873	5308	1.0429	5.308
1986	14870.3	48042.67	45381.06	58680.79 *	51282	5388	1.0587	5.402
1987	16591	52705.95	49749.06	60398.35 *	52783	5392	1.0594	5.478
1988	18460.5	56813.46	54423.51	62173.13 *	54334	5313	1.0439	5.544
1989	19211.1	59734.66	58793.18	63311.68 *	55329	5171	1.016	5.603
1990	19947.5	62466.4	63067.4	64749	56740	5041	0.9905	5.674
1991	21781.5	66989.61	67782.03	65491	58360	5030	0.9883	5.766
1992	24883	72415.07	73140.8	66152	59433	5039	0.9901	5.852

续表

年份	国内生产总值（亿元）	实际投入的资本存量（亿元）	潜在资本存量（亿元）	潜在从业人员数（万人）	实际从业人员数（万人）	发电设备平均利用小时数（小时）	资本利用率（%）	人均教育水平（年）
1993	28352.8	79917.66	80256.69	66808	60222	5068	0.9958	5.927
1994	32063.3	91375.96	88870.24	67455	61472	5233	1.0282	6.013
1995	35568.4	101728.3	99356.44	68065	62389	5211	1.0239	6.118
1996	39130.2	109386.6	110614.6	68950	62842	5033	0.9889	6.217
1997	42762.8	114343.2	121695.9	69820	63667	4782	0.9396	6.318
1998	46112.2	117628.1	133007.8	70637	62363	4501	0.8844	6.43
1999	49631.5	124928.2	144735.3	71394	62491	4393	0.8631	6.567
2000	53809.4	139088.3	156716.9	72085	62978	4517	0.8875	6.69
2001	58277.5	153909	170732.3	73025	63052	4588	0.9015	6.809
2002	63574.2	178736.2	187176.5	73740	63779	4860	0.9549	6.922
2003	69947.2	214190.9	207840.8	74432	64377.52*	5245	1.0306	7.045
2004	77000	249299	232595.3	75200	65041.78*	5455	1.0718	7.165
2005	85030	277815.5	261308.8	75825	65582.35*	5411	1.0632	7.285
2006	94936.5	301053.8	294769.8	76400	66079.68*	5198	1.0213	7.405
2007	107278.2	327518.8	332649.6	76990	66589.98*	5011	0.9846	7.532
2008	117576.9	343881.1	374210.6	77480	67013.79*	4677	0.9190	7.65*

原始数据来源：《中国统计年鉴》、《上海市统计年鉴》。

注：（1）产出和资本存量均按1991年价格计算；（2）资本存量按永续盘存法推算，资本折旧率取5%；（3）加*号的数据为作者根据相关增长率推算；（4）人均教育水平数据来自王小鲁等（2009）。

关于劳动投入份额。确定要素投入份额有两种方法，一种是根据国民经济核算中资本和劳动的收入分配比例来计算，一种是根据总量生产函数来估计。从相关研究的结果来看，两种方法存在巨大差异。林毅夫等（2003）根据第一种方法得到的资本投入份额为0.3，郭庆旺、贾俊雪（2004）根据第二种方法估计的资本投入份额为0.69，其他一些相关研究的估计值大体在这两个值之间。对于我们的研究而言，这意味着劳动投入份额 α 的取值大致在 0.3 和 0.7 之间。

用收入分配数据计算要素投入份额，人力资本等劳动投入质量因素已经包含在内，也就是说，人力资本要素所获得的收入也计入劳动所得。本研究的劳动投入虽然也考虑了人力资本因素，但是平均受教育年限并不能完全度量劳动力数量，还有其他一些因素未能纳入。对本研究而言，0.7 应该是高估了劳动投入份额。用总量生产函数估计要素投入份额，由于对资本存量和劳动投入数据的估算不一，结果也就出现了很大差异。另外，在相应的回归中一般都会出现比较严重的自相关和多重共线性等问题，估计结果并不很稳健。因此，本研究采用一个折中的结果，取劳动投入份额为 0.6，即 α = 0.6。

根据上面的数据和参数，先利用（1）式计算得到 TFP。从（1）式得到的 TFP 不仅包括除了劳动和资本投入以外的其他要素的贡献，还包括一些随机扰动和噪音。因此，用 HP 滤波去除掉这些因素，得到相对平滑的趋势项。TFP 是以 1991 年为 100 的指数，滤波中的参数 λ 取 6.25。结果如图 5 所示。

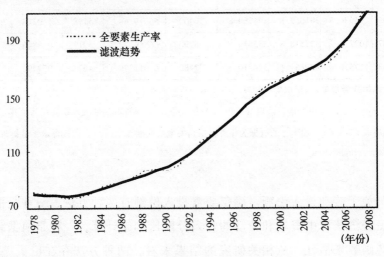

图 5　全要素生产率（TFP）

　　得到趋势 TFP 以后，再利用（2）式求出潜在产出。对潜在产出做一阶差分，就得到潜在增长率。结果如图 6 所示。根据生产函数法的计算，1979—2008 年 30 年间我国潜在产出的年均递增速度为 9.98%，这与同一期间我国 GDP 实际增长的年均递增速度 9.82% 很接近，仅差 0.16 个百分点。这一期间，潜在增长率的波动区间大体上亦处于 8%—12%。生产函数法的计算结果与上述趋势滤波法的计算结果较为相似。根据生产函数法的计算，作为对"十二五"时期的政策建议，同样出于上述趋势滤波法时的各种因素考虑，适度经济增长区间可把握在 8%—10%，潜在经济增长率的中线可把握为 9%。

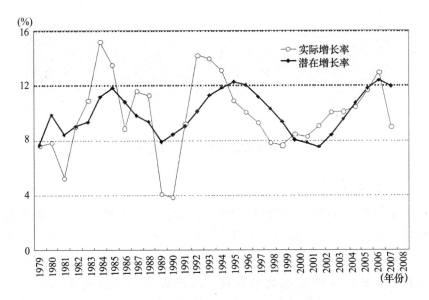

图 6　中国经济的实际增长率和潜在增长率

　　现将我国的潜在增长率按照要素贡献进行分解，结果如图 7 所示。从 1978—2008 年，我国的潜在增长平均有 40.8% 来自资本的贡献，25.1% 来自劳动的贡献，34.1% 来自全要素生产率 TFP。从图 7 看出，与资本和劳动相比，TFP 的波动较大，可以解释我国大部分的趋势波动。1979—1984 年期间，劳动的贡献份额很大，这是因为此前我国人均教育水平基数很小，在这段时间增长很快，此后的增长则逐步趋缓。从图 7 还可看出，进入 21 世纪后我国的潜在增长率平稳上升，其中劳动贡献基本保持不变，增量主要来自资本贡献和 TFP，而 TFP 贡献的增量又大于资本贡献。

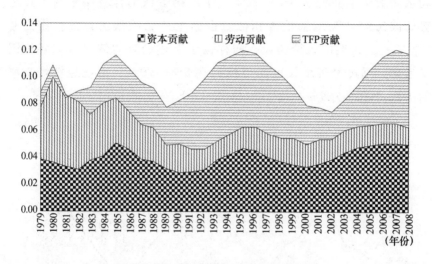

图 7　中国潜在经济增长的要素贡献分解

3. 菲利普斯曲线法

菲利普斯曲线法又称价格调整法，它利用经济增长和通货膨胀的替代关系，通过简单的回归方程来确定某一稳态通货膨胀率条件下的经济增长率。菲利普斯曲线法有一定的理论基础，所利用的经济增长率和通货膨胀率数据也简单易得，因而成为一种比较常用的测算方法。

根据菲利普斯曲线方程，我们建立通货膨胀率（以居民消费价格 CPI 上涨率表示）与 GDP 增长率之间的关系，然后利用 1978—2009 年二者的年度数据进行回归。因为二者均为一阶差分后的变量，所以应该都是平稳变量。单位根检验的结果支持这一结论。这样，就可以用最小二乘法（OLS）进行回归。结果如下：

$$\Delta p_t = 0.9899 * \Delta p_{t-1} - 0.3634 * \Delta p_{t-2} + 0.9561 * \Delta y_t - 7.42$$

$$(6.314) \qquad (-2.361) \qquad (3.401) \qquad (-2.367)$$

$$R^2 = 0.6563，调整 R^2 = 0.6167，DW = 1.85$$

方程中，以 Δp_t 代表居民消费价格上涨率，Δp_{t-1} 代表滞后一期的居民消费价格上涨率，Δp_{t-2} 代表滞后两期的居民消费价格上涨率，Δy_t 代表 GDP 增长率。方程中括号内数字为 t 统计量。从回归结果看，各变量系数的 t 统计量都很显著，R^2 为 65.6%，调整 R^2 为 61.7%，DW 值为 1.85，计量结果是令人满意的。

该方程的经济含义是：（1）通货膨胀率受其自身的影响。滞后一期的通货膨胀率变动 1 个单位，可使当期通货膨胀率同向变动 0.9899 个单位，即近 1 个单位，这符合适应性预期假说；同时，滞后两期的通货膨胀率变动 1 个单位，可使当期通货膨胀率反向变动 0.3634 个单位。综合看，过去一期和两期通货膨胀率变动 1 个单位，可使当期通货膨胀率同向变动 0.6265 个单位。（2）通货膨胀率受经济增长率的影响。GDP 增长率变动 1 个单位，导致当期通货膨胀率变动 0.9561 个单位。这反映出通货膨胀率变动与 GDP 增长率变动的一致性。

根据该方程，可以计算出不同稳态通货膨胀率水平下的 GDP 增长率（见表 5）。稳态是指增长率保持不变。稳态通货膨胀率，即没有加速通货膨胀。从表 5 看出，稳态通货膨胀率上升 1 个百分点与 GDP 增速上升 0.39 个百分点是相对应的。根据一般经验，社会可承受的通货膨胀率水平在 1%—5%，相对应的 GDP 增长率为 8.15%—9.71%。如果通货膨胀率水平在 3%，则相对应的 GDP 增长率为 8.93%。根据菲利普斯曲线方程的计算，可以把通货膨胀率水平 3% 条件下的 GDP 增长率 8.93% 视为潜在经济增长率，把通货膨胀率水平 1%—5% 条件下的 GDP 增长率 8.15%—9.71% 视为适度经济增长区间。这个结果，与上面根据趋势滤波法和生产函数法对"十二五"时期所作的设定建议是比较接近的。

表5 **不同稳态通货膨胀率水平下的 GDP 增长率** (%)

	通货膨胀									
通货膨胀率	0	1	2	3	4	5	6	7	8	9	10
GDP 增长率	7.76	8.15	8.54	8.93	9.32	9.71	10.11	10.50	10.89	11.28	11.67

	通货紧缩									
通货膨胀率	−10	−9	−8	−7	−6	−5	−4	−3	−2	−1	0
GDP 增长率	3.85	4.25	4.64	5.03	5.42	5.81	6.20	6.59	6.98	7.37	7.76

（三） 宏观经济运行的中期预测与分析

首先，对我国未来6年（"十一五"最后一年和整个"十二五"期间）各年的经济增长率进行预测。具体来说，利用常用的自回归单整移动平均（Autoregressive Integrated Moving Average，ARIMA）模型进行初步的基准预测。这一基准在一定程度上反映了经济的周期波动成分。然后，再对预测结果进行一些调整。

1. 基准预测

1995年诺贝尔经济学奖得主卢卡斯在回顾宏观经济时间序列的数量特征时谈道："从技术上说，任何一个国家的 GNP 围绕其趋势的运动都可以用一个很低阶的具有随机干扰项的差分方程来很好地描述"（Lucas，1977）。因此，用单变量时间序列模型来刻画和预测产出序列非常常见。本研究采用 ARIMA 模型作为经济增长率的预测基准。该模型的缺点是利用的信息量很少，只是实际 GDP 的历史值；优点是比较简明地刻画了产出的周期波动成分。

现利用 ARIMA 模型预测经济增长率。经济增长率是实际 GDP 序列的一阶差分，ADF 检验显示，在1%的置信水平上拒绝 GDP 序列（y）的一阶差分（Δy）有单位根。我们通过赤池信息准则（AIC）和施瓦茨信息准则（SIC）（迪博尔德，2003），选择了 ARIMA（3，1，3）模型。利用 1978—2009 年 GDP 增长率数据，回归结果如下：

$$\Delta y_t = 0.099 + 1.295\Delta y_{t-1} - 0.47\Delta y_{t-2} - 0.155\Delta y_{t-3} + u_t -$$

$$1.027u_{t-1} - 0.901u_{t-2} + 0.952u_{t-3}$$

$$(197) \quad (12.5) \quad (-2.64) \quad (-1.18)$$

$$(-6.15) \quad (-9.22) \quad (5.94)$$

$$R^2 = 0.767,\ 调整\ R^2 = 0.704,\ DW = 2.05$$

根据括号中的 t 值，上式中除了 Δy_{t-3} 项的系数之外，其他系数都是显著的，拟合优度和 DW 统计量也都比较合意。利用上述模型预测 2010—2015 年的经济增长率，结果如表 6 所示。

表 6　　　　　　　　ARIMA（3，1，3）模型预测的经济增长率

年份	2010	2011	2012	2013	2014	2015
经济增长率（%）	9.8	9.8	9.6	9.5	9.5	9.6

从表 6 的初步预测结果看，经过 2008 年至 2009 年我国第 10 轮经济周期的下降阶段之后，从 2010 年开始将进入新一轮经济周期的上升阶段。如果按照原始数据的以往惯性，经济增长率会在 2010 年和 2011 年出现一个 9.8% 的峰值，此后稍有回落。

2. 预测结果的调整

上面基准预测结果的一个显著特点是，在 2010 年和 2011 年出现一个增长峰值，此后略有回落，但仍然处在相对比较高的水平。考虑到 21 世纪以来我国经济增长表现出明显的经济周期上升阶段延长的特征，我们设想了另一种经济增长路径，即宏观调控政策根据新形势、新情况，适时适度地进行必要的微调，加之经济发展方式有所转变，从而使新一轮经济周期的上升阶段得以延长，避免经济增长的急上急下。由此，可以设想这样的情景，经济增长从 2010—2013 年逐步缓慢上行，此后才逐步回落至潜在水平附近，如表 7 所示。

表 7　　　　　　　　宏观经济运行的中期预测

年份	2010	2011	2012	2013	2014	2015
经济增长率（%）	9.5	9.8	10.0	10.3	9.5	9.0

准确预测未来若干年内的经济增长是一项困难的任务,因此我们在这里特别强调,此处进行中期预测的主要目的并不是要完全准确地预测未来的增长,而是为如何设定经济波动趋势目标值做一个示例。以潜在经济增长率为基础,结合对一些基本宏观经济关系的分析和把握,可以为未来增长设定一个反映经济波动趋势的动态目标值,以供跟踪监测和社会各方面参考。

综合以上分析,我们对"十二五"时期经济增长目标的设定提出3种建议:其一,仍沿用过去的习惯,把目标值设定得比较低,如仍像"十一五"规划那样设定为7.5%。其二,可以设定目标区间。这一目标区间可称之为以潜在经济增长率为基准的适度经济增长区间。从我国目前发展阶段出发,建议潜在经济增长率把握在9%,目标区间设定为8%—10%。其三,不是给出单一的5年固定不变的目标值,也不是笼统地给出一个目标区间,而是对未来5年中的各年设定不同的、可以反映经济波动趋势的目标值,具体列于表7。第二、三种建议也可以作为"十二五"时期在实际经济运行中的把握。

(执笔:张晓晶、汤铎铎)

参考文献

中国社会科学院"中国经济形势分析与预测"课题组:《中国经济形势分析与预测——2009年秋季报告》,经济蓝皮书《2010年中国经济形势分析与预测》,社会科学文献出版社2009年版。

郭庆旺、贾俊雪:《中国潜在产出与产出缺口的估算》,《经济研究》2004年第5期。

黄赜琳、朱保华:《中国经济周期特征事实的经验研究》,《世界经济》2009年第7期。

林毅夫、郭国栋、李莉、孙希芳、王海琛:《中国经济的长期增长与展望》,北京大学中国经济研究中心讨论稿,2003年。

刘树成、张晓晶、张平:《实现经济周期波动在适度高位的平滑化》,《经济研究》2005第11期。

汤铎铎:《两个经典宏观经济关系在中国的检验》,《中国社会科学院研究生院学报》2007 年第 3 期。

王小鲁、樊纲、刘鹏:《中国经济增长方式转换和增长的可持续性》,《经济研究》2009 年第 1 期。

岳希明:《我国现行劳动统计的问题》,《经济研究》2005 年第 3 期。

岳希明、任若恩:《测量中国经济的劳动投入:1982—2000》,《经济研究》2008 年第 3 期。

张军、章元:《对中国资本存量 K 的再估计》,《经济研究》2003 年第 7 期。

Amornthum, Somchai, 2002, "*Japan's Potential Growth: An HP Filter Approach*", Research Paper for Econ 614, University of Hawai'i at Manoa.

BOJ (Bank of Japan), 2003, "*The Output Gap and the Potential Growth Rate: Issues and Applications as an Indicator for the Pressure on Price Change*", Bank of Japan Quarterly Bulletin, May.

Congressional Budget Office, 2001, "*CBO's Method for Estimating Potential Output: An Update*", CBO's studies and reports, August.

Congressional Budget Office, 2004, "*A Summary of Alternative Methods for Estimating Potential GDP*", CBO's background paper, March.

Economic Report of President, 2009.

Guerrero, Victor M., 1991, "*ARIMA Forecasts with Restrictions Derived from a Structural Change*", International Journal of Forecasting, Vol. 7 pp. 339—347.

Hamilton, James D., 1994, Time Series Analysis, Princeton University Press, Princeton, New Jersey.

Hodrick, Robert, and Edward Prescott, 1980, "*Post—war Business Cycles: An Empirical Investigation*", Working Paper, Carnegie—Mellon University. (Published in Journal of Money, Credit and Banking, 1997, Vol. 29, No. 1, pp. 1—16.)

Kamada, K., and K. Masuda, 2001, "*Effects of Measurement Error on the Output Gap in Japan*", Monetary and Economic Studies, Vol. 19 (2), Institute for Monetary and Economic Studies, Bank of Japan, pp. 109—154.

Kuttner, Kenneth N., 1994, "*Estimating Potential Output as a Latent Variable*", Journal of Business and Economic Statistics, Vol. 12, pp. 361—368.

Lucas, Robert E., 1977, "*Understanding Business Cycles*", In *Carnegie—Rochester Conference Series on Public Policy*, Vol. 5, pp. 7—29.

Mishkin, Frederic S. , 2007, "*Estimating Potential Output*", At the Conference on Price Measurement for Monetary Policy, Federal Reserve Bank of Dallas.

Okun, A. M. , 1962, "*Potential GNP: Its Measurement and Significance*", in Proceedings of the Business and Economic Statistics Section, American Statistic Associate, pp. 98—103.

Ravn, M. and H. Uhlig, 2002, "*On Adjusting the HP—Filter for the Frequency of Observations*", Review of Economics and Statistics, Vol. 84, No. 2, pp. 371—376.

Stock, James H. , 2001, "*Time Series: Economic Forecasting*", in International Encyclopedia of the Social & Behavioral Sciences, pp. 15721—15724.

Stock, James H. , Mark W. Watson, 1999, "*Forecasting inflation*", Journal of Monetary Economics, Vol. 44, pp. 293—335.

Ting Lu, T J Bond, 2009, "*Forecasting China within a business cycle framework*", Bank of America and Merrill Lynch reseach paper.

George E. P. Box, Gwilym M. Jenkins 和 Gregory C. Reinsel, 1997:《时间序列分析:预测与控制》,中译本,中国统计出版社 1997 年版。

Niemira, Michael P. 和 Philip A. Klein:《金融与经济周期预测》,中译本,中国统计出版社 1998 年版。

迪博尔德,弗朗西斯·X.:《经济预测》,中译本,中信出版社 2003 年版。

第三章

经济体制改革分析与"十二五"思路

"十一五"规划纲要设专篇对"深化体制改革"做了论述。开篇明确提出,"十一五"时期,以转变政府职能和深化企业、财税、金融等改革为重点,加快完善社会主义市场经济体制,形成有利于转变经济增长方式、促进全面协调可持续发展的机制。该篇随后从"着力推进行政管理体制改革"、"坚持和完善基本经济制度"、"推进财政税收体制改革"、"加快金融体制改革"、"完善现代市场体系"5个方面对"十一五"时期深化改革的重点做了战略铺陈。除此之外,纲要在其他篇章对民生、农村、资源环境以及涉外等领域的改革也有所论及。经过几年的实践,经济体制改革的进展如何?存在什么问题?"十二五"时期改革的基本思路和对策怎样?本章对此进行分析。

一 "十一五"以来改革的主要进展

"十一五"以来,经济体制改革在总体上取得了一定进展,在财税、金融等领域,推出了若干重要改革举措;同时在构建科学发展的制度保障方面,特别是在促进经济社会协调发展和统筹城乡发展方面,进行了新的探索。

(一) 推进行政管理体制改革

一是启动新一轮政府机构改革。在中央和地方层面,探索实行职能有机统一的大部门体制。其中,中央一级,改革涉及调整变动的机构共15个,正部级机构减少4个;省一级,根据各地政府机构改革方案(除四川因地震灾情适当推迟上报改革方案外),80多个副厅级以上的机构被取消。

二是探索行政层级改革。首先是简化财政管理层级,推行"省直管县"财政管理体制改革试点和"乡财县管乡用"财政管理方式改革试点。同时,还探索行政体制上的"省直管县",进行"强县扩权"和扩大县级政府经济社会管理权限等"省直管县"的试点。

三是拟定事业单位改革框架。探索依据现有事业单位的社会功能,将其划分为承担行政职能的、从事公益服务的和从事生产经营活动的三个大类,分别实施改革。

四是推进行政透明化。《政府信息公开条例》开始施行。

(二) 进一步完善基本经济制度

一是推进国有经济战略性调整。截至2008年底,由国资委履行出资人职责的企业数量由2005年底的169家减少到142家。其中,通过划入和新成立的方式增加了6家,通过划出和注销的方式减少了2家,通过重组的方式减少了58家。

二是深化国有企业改革。(1)在企业产权制度改革方面,继续推进国有企业,特别是国有大型企业股份制改革,并推动实现部分企业的境内外上市,包括首次公开发行股票并上市、主业资产整体上市、境外回归境内上市等。(2)在完善企业法人组织结构方面,继续推行国有独资企业建立和完善董事会制度试点,实现了企业决策层和执行层的初步分开。

三是推进国有资产监督体制改革。（1）在机构设置方面，中央、省、市（地）三级国有资产监管体制框架基本建立。（2）在法律建设方面，通过《企业国有资产法》。（3）在机制设计方面，国有企业经营业绩考核和股权激励制度开始实行。

四是推进垄断行业和市政公用事业改革。（1）在法律建设方面，施行《反垄断法》。同时成立国务院反垄断委员会作为国务院议事协调机构，并由商务部、国家发展和改革委员会以及国家工商行政管理总局具体履行执法职责。

（2）在电信部门改革方面，为解决电信市场失衡、电信业有效竞争、3G产业的发展以及国有电信公司内部体制创新问题，电信业进行了新一轮重组。

（3）在铁路部门改革方面，为满足大规模铁路建设的资金需求，推进投融资体制改革。在增量层面上，吸引各种资金（主要是地方政府权益性出资）直接投资铁路建设，扩大合资建路规模。在存量层面上，推进铁路企业股份制改造，并选择部分优质资产改制上市。

（4）在邮政部门改革方面，按照政企分开的原则，组建新的国家邮政局，承担监管职能；并组建中国邮政集团公司，作为国有独资企业，从事普通服务业务和竞争性业务。同时组建中国邮政储蓄银行，成为继中国工商银行、中国农业银行、中国银行、中国建设银行四大国有商业银行之后的第五大商业银行。

（5）在石油部门改革方面，对外开放国内原油、成品油批发经营权，允许具备条件的企业在国内从事原油、成品油批发经营，旨在打破国家统一配置原油资源和中石油、中石化两大集团集中批发成品油的格局，逐步形成国有大型石油企业、跨国石油企业以及社会经营单位共同参与石油市场竞争的格局。

（6）在供热部门改革方面，推行城镇供热收费制度改革。热费由职工单位向供热企业统一交纳改为由使用者直接向供热企业交纳，热费补贴也相应由"暗补"转为"明补"，以此建立健全"谁用热、谁交费"的机制，推进供热的商品化和货币化。

此外，电力部门继续推进大用户与发电企业直接交易试点工作，以促进售电方引入竞争、增加用户用电选择权，推动电力市场进一步开放和完善电价形成机制。

五是推动非公有制经济发展。通过了旨在平等保护公私财产的《物权法》，使非公有制经济发展的法律环境进一步改善。截至 2008 年底，全国私营企业达到 657.4 万户，注册资金 11.7 万亿元，分别较 2005 年底增加 52.8% 和 91.8%；全国个体工商户 2917.3 万户，资金数额 9006 亿元，分别较 2005 年底增加 18.4% 和 55%。

（三）深化财税体制改革

一是深化增值税改革。实施增值税由生产型向消费型转型改革，增减相抵后将减轻企业税负共约 1233 亿元。

二是深化企业所得税改革。实施新的《企业所得税法》，对内、外资企业统一实行 25% 的所得税税率；同时，外资企业单独享受的税前扣除优惠、生产性企业再投资退税优惠、纳税义务发生时间上的优惠等也与内资企业统一。

三是深化个人所得税改革。（1）提高工资、薪金所得个人所得税的费用扣除标准。（2）建立纳税人自行申报和扣缴义务人全员全额扣缴申报相结合的双向申报制度。（3）调低储蓄存款利息所得个人所得税税率。

四是推进消费税改革。按照有保有压的原则，对消费税的税目和税率进行了 1994 年以来最大规模的调整，强化了消费税对节约资源、保护环境、合理引导消费和间接调节收入分配的作用。

五是推进地方税制改革。（1）实施城镇土地使用税制改革。为抑制建设用地的过度扩张、公平税负，提高了城镇土地使用税标准，并将外商投资企业和外国企业纳入征税范围①。（2）实施车船税制改革。将原内资企业及个人适用的车船使用税和外资企业及个人适用的车船使用牌照税合并为车船税，统一了内外资企业和个人的税收待遇；同时，调整了征税标准，体现了节能环保和照顾低收入群体的原则。（3）实施耕地占用税改革。按照最严格保护耕地的要求，提高了税额标准；同时将外商投资企业和外国企业纳入耕地占用税的征收范围，体现了税收公平原则。（4）统一内外资企业和个人房地产税收制度。为更好地体现税收公平性原则和 WTO 的国民待遇原则，取消城市房地产税，对外资企业和外籍个人统一征收房产税。

六是深化公共产权收入制度改革。（1）实行国有资本经营预算制度，以规范国家和企业间的收入分配关系，确保国家以所有者身份取得企业国有资本收益。（2）开征石油特别收益金，以调节垄断部门超额利润，平衡行业间收入分配关系，并实现国家公共产权收益。

七是推进预算管理制度改革。（1）深化部门预算改革，全面实施政府收支分类改革。（2）推进国库集中收付制度改革。至 2008 年所有中央部门及所属 1.2 万多个基层预算单位，28 万多个地方基层预算单位实施国库集中支付制度改革。（3）深化非税收入收缴改革。决定将国有土地使用权出让收支纳入地方财政基金预算管理。收入全部缴入地方国库，支出一律通过地方基金预算从土地出让收入中予以安排，实行彻底的"收支两条线"。

（四）深化金融体制改革

一是深化国有独资商业银行改革。中国工商银行、中国农业银行、中国银行、中国建设银行四大国有商业银行，均由国有独资商业银行改造为国家控股的股份制商业银行，其中三家已上市。

---

① 在土地使用方面，除调整税制外，还提高新批新增建设用地的土地有偿使用费标准；同时调整了地方分成的使用费管理方式，一律全额缴入省级国库，以遏制用地扩张、加大耕地保护。

二是推进政策性银行改革。国家开发银行由政策性银行转型为商业银行。

三是加快农村金融改革。

（1）推进农村信用社产权制度改革和机构重组。各地根据实际情况分别实施股份制、股份合作制、合作制等各种产权制度。截至2009年9月末，全国共组建农村商业银行29家，农村合作银行181家，组建以县（市）为单位的统一法人机构2055家。

（2）推进农村金融组织创新。调整放宽农村地区银行业金融机构市场准入政策，允许在农村新设村镇银行、贷款公司和农村资金互助社等三类新型金融机构；并进一步放宽了农村中小金融机构的市场准入。截至2008年11月末，已有86家新型农村金融机构开业，包括70家村镇银行，6家贷款公司，10家农村资金互助社。

四是引导和规范民间金融发展。（1）启动小额贷款公司试点。（2）加快《放贷人条例》等法律建设，民间借贷有望通过国家立法形式获得规范。

五是推进保险业改革。中国人寿股份有限公司、中国平安保险集团、中国太平洋保险公司分别上市。中国再保险（集团）公司由国家注资整体改制为股份公司。

六是在探索金融混业经营的背景下，进一步健全金融业监管协调机制。在股票和股指期货市场的跨市场监管协作、银行业和保险业的跨业监管合作，以及货币当局和各金融监管当局的信息共享机制建设方面，均有所推进。

七是推进金融服务业对外开放。

（1）推进银行业对外开放。取消对外资银行经营人民币业务的地域范围和服务对象范围的限制，取消对外资银行的所有非审慎性限制。在审慎监管的框架下，对外资银行实行国民待遇。同时施行新的《外资银行管理条例》，实施法人导向政策。

（2）推进证券业对外开放。截至2006年底，全部履行了加入世贸组织时有关证券业对外开放的承诺。至 2007 年底，共有 7 家中外合资证券公司，28 家中外合资基金公司，其中 19 家的外资股权已达到 40% 以上；有 4 家外资证券机构驻华代表处成为上海、深圳证券交易所特别会员；有 39 家和 19 家境外证券机构分别在上海、深圳证券交易所直接从事 B 股业务。

（五）推进生产要素市场化改革

一是推进资本要素市场化改革。

（1）推进利率市场化改革。

其一，启动货币市场基准利率体系建设。上海银行间同业拆放利率（Shibor）正式运行，旨在提高金融机构自主定价能力，指导货币市场产品定价，促进货币政策进一步由数量型向价格型调控转变。

其二，推进商业性个人住房贷款利率市场化，扩大个人住房贷款的定价空间。

其三，推出银行间市场人民币利率互换交易试点，以丰富全国银行间债券市场投资者风险管理工具，加快利率市场化进程。

（2）正式推出创业板市场，对中国多层次资本市场的建立以及资本市场逐步走向完善均具有重要意义。

（3）加强股票市场基础制度建设。

其一，股权分置改革基本完成。截至 2007 年底，沪、深两市共有 1298 家上市公司完成或已进入股改程序，占应改革上市公司的98%，对应的市值比例达到 98%。

其二，进一步改革股票发行制度。推出一系列旨在强化股票发行市场约束机制的新的制度安排，促使股票发行管理制度按照市场化的改革方向进一步调整。

其三，加强法律体系建设。基本形成与修订后的《公司法》、《证券法》相配套的规章体系。同时，一批与股权分置改革全面推进相适应的法律法规也相继颁布。

（4）债券市场发展有所加快。

其一，启动公司债券发行试点。

其二，明确企业债发行方式由审核制变为核准制，取消对企业债的额度限制，债券利率由企业根据市场情况决定，标志着传统的行政化企业债发行模式将被摒弃，新的市场化发行模式将被逐步引入。

此外，在债券市场对外开放方面，推动境内金融机构赴香港发行人民币债券。

二是推进土地要素市场化改革。明确工业用地必须采用招标拍卖挂牌方式出让。这有利于强化经营性土地的市场形成价格机制，更大程度地发挥市场配置土地资源的基础性作用。

（六）加快民生领域改革

一是推进收入分配制度改革。（1）完善劳动力市场工资指导价位制度，引导企业通过集体协商合理确定职工工资。（2）探索建立企业职工工资正常增长机制和支付保障机制，推行工资保证金制度。（3）健全最低工资制度。全国所有省份都颁布实施了小时最低工资标准，并将非全日就业劳动者、民办非企业单位就业人员等都纳入到最低工资制度的保障范围；同时，最低工资标准也进行多次并且较大幅度的调整。

二是推进就业制度改革。（1）《就业促进法》颁布实施，积极就业政策上升为法律制度，促进就业的长效机制得以建立。（2）为协调劳动关系和维护劳动者权益，实施新的《劳动合同法》和《劳动争议调解仲裁法》。

三是深化教育体制改革。（1）农村义务教育全面纳入财政保障范围，对全国农村义务教育阶段学生全部免除学杂费、全部免费提供教科书，对家庭经济困难寄宿生提供生活补助。（2）在全国范围内全部免除城市义务教育阶段学生学杂费，对享受城市居民最低生活保障政策家庭的义务教育阶段学生，继续免费提供教科书，对家庭经济困难的寄宿学生补助生活费。

四是推进医疗卫生体制改革。通过《关于深化医药卫生体制改革的意见》和《2009—2011 年深化医药卫生体制改革实施方案》，提出把基本医疗卫生制度作为公共产品向全民提供，促进基本公共卫生服务逐步均等化；并明确了 2009 年到 2011 年的阶段性工作目标和 5 项改革重点。初步测算，为保障 5 项改革，3 年内各级政府预计投入 8500 亿元，其中中央政府投入 3318 亿元，其余为地方政府投入。

五是加快社会保障制度改革。

（1）加强新型农村合作医疗制度建设。各级政府逐步增加对农民"参合"费的补贴额度。截至 2008 年底，全国开展新型农村合作医疗的县（市、区）达 2729 个，参加新农合人口 8.15 亿人，参合率达 91.5%。

（2）启动城镇居民基本医疗保险制度试点。将未纳入城镇职工基本医疗保险制度覆盖范围的中小学生、少年儿童和其他非从业城镇居民纳入保障范围，政府对试点城市参保居民的补助标准也逐步提高。截至 2008 年底，全国城镇居民基本医疗保险参保人数达到 1.17 亿。

（3）建立农村最低生活保障制度①。将农村贫困人口纳入保障范围，并不断提高低保标准和补助水平。截至 2008 年底，全国共有 1966.5 万户、4284.3 万农村居民得到最低生活保障。

（4）开始新型农村社会养老保险制度的试点。探索实行个人缴费、集体补助和政府补贴相结合的制度，其中中央和地方政府的财政补贴主要体现在基础养老金发放、缴费补助以及帮助困难群体代缴养老保险费三个方面。

---

①　在建立农村低保制度的同时，还针对农村贫困人口实行新的扶贫标准。从 2009 年开始，将绝对贫困标准和相对贫困标准合而为一，把低收入标准作为新的扶贫标准，对农村低收入人口全面实施扶贫政策，并将现行低收入标准作了调整。按照新标准，扶贫面将覆盖 4007 万人，扩大近 1.6 倍，扶贫对象增加约 2528 万人。

除上述四项制度建设外，还明确在境内证券市场实施部分国有股转持，以充实全国社会保障基金。这有利于增加社保基金的资金来源，弥补社保基金的资金缺口。

六是加强住房保障制度建设。提出把解决城市低收入家庭住房困难作为政府公共服务的一项重要责任，各级财政安排廉租住房资金有所提高。

（七）深化涉农体制改革

在涉农体制改革方面，除了以上论及的与"三农"有关的改革举措外，还重点体现在"多予、少取、放活"三个方面。

一是在多予方面。国家财政逐年较大幅度地增加涉农支出，特别是对农民的种粮补贴，增幅尤其明显。2006—2008 年，粮食直补、良种补贴、农机具购置补贴、农资综合补贴资金总额分别为 309 亿元、503 亿元和 1030.4 亿元，年增长率分别达到 77.7%、62.8% 和 104.9%。除直接增加转移性收入外，还继续实施农产品价格支持制度，特别是在 2008 年，先后三次提高粮食最低收购价，提价幅度超过 20%。

二是在少取方面。全面取消农业税；同时，取消农业特产税，制定出台《烟叶税暂行条例》，标志着国家与农民的传统分配关系发生了根本性变革。据测算，与 1999 年相比，农民每年减负总额约 1250 亿元，人均减负约 140 元。为巩固农村税费改革成果，确保农民负担不反弹，各级财政加大农村税费改革专项转移支付力度。2006 年当年，中央和地方财政分别安排转移支付 782 亿元和 250 亿元。

三是在放活方面。

（1）推进集体林权制度改革。明确"用 5 年左右时间，基本完成明晰产权、承包到户的改革任务"。截至 2008 年底，全国已林改并确权的林地达 8485 万公顷，占集体林地的 50%。

（2）深化农村土地制度改革。中共十七届三中全会对推进农村改革作出全面部署，尤其值得关注的是，对农村土地制度指明了改革的方向，主要有两点：

其一，全面保护农民农地农用的权益，在《物权法》的基础上进一步强化了农户农地承包权的物权化方向。

其二，加强对农民土地非农利用权益的保护。其中最引人注意的是，为农村集体经营性建设用地进入建设用地市场，并允许农民以多种合法方式参与开发经营，进而分享工业化、城市化成果提供了制度通道。①

（八）推进资源节约和环境保护市场化机制改革

一是推进矿业权有偿取得。实施煤炭资源有偿使用制度改革试点，将煤炭矿业权取得有偿和无偿并存的"双轨制"统一改为有偿取得的"单轨制"，即出让新设煤炭资源探矿权、采矿权，除特别规定的以外，一律以招标、拍卖、挂牌等市场竞争方式有偿取得；此前所有无偿取得的探矿权、采矿权，需要补缴相应价款。截至2007年底，试点省区9963个煤炭矿业权中，75%的矿业权实现了有偿取得。

二是建立矿山环境治理恢复保证金制度。明确矿山企业要按照矿产品销售收入的一定比例分年预提矿山环境治理恢复保证金，并列入成本。至2007年底，已有20个省份建立了矿山环境治理保证金制度。

---

① 在农村集体建设用地使用制度改革方面，目前在浙江、重庆、成都等地正试点"农村宅基地流转"改革。以浙江嘉兴为例，2008年开始实行以土地使用制度改革为核心的"十改联动"改革。一项重要内容就是鼓励农村居民实施"两分两换"，即：将宅基地和承包地分开，搬迁与土地流转分开；以承包地换股、换租、换保障，推进集约经营，转换生产方式；以宅基地换钱、换房、换地方，推进集中居住，转换生活方式。其中关于农村宅基地的整理，具体做法是取消农业户口，把目前的农村宅基地置换为城镇建设用地，在城镇集中建设新社区安置农民，原村庄复垦为耕地，然后把多余出来的土地指标挪到城市近郊用作工商业开发。截至2009年10月底，已置换出近万亩宅基地，可作为工业与建设用地。

当然，目前的农村宅基地流转改革最终能否破题"农村集体所有的非农业用地进入土地市场，并逐步实现与国有土地'同地、同价、同权'的目标"，还有待进一步观察。尤其是最终能否破除土地供给的垄断格局，允许农民直接面对需求者交易建设用地，进而保障农民的合法权益，值得特别关注。

三是探索建立排污权有偿使用和交易机制。在太湖流域开展水污染物排污权有偿使用和交易改革试点;在天津市尝试开展二氧化硫和化学需氧量等主要污染物排放权交易综合试点,旨在建立污染减排的激励和约束机制,探索运用市场机制加强环境保护。

四是实施成品油价格和税费改革。为公平税费负担,推动节能减排,取消公路养路费等6项收费,逐步有序取消政府还贷二级公路收费,并相应提高成品油消费税单位税额,在价内征收;同时为建立完善的成品油价格形成机制,将汽、柴油零售基准价格允许上下浮动改为实行最高零售价格,不再设定价格下限,鼓励经营者之间开展价格竞争,更好地反映市场供求状况。

(九)　深化涉外体制改革

一是深化外汇管理体制改革。

(1) 推动市场主体持有和使用外汇的便利化。主要是放宽境内居民个人购汇政策,取消境内机构保留经常项目外汇的最高限额,进一步增强了居民和企业持有和使用外汇的自主性。

(2) 探索推进人民币国际化进程。在上海市和广东省广州、深圳、珠海、东莞5个城市开展跨境贸易人民币结算试点,由此开启了人民币国际化进程的第一步。截至2009年9月末,跨境贸易人民币结算量超过1亿元人民币。

(3) 推进资本项目稳步开放。

其一,拓宽资本流入渠道。不断完善合格境外机构投资者(QFII)制度,包括:降低QFII资格门槛,鼓励长期机构投资者加入;进一步扩大QFII的投资额度和单家QFII投资额度上限;并将进行中长期投资的本金锁定期缩短至3个月。截至2009年9月底,已批准合格境外机构投资者78家,批准投资额度共计157.2亿美元。除完善QFII制度外,还允许国外投资者对A股上市公司进行战略性并购投资。

其二，引导资本有序流出。启动合格境内机构投资者（QDII）制度，并不断扩大 QDII 的主体范围，增加境外投资品种，提高境外投资规模。截至 2009 年 9 月末，共批准 56 家合格境内机构投资者，累计批准投资额度 559.51 亿美元。

除建立健全 QDII 制度外，在引导资本流出方面，还有两项重要举措：一是放宽境外直接投资外汇管理政策。包括取消境外直接投资购汇额度限制，将境外直接投资外汇资金来源的审核方式由事前审查改为事后登记，对境内机构境外投资资金汇出的管理由核准制调整为登记制，同时扩大境内机构境外直接投资的外汇资金来源。二是尝试开展境内个人直接对外证券投资试点。

在稳步推进人民币资本项目可兑换的基础上，截至 2007 年底，在国际货币基金组织划分的 7 大类 43 项资本项目交易中，实现可兑换或只有较少限制的项目超过了半数，达 24 项；而严格管制的项目不足一成半，主要是针对非居民在境内自由发行或买卖金融工具、非居民在境内自由发行或买卖金融衍生工具、居民对外借款和放贷等6 项。

（4）推进法律建设。公布并施行新的《外汇管理条例》，改变"宽进严出"的外汇管理政策，围绕宏观调控的重点，对外汇资金流入流出实施均衡管理；同时取消内资企业与外资企业之间、国有企业与民营企业之间、机构与个人之间的差别待遇，实行按交易性质进行监管的原则。

二是推进人民币汇率形成机制改革。

为加强外汇市场建设，为新的人民币汇率形成机制提供制度支持，推出一系列改革举措，包括：在银行间即期外汇市场引入国际通行的询价交易方式和做市商制度，改进人民币汇率中间价形成方式；改革央行外汇公开市场操作方式，建立外汇一级交易商制度；调整银行结售汇综合头寸管理政策，对外汇指定银行的结售汇综合头寸按照权责发生制原则进行管理；在银行间外汇市场推出人民币外汇掉期交易、人民币外汇货币掉期交易，引入货币经纪公司开展外汇经纪业务等。特别是为进一步扩大人民币汇率弹性，提高了银行间即期外汇市场人民币对美元交易价日浮动幅度。

据国际清算银行测算，2009 年 6 月，按照贸易权重加权的人民币名义有效汇率指数（月度平均）为116.19，较汇改前升值17.2%；扣除通货膨胀差异的人民币实际有效汇率指数为 116.38，较汇改前升值 19.0% 。

三是改革外汇储备经营管理制度。为探索和拓展国家外汇储备管理使用的渠道和方式，组建成立中国投资公司，作为专门从事外汇资金投资业务的国有投资公司，实行政企分开、自主经营、商业化运作，在可接受的风险范围内，追求长期投资收益最大化。这有利于丰富对外投资主体，拓宽多元化多层次的外汇投资体系。

（十）加快综合配套改革试验

为探索完善市场经济发展的道路，继之前选择上海浦东新区开展以"着力转变政府职能、着力转变经济运行方式、着力改变二元经济与社会结构，率先建立起完善的社会主义市场经济体制"为主要内容的综合配套改革试点后，"十一五"期间，又分别选择天津滨海新区围绕开发开放开展以金融体制、土地管理体制、涉外经济体制创新等为主要内容的综合配套改革试点，选择重庆市和四川省成都市开展以统筹城乡发展为主要内容的综合配套改革试点，选择武汉城市圈和长株潭城市群开展以资源节约型和环境友好型社会建设为核心的综合配套改革试点；同时明确深圳作为"国家综合配套改革试验区"，允许在攻克改革难题上先行先试，率先在一些重点领域和关键环节取得新突破。

截至 2009 年 5 月，7 个国家综合配套改革试验区的改革试验总体方案已全部获国务院批准。至此，全国已形成了东（上海、天津、深圳）、中（武汉、长株潭）、西（重庆、成都）互动的综合配套改革试点格局。

二　当前改革中存在的主要问题

尽管"十一五"以来的经济体制改革取得了若干明显的进展，但一些深层的体制性障碍依然存在，与社会主义市场经济体制完善定型的最终目标相比，还有不小的距离；同时在为新的发展框架提供体制保障方面，进展还只是初步的，实现经济体制创新与发展模式创新的紧密结合尚未真正破题。

（一）政府职能转变滞后

"十一五"规划纲要将政府行政管理体制改革列为"十一五"时期的改革重点，但从过去几年的实践看，进展不甚显著，特别是在政府职能转变方面。目前来看，政府主导经济发展的模式还没有完全触及，突出表现在政府过度从事生产经营活动，不适当地干预微观经济活动，包办企业决策或代替企业招商引资，在某些竞争性、营利性领域中甚至还扮演着投资主体的角色。相比之下，政府的公共服务职能仍然偏少偏弱。"十一五"以来，虽然按照新发展观和构建公共财政的理念，财政支出向教育、医疗卫生、社会保障等公共服务领域给予了更大程度的倾斜，但同国际标准相比，投入仍然偏低。

1. 政府教育支出方面

从国家财政用于教育的支出占财政支出的比重看，20 世纪 90 年代中期以来总体下降的趋势有所改观，从 2005 年的 11.7% 上升到 2006 年的 11.8%、2007 年的 14.3% 和 2008 年的 14.4%，但与其他发展中国家相比属于较低水平，如泰国为 25%（2005 年），墨西哥为 26%（2004 年）①。从公共教育支出占 GDP 的比重看，"十一五"

---

① 这里用于国际比较的数字均来源于世界银行"世界发展指标"数据库。

以来虽有所提高，从 2005 年的 2.16% 上升到 2006 年的 2.27% 、2007 年的 2.85% 和 2008 年的 3% ，但仍未改变多年来在 2%—3% 水平徘徊的局面，不仅在国际比较中远低于世界平均水平（2005 年为 5%），仅大体相当于不发达国家的水平（2000 年低收入国家已达到 3%），也与中国政府早在 1993 年就发布的《中国教育改革和发展纲要》中承诺的"要在 2000 年实现国家财政性教育经费占国民生产总值 4%"目标存有一定差距①。

2. 政府医疗卫生支出方面

从政府预算卫生支出占整个财政支出的比重看，虽然从 2005 年的 3% 提高到 2006 年的 3.3% 、2007 年的 4% 和 2008 年的 4.4% ，但仍低于国际水平：2005 年高收入国家的卫生保健支出占政府支出比重就已达到 17% ，中等收入国家达 8% ，中低收入国家也达 5% ，世界平均水平为 10% 。从公共卫生保健支出占 GDP 的比重看，2005 年世界平均为 6% ，其中高收入国家为 7% ，中等收入国家为 3% ，中低收入国家为 2% ，低收入国家也达 1% ，而中国政府预算卫生支出占 GDP 的比重多年来持续在 1% 以下，2006—2008 年财政医疗卫生支出占 GDP 的比重分别仅为 0.63% 、0.8% 和 0.92% 。再从公共医疗支出占总医疗支出的比重看，2005 年世界平均水平为 59% ，其中高收入国家为 61% ，中等收入国家为 48% ，中低收入国家为 41% ，而 2007 年中国政府预算卫生支出占卫生总费用的比例为 20.4% ，如果按照世界卫生组织可比口径，将医疗保险基金等社会保障资金用于卫生的支出纳入其中，则中国政府卫生支出占卫生总费用的比例估计也不足 40% 。

3. 政府社会保障支出方面

2006 年财政就业和社会保障支出合计占当年财政支出和 GDP 的

---

① 这里的判断是基于国家财政用于教育的支出占 GDP 的比重作出的。即使考虑更宽口径的国家财政性教育经费（包括各级财政对教育的拨款、征收用于教育的税费、企业办学中的企业拨款以及校办产业减免税等项）占 GDP 的比重（2006—2008 年分别为 3%、3.32% 和 3.48%），上述判断可以说还是成立的。

比重分别为 10.79% 和 2.07%，2007 年小幅提高到 10.94% 和 2.18%，2008 年则为 10.87% 和 2.26%。但这两个比例即便与 20 世纪 90 年代中期的国际水平相比也明显偏低，当时高收入国家社会保障支出占财政支出的比重和占 GDP 的比重已分别达到 27.5% 和 12.2%，中等收入国家也达到 15.7% 和 4.6%。目前来看，在一些国家的公共财政体系中，社会保障及福利方面的公共消费是政府最主要的支出项目，一般能达到 40% 左右。

进一步分析，政府职能转变滞后，有着更深刻的体制性根源，主要可以归结为两个方面：

一是政绩观方面。

长期以来，中国一直片面地用 GDP 来衡量地方的发展，来衡量官员的政绩[①]。对于地方而言，发展就是上项目，就是扩大投资规模。这无疑助长了地方政府的生产和投资冲动，导致各地热衷于上新项目，建设形象工程，政绩工程，超前发展，过度投资。实际上，在现行政绩考核体系下，地方官员面临着两种竞争，一是为地区的经济产出和税收而竞争，二是为各自的政治晋升而竞争[②]。而前者直接决定了后者。于是，参与竞争的地方政府官员都会有强烈的动机选择尽力扩大产出，刺激投资，以免在竞争中处于下风。这符合本地区和地方政府官员自身的经济与政治利益。这种地区间的竞赛也为理解地方政府的生产和投资冲动提供了一个重要视角。

二是财税体制方面。

其一，财权与事权不匹配。1994 年分税制改革后，在中央与地方之间形成了新的财权与事权分配模式：对地方政府而言，存在着财权上移而事权下移的倾向。1994 年分税制实施当年，地方财政收入

---

① 客观而论，近年来，随着新发展理念的兴起，一些衡量社会发展和可持续发展的指标也开始被纳入对地方官员的考核和评价体系之中，但这种积极的变化仍不足以撼动 GDP 在整个考评体系中的核心地位。

② 参见周黎安《晋升博弈中政府官员的激励与合作》，《经济研究》2004 年第 6 期。

占全部财政收入的比重从上年的 78% 下降到 44.3%,此后一直在 50% 左右徘徊,2002—2004 年这三年甚至下降到 45% 左右,之后经历两年的略微上升(分别为 47.7% 和 47.2%),2007 年和 2008 年又分别下降到 45.9% 和 46.7%;而同期地方财政支出的比重反而提高到 70% 左右,特别是 2002 年以来该比重持续提高,2006 年达到 75.2%,2007 年和 2008 年进一步达到 76.9% 和 78.6%。由于中央与地方财权和事权划分不对称的问题逐渐凸显,迫使地方政府想方设法上项目,扩大投资,增加地方财政收入。

近年来,为了增加地方政府的可支配财力,中央政府通过税收返还和体制性补助、专项转移支付、一般性转移支付等逐步加大了对地方支出的补助力度。但对不同地区而言,财政缺口得到弥补的程度是不同的;即便中央政府能够通过转移支付在较大程度上弥补地方财政的收支缺口,但财力与事权的匹配并不直接;而且转移支付中的税收返还同样具有鼓励地方政府增收的正向激励。对于地方政府尤其是中西部地区的地方政府而言,实行分税制以来可支配财力中中央补助所占的比重不断提高,中部地区有些县市超过 50%,而西部的有些贫困地区中央补助能够高达地方自身财政收入的 10 倍甚至 20 倍。对中央财政的依赖度越高,意味着地方财政的自主权越小。而且,在中央财政补助中,专项资金占了较大的比例,对这部分专项资金的分配和使用会施加不少限制,这也在一定程度上削弱了地方的财政自主性。于是,寻求更多的自主性收入仍是地方政府的主要诉求。

其二,间接税比重过高。1994 年以来实施的税收体系,包括增值税、营业税和消费税(含海关代征的进口环节增值税和消费税)在内的流转税,即间接税在税收结构中占有绝对比重,尽管这几年有下降趋势,但仍保持在一半以上的较高水平(2008 年为 54.8%);而所得税、财产税等直接税所占比重一直不高,其中所得税这几年尽管有上升的趋势,但一直没有超过税收总收入的 1/3(2008 年为 27.5%)。在地方层面上,所得税的占比会更低。而从国际上看,一般是以直接税（包括所得税、财产税以及社会保障税）为主，间接税占比一般不高。在欧盟与 OECD 国家中，间接税约占税收总额的1/3，而直接税约占 2/3。在间接税为主的税制安排下，一般来说，项目越多，投资越大，政府的税收就越高，这直接导致各地普遍重视生产规模的扩大和投资规模的扩张。

其三，不动产收入激励过度。在目前的税收体制下，由城市扩张和土地占用带来的税收特别是与土地和房屋有关的税收（包括房产税、城市房地产税、土地增值税、城镇土地使用税、耕地占用税、契税以及与城市建设和房地产开发转让企业有关的营业税、所得税等）已成为地方财政预算内收入的重要组成部分。在一些地方，除了难以准确统计的土地收费，土地直接税收及由城市扩张带来的间接税收就占地方预算内收入的 40%，而出让金净收入又占政府预算外收入的60% 以上。粗略估算，从土地上产生的收入占到地方财政收入的一半以上，成为名副其实的"土地财政"①。这使地方政府具有强大的推动城市建设和房地产开发投资快速增长的内在动力。其重要形式就是由地方财政出资成立地方建设投资公司，进行城市基础设施建设和房地产开发。在一些地级市由政府投资公司直接或间接控制的投资额占本地区城镇固定资产投资总额的半数以上。

（二）垄断性行业改革滞后②

"十一五"前 3 年，垄断性行业改革虽然推出了一些举措，但总

---

① 参见李军杰《经济平稳运行的关键：短期在调控 长期在改革》，《宏观经济研究》2006 年第 9 期。

② 除垄断性行业改革滞后外，竞争性行业国有企业改革的形势也不容乐观。从面上看，国有企业数量仍然偏多，分布的领域仍然过宽，特别是在地方中小国有企业层次。从细胞层面看，虽然大多数国有企业已进行了公司制改革，但是国有股"一股独大"甚至是"一股独占"的现象还比较严重；虽然企业设立了股东会、董事会和监事会，但与现代市场经济相适应的公司法人治理结构及其运行机制尚未完全建立起来。尤其值得注意的是，近年来围绕加强国有企业控制力和提高产业集中度，在某些竞争性领域又出现了"再国有化"的趋势。这种体制性复归有悖于国有经济布局调整的改革方向，也挤压了非公有制经济的发展空间。

体上判断,还只是在既有体制框架内进行的初步改革,或者说浅层次的改革,还没有真正冲破传统体制的束缚。

1. 商业化运营条件尚不充分

首先是政企尚未分开。主要有两种情况:一种是政企仍然高度合一,典型的是铁路行业,铁道部既是行业管理者,又是具体业务的实际经营者。在这种体制下,行政性管控色彩浓重,不存在真正意义上的微观主体,很难按照商业化原则从事运营;另一种情况是初步实现了政企分开(如工信部与电信企业、民航局与民航企业),但政府部门仍可能对企业施加某种程度的影响,使企业的经营自主权无法得到充分的保障。

其次是价格管理体制并未理顺。由于基础设施所涉及的服务构成社会生产与生活的基础,因此长期以来,这些服务多被当作"社会性物品"而不是"经济性物品"来对待。价格标准由政府从社会福利的角度制定,存在人为低估的成分,通常无法弥补成本(包括日常运营和维护成本以及资本成本),更不要说赢利。当然,价格与成本偏离的程度在不同部门之间是有区别的。偏离程度比较大的是供水部门,还有电力与燃气部门等。在这种情况下,企业很难进行正常的运营。

2. 有效竞争尚未形成

主要存在三方面的问题:(1)市场准入环境远未宽松。由于进入壁垒依然严重,导致在多数部门竞争主体数量有限,产业集中度偏高。(2)在位企业与新进入企业处于不对等竞争的状态。支配市场的原垄断企业在竞争方面较之新进入企业具有压倒性的先动优势,同时它还凭借自己的优势(特别是控制着"瓶颈"环节和网络基本设施)采取一些阻碍竞争的策略性行为,使得有效竞争难以实现。(3)竞争主体资本属性的同质性偏高。也就是说,引入竞争的方式基本上是对国有企业进行拆分重组,新的市场进入者也基本上是国有企业,结果仅仅是打破了厂商垄断,而仍坚持国有资本"一统天下"。由此，引入竞争就只是为了拆分而拆分，就只是国有企业之间的利益调整或者作为所有者的国家管理企业的数量发生了变化，而并没有产生以明晰产权为基础的真正意义上的市场竞争主体，最终只能是预算软约束下国有企业之间的恶性竞争。其结果，是既有效率低下之弊，又无规模效益之利。从另一个角度看，由于只是在单一国有或国有投资占主体的所有制结构中引入竞争，因此所有竞争者的利益主体只是一个，即国家国有资产所有者，这样，任何一个企业在竞争中被淘汰都将是国有资产的巨大损失。因此对于政府主管部门来说，它表面上可能希望引入一些竞争做点缀，但实际上并不愿在各个经营者之间鼓励真正的竞争，最终形成的只能是既非垄断也非真正竞争的局面。

3. 非国有资本进入依然有限

2005 年国务院《关于鼓励支持和引导个体私营等非公有制经济发展的若干意见》明确提出，允许非公有资本进入垄断行业、公用事业和基础设施领域。之后有关行业也各自出台了放宽非公有制经济市场准入的实施意见。但目前来看，非公有资本的进入程度仍比较低。从2008 年垄断性行业固定资产投资的情况看，由地方政府所管理的供气、供水等市政公用事业，民营资本进入稍多一些；而主要由中央管理的行业，民营资本则进入困难，特别是至今仍政企不分的铁路部门，私人资本进入微乎其微（见表1）。目前在铁路部门，除了大连铁龙、2006 年 A 股首发的广深公司、大秦铁路，以及2006 年开始以铁路建设与运营为主营业务的民营企业国恒铁路等少数几家上市公司外，只有2006 年国有产权整体转让的广东罗定铁路，以及广东三水—茂名铁路、浙江金华—温州、衢州—常山铁路、河北迁安—曹妃甸煤运专线、石家庄—太原客运专线等有限几条有民营企业参股的铁路。即便在主体企业已进行了股份制改造和上市的电信业，仍然存在严重的国有资本"一股独大"现象。国资委通过全资拥有集团公司间接控制了上市公司的绝大多数股权，此外，其他国有股东还持有一定股份，而可流通的公众股东的份额在总资产中是很有限的。

表1   **2008 年垄断性行业的固定资产投资结构**   （亿元）

项目 行业	总投资额	其中		
		国有控股	集体控股	私人控股
电力、热力的生产和 供应业	9023.7	7156.6 （79.3%）	435.3 （4.8%）	1140.0 （12.6%）
燃气的生产和供应业	420.0	209.7 （49.9%）	27.2 （6.5%）	138.1 （32.9%）
水的生产和供应业	1045.4	790.2 （75.6%）	76.7 （7.3%）	146.4 （14.0%）
铁路运输业	4073.2	4010.0 （98.4%）	22.9 （0.6%）	40.1 （1%）
城市公共交通业	1274.9	1207.5 （94.7%）	14.3 （1.1%）	36.1 （2.8%）
航空运输业	590.5	505.7 （85.6%）	3.4 （0.6%）	33.2 （5.6%）
电信和其他信息 传输服务业	1930.9	1286.5 （66.6%）	180.0 （9.3%）	56.1 （2.9%）

资料来源：根据《中国统计年鉴2009》有关数据计算所得。

4. 科学监管尚未到位

要建立科学的监管制度，基础性的工作是成立独立的监管机构执行监管职能。仅从这一点来看，进展也相对有限。概括而言，当前垄断性行业监管机构的设置主要有三种类型：一是政企、政资、政监合一型，典型的是铁路部门（铁道部）；二是政企、政资初步分开、而政监合一型，也就是有专门的政府行业管理机构，如电信（工业与信息化部）、民航（交通部民航局）、公路（交通部）、市政公用设施行业（住房与城乡建设部以及各地的建设部门），但政府行业管理机构同时执行监管职能；三是政企、政资、政监相对分开型，如电力行业（电监会）。从这一分类中可以看出，目前仅有电力行业成立了独立的监管机构；即便如此，在两个关键领域，即电价、电厂的建设及扩容的监管职能配置上，还与国家发展改革委存在着重叠。

（三）要素市场化改革滞后

相对于较高程度的商品市场化水平，要素市场化水平长期偏低。"十一五"以来，要素市场化改革虽有所推进，但政府对要素配置和价格形成直接干预依然过多，价格不能真实反映要素的稀缺性和供求关系以及环境损害程度，水平偏低。这突出地反映在土地要素、矿产资源和资金要素上。

1. 土地要素价格形成机制不合理

具体表现在三个方面：

（1）非市场化价格形成方式仍占较大比例，部分经营性用地甚至尚未采用有偿使用的方式。自 2002 年 7 月 1 日施行《招标拍卖挂牌出让国有土地使用权规定》，到 2004 年 8 月 31 日《关于继续开展经营性土地使用权招标拍卖挂牌出让情况执法监察工作的通知》中明确"所有经营性用地必须以招拍挂方式出让"，招拍挂出让方式作为一种市场化的土地出让方式在土地交易中的地位有所突出。2002—2005 年，招拍挂出让面积占土地出让总面积的比例分别为 14.57%、26.81%、28.86% 和 35.06%。2006 年 9 月下发《关于加强土地调控有关问题的通知》后，约占土地供应总量 60%—80% 的工业用地也逐步推行招拍挂的方式。由此，2007 招拍挂出让面积占土地出让总面积的比例上升 20.4 个百分点，达到 50.9%；2008 年该比重又上升 31 个百分点，达到 81.9%（客观地分析，2008 年该比例的大幅上升，与全国出让土地总面积同比大幅减少 30.6% 有一定关系）。但总的来看，在土地要素配置和价格形成中，行政划拨的计划配置资源方式和协议出让的非市场化交易方式仍占一定的比例，特别是在经营性土地交易中，尚未实现完全的市场化。比如经营性基础设施用地长期采用无偿划拨的方式，只是近年来才开始研究有偿使用问题，2008 年 1 月下发的《关于促进节约集约用地的通知》中首次提出"探索基础设施用地的有偿使用,对其中经营性用地先行实行有偿使用"。不过,要建立起有效的有偿使用制度,恐怕还需要更多努力。由于不能通过市场化交易反映真实地价,一些地方在招商引资过程中,实行低地价乃至零地价。

(2)市场化与非市场化方式并存,形成价格双轨制。根据现行政策,对经营性用地主要采取招拍挂的市场化价格形成方式;而对于其他非经营性用地则主要采取协议出让和行政划拨的非市场化价格形成方式。这种价格双轨制无疑导致了套利的机会主义倾向:以非经营性用地的名义通过协议出让甚至行政划拨方式低价或无偿取得土地,之后再全部或部分转为经营性用地,以规避高额的土地获取成本。

(3)政府垄断资源,导致市场化方式扭曲。就招拍挂这种市场化价格形成方式本身来说,目前仍面临着不少问题:比如假招标、假拍卖、假挂牌或陪标、串标以及其他竞争不充分的问题。更重要的,市场化交易方式是在政府垄断土地资源的情况下发生的,即:一方面是面对现有土地使用者进行土地使用权强制征用的买方垄断,另一方面又作为土地唯一供给者的卖方垄断。这种"双重垄断"地位意味着,即使采取了"市场化"价格形成方式,也只会导致交易主体之间的不对等和市场交易机制的扭曲。

首先,面对土地的现有使用者,政府是"垄断买方"。特别是农民使用的土地要转换性质,必须首先"卖"给政府,也就是由政府强制征用。这种强制力使政府与农民集体之间只能是一种不对等的交易。于是,土地征用随意性强,范围不断扩大,对农民的补偿标准过低,补偿款拖欠、克扣、截流等问题时有发生。这严重损害了农民的土地权益,进而影响到他们的收入水平和生活水平,成为当前农村社会的突出矛盾。据国务院发展研究中心课题组的调查,农民上访40%是土地征用引发的[①]。

同时,面对购房者群体,政府是上游要素——土地的"垄断卖

---

① 参见迟福林主编《2007中国改革评估报告》,中国经济出版社2007年版。

方"，消费者要购房实际上必须先从政府处购买土地。在这种情况下，尽管房地产行业的下游即"房"的部分已经实现了市场化和比较充分的竞争，但由于上游即"地"的部分还由政府垄断，于是导致了上游和下游两个环节割裂的市场化，或者说卖方平台与买方平台不对称的市场化，其实质就是政府与消费者之间的不对等交易。这样，无论是资源垄断者有意控制土地供应量（尽管有一些正当的理由），即通过操纵土地价格直接拉高土地成本（土地成本一般要占到整个房屋成本的30%—40%左右），还是资源垄断者与潜在的土地需求者——房地产开发商合谋，即由权力与资本结盟所引致的"租金"成本，最终都传递下去表现为高房价，对购房者的消费能力形成不小的冲击。

2. 矿产资源价格构成不完全

成本缺失具体体现在 4 个方面：

（1）矿产资源有偿使用成本：长期以来，在矿业权取得环节上，绝大多数矿业企业特别是国有企业的矿业权都是无偿获取的。据不完全统计，在 15 万个矿业企业中，通过市场机制有偿取得矿业权的仅有 2 万个，其余 13 万个矿业企业是通过行政划拨的无偿方式得到。另据一项调查表明，目前全国采矿权约为 12.6 万个，而无偿占有属于国家出资探明矿产地的采矿权大约有 7 万个。同时，在矿产资源开采环节上，向矿业企业征缴的税费标准过低。据测算，中国各种矿产资源税水平仅为发达国家的 1/3—1/2；而矿产资源补偿费平均仅为 1.18%，国外与中国矿产资源补偿费性质基本相似的权利金费率一般为 2%—8%。

（2）环境治理和生态恢复成本：目前在环保方面缺少必要的补偿标准，绝大多数矿业企业没有将矿区环境治理和闭坑后的生态恢复等投入纳入生产成本，使企业本应承担的内部成本外部化。据估计，如果将煤炭开采过程中造成的资源、环境等外部成本纳入煤炭生产成本，吨煤平均增加成本约 50 元；其他部分矿种成本增加可能更多。

（3）安全成本：目前矿业企业的安全投入主体地位没有完全确立，企业安全投入严重不足。曾有统计表明，国有煤矿特别是国有重点煤矿安全欠账达到 500 多亿元，后又经过专家重新评估，安全欠账高达近 700 亿元。如果再考虑安全生产条件更差的地方小型煤矿,安全欠账会更高。由此导致中国煤矿安全事故发生率和事故规模大大超过世界平均水平,不仅地方乡镇煤矿事故频发,就是国有大煤矿的特大死亡事故也时有发生。

(4)人工成本:中国劳动力要素禀赋丰裕特别是农业剩余劳动力大量存在的现实,使劳动者在市场供求关系中处于相对不利的地位,这是多年来劳动者尤其是农民工工资增长相对缓慢的基本原因。同时,由于城乡分割的户籍制度,特别是由户籍制度所衍生的对农村进城务工者的各种福利(尤其是社会保障)安排上的缺陷,也由于在劳动者特别是农民工工资保障上还缺乏必要的制度支撑,导致劳动力成本一定程度的低估。就矿业企业的员工特别是农民工来说,权益保障机制不健全,工资和福利成本相对偏低。

由于上述计价成本不全,导致矿产资源价格普遍偏低。综合估算,目前被湮没的矿产品单位成本约在 50—100 元。应该看到,"十一五"以来,随着资源环境约束问题越来越受到关注,矿产资源的成本缺失问题开始得到矫正,特别是在完善矿产资源有偿使用和矿山生态环境补偿方面进行了新的尝试。但这种努力还只是初步的,矿产资源要体现完全成本或许还需要一段时间。

3. 资金价格形成和要素配置市场化程度不足

从资金价格形成机制看,利率市场化程度依然不足,特别是作为资金价格主体的存贷款利率(尤其是存款利率)改革相对滞后,表现在金融机构自主确定存贷款利率(尤其是存款利率)水平的权限较小,根据经济形势和金融市场变化调整利率的灵活度不够。正因为如此,尽管近年来不断调整名义存贷款利率,但仍处于市场出清水平以下,实际利率长期接近甚至低于零值,特别是 2007—2008 年的一段时间内实际负利率水平达到较高的程度①,使得在资金使用的环境

---

① 进入 2008 年第 4 季度后,由于宏观经济形势以及相应价格水平的变动,才使实际利率水平又恢复到正值区间。

上整体比较宽松。此外，作为一种特殊的金融要素价格，人民币汇率的形成机制也还没有实现充分的市场化，汇率灵活性依然不足。

从资金要素的配置情况看，行政化特征仍很突出。目前来看，地方政府对金融资源仍然握有较大的控制权。它可以为贷款提供各种形式的担保或变相担保，也可以以土地作为抵押物向银行申请土地抵押贷款，获得廉价的金融资源。从某种程度上说，地方政府一旦掌握了土地，也就掌握了对地区金融资源的重要配置权。在目前仍然具有行政主导特征的间接融资型金融结构下，地方政府对如何向地方投资项目配置资金仍具有重要的影响力和话语权。在政府仍然主导资源配置的情况下，"银政合作"仍然是地方政府支配金融资源的典型方式。对于以利差收益为主高度依赖贷款规模这一经营模式的银行而言，即使是在采取了引入战略投资者、上市等改革措施后，在市场竞争的压力下，仍倾向于与地方政府合作，允诺向地方建设项目提供配套贷款和资金支持。各级金融机构对政府的打捆贷款和授信活动成为地方重要的投资资金来源。

除了间接融资过程中的行政化特征外，作为直接融资平台的资本市场中，也存有较明显的行政化因素，在行业准入、证券发行、业务发展等方面仍会有行政权力介入其中；同时在市场运行方面，也容易受到行政调控的影响。比如：在股票发行方面，目前仍未采用国际成熟市场中普遍实行的注册制，而采用具有较浓行政许可色彩的核准制，在发行人资格审查、发行规模、发行价格乃至发行上市时间等环节，行政控制依然过多，审批程序复杂；而在企业债券发行方面，更是在2007年底才决定取消高度依赖行政审核的额度制，改行核准制。再比如，在上市企业并购方面，市场化机制尚不完善，一些国有控股上市公司的并购重组活动表现出较强的行政干预特征，交易的定价过程也在较大程度上受行政因素影响。至于在市场的管理方面，市场本身的资本约束机制尚不健全，还在一定程度上依赖行政手段，发行人、投资者和中介服务机构对政府和政策的依赖程度仍然较高。

（四）收入分配体制尚未理顺

20 世纪 90 年代中后期以来，宏观收入分配结构向非居民部门倾斜的趋势愈益明显，导致居民部门在国民收入分配格局中的相对地位趋向下降。"十一五"以来，这一趋势并未得到扭转，成为当前收入分配领域中的突出矛盾。

首先从国民收入初次分配看，劳动要素报酬增长渐趋缓慢。1998—2007 年，劳动者报酬在收入占国内生产总值中的比重从 53.1% 逐步下降到 39.7%，下降了 13.4 个百分点；而生产税净额和企业营业盈余占比则逐步上升，分别从 13.4% 和 19% 上升到 14.8% 和 31.3%，分别上升了 1.4 和 12.3 个百分点（见图 1）。从国际上

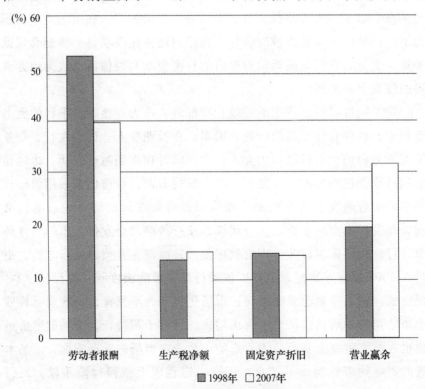

图 1　国民收入初次分配构成的变动情况

看，在成熟市场经济体中，初次分配后劳动者报酬占 GDP 的比重，一般在 55%—65% 之间。显然，中国居民部门在功能性分配中相对于政府部门和企业部门而言处于不利地位。

再从《统计年鉴》中资金流量表所反映的国民收入再分配过程看，居民部门的收入份额趋于下降。1996—2007 年，居民部门可支配收入在国民收入分配中的比重从 69.3% 下降到 57.5%，累计下降 11.8 个百分点；而政府部门和企业部门的收入比重则分别从 17.1% 和 13.6% 上升到 24.1% 和 18.4%，累计上升 7 和 4.8 个百分点。

再换个角度考察城乡居民可支配收入、财政收入以及企业利润增幅的变动情况，并与国民经济的增长情况进行对比（见图 2）。

（1）城乡居民可支配收入方面。2003—2008 年，城镇居民人均可支配收入的实际增长速度分别为 9%、7.7%、9.6%、10.4%、12.2% 和 8.4%，农村居民人均纯收入的实际增长速度分别为 4.3%、6.8%、6.2%、7.4%、9.5% 和 8%，分别低于同期 GDP 增速 1、2.4、0.8、1.2、0.8、0.6 个百分点和 5.7、3.3、4.2、4.2、3.5、1 个百分点。

（2）财政收入方面。2001—2008 年，中央和地方政府预算内收入增速分别高达 22.3%、15.4%、14.9%、21.6%、19.9%、22.5%、32.4% 和 19.5%，高于同期 GDP 增速 14、6.3、4.9、11.5、9.5、10.9、19.4 和 10.5 个百分点。基于此，财政收入占 GDP 的比重呈逐年上升之势，由 2001 年的 14.9% 上升到 2008 年的 20.4%，7 年内上升了 5.5 个百分点。除预算内收入，预算外收入和以土地出让金为代表的制度外收入①对政府收入的贡献也不容忽视。2001—2003 年全国土地出让金收入累计达 9100 多亿元。2004—2007 年，全国土地出让金收入进一步提高，分别达到 5894 亿元、5505 亿元、7677 亿元和 11948 亿元。

---

①　尽管中央在 2006 年末决定将土地出让的收入纳入地方政府预算，但真正落实还需一个过程。

2008 年,受经济形势变动的影响,全国土地出让总收入有所减少,但仍高达 9600 多亿元。据估计,目前来自土地出让的收入可占到省级以下地方政府总收入的 30%—50%。

(3)企业利润方面。2002—2007 年,规模以上工业企业利润总额增速分别高达 22.2%、44.1%、43.1%、20.4% 、31.0% 和 36.7%,比同期 GDP 增速高出 13.1、34.1、33、10 、19.4 和 23.7 个百分点。2008 年,受国际金融危机的冲击,企业利润增幅下降明显,但前 8 个月仍然达到 19.4%,高于前 3 季度 GDP 增速 9.5 个百分点。

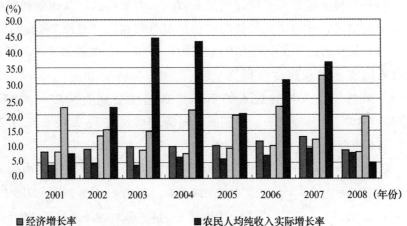

图 2　居民、政府和企业部门收入增速的变动情况
及其与经济增长速度的对比

通过以上对比可以发现,"十一五"时期仍延续 21 世纪以来的趋势,即城乡居民(特别是农村居民)人均可支配收入的增速明显低于同期 GDP 增速,而政府财政收入和企业利润的增速则大大高于同期 GDP 增速。从这个角度也可以判断,"十一五"以来,居民部门的收入比重继续呈现下降的趋势。

三　"十二五"时期推进改革的基本思路和对策

"十二五"时期仍是完善社会主义市场经济体制的关键阶段，这一时期，对尚未根本触动的计划经济体制的核心部分，需要进行体制性"攻坚"；同时，在为实践新的发展观和转换发展模式提供制度支撑方面，也需要寻求突破性进展。据此，提出以下几点改革的基本思路和对策。

（一）加速政府职能转变

下一步，应把行政管理体制改革放在更加突出的位置，力求在政府职能转变方面有所突破。应按照政企（企业）分开、政资（国有资产运营系统）分开、政事（事业单位）分开以及政介（市场中介组织）分开的原则，合理界定政府职责范围，凡应由企业、市场、事业单位、社会组织决策的事情，政府不应"越俎代庖"，着力减少政府部门配置资源的权力；与此同时，对于各级政府理应承担的社会管理和公共服务职能，应着力加以强化，但一定要厘清政府的责任边界。为此，应把握以下三组关系：

（1）提供与生产的区分。政府有责任确保公共服务得到满意的提供，但并不意味着完全由政府直接生产。除了那些可度量性和可立约性比较低的领域外，原则上应允许民间部门进入所有适宜进入的领域。通过服务合同外包或政府采购合同、服务管理合同、特许经营合同等，充分调动民间部门在服务供给中的作用，政府同时加强相应的监管责任。这也意味着，即使是政府投资的领域，也可将某些生产经营环节和服务环节通过经营权拍卖、招投标制度以及承包和委托经营等形式，外包给民间部门。

（2）消费环节的支付与生产环节的供给的区分。对于某些公共服务，由于存在着消费上的正外部性，需要由政府补贴或免费提供。但强调政府在消费环节上的支付责任，不意味着同时强调其在生产环节上的供给责任。在条件适宜的情况下，应更多发挥竞争、民间参与等市场化运作机制在供给方面的作用，政府只需加强相应的监管责任即可。

（3）直接投资与杠杆投资的区分。强调政府的投资责任，只应将其投资范围主要限制在民间资本不愿进入的非营利性和公益性领域，原则上不再投资于商业营利性领域。也就是使其从第一投资人向最后投资人转变。与此同时，即便对于民间资本不愿进入的非营利性和公益性领域，也可通过政策设计，如权衡投资风险和道德风险基础上的政府担保，税收减免或实物支持等，尽可能撬动和吸引民间部门的投资。特别是可通过顺应市场规律和借助市场力量的机制设计，使民间参与满足某种社会目标，这方面很重要的是引入绩效基础上的财政补贴以及补贴的公开拍卖和竞标机制。

为切实做到政府职能的转变，需要政绩考核体制改革和财税体制改革给予配合。首先是完善政绩考核体制。在政绩评价体系和考核指标的设计中，应尽量弱化与经济增长规模和速度直接挂钩的倾向，逐步强化对经济增长的质量和效益以及经济发展以外的社会发展、资源节约和环境保护的关注程度，从而构建更科学、更合理的政绩考核制度①。这是矫正地方政府行为的关键。同时规范财税体制。具体包括三个方面：

（1）进一步合理划分中央和地方的事权和财权，使地方的事权和财力能够对称。首先应划清中央和地方各自的事权边界，在事权界定清楚的基础上界定各自的支出责任，再根据财政支出范围确定财权，配置各自的税种和税收收入，使中央和地方都有较充足的财源。对于中央政府应将需要承担的支付责任真正承担起来，同时考虑到各地财力上的差异，也应通过规范、透明、有效的财政转移支付制度给予欠发达地区的地方政府以财政支持，协助其担负起对地区性事务的

---

① 为更好地做到这一点，除了完善上级政府对下级政府的自上而下的评价机制外，还应积极引入由公民参与的自下而上的评价机制。

支付责任。

（2）调整地方税收结构，确立地方税主体税种。可考虑将那些税源具有明显的区域性、不易流动性以及信息要求较细、适宜由地方掌握的税种设置为地方税的主体税种。以此为原则，建立以财产税、所得税等直接税为主体的地方税体系，降低增值税、营业税等流转税的比重。同时，探索改革大部分税收从企业生产项下和从生产地收取的体制转为从销售环节和产品最终消费地收取的体制。通过税制改革使地方政府与扩张生产规模脱离直接的利益关系，从而弱化其直接参与生产经营活动的激励。

（3）重构房地产相关税费体系，规范土地出让金管理。应调整现行的与土地、房屋有关的财政收入制度，将一次性收取的土地租金和集中在开发和销售环节的税收整合为统一的房地产税或物业税，探索在房产保有环节统一征收以房地产价值为税基的"物业税"，作为地方财政的一个稳定来源；同时，尽快落实中央的决定，严格将土地出让金全额纳入地方预算，实行"收支两条线"管理，加大其在征地拆迁补偿、耕地占补平衡、廉租房建设和对低收入家庭的住房补贴等方面的投入力度，并在地方建立"国有土地收益基金"；也可考虑将一次性收取几十年的土地出让金改为每年收取一次土地年租金（土地使用费），以遏制地方政府经营土地的冲动。

（二）加大垄断性行业改革的力度

下一步，应按照4个"推动"的思路来深化垄断性行业改革。

1. 推动运营环境商业化

其一，应进一步推进"政企分开"。这里的关键是处理好国有资产监督和管理部门与企业的关系。应明确，国资部门代表国家行使所有权职能，主要有两项直接权利和两项间接权利，前者包括：（1）分红收益权，（2）转让权；后者包括：（1）通过董事会参与重大经济活动的决策权，（2）通过董事会对管理者的选择权。在确保这些权利的基础上，应着力维护企业独立的市场主体地位，充分尊重企业的经营自主权和法人财产权,不能以任何名义逾越权利边界,直接干预企业的经营活动。

其二,应进一步改革价格形成机制。这里有两个关键的决定因素:一是产品的市场结构,二是产品的公共性程度。

根据产品的市场结构,对能够形成充分有效竞争的业务和环节,应逐步放松价格管制,采用市场价格形成方式,允许企业自由竞价。而对于具有自然垄断性的业务和环节,为了防止形成垄断高价,仍需实行政府定价,但这里的政府定价不同于传统计划体制下僵化的政府统一直接定价模式,而是可以采取竞争性投标确定价格或利用价格上限监管的管理模式。

而根据产品的公共性程度,对于某些外部性较大、公益性较强以及关系国计民生的重要产品或服务,由于无法形成价格或不适宜完全的市场调节,则只能由政府制定价格,在很多情况下甚至只能由政府来提供。而对于外部性和公共性较小,能够形成价格的产品或服务,则完全可以实行竞争性的市场价格形成机制。

价格改革的目的是使企业在良好经营的基础上有可能获得足够的收入以弥补成本并得到合理的回报。但在矫正价格标准的过程中,可能会对低收入群体造成一定的负面影响。对此,应通过需方补贴、阶梯式价格、菜单价格等制度性安排尽可能加以避免。

2. 推动投资主体多元化

这实质上是推动非公有资本进入的问题。主要有两种进入形式:一种是资本形式的进入;一种是"企业形式"的进入,包括经营形式上的进入或资本形式和经营形式上的同时进入。

在推动资本形式的进入方面,首先应明确一点,即:虽然垄断性行业中某些业务领域是非竞争性的或竞争性不强的,但这与项目本身是否盈利没有必然联系,也就是说,非竞争性项目也可能是营利性项目。这样,即使是具有整合效应的网络基础设施,也可以将投资环节与运营环节分开,在投资主体上不一定非要求国有资本不可,也应该考虑对民间资本开放,通过向非公有企业转让部分或全部股权,或通过向非公有资本增资扩股，实现多元化投资。

在推动企业形式的进入方面，主要应着手解决某些领域中比较严重的"玻璃门"问题，真正按照中央的部署，落实非公有资本进入垄断性行业的各项政策措施。在具体进入方式上，可以选择管理或承租合同、特许经营、绿地投资或资产收购。

3. 推动市场竞争多样化

其一，对于垄断性行业中可以竞争的部分（如电信业的长途、移动和增值服务，电力和供水、供气等行业的生产和供应业务，铁路和民航部门的客货运输服务等），完全可以打破独家垄断的格局，通过适度的分拆和进一步放宽市场准入，充分地引入竞争。竞争机制的引入和完善，应与产权结构多元化的改革相互配合，以解决竞争主体资本属性同质性偏高的问题。要看到，在可以展开充分竞争的领域，经济性垄断有可能成为阻碍自由竞争的主要因素，因此需要加强反垄断方面的监管。

其二，对于垄断性行业中仍然具有垄断性的部分，特别是具有网络传输性质的自然垄断部分，只能由一家或极少数几家企业经营。在这种格局下，可考虑实行含有一定竞争刺激的方案，如引入特许权竞标或拍卖、区域间比较竞争或标杆竞争等；或实行某些替代竞争或异质竞争方案，比如电信业中无线接入等大量新兴技术的兴起会对传统固网垄断形成强烈冲击，电、煤气、石油等不同能源之间的替代性可以对其各自的垄断地位形成挑战，来自公路和水路的外部竞争可以在一定程度上削弱铁路和民航的垄断性等。

其三，对于垄断与竞争的界面或在从垄断向充分竞争过渡过程中，为确保有效竞争的实现，需要政府监管部门着力解决四个问题：一是接入政策特别是接入定价问题，二是网络租借或网间互联互通问题，三是普遍服务与交叉补贴问题，四是搁浅成本的补偿问题。特别地，在从垄断向充分竞争过渡的初期，为了尽快改变不对等竞争的局面，需要监管机构对原有垄断企业和新进入企业实行待遇有所不同的不对称监管，管住大的，扶植小的。这种偏向新进入者的不对称监管政策可能对原有企业并不公平,但是,这是为了最终公平而暂时的不公平,从而体现了不对称监管政策的过渡性质。当市场真正形成有效竞争的局面后,监管部门就可以把不对称监管政策改为中性的干预政策,以充分发挥市场竞争机制的调节功能。

4. 推动政府监管科学化

这方面的当务之急是进一步完善监管机构的公共治理结构。具体涉及四个方面的内容:

(1) 确保独立监管。主要包括两个层次的"独立性":一层是监管机构独立于政府行业管理机构。建议在电信、民航、铁路等行业,尽快组建独立的监管机构;已经成立相对独立监管机构的电力行业,应赋予电监会完整的权力,包括市场准入权、价格决定权等。另外,从国际上看,目前已经出现一种监管机构完全独立于行政系统的倾向,这类监管组织具有准立法和准司法职能,不直接对政府负责,可免受政府更迭和政府短期政策的干扰。尽管目前多数国家还难以做到如此高度的独立性,但从发展远景来说,这一趋势值得关注。

另一层是监管机构独立于被监管企业。鉴于当前监管者与被监管者之间普遍存在的千丝万缕的联系(如主管部门的司局干部出任被监管企业的董事长、总经理,或者被监管企业的董事长、总经理担任主管部门的领导),建议扩大监管机构人员的选择范围,原行业主管部门转移过来的人员比例应适当控制,尽可能吸收社会相关领域专家;同时,被监管企业的领导层也不宜由原主管部门的领导来接管,而应采取组织资格审查和董事会市场选择相结合的办法,从社会上招聘。

(2) 加强依法监管。也就是使监管机构通过法律授权,依法行使监管职能。在这方面,主要应做好以下几项工作:一是尽快建立与新环境相适应的行业法。例如应加快《电信法》等的立法进程。在新行业法的立法程序上要有根本的改革,不能再采取部门立法的方法,而应该成立包括政府部门、技术专家、法律专家、经济专家、被监管企业和消费者在内的专门工作委员会负责法律的起草制定工作,以解决政策制定不充分、不公正的问题。二是按照新的监管要求，修改和完善已经颁布的行业法，如《电力法》、《铁路法》、《航空法》等；同时完善与《反垄断法》相关的法律法规。三是严格执法。为反对和防止垄断，国家已制定《反垄断法》、《反不正当竞争法》等法律，某些行业监管的法律对此也有所涉及，应维护法律的权威，依法办事。

（3）实行适度集中监管。这涉及监管机构设置中的集权与分权的关系问题。从国际经验看，单部门专业化的监管模式和跨部门综合性的监管模式，各有优劣。鉴于当前中国的主要矛盾是分散有余，而集中不足。因此，现阶段的工作重点是通过监管部门的整合和调整，使分散的监管职能尽可能集中于一个综合性的监管机构，避免政出多门、多头管理。在集中化的原则框架下，再适当考虑各行业监管机构之间、中央和地方监管机构之间以及各专业监管机构与反垄断机构之间各自的相互制衡和监管权力的适度分散。

（4）强化透明监管。也就是进一步引入公开透明和公共参与的监管程序。在确保各相关利益方获取充分信息的基础上，使其通过正式的听证会以及一系列非正式的渠道表达各自的偏好，并注意发挥外部专家在监管决策过程中的独立作用，进而构造包括司法监督、立法监督、行政监督和社会监督（如媒体、民间社会组织的监督）在内的多元监督体系，以形成对监管者的有效监管。

（三）加快要素价格形成机制的市场化改革

下一步，市场体系建设的重点应进一步转向生产要素市场方面，尤其是应加快土地、矿产资源和资金要素市场化改革的进程。

1. 理顺土地资源价格形成机制

应加快建立经营性基础设施用地的有偿使用制度，进一步扩大招标、拍卖和挂牌交易等市场竞争性出让资源方式的使用范围。对于现存的资源价格"双轨制"，应尽可能实现并轨。为体现公益性目标的价格支持，在适用范围和使用力度上应严格控制，当非市场化价格不可避免时,应在市场化价格和非市场化价格之间构筑严密的隔离机制;同时非市场化价格形成并不意味着资源可以无偿使用,应通过建立资源有偿使用制度,以体现最基本的成本和价值观念,尽可能缩小"双轨"的落差。事实上,价格支持应更多体现为前端支持,可考虑通过支持环节的后移(价格补贴)来实现公益性目标,进而从根本上消除"双轨制"存在的空间。

在推进土地要素市场化改革的过程中,很重要的是应厘清政府的角色定位,逐步弱化其作为土地交易者和直接经营者的角色,强化其服务者和监管者的角色。在此基础上,更充分地保障农民的相关土地财产权利;并避免体制性扭曲对房价的拉升。

在保障农民的土地权利方面,应坚持以下几点:(1)政府不得随意收回农民的土地使用权(包括改变土地的使用方向),应将动用国家权力收回土地使用权的行为严格限制在公共利益之内。而对于非公益性的改变土地使用方向和土地使用权转让,应改革行政性强制交易为市场化自愿交易,政府不宜再凭借强制力直接介入土地资源的交易,而应按照"依法、自愿、有偿"的原则由土地现有使用者和潜在需求者之间直接谈判和交易,政府只是作为第三方负责制定交易规则,监督交易行为,提供交易服务,维护好交易环境和秩序。(2)政府如果确实需要收回土地的使用权,也不宜以非经济手段强行收回,而应以购买的方式收回,即实行征购。在这一过程中,土地现有使用者有获得合理经济补偿的权利,补偿标准须参照土地的市场价值决定。(3)在政府需要收回土地使用权时,应完善有关程序,利用公告、协商、申诉和仲裁等机制,保障土地现有使用者有充分的知情权、参与权和决策权。

在避免房价的体制性扭曲方面,可考虑"两个分开":(1)将政府系统与国有土地资产管理系统分开,由单独的国有土地资产管理系统执行所有者职能,取得国家作为资源所有者应得的资源交易收益,政府只是获取资源交易过程中产生的相关税收收入。(2)将政府系统与国有土地资产运营系统分开,政府不再直接经营国有土地资产,而由国有土地资产运营系统获得授权独家经营。在这种资源垄断性运营的次优安排下，需要强化政府的监管者角色，通过价格监管防止垄断定价和垄断暴利。应通过上述交易制度的改革及其"双分开"从根本上切断政府利用对土地资源的垄断性经营权获取利益的管道。

2. 构造完全成本矿产资源价格

应逐步使矿业企业合理负担其资源开发过程中实际发生的各种成本。具体来说：（1）在资源有偿使用制度改革试点的基础上，进一步扩大矿业权有偿取得的范围，尤其是进一步扩大以"招拍挂"方式有偿出让探矿权、采矿权的范围；同时，在对矿产资源税和矿产资源补偿费进行必要整合、重组和规范的基础上，改进矿产资源税费的计征方式，扩大征收范围，适当提高征缴标准，逐步还原资源成本。（2）在矿山环境恢复治理保证金制度试点的基础上，强化矿业企业矿区环境治理和生态恢复的责任机制，强制企业从销售收入中提取一定比例资金用于矿山环境的恢复和生态补偿，并可考虑开征环境生态税，逐步还原环境成本。（3）强化矿业企业安全投入的主体地位，强制企业提取安全费用，加大安全投入，逐步还原安全成本。（4）健全矿业企业员工权益保障机制，促使企业确保员工基本的工资和福利水平，逐步还原人工成本。通过还原上述相关成本，特别是通过一些外部化的成本内部化，逐步矫正矿产资源计价成本缺失问题，构造完全成本矿产资源价格。

3. 不断提高资金价格形成和要素配置市场化程度

应继续推进存贷款利率的市场化形成机制改革，进一步扩大银行贷款利率的浮动范围并最终实现贷款定价的自主化，尤其应逐步推动银行存款利率的市场化并最终实现自由浮动，使存贷款利率真正反映资金的供求状况和成本水平。与此同时，完善人民币汇率的形成机制，增加人民币汇率的弹性，使之成为真实反映市场变动的浮动汇率。

应特别注意规范政府的土地抵押贷款和为企业投资担保的行为；并继续深化国有商业银行改革，完善内部治理结构，使其真正实现经营机制和运营模式的转变；同时资本市场中进一步简化审批，减少行政性管控因素,在发行、定价、交易等环节更多依靠市场机制的调节作用,充分调动市场各参与主体的积极性。在此基础上,促使金融资源的配置从行政主导向市场导向转变。

(四) 推进收入分配制度改革

针对居民部门收入比重持续下降的问题,可从"保"、"调"、"扩"三个层面加以解决。

所谓"保",就是确保劳动要素的贡献与报酬相匹配。应进一步健全劳动关系协调机制,完善劳动保护机制,继续推广工资集体协商和工资支付保证金制度,进一步完善最低工资保障制度和劳动者基本权益保障(包括社会保障)制度。从根本上保障劳动力要素所有者应有的劳权,特别是劳动报酬权以及有助于体现劳动力真实价格的社会保险和相关福利权利。同时,促进实现劳动力在城乡之间和各类企业之间有序流动,在流动中形成合理价格水平,以此提高劳动报酬在要素分配中的比重。需要指出,在当前面对经济困局的情况下,适当提高劳动力价格的弹性不失为一种应对之策,但不能因此而偏离矫正劳动力价格扭曲的努力方向。

所谓"调",就是加强政府在宏观收入分配中的调节作用。应在先行调整工薪所得费用扣除标准的基础上,根据社会经济形势发展的需要,按照"简税制、宽税基、低税率、严征管"的原则,继续实施个人所得税改革,包括适当调整工资、薪金个人所得税的边际税率和级距等;并进一步加大财政向贫困地区和低收入群体转移支付(包括补贴)的力度;也可在推出国有资本经营预算制度和实现国有企业利润上缴和分红之后提取一定比例用于改善国民福利体系,以此提高中低收入阶层的最终实际可支配收入。

所谓"扩",就是拓宽居民增加收入的渠道。增加居民收入最根本的途径还在于进一步扩大就业。从产业选择的角度看,应正确处理产业升级与扩大就业的关系,在积极发展资本和技术密集型产业的同时,也不能忽视发展劳动密集型产业,特别是劳动和技术密集型相结合的产业，以创造更多的就业岗位。同时，应通过加快体制创新和加速城市化进程等举措，积极发展就业弹性较高的中小企业和服务业，发挥其在吸纳劳动力就业中的重要作用。应消除各种阻碍就业创造的体制性障碍，尤其是着力解决因劳动力流动性障碍以及公共服务供给性障碍而导致的劳动者就业、获得教育和健康服务机会不均等问题，努力提高劳动者的经济参与能力、收入和财富创造能力。在提高劳动收入的同时，还应通过体制创新，设法增加居民的财产性收入和经营性收入。在此基础上，建立居民收入与经济发展同步增长机制，全面提高中低收入者的收入水平。

最后需要指出，面对全球金融危机的挑战，改革被赋予更多期待。如何使改革在按照自身逻辑进行深化的同时，将改革与保增长、扩内需、调结构和促民生有机结合起来，也就是统筹改革、发展与稳定，兼顾短期、中期与长期，成为近期经济体制改革面临的重大挑战。

从改革开放30年来的历史经验看，改革是应对经济困局的有效手段。20世纪80年代末的经济治理整顿，使国民经济经历了一段时间的低谷运行，1992年春天邓小平关于计划和市场问题的南方谈话，以及当年秋天召开的中共十四大确定把社会主义市场经济体制作为中国经济体制改革的目标模式，大大激发了整个经济体的活力，进而为经济增长注入了强大动力，国民经济由此进入加速增长的阶段。20世纪90年代末，受国内有效需求不足以及亚洲金融危机冲击的叠加性影响，国民经济再次陷入增长动力不足的困境。1998年城镇住房制度改革的推出，配合个人住房消费信贷规模的扩大，使累积的巨大潜在住房需求不断得到释放；同样于1998年开始实施的国有企业3年改革与脱困攻坚，使国有企业整体扭亏为盈，从而为经济增长奠定良好的微观基础；2001年中国加入WTO使经济在更大范围、更广领域和更高层次上融入到经济全球化的进程中，亦成为拉动经济增长的重要引擎。在改革与开放所激发的强大驱动力量下，国民经济自21世纪开始进入新一轮增长周期。

上述历史经验表明,应对当前这场全球性金融危机,同样需要充分借助市场化改革的力量,而不是仅仅依赖于政府调控政策的力量。特别是深刻剖析当前的经济困局,集中反映出过去几年经济高速增长背景下所掩盖的传统发展模式的弊端,以及隐藏其后的深层制度性障碍,从而进一步凸显了市场化改革在危机应对中的重要作用。如果不能认识到这一点,只是一味地关注如何通过短期刺激政策来确保经济增长,而不是着力消除体制性障碍,甚至因全力确保短期增长目标而使经济体制改革进程放缓或停滞不前,乃至开历史的"倒车",阻碍制度性调整的进程。那么,宏观矛盾将被不断的累积,即便经济体在短时间内恢复高位运行的态势,但根基并不稳固,新一轮的调整将在所难免,由此可能付出更大的代价。

至于在当前严重的外部冲击面前,以改革化危机的具体着力点,我们认为,应考虑如何为进一步扩张国内需求,尤其是居民消费需求和民间投资需求,提供根本的体制性保障,以从根本上降低对外部经济的依赖度。基于这样一种诉求来审视上述四点改革基本思路。(1)加速政府职能转变,强化政府公共服务职能,既可以扩大公共消费需求,又可以减少居民的预防性储蓄,提高居民的消费倾向。(2)加大垄断性行业改革的力度,可以在运营基础、市场准入、竞争环境和监管体制方面为扩张民间投资创造有利的条件,进而释放民间投资需求。(3)加快要素市场化改革特别是土地制度改革,可以矫正与农村居民和购房者群体相关的利益分配关系,激活城乡居民消费。(4)推进收入分配制度改革,可以增加居民的可支配收入,增强居民的消费能力。

由此,通过上述4项改革,消除有关体制性障碍,有利于充分激发居民消费和民间投资需求,以有效应对当前的外部冲击,促使国民经济在适度增长区间内平稳较快地运行。

(执笔:常欣)

参考文献

财政部：《关于 2008 年中央和地方预算执行情况与 2009 年中央和地方预算草案的报告》，财政部网站，2009 年。

《2008 年税收收入增长的结构性分析》，财政部网站，2009 年。

迟福林主编：《危机挑战改革》，中国经济出版社 2009 年版。

国家发展和改革委员会经济体制综合改革司：《经济体制改革信息特刊——半月改革动态》，国家发展和改革委员会网站，2006—2009 年。

国家工商行政管理总局：《全国市场主体发展情况报告》，国家工商行政管理总局网站，2009 年。

国家统计局：《中国统计年鉴 2009》，中国统计出版社 2009 年版。

《中国经济景气月报》，2006—2009 年。

国家外汇管理局：《中国国际收支报告》，国家外汇管理局网站，2006—2009 年。

国土资源部：《2008 年国土资源公报》，国土资源部网站，2009 年。

教育部：《2008 年全国教育经费执行情况统计公告》，中国教育部网站，2009 年。

全国工商业联合会研究室：《中国民营经济发展分析报告》，内部稿，2009 年。

世界银行东亚及太平洋地区扶贫与经济管理局：《中国第十一个五年规划——中期进展情况评估》，世界银行驻中国代表处网站，2009 年。

世界银行：《世界发展指标》，数据库，2009 年。

卫生部：《2008 年我国卫生事业发展统计公报》，卫生部网站，2009 年。

中国人民银行：《中国货币政策执行报告》，中国人民银行网站，2006—2009 年。

中国社会科学院经济学部：《中国经济研究报告（2008—2009）》，经济管理出版社 2009 年版。

中国证券监督管理委员会：《中国资本市场发展报告》，中国金融出版社 2008 年版。

第 四 章

我国农业与农村发展的"十一五"
总结与"十二五"展望及建议

"十一五"规划纲要提出，要发展现代农业，增加农民收入，改善农村面貌，培养新型农民，增加农业和农村投入，深化农村改革。在过去的 4 年中，我国农业和农村经济与社会发展在这几个方面都取得了长足的进步。"十二五"期间，要从实现城乡经济社会一体化新格局的战略构想出发，进一步调整国民收入分配格局，发展现代农业，深化农村改革，建设社会主义新农村。

一 我国农业发展的"十一五"回顾与总结

按照"十一五"规划纲要，"十一五"期间，要提高农业综合生产能力，重点是提高粮食单产，确保粮食综合生产能力达到 5 亿吨左右。推进农业结构调整，加快发展畜牧业和奶业。考察 2006—2009 年 4 年来农业形势的主要变化：国家确立的"十一五"目标前 4 年完成情况总体上较好，但是也出现了部分农产品生产滑坡，农产品市场明显波动。"十一五"最后一年，实现农业稳定发展的任务仍然艰巨。"十二五"规划期应加快发展现代农业以更好地巩固农业在国民经济中的基础地位，增强农产品市场的稳定性和确保我国的粮食安全。

（一）"十一五"规划期粮食保持连续增产

"十一五"规划纲要提出，要坚持粮食基本自给，稳定发展粮食生产，确保国家粮食安全。与"十五"相比，"十一五"期间中国农业综合生产能力明显提高，特别是粮食总产量又上了一个新台阶。按1952年不变价格计算，"十一五"前3年（2006—2008年）年均农林牧渔业总产值比"十五"期间（2001—2005年）年均农林牧渔业总产值增长了22%。

"十一五"前期，粮食延续了2004年增产势头，持续增产。"十一五"前3年年均粮食总产量50945.1万吨，比"十五"期间年均粮食总产量增长了11.0%。自2004年以来，我国粮食总产、单产和人均占有粮食产量这三项指标连续5年都呈增长趋势。继"十五"后期粮食连续2年增产后，2006—2008年连续3年粮食继续实现总产和单产连续增长。随着粮食持续增产，我国人均粮食占有量接近历史较好水平的400公斤/人（见表1）。

表1　　　　　　　　2001—2008年粮食产量与播种面积的变动情况

年份	粮食总产量（万吨）	粮食作物播种面积（万亩）	粮食单位面积产量（公斤/亩）	按人口平均的粮食产量（公斤/人）
2001	45264	159120	285	356
2002	45706	155837	293	357
2003	43070	149115	289	334
2004	46947	152409	308	362
2005	48402	156417	309	371
2006	49804	157437	316	380
2007	50160	158457	317	381
2008	52871	160190	330	399

资料来源：《中国统计年鉴（2009）》。

2008年粮食总产量和单产均超历史最好水平，与2005年相比，粮食总产量和单产分别增长 9.2% 和 6.7%。在粮食持续增产的 5 年中,2008 年粮食总产量在较高的基数上仍然实现了 5.4% 的增长,而且粮食增产的不同来源中,单产增长的贡献率高达 81%。"十一五"前期粮食连续增产除了单产贡献外,播种面积稳定增加的贡献也十分重要,特别是 2007 年粮食播种面积对粮食增产的贡献率超过了 90%(见表 2)。

表 2　　　　　　　　2004—2008 年粮食总产量增长及其来源情况

项目＼年份	2004	2005	2006	2007	2008
总产量较上年增长（%）	9.0	3.1	2.9	0.7	5.4
播种面积的贡献率（%）	25	85	23	91	19
单产的贡献率（%）	75	15	77	9	81

　　资料来源:《中国统计年鉴(2008)》和《中华人民共和国 2008 年国民经济和社会发展统计公报》,中国统计信息网,www.stats.gov.cn。

　　2009 年我国粮食产量预计为 53000 万吨以上,再创历史新高,粮食产量连续 3 年稳定在 5 亿吨以上,实现连续 6 年增产。而"十五"期间没有一年的粮食总产量达到 5 亿吨。"十一五"前 4 年粮食之所以能够持续增产,受到多种积极因素影响。最重要的原因是国家实施了一系列保护和调动农民种粮积极性、确保国家粮食安全的政策。

　　"十一五"期间,我国采取的粮食安全相关政策大体上包括保护和调动农民粮食生产积极性政策、保护和提高粮食综合生产能力政策以及深化粮食流通体制改革三大类。加快农村税费改革,采取各类粮食补贴政策、在粮食主产区实行最低收购价格政策和加大农业生产资料监管等政策措施,主要是保护和调动粮农积极性。加大中央财政对粮食主产区的转移支付力度,采取对产粮大县奖励政策则主要是保护和调动粮食主产区地方政府发展粮食生产的积极性。严格控制各类建设对耕地尤其是基本农田的侵占行为,加强农业基础设施建设,加速粮食领域的技术创新则是保护和提高粮食生产能力的政策。同时，国家充分利用近年来粮食供求处于紧平衡的有利时机，不断深化粮食流通体制改革。这些政策的实施，在提高国家粮食安全保障程度方面取得了明显的成效，实现了粮食增产、粮农增收、粮价合理、粮食市场化过渡平稳、国有粮食企业活力增强和国家对粮食的宏观调控能力提高等多重政策目标。

受大豆进口明显增加的影响，"十一五"前3年我国粮食自给率比"十五"期间下降，2008年我国粮食自给率已经下降到95%以下。但是，"十一五"前3年我国的谷物自给率仍然维持在较高的水平，每年都是净出口。

"十一五"前期，农业生产条件持续改善，现代农业不断发展。2008年有效灌溉面积达到5847.2万公顷，占全国耕地面积48.1%，分别比2005年增加344.2万公顷和3个百分点。全国粮食生产中耕种收综合机械化达到新水平。据农业部资料，2008年，全国耕种收综合机械化水平达到45.8%，主要粮食作物的生产机械化发展更加迅速，小麦综合机械化水平达到86%，水稻和玉米综合机械化水平也都超过了50%。近几年来，我国设施农业快速发展。2009年全国日光温室面积达到33万公顷，塑料大棚面积达到67万公顷，分别比2006年增长了3倍多和44%以上。设施农业的发展，丰富了城乡居民的"菜篮子"。

粮食持续增产，特别是小麦、水稻和玉米国内自给有余，有效避免了2008年上半年世界粮荒对国内市场的冲击。与此同时，我国畜牧业总体上进一步加快发展。2008年，畜牧业产值超过2万亿元，在当年农林牧渔业总产值中的比重达到35.5%，比2005年提升了2.2个百分点。奶类产量增长迅猛。2008年奶类产量达到3781.5万吨，比2005年增长32%；牛奶人均占有量26.8公斤，比2005年增加5.7公斤。

受到需求增长强劲影响，我国棉花产量在"十一五"前期出现了大幅度增产。我国棉花2006年和2007年连续2年增产，2007年总产量创造历史最高水平，达到 762 万吨。2008 年由于棉花供给相对充裕，价格下降引起种植结构调整，棉花播种面积比 2007 年减少 17 万公顷，下降 2.9%，导致产量比上年减少 1.6%。尽管如此，2008 年棉花总产量比 2005 年仍增产了 31.3%。

（二）一些农产品生产曾出现滑坡

“十一五”前期，油料曾出现连续 2 年减产。2006 年油料出现大幅度减产，总产量比 2005 年下降 14.2%。2007 年油料继续减产，比 2006 年又下降了 2.7%。油料虽然在 2008 年出现大幅度增产，总产量恢复到 2950 万吨，比 2007 年增产 14.8%，但仍然比 2005 年低 127 万吨。

油料生产在“十一五”前期之所以出现明显滑坡，与我国对大豆和食用植物油高度开放有很大关系。近年来，我国食用植物油高度依赖进口，大豆在我国虽然算作粮食作物，但我国进口大豆主要用于榨油。我国是世界上大豆和食用植物油进口量最大的国家，其中大豆进口量约占世界大豆贸易量的 50%，豆油、棕榈油、菜子油进口量合计约占世界食用植物油贸易量的 18%。2007 年，受到东北三省干旱影响，大豆出现了较大幅度的减产；同时，受城乡居民改善生活增加食用植物油的消费等因素影响，2007 年油料供求关系比较紧张，油料价格大幅度上涨。国内继续增加大豆和食用植物油的进口，全年进口大豆 3082 万吨，较 2006 年增长 9.0%；全年进口食用植物油 838 万吨，较 2006 年增长 24.9%。大豆和食用植物油合计进口金额达到 177.1 亿美元，比 2006 年增长 66.4%，在农产品进口总额中的比重上升到 43.2%，比 2006 年增加约 10 个百分点。2008 年上半年，国际市场粮油价格大幅度上涨导致我国进口大豆和植物油的成本大幅上升。2008 年大豆进口 3744 万吨，总量增长 21.5%，由于价格上涨，金额达到 218 亿美元，占当年我国农产品进口总额的 37.2%，同比增长 90.1%。食用植物油进口数量为 817.1 万吨，比 2007 年减少 2.7%，但同样由于价格上涨，进口金额达 97.1 亿美元，占当年我国农产品进口总额的 16.6%，同比增长 44%。由于我国油料生产缺乏比较优势，在大量进口大豆和食用植物油的情况下，国内油料生产价格过低，使农民失去油料生产积极性，直接导致了"十一五"前期国内油料播种面积明显减少。2007 年我国油料播种面积连续 4 年减少，比 2005 年下降了 21%。

"十一五"前期，畜牧业生产出现明显波动。2006 年以生猪为主的一些畜产品生产正处于循环波动的回落阶段，特别是一些生猪主产区遭受到较为严重的猪蓝耳病等疫情的冲击，生猪生产出现明显的滑坡。2007 年猪肉产量比上年减少 7.8%。在相对较高的市场价格诱导下，在国家积极推进畜禽规模养殖等一系列政策措施作用下，2008 年生猪生产恢复较快，畜牧业生产保持稳定增长。2008 年肉类总产量 7269 万吨，比上年增长 5.9%，其中，生猪生产快速恢复，猪肉产量 4615 万吨，比上年增长 7.6%；生猪年末存栏 46264 万头，增长 5.2%；禽蛋产量 2638 万吨，增长 4.3%；水产品产量 4895 万吨，增长 3.1%。

（三）农产品价格波动幅度加大

与"十五"相比较，"十一五"前 3 年，农产品价格出现了明显的波动。主要是由国际农产品市场价格大幅度波动对国内的传导，"十一五"前期经济快速增长对农产品需求比较强劲，以及国内部分农产品价格周期性上涨等因素引起的。

表3 **"十五"以来主要农产品生产价格指数** （上年＝100）

年份	农产品生产价格总指数	谷物	豆类	油料	棉花	糖料	生猪	奶类
2001	103.1	—	—	—	—	—	—	—
2002	99.7	95.8	98.9	104.8	103.4	86.0	98.0	99.7
2003	104.4	102.3	120.6	119.4	135.3	90.5	102.9	103.7
2004	113.1	128.1	120.2	116.6	79.5	104.9	112.8	103.7

续表

年份	农产品生产价格总指数	谷物	豆类	油料	棉花	糖料	生猪	奶类
2005	101.4	99.2	94.2	91.3	111.8	111.6	97.6	99.6
2006	101.2	102.1	99.3	104.8	97.1	121.1	90.6	102.9
2007	118.5	109.0	124.2	133.4	109.6	100.0	145.9	106.2
2008	114.1	107.1	117.9	128.0	90.6	98.4	130.8	125.5

注:国家统计局一直未公布2001年分品种(除粮食外)生产价格指数。

资料来源:《中国统计年鉴(2009)》和《中国农村统计年鉴(2007)》。

"十五"期间,除了2004年外,农产品价格总体上比较低迷。由于2003年全国受到严重的自然灾害影响,从当年第3季度开始,农产品生产价格开始上涨。特别是2003年农产品明显减产所引起的主要粮油供求关系的变化,通过2004年的价格指数得到反映。除了2004年外,其他年份农产品价格上涨幅度没有超过5%。

"十一五"前期,我国农产品价格大幅度上涨曾引起了明显的通货膨胀压力。2007年和2008年农产品生产价格总指数较上年分别上涨18.5%和14.1%(见表3)。在农产品生产价格大幅度上涨的带动下,城乡居民食品消费价格分别上涨了12.3%和14.3%,成为CPI上涨的主要因素。

"十一五"前期,我国农产品价格出现明显波动,与国际市场农产品价格大幅度波动直接相关。根据联合国粮农组织(FAO,Food Outlook,June,2008,http:www.fao.org)监测,以1998—2000年世界食品价格平均水平为基数,2004年世界食品价格上涨幅度为14.4%,而到2007年上涨幅度增加到57.4%,比2006年涨幅扩大了30%。在我国农产品市场对外开放程度不断提高的背景下,国际农产品市场价格波动必然会传导到国内市场,特别是我国对大豆的保护程度低,国际市场上大豆的波动在很短时间内就会传导到国内。

受居民消费结构升级影响,"十一五"前期我国部分农产品出现了明显的减产，而居民收入快速增长导致食品消费更加缺乏价格弹性，使国内市场部分农产品供求关系偏紧。近年来主要农产品中，食用植物油、猪肉和奶类生产价格波动幅度更大。2007年，豆类、油料和生猪生产价格上涨幅度超过20%，明显高于其他农产品生产价格。2008年，除了这三类食用农产品外，奶类生产价格上涨幅度达到了25.5%。

值得注意的是，受到政府干预等措施的影响，尽管2007年和2008年国际谷物市场价格出现了明显的波动，但是国内谷物市场价格相对稳定。根据联合国粮农组织（FAO, Food Outlook, June, 2008, http：www.fao.org）监测，以1998—2000年为基期，2006年和2007年世界谷物价格较上年分别上涨了18%和48%，而国内谷物生产价格上涨幅度一直没有超过10%，在农产品价格中属于波动幅度相对较低的。

二　农民收入增长的"十一五"回顾与总结

"十一五"期间，我国城乡居民收入差距总体上仍然趋于扩大，但是农民收入实际增长速度明显高于"十五"期间。

（一）"十一五"规划期农民收入持续较快增长

进入"十一五"，我国农民收入增长走出低迷徘徊的困局，连续多年实际增速超过6%。2007年，农民人均纯收入较2006年实际增长9.5%，2008年增长8%，2009年，尽管遭遇国际金融危机冲击，国内农产品价格下跌和农业自然灾害严重，农民人均纯收入预计仍较上年实际增长8.5%。

受农产品价格高位运行影响，"十一五"前期，农民人均纯收入中来源于家庭经营的第一产业收入保持较快增长，实现了农业增产农民增收。"十五"前期，农民人均纯收入增速缓慢，一个重要原因是家庭经营中第一产业纯收入增长缓慢。2003年农民人均家庭经营第一产业纯收入比 2000 年增加 104.9 元,按当年价格计算年均增长 3.1%。而到了"十一五"前期,农民家庭经营中第一产业纯收入快速增长。2008 年农民人均家庭经营第一产业纯收入比 2005 年增加了 476.4 元,按当年价格计算年均增长 9.8%。

表 4　　　　　2004—2008 年农民纯收入增长及其城乡居民收入比率

年份	农民人均纯收入较上年		农民人均纯收入增量中来源于		城乡居民收入之比率（农民人均纯收入为 1）
	实际增长率（%）	名义增长率（%）	工资性收入的贡献率（%）	家庭经营第一产业的贡献率（%）	
2004	6.8	12.0	25.5	64.4	3.21
2005	6.2	10.9	55.3	22.5	3.22
2006	7.4	10.2	60.3	15.6	3.28
2007	9.5	15.4	40.0	40.5	3.33
2008	8.0	15.0	41.6	32.4	3.31

资料来源:《中国农村住户调查年鉴（2008）》和《中华人民共和国 2008 年国民经济和社会发展统计公报》,中国统计信息网,www.stats.gov.cn。

家庭经营第一产业纯收入增长相对较快,为"十一五"前期农民人均纯收入快速增长作出了贡献。2006—2008 年,农民人均纯收入年均实际增长超过 8%,其中 2007 年农民人均纯收入较上年实际增长达到 9.5%。"十一五"前 3 年农民人均家庭经营第一产业纯收入对农民人均纯收入的贡献率平均为 31.6%,其中 2007 年达到 40.5%,这略高于工资性收入的贡献率(见表 4)。

由于农民家庭经营第一产业纯收入的贡献,农民人均纯收入实现了较快增长,特别是 2008 年农民人均纯收入名义增长率高于城镇居民可支配收入,出现了自 2004 年以来第二次城乡居民收入之比率略有缩小的格局。农村居民人均纯收入尽管实际增长率仍然低于城镇居民可支配收入 0.4 个百分点,但是出现了名义增长率高于城镇居民可支配收入 1 个百分点。这样,按当年价格计算,城乡居民收入之比率较 2007 年下降近 0.02 个百分点。尽管农业增产,农民人均纯收入实现快速增长，但是"十一五"前期城乡居民收入差距仍然以扩大的态势呈现。2005 年到 2008 年城镇居民人均可支配收入与农村居民人均纯收入之比由 3.22 扩大到 3.31。因此，保持农业增产增收的难度较大，而要缩小城乡居民收入差距的难度更大。

要保证农民人均纯收入快速增长需要农民收入的各个来源部分都能作出贡献，尤其是工资性收入和家庭经营第一产业部分收入要有较大增长。比较 2000 年和 2007 年两个极端年份，2000 年尽管工资性收入对农民纯收入做出了较大贡献，但是家庭经营纯收入对增长率的贡献为负值，纯收入实际增长率为 2.1%。而 2007 年工资性收入对增收的贡献率达到 39.96%，其中务工收入的贡献率为 28.39%；家庭经营纯收入对增收的贡献率为 47.56%，其中第一产业生产经营收入增量的贡献率为 40.33%。纯收入实际增长率为 9.5%。

（二）农民收入增长的主要制约因素

保持农民收入较快增长，不但是农民的强烈愿望，而且更是全面建设小康社会的重要物质条件。改革以来，我国农民增收的主要途径为农业产出增加、农业结构调整、农产品价格上升、农村非农产业发展、农民财产性收入和政策转移性收入来源增加。在实际工作中，保持我国农民收入较快增长难度相当大。制约农民增收的因素多种多样，很多制约因素在短期内无法解决，在农业农村内部难以解决，依靠分散的农民更解决不了。大致来看，在现有条件下实现我国农民收入较快增长的制约因素主要有：增产与增收之间的矛盾、农民工就业条件不够理想，政策性转移收入面临财政预算约束以及农村低收入群体增收缺乏有效途径等。从根本上说，突破这些制约主要依赖农业的现代化、国家经济的发展和体制改革的深化。

三 财政对"三农"投入的"十一五"回顾与总结

为了实现《中华人民共和国国民经济和社会发展第十一个五年

规划纲要》中所提出的农业和农村发展目标,"十一五"纲要相应提出了增加对农业和农村财政支持的要求,即:坚持"多予、少取、放活"的方针,加快建立以工促农、以城带乡的长效机制。调整国民收入分配格局,国家财政支出和预算内固定资产投资,要按照存量适度调整、增量重点倾斜的原则,不断增加对农业和农村的投入。扩大公共财政覆盖农村的范围,确保财政用于"三农"投入的增量高于上年,新增教育、卫生、文化财政支出主要用于农村,中央和地方各级政府基础设施建设投资的重点要放在农业和农村。

总体上看,"十一五"时期,对"三农"的财政投入基本上是按照"十一五"纲要的要求进行,财政支农政策保持了较好的延续性,主要表现为:不断出台新的支持政策和实施新的工程;继续增加对"三农"的投入,特别是中央财政对"三农"的支持力度继续增强;公共财政覆盖农村的进程加快,覆盖面不断扩大。从分配的角度看,"十一五"时期的财政支农政策较好地体现了城乡统筹发展的科学发展观。

"十二五"时期,财政支农总体上应该保持已有政策的延续性,继续将对"三农"的支持作为财政支持和政策的重点,防止出现大的政策性波动,但需要根据现有政策制定和实施中存在的问题以及社会经济发展的变化调整和完善财政支农政策。

(一)"十一五"期间中央财政保持对"三农"支出的持续较快增长

2006—2009 年,中央财政对"三农"支出的年均增长达到26.7%,比 2003—2005 年 11.5%的年均增长高出 15.2 个百分点。同时,"十一五"时期也延续了"十五"时期中央财政对"三农"支出增长高于中央财政总支出增长的态势(见表5)。

2006—2009 年,"三农"支出占中央财政总支出的比重平均为15.7%,比 2003—2005 年的 14.3%高出 1.4 个百分点(见表5)。

表5 　　　　　　　　　中央财政的"三农"支出　　　　　　　（亿元、%）

项目 年份	中央支出[①]		中央对"三农"支出		
	数额	增长	数额	增长	占中央支出比重
2003	15681.5	—	2145	—	13.7
2004	18302.0	16.7	2626	22.4	14.3
2005	20260.0	10.7	2975	13.3	14.7
2006	23492.9	15.9	3517[②]	18.2	15.0
2007	29580.0	25.9	4318	22.8	14.6
2008	36319.9	22.8	5955.5	37.9	16.4
2009[③]	43865.0	20.8	7161.4	20.2	16.3
2003—2005	54243.5	—	7746.0	—	14.3
2006—2009	133257.8	—	20951.9	—	15.7
2003—2005 年年均增长	—	8.9	—	11.5	—
2006—2009 年年均增长	—	23.1	—	26.7	—

资料来源：2003—2007 年中央财政支出来自《中国财政年鉴 2008》，2008—2009 年中央财政支出和对"三农"支出来自不同年份《中央和地方预算执行情况与中央和地方预算草案的报告》。

注：①中央支出 = 中央本级支出 + 补助地方支出；②包括新增用石油特别收益金安排的对种粮农民农资综合补贴 120 亿元；③2009 年为预算数。

中央财政用于"三农"的支出，2004 年是 2626 亿元，2008 年已经达到 5955.5 亿元。2009 年中央财政预算安排"三农"支出达 7161.4 亿元，比上年增加 1205.9 亿元，是 2004 年的 2.7 倍。在这一大项支出中，2009 年中央财政安排粮食直补、农资综合补贴、良种补贴、农机具购置补贴 4 项补贴 1230.8 亿元，比 2008 年增长 19.4%。中央财政安排用于农业生产、支持发展现代农业，提高农业综合生产能力的支出为 2642.2 亿元。中央财政安排用于农村社会事业发展方面的支出 2693.2 亿元，进一步扩大了公共财政对农村的覆盖范围，加快了农村社会事业的发展。

中央财政在农业支出中也承担了较大的责任，在全国农业支出中的比重有不断提高的趋势。按照新的政府收支分类科目大体匡算,2007 年中央财政(包括对地方转移支付)的农林水事务支出(包括农业支出、林业支出、水利支出、扶贫支出、南水北调、农业综合开发支出、农业补贴等)占全国农林水事务支出的比重约为 42%,2008 年这一比重大约为 50%。2009 年中央财政预算中农林水事务对地方转移支付比 2008 年增长 31.6%,高于中央财政对地方转移支付28.4% 的增长速度。在中央加大对"三农"的扶持力度的同时,地方财政也不断加大投入,为夯实农业基础、促进农村经济社会发展和农民持续增收发挥了重要作用。

(二)"十一五"时期财政对农业支持的状况与特点

"十一五"期间,财政对农业的支持依然保持较快增长。

1. 农民直接受惠的农业补贴品种和范围扩大,补贴额度加大,农业补贴体系不断扩展

2002 年起,中央财政开始建立直接的农业补贴制度和补贴体系,但当时只设立了良种补贴专项资金,2004 年中央财政又相继设立了粮食直补和农机购置补贴专项资金。

"十一五"时期,中央财政又相继增设了多种补贴项目,其中最主要的是农资综合补贴的设立。2006 年中央财政增设农资综合补贴资金,并由此形成了以农业 4 项补贴(粮食直补、良种补贴、农机购置补贴和农资综合补贴)为主要内容的农业补贴政策体系。

"十一五"时期,农业补贴规模大幅度增长,特别是农资综合补贴。2009 年与 2005 年相比,农业 4 项补贴增长了 6 倍,年均增长 63.2%(见表 6)。特别是农资综合补贴,从 2006 年开始设立之后的短短 4 年,规模已经增加到 2009 年的 795 亿元,成为最主要的农业补贴项目,2009 年农资综合补贴占农业 4 项补贴的比重达到 64.6%。

表6 农业四项补贴规模 （亿元）

年份	粮食直补	良种补贴	农机具购置补贴	农资综合补贴	合计
2004	116	28.5	0.7	—	145.2
2005	132	38.7	3	—	173.7
2006	142	41.5	6	120	309.5
2007	151	66.6	20	276	513.6
2008	151	123.4	40	716	1030.4
2009	151	154.8	130	795	1230.8

资料来源：根据有关年份财政部在全国人代会上的《中央和地方预算执行情况与中央和地方预算草案的报告》整理。

注：2009年数为预算数。

为了进一步促进粮食生产，保护农民种粮积极性，2009年国家对农资综合补贴政策进行了调整，开始采取动态补贴的政策，即根据农资价格和粮食价格的实际变化情况调整农资综合补贴，但实行只增不减的政策，以保护农民的既得利益。

2. 继续加强农业综合开发和农业基础设施建设，支持粮食生产和发展现代农业生产

为了提高农业综合生产能力，"十一五"前3年，国家继续加大对农业综合开发财政投入，不仅总量继续增加，而且年均增长达到9.4%，高于"十五"时期5.7%的年均增长水平（见表7）。

表7 农业综合开发财政投入 （亿元、%）

时间　　　项目	总计	中央	占比	地方配套	占比
2005	164.54	101.83	61.89	62.71	38.11
2006	184.05	109.90	59.71	74.15	40.29
2007	200.92	121.06	60.25	79.86	39.75
2008	215.22	129.75	60.29	85.47	39.71
"十五"年均	145.16	84.25	58.04	60.91	41.96

续表

项目 时间	总计	中央	占比	地方配套	占比
“十一五”前 3 年年均	200.06	120.24	60.10	79.83	39.90
“十五”年均增长	5.7	8.5	—	1.9	—
“十一五”前 3 年年均增长	9.4	8.4	—	10.9	—

资料来源：《中国财政年鉴》各年，中央政府门户网站（www.gov.cn），2009 年 3 月 13 日。

注：中央财政资金含利用外资，但比例很小，2008 年为 2.75 亿元，仅占中央财政农业综合开发资金的 2.12%。

为了保持粮食生产的稳定发展、保障粮食安全，政府大幅度增加对粮食生产的投入，采取了多项有力措施，除前述的各种补贴外，还采取了最低收购价政策和对产粮大县的奖励政策等措施。

从 2006 年开始，国家全面实施对小麦、稻谷实行最低收购价政策，最低收购价水平逐年提高，其中 2009 年稻谷最低收购价提高幅度是 2005 年正式启动粮食最低收购价政策以来最大的一次，早籼稻（三等）、中晚籼稻和粳稻分别比 2008 年提高 16.9%、16.5% 和 15.9%。2009 年与 2006 年相比，白小麦（三等）、红小麦（三等）、早籼稻（三等）、中晚籼稻和粳稻最低收购价分别提高了 20.8%、20.3%、28.6%、27.8% 和 26.7%。2010 年小麦和稻谷最低收购价还将继续提高。

中央财政于 2005 年开始实施“三奖一补”政策[①]，其中一项奖励便是针对产粮大县的奖励政策，即对产粮大县按照粮食商品量、粮食产量、粮食播种面积等因素和各自权重计算给予奖励。2005 年中央财政补贴额为 55 亿元，2006 年 85 亿元，2007 年 125 亿元。

---

① 即对财政困难县政府增加本级税收收入和省市级政府增加对财政困难县财力性转移支付给予奖励，对县乡政府精简机构和人员给予奖励，对产粮大县按照粮食商品量、粮食产量、粮食播种面积等因素和各自权重计算给予奖励，对以前缓解县乡财政困难工作做得好的地区给予补助。

3. 财政对农业的支持充分体现了国家对农业实行的"多予少取"政策

2006 年 1 月 1 日起,《中华人民共和国农业税条例》废止,在全国范围内全面取消农业税,农业税的取消充分显示了国家对农业的支持。时任国家税务总局局长谢旭人披露,2006 年全面取消农业税后,与农村税费改革前相比,共减轻农民税费负担 1265 亿元。在全面取消农业税、大幅度增加农业补贴以及实行最低收购价等政策后,国家针对农业生产和经营活动的财税政策表现为几乎完全的净投入率(财政支农支出－农业税收/财政支农支出),"多予少取"政策在农业上得到了充分体现。

(三)"十一五"期间国家在实现城乡统筹、城乡一体化的社会保障、社会事业发展方面明显加大投入,并取得较大进展

由于长期存在的城乡二元结构的影响,农民不仅在收入上与城市居民有较大差距,农村社会事业的发展更滞后于经济的发展,农民在享受最基本的公共产品和社会福利方面与城市居民之间的差距更大。由于市场配置资源的基本规律的作用,要素总是要向生产率高、回报率高的部门和地区流动,城乡之间在经济上的差距、发达地区与欠发达地区之间在经济上的差距在短期内还难以缩小。现阶段调整城乡经济关系,促进城乡经济的协调发展,主要是努力抑制城乡经济差距扩大的趋势,逐步减弱城乡经济差距扩大的强度,积极为逐步缩小城乡经济差距创造条件,使差距从扩大到开始缩小的"拐点"早日到来。但通过国家政策的调整,在较短的时间内,缩小城乡之间、发达地区与欠发达地区之间人均享有最基本的公共产品和社会福利方面的差距是可能的。国家在这方面有责任,也完全可以有所作为。政府不仅要投资改善农村的公共服务基础设施,在关注民生问题上更重要的是将公共财政的支出直接用在农民身上。农民最担心的是看病难、看病贵,教育费用高,弱势群体衣食无着,老年农民生活失怙。政府应在农村教育、新型农村合作医疗、农村最低生活保障、农村新型社会养老保障体系建设等诸多方面加大支持力度。在"十一五"的四年期间，各级政府在社会主义新农村建设中加快了农村社会事业的发展步伐，不断扩大公共财政覆盖农村的领域和范围，不断促进农村社会的全面进步。

1. 全面实施以"两免一补"为主要内容的农村义务教育，将农村义务教育全面纳入财政保障范围

"十五"时期，我国开始在农村实施义务教育阶段"两免一补"政策（免除学杂费，免费提供教科书，补助贫困寄宿生生活费），但这一政策主要用于国家扶贫开发工作重点县的贫困家庭。

2005 年 12 月，国务院发布《关于深化农村义务教育经费保障机制改革的通知》以下简称《通知》，其主要内容是：全面实行"两免一补"，提高农村义务教育阶段中小学公用经费保障水平，建立农村义务教育阶段中小学校舍维修改造长效机制，巩固和完善农村中小学教师工资保障机制。由此，农村义务教育逐步全面纳入公共财政保障范围。

按照《通知》的部署，从 2006 年春季学期开始，西部地区农村义务教育阶段中小学生全部免除学杂费，同时对家庭经济困难学生免费提供教科书，并补助寄宿生生活费。中央财政对西部地区农村义务教育阶段中小学安排公用经费补助资金，启动全国农村义务教育阶段中小学校舍维修改造资金保障新机制。2007 年，这一政策在全国农村全面实施。

为此，国家财政大幅度增加了对农村义务教育的投入。仅 2006 年、2007 年两年，不包括教师工资资金，全国财政共投入农村义务教育经费保障机制改革资金 1093 亿元，其中，免除学杂费和提高公用经费保障水平资金 599 亿元，校舍维修改造资金 268 亿元，补助困难寄宿生生活费资金 68 亿元，免费教科书资金 132 亿元。在 1093 亿元资金中，中央财政 515 亿元，占 47.1%；地方财政 578 亿元，占

52.9%。[①] 同期，中央财政累计安排校舍维修改造资金81.6亿元，投入数量基本相当于过去两期危改工程的资金总量（2001—2006年共投入90亿元）。

2007年国家在全国免除农村义务教育阶段学杂费并免费提供教科书，对农村家庭经济困难学生补助寄宿生生活费，农村1.5亿义务教育阶段中小学生和1100万家庭经济困难寄宿生受益。2007年，中央和地方安排改革资金565亿元支持农村教育发展，全国近1.5亿名农村中小学生免交了学杂费，3800万名家庭经济困难学生得到了免费教科书，780万名家庭经济困难的寄宿生得到了生活费补助，切实减轻了农民负担。2007年11月，财政部、教育部又印发了《关于调整完善农村义务教育经费保障机制改革有关政策的通知》，决定大幅度提高公用经费保障水平，提高各种补助标准。2007年至2009年，调整完善农村义务教育经费保障机制改革相关政策，全国财政将累计新增经费约470亿元，其中，中央财政约350亿元，地方财政约120亿元。2006—2010年整个农村义务教育经费保障机制改革累计新增经费，将由原来的2182亿元至少增加到2652亿元，其中：中央财政1604亿元，地方财政1048亿元。

2007年，中央决定正式启动农村义务教育"普九"债务化解试点工作，当年中央财政补助60亿元。

2. 农村最低生活保障制度全面建立

"十五"时期，一些地方建立了农村最低生活保障制度。进入"十一五"时期后，农村最低生活保障制度在全国范围建立。

2007年8月，国务院发出《关于在全国建立农村最低生活保障制度的通知》，决定2007年在全国建立农村最低生活保障制度。县级以上地方政府根据当地实际情况确定农村低保标准。农村最低生活保障资金的筹集以地方为主，中央财政对财政困难地区给予适当补助。根据民政部的统计，2006年，我国农村最低生活保障人数为1593万

---

① 见《中国财政年鉴》2008年版，第111页。

人，2007 年达到 3566 万人，截至 2008 年底，农村低保对象为 4284.3 万人，占全国农业人口的 4.9%。全国农村平均低保标准为每人每年 978 元，每人每月 82.3 元，月人均补助 49 元，比 2007 年底增加 19 元。虽然农村最低生活保障制度主要由各级地方政府负责，但中央财政对财政困难地区给予补助，且大幅度增加了补助支出。2007 年中央财政安排的补助资金为 30 亿元，在 2008 年，全国农村低保生活保障资金支出 222.3 亿元，其中中央财政支出 93.65 亿元，增长 212%；地方各级财政支出 128.65 亿元，增长 62.7%。2009 年中央财政支出的预算则达到 216 亿元，比 2007 年增加了 6 倍多。

3. 新型农村合作医疗基本覆盖了广大农民，补助标准大幅提高，农民看病难、看病贵的问题得到一定程度的缓解

2002 年，中共中央、国务院《关于进一步加强农村卫生工作的决定》发布，决定逐步建立新型农村合作医疗制度，到 2010 年，新型农村合作医疗制度要基本覆盖农村居民。

2003 年，新型农村合作医疗制度开始试点，截至 2005 年 12 月底，全国开展新型农村合作医疗试点的县（市、区）达到 678 个，占全国县（市、区）总数的 23.7%，参合农民 1.79 亿人。[①]

进入"十一五"时期后，新型农村合作医疗覆盖范围迅速扩大。2006 年，参合农民达到 4.1 亿人；2008 年，参合农民达到 8.14 亿人，参合率 91.5%，基本覆盖了农村居民，提前两年实现"十一五"规划纲要提出的新型农村合作医疗覆盖率达到 80% 以上的目标。新农合已经累计筹资 1542 亿元，其中中央财政投入占筹资总额的 27%；地方财政投入占筹资总额的 51%；农民个人缴费占 20%。其他渠道占 2%。新型农村合作医疗基金累计支出总额为 429 亿元，累积受益 3.7 亿人次。

"十一五"期间，为了加快提高新型农村合作医疗覆盖率，国家逐步提高补助标准、扩大补助范围。2003 年开始试点时，中央财政

---

① 见《中国财政年鉴》2006 年，第 110 页。

只是对中西部地区除市区以外的参加新型合作医疗的农民每年按人均10元给予补助,地方财政补助每年不低于人均10元。2006年,中央财政将中西部地区农业人口占总人口70%以上的市辖区和东部省份纳入补助范围,补助标准提高到人均20元,地方财政也相应提高10元。从2007年开始,补助范围进一步扩大,将农业人口占总人口比例高于50%的市辖区纳入中央财政补助范围。2008年开始,补助范围再一次扩大,中央财政将中西部地区农业人口低于50%的市辖区全部纳入中央财政补助范围,对中西部地区参合农民的补助标准提高到人均40元;同时,中央财政对东部地区参合农民也给予一定补助。2008年全国参合农民得到的各级政府的补助达到人均80元。2009年7月,卫生部、民政部、财政部、农业部、国家中医药管理局联合发布《关于巩固和发展新型农村合作医疗制度的意见》,提出2010年开始,全国新农合筹资水平提高到每人每年150元,其中,中央财政对中西部地区参合农民按60元的标准补助,对东部省份按照中西部地区一定比例给予补助;地方财政补助标准相应提高到60元,确有困难的地方可分两年到位。

由于补助标准提高和范围扩大,财政补助规模大幅度提高。2005年,中央财政补助约为4.8亿元,2006年增加到42.7亿元,比2005年增长7.9倍。2008年预算安排的新农合补助资金253亿元,比2006年增长近5倍。

除农村新型合作医疗制度外,中央财政还安排了一定的资金用于支持农村医疗救助。2006年农村医疗救助达到1559万人次,中央财政安排9.5亿元专项补助资金用于支持中西部地区农村医疗救助。到2006年底,全国所有含农业人口的县(市、区)都基本实施了农村医疗救助制度。

4. 开展新型农村社会养老保险试点

根据人力资源社会保障部公布的《2008年全国社会保险情况》,截至2008年底,全国已有北京等25个省、直辖市、自治区的464个县开展了由地方财政支持的新型农村养老保险试点,参保农民达到

1168 万人。

2009 年 6 月 24 日召开的国务院常务会议决定,2009 年在全国 10% 的县(市、区)开展新型农村社会养老保险试点。同年 9 月,国务院颁布《关于开展新型农村社会养老保险试点的指导意见》,提出 2009 年试点覆盖面为全国 10% 的县(市、区、旗),以后逐步扩大试点,在全国普遍实施,2020 年之前基本实现对农村适龄居民的全覆盖。截至 2009 年 12 月,全国已有 27 个省份、320 个县开展了新农保试点。中央财政对中西部地区最低标准养老金给予全额补助,对东部地区补助 50%。

新农保这一制度的建立是继农村取消农业税、建立农业直补、新农合之后又一重大的惠农举措。新农保的试点和推行,将进一步完善我国农村社会保障体系。

5. 农民工的社会保障制度改革

中国现在约有 1.5 亿离开本乡镇外出就业的农民工,其中新生代农民工占到 60%,大约 1 亿人。外出农民工中相当一部分人已经长期在城市居住工作,应该算作事实上的城镇人口,但将他们纳入城市社会保障网络的工作进展缓慢。2010 年的中央 1 号文件提出,"采取有针对性的措施,着力解决新生代农民工问题。统筹研究农业转移人口进城落户后城乡出现的新情况新问题"。文件同时还提出,"健全农民工社会保障制度,深入开展工伤保险全覆盖行动,加强职业病防治和农民工健康服务,将与企业建立稳定劳动关系的农民工纳入城镇职工基本医疗保险,抓紧落实包括农民工在内的城镇企业职工基本养老保险关系转移接续办法。落实以公办学校为主、以输入地为主解决好农民工子女入学问题的政策,关心农村留守儿童"。可以预见,一些具体政策措施将陆续出台,逐步实现农民工在劳动报酬、子女就学、公共卫生、住房租购以及社会保障方面与城镇居民享有同等待遇,使在城镇稳定就业和居住的农民有序转变为城镇居民。

(四)改善农村民生、刺激农村消费成为实施积极财政政策、扩

大内需政策中的重要内容

2008 年底，为应对国际金融危机的影响，中央及时对宏观经济政策进行了重大调整，实施积极的财政政策。11 月 5 日的国务院常务会议确定了进一步扩大内需、促进经济平稳较快增长的 10 项重大措施。10 项措施中，农村占据了十分重要的位置，例如，加快农村基础设施建设、扩大农村危房改造试点、提高粮食最低收购价、提高农业补贴标准、增加农村低保补助等直接与改善农村民生、提高农民收入有关。会议初步匡算，为实施 10 项措施中的工程建设，到 2010 年底约需投资 4 万亿元，其中农村民生工程和农村基础设施建设大约 3700 亿元。为加快建设进度，会议决定，2008 年 4 季度先增加安排中央投资 1000 亿元，其中，农村民生工程和农村基础设施建设安排 340 亿元。

根据国家发改委有关负责人的介绍，2009 年中央投资加强了农村民生工程和农业基础设施建设，大力支持农村饮水安全、农村电网改善、农村公路、农村沼气、农村危房改造等工程。截至 2009 年 8 月底，在农村项目中，改造农村初中校舍面积近 400 万平方米，解决 2278 万农村人口饮水安全问题，建成农村沼气项目 247 万户、农村公路 20 万公里、农村电网各类线路 10.3 万公里。

另据财政部新闻办介绍，2008 年 4 季度至 2010 年将新增中央政府公共投资 1.18 万亿元。截至 2009 年 6 月，在已安排的 5915 亿元资金中，农业基础设施及农村民生工程建设资金 1253 亿元，占 21.2%。2009 年中央政府公共投资预算总量为 9080 亿元，其中，农业基础设施及农村民生工程建设资金 2522 亿元，占 27.8%。[①]

2007 年 12 月起，国家启动了家电下乡试点工作，在山东、四川、河南和青岛三省一市进行试点，对彩电、冰箱（含冰柜）、手机三大类产品给予销售价格 13% 的财政补贴。2008 年 12 月 1 日起，试点范围扩大到 14 个省份和计划单列市，补贴资金由中央财政和省级

---

① 见中央政府门户网站 www.gov.cn，2009 年 6 月 26 日。

财政共同负担，其中中央财政负担80％，省级财政负担20％。为了适应经济形势的变化，加大扩大内需的政策力度，2009年2月1日起，家电下乡在全国范围推广。除家电下乡外，国家还开展了"汽车、摩托车下乡"等工作，为此，中央财政支付了大量的补贴。根据2009年政府工作报告，中央财政支付的"家电下乡"、"汽车、摩托车下乡"、"农机下乡"的补贴资金达到400亿元。为了更进一步刺激消费，解决家电下乡等工作中存在的问题，2009年12月9日的国务院常务会议决定大幅提高下乡家电产品最高限价，进一步完善下乡家电产品补贴标准和办法，增加补贴范围。将汽车下乡政策延长实施至2010年底，已纳入汽车下乡补贴渠道的摩托车下乡政策执行到2013年1月31日。

2009年住房城乡建设部、国家发改委和财政部联合发布《关于2009年扩大农村危房改造试点的指导意见》，要求在2009年完成一些地区约80万农村贫困户的危房改造，中央补助标准为每户平均5000元，在此基础上，对东北、西北和华北等三北地区试点范围内农村危房改造建筑节能示范户每户再增加2000元补助。根据财政部资料显示，截至2009年9月上旬，各级财政安排的农村危房改造资金83亿元，其中中央财政40亿元，地方财政配套43亿元。

2009年，国家还对农村扶贫标准进行了重大调整，进一步加大扶贫开发力度。2009年政府工作报告明确提出，2009年实行新的扶贫标准，对农村低收入人口全面实施扶贫政策。新标准提高到人均1196元，扶贫对象覆盖4007万人，这标志着我国扶贫开发进入一个新阶段。

2010年的中央1号文件提出，加大家电、汽车、摩托车等下乡实施力度，大幅度提高家电下乡产品最高限价，对现行限价内的产品继续实行13％的补贴标准，超出限价的实行定额补贴，允许各省（自治区、直辖市）根据本地实际增选一个品种纳入补贴范围，补贴对象扩大到国有农林场（区）职工。鼓励农村金融机构对农民建房、购买汽车和家电等提供消费信贷，加大对兴办农家店的信贷投放。文件还提出，抓住当前农村建房快速增长和建筑材料供给充裕的时机，把支持农民建房作为扩大内需的重大举措，采取有效措施推动建材下乡，鼓励有条件的地方通过多种形式支持农民依法依规建设自用住房。

四　农村改革的"十一五"回顾与总结

"十一五"规划期农村改革成绩显著，但难点尚需克服。

（一）"十一五"规划期农村改革任务概述

"十一五"规划期的农村改革任务先后由若干重要文件作出了规定。2005 年 11 月，中共中央提出了"关于制定国民经济和社会发展第十一个五年规划的建议"；2006 年 3 月，国家发布了《中华人民共和国国民经济和社会发展第十一个五年规划纲要》。纲要提出了建设社会主义新农村的重大任务，规定"生产发展，生活富裕，村容整洁，乡风文明，管理民主"是新农村建设的主要目标。2008 年 10 月，中共中央召开了党的十七届三中全会，会议通过了《中共中央关于推进农村改革发展若干重大问题的决定》（以下简称《决定》）。这些文件提出的农村改革的主要任务是：（1）完善农村基本经济制度，深化以产权明晰为核心的农村土地管理制度改革；（2）巩固农村税费改革成果，全面推进农村综合改革，基本完成乡镇机构、农村义务教育和县乡财政管理体制等改革任务；（3）深化农村金融体制改革，建立健全农村金融体系；（4）调整城乡分配关系，推进城乡社会经济一体化建设；（5）加强农村民主政治建设，完善农村治理机制。

（二）"十一五"规划期主要改革任务及其配套政策

1. 深化农村土地管理改革，完善农村基本经济制度

"十一五"规划期关于农村改革认识的深化，莫过于中央对"统分结合的双层经营体制"的新解释。党的十七届三中全会通过的《决定》从"两个转变"的角度重新诠释了"统分结合、双层经营"

的农村基本经营制度,家庭经营层次强调使用先进生产手段,着力提高集约化水平;统一经营则强调形式的多元化,培育农民新型合作组织,提高农业生产的组织化程度。

《决定》指出,要"按照产权明晰、用途管制、节约集约、严格管理16字原则进一步完善农村土地管理制度"。产权明晰的政策概念过去曾经在关于国有企业改革的决策文件中出现过,用于农村土地管理改革方面尚属首次。完善土地承包经营权权能,依法保障农民对承包土地的占有、使用、收益等权利,是产权明晰的基本内涵。

改革部署的两个关键突破,一是确定土地承包关系保持稳定并长期不变;二是《决定》指出,要逐步建立城乡统一的建设用地市场,今后将严格界定公益性用地和经营性建设用地,逐步缩小征地范围。对于城镇建设用地范围以外的集体建设用地,其用于非公益性建设项目,将允许农民参与开发经营。对依法取得的农村集体经营性建设用地,必须通过统一有形的土地市场、以公开规范的方式转让土地使用权,在符合规划的前提下与国有土地享有平等权益。这意味着一项重大政策调整,即集体建设用地最终将直接进入土地市场,国家对土地一级市场的垄断将在法律上被打破,现在实际存在的集体建设用地市场将最终合法化。

根据这些改革意见,国家有关法律正在修订。可以预见,这些改革新举措将推动我国土地要素统一市场的建立。

2. 以农村税费改革为核心,全面推进农村综合改革

自 2000 年起,农村税费改革历经 6 年的努力,逐步理顺了农村分配关系,扭转了长期以来农民负担过重的局面,迈出了统筹城乡发展的新步伐。从 2006 年起,全国农村彻底取消了农业税,中国历史上存在了两千多年的这个古老税种的终结标志着我国农村改革进入了一个新的阶段,这就是以乡镇机构、农村义务教育和县乡财政管理体制改革为主要内容的综合改革阶段。农村综合改革的目标是,按照巩固农村税费改革成果和完善社会主义市场经济体制的要求,推进乡镇机构、农村义务教育和县乡财政管理体制改革,建立精干高效的农村

行政管理体制和运行机制、覆盖城乡的公共财政制度、政府保障的农村义务教育体制，促进农民减负增收和农村公益事业发展，全面推进社会主义新农村建设。综合改革预定 2012 年完成。

农村义务教育体制改革的主要内容有 4 项：（1）全部免除农村义务教育阶段学生学杂费，对贫困家庭学生免费提供教科书并补助寄宿生生活费。（2）提高农村义务教育阶段中小学公用经费保障水平。（3）建立农村义务教育阶段中小学校舍维修改造投入长效机制。（4）巩固和完善农村中小学教师工资经费保障机制。目前，农村义务教育体制改革任务基本完成。

县乡财政体制改革的主要任务是建立中央和省（市）政府对县乡财政的支持力度，加大中央对中西部落后县的财政转移支付规模，改革财政管理方式。中央决定，从 2006 年开始，财政新增教育、卫生、文化等事业经费主要用于农村，国家基本建设资金增量主要用于农村，政府征用土地收益用于农村的比例要有明显增加。进一步完善转移支付制度，增加一般性转移支付，规范专项补助。继续推进"省直管县"财政管理体制和"乡财县管乡用"财政管理方式改革试点。

对于全社会高度关注的乡村债务问题，中央在 2006 年部署了化解债务的试点工作。2007 年中央 1 号文件提出了解决乡村债务的基本方案。中央决定，要全面清理核实乡村债务，摸清底数，锁定旧债，制止发生新债，积极探索化解债务的措施和办法，优先化解农村义务教育、基础设施建设和社会公益事业发展等方面的债务。文件提出，在严格把握政策和加强审核的前提下，减免或豁免税收尾欠，并拟订由中央和省级财政要安排一定奖励资金，鼓励地方主动化解乡村债务，是解决乡村债务难题的两项政策突破。

"十一五"时期财政支农基本上是按照"十一五"纲要的要求进行，2006—2009 年，中央财政对"三农"支出的年均增长达到26.7%，也延续了"十五"时期中央财政对"三农"支出增长高于中央财政总支出增长的态势。

3. 深化农村金融改革,逐步开放农村金融市场

"十一五"时期,农村金融改革总体框架出台。党的十七届三中全会的《决定》明确提出要创新农村金融体制,放宽农村金融准入政策,加快建立商业性金融、合作性金融、政策性金融相结合,资本充足、功能健全、服务完善、运行安全的农村金融体系。《决定》首次明确提出允许有条件的农民专业合作社开展信用合作、允许农村小型金融组织从金融机构融入资金。这意味着国家将加大农村金融市场开放步伐,扩大农村经济的融资渠道。为落实中央《决定》,国务院办公厅 2008 年 12 月发布的《关于当前金融促进经济发展的若干意见》提出,要在扩大农村有效担保物范围基础上,积极探索发展农村多种形式担保的信贷产品;指导农村金融机构开展林权质押贷款业务。

2008 年开始,银监会在一些省份开展了土地承包经营权抵押贷款试点,各地热烈响应,有的省把试点推向了全省范围(如山东)。在实地调查中了解到,这项改革试点并没有引起土地实际使用权分配的两极分化,最担心丧失土地的普通小农户一般不会拿土地抵押贷款,而参与抵押贷款的有经济实力的大客户一般有抗风险能力。

4. 积极稳妥地推进城镇化,实现城乡经济社会一体化

"十一五"规划期建设新农村的目标,经中共十七届三中全会的《决定》,进一步提升为我国的城乡一体化战略,这一战略的核心任务在 2009 年中央经济工作会议上被概括为"积极稳妥推进城镇化,提升城镇发展质量和水平"。

为实现城乡一体化发展战略,中央的《决定》提出了发展目标和改革任务,其核心内容是统筹土地利用和城乡规划、统筹城乡产业发展和资本要素流动、统筹城乡基础设施建设和公共服务、统筹城乡劳动就业,加快建立城乡统一的人力资源市场以及统筹城乡社会管理,推动流动人口服务和管理体制创新。

中央确定了重庆、成都、武汉等城市圈作为统筹城乡发展的试点地区,户籍制度改革作为全国性"难题"可能在各试点地区获得突

破。《劳动合同法》和《城乡规划法》的制定或修订，为加快城镇化提供了一个法律基础。

为推动城乡一体化发展，中央还推出了一些"十一五"规划纲要未涉及的其他领域的改革，其中重要的是在城乡社会管理体制方面的改革。这项改革的"亮点"：一是强调建立省直接管理县（市）的财政体制，优先将农业大县纳入改革范围；有条件的地方可依法探索省直接管理县（市）的体制。二是依法赋予经济发展快、人口吸纳能力强的小城镇相应的行政管理权限。三是推进户籍制度改革，放宽中小城市落户条件，使在城镇稳定就业和居住的农民有序转变为城镇居民。《决定》发布之后，浙江等地方政府出台了扩大重点乡镇社会经济管理权限的办法。

5. 加强农村民主政治建设，完善农村治理机制

加强农村民主政治建设是"十一五"规划期农村工作的重要任务。近几年，中央在这方面的工作力度有明显增强。2009 年 5 月，中办国办印发《关于加强和改进村民委员会选举工作的通知》。2009 年 12 月，国家民政部完成《村民委员会组织法》修订草案的制定，提交全国人大常委会审议。草案对村干部罢免的有关规定更加合理，并增加了有关选民登记的程序和村官离任审计的条款等。法规修订注重村民自治活动的程序和细节，明显增加了可操作性。

6. 完善农村流通渠道，扩大农村市场需求

为贯彻"十一五"规划期关于开拓农村市场、推进农村流通现代化的意见，商务部大力推进旨在改善农村零售业态"万村千乡工程"和支持大型农产品流通企业和批发市场建设的"双百工程"。2008 年商务部又启动了"放心菜"工程，以提高中国人的"菜篮子"质量。2007 年开始的由商务部和财政部联手推出的"家电下乡工程"进一步扩大了政策覆盖范围，增加了家电下乡的品种，国家财政按产品销售价格的 13% 给予农民直接补贴。2009 年，商务部、农业部等开始实施了农产品"农超对接工程"，探索农产品流通新途径。农业部也在推进农产品批发市场建设，筹划了"农产品批发市

场升级拓展 5520 工程",计划在 5 年内重点扶持建设 500 个农产品批发市场,推进设施改造升级和业务功能拓展 20 项工作。

五　农业与农村发展的"十二五"展望及建议

党的"十七大"报告指出:"要加强农业基础地位,走中国特色农业现代化道路,建立以工促农、以城带乡的长效机制,形成城乡经济社会发展一体化新格局。"这一论断是从根本上解决"三农"问题的理论创新,构成了新时期农村政策体系的基点。"十二五"期间,要根据形成城乡经济社会一体化新格局的战略构想来制定农业与农村发展规划。进一步调整国民收入分配格局,发展现代农业,深化农村改革,建设社会主义新农村。

(一)"十二五"时期要进一步稳定农产品市场、确保国家粮食安全

"十二五"时期要进一步稳定农产品市场。经过 2006 年和 2007 年农产品生产波动后,2008 年和 2009 年多数农产品普遍增产,特别是粮食连续 6 年增产,油料生产有所恢复,生猪生产迅速扩大,有力地抵御了世界农产品市场剧烈波动对国内主要农产品供求关系的冲击,化解了全球粮食危机传导到国内的风险。"十一五"期间多数农产品普遍增产,也为国内抗击极端自然灾害,实现国家的宏观调控目标,稳定价格水平发挥了重要作用。

农产品市场剧烈波动,不但会损害农产品生产者和消费者的普遍利益,而且会妨碍经济的持续发展,也可能造成社会的不稳定。农产品价格过度下跌,农民收入势必受到影响,扩大农村内需就缺乏物质基础。农产品价格大幅度上涨,可能会引发通货膨胀,特别是可能给低收入消费者的生活带来困难,容易诱发社会的动荡。因此,稳定农产品市场,促进农产品价格合理价位的形成,是政府需要实现的重要目标。

政府可通过多种政策手段来稳定农产品市场。如：实施强农惠农政策，提高农业综合生产能力，发展现代农业，增加农产品有效供给，促进农产品市场供求平衡。大力建设现代农产品市场和发展农产品物流，稳定农产品交易关系，维护农产品市场正常秩序。加强农产品市场监管，增加关键农产品库存和调节农产品进出口，改善农产品市场调控，管制农产品市场的价格预期。

随着我国居民膳食结构不断改善，食物消费日趋多样，食用植物油以及肉、禽、蛋、奶、水产品等消费逐步增加。"十二五"期间，要根据居民膳食结构的变化，调整农业生产结构，增加农产品有效供给，促进农产品供求基本平衡。

随着居民生活水平的提高，对农产品的季节性均衡供给提出了越来越高的要求。常规农业生产受气候影响大，供给季节性强。大力发展设施农业是解决农产品季节性供给与农产品均衡性需求之间矛盾的一条有效途径。设施农业的资源利用率普遍较高，经济效益较好。各地应加大政策持续力度，促进设施农业发展。

"十二五"期间要多管齐下，确保国家的粮食安全。有关保障粮食安全的三大类政策（保护和调动粮食生产积极性政策、保护和提高粮食生产能力政策以及深化粮食流通体制改革的政策）面临在新形势下如何贯彻落实的问题。根据《国家粮食安全中长期规划纲要（2008—2020）》，我们要坚持立足于国内生产保障国家粮食的方针。在继续保护和调动种粮农民生产积极性、提高粮食综合生产能力的同时，要进一步完善粮食流通体系，加强粮食宏观调控，构建我国粮食安全保障体系。随着居民生活水平的提高，直接口粮消费还将缓慢下降，动物源性食物进一步增加。在推进农业结构调整的同时，要稳定粮食播种面积，着力优化品种和区域结构，提高单产水平，确保人均粮食占有量380公斤以上。

近年来实施的一些有关粮食安全的重大政策在粮食供求形势发生明显变化后面临着新的选择。如粮食最低收购价政策，是继续扩大实施范围和强度还是淡化最低收购价政策？2008年10月国家大幅提高

2009 年小麦的最低收购价后，2009 年 1 月又大幅度提高稻谷最低收购价水平。2010 年的中央 1 号文件提出，增加补贴和扩大补贴种类。落实小麦最低收购价政策，继续提高稻谷最低收购价。扩大销区粮食储备规模。适时采取玉米、大豆、油菜子等临时收储政策。但仅靠提价和补贴并不能确保种粮农民的利益。根据 2009 年全国粮食的清仓查库，以 2009 年 3 月末为时点，全国国有粮食企业粮食库存 2.25 亿吨。随着粮食收购数量的增加，一些地方的仓容压力问题突出。近年来实施的各类补贴政策，如果目的在于解决粮食生产的比较效益偏低问题，则补贴越多，粮食生产越多，某些粮食品种有可能产生过剩，从而导致价格下跌和粮农减收。补贴往往难以从根本上解决粮食生产比较效益偏低的问题。

我国粮食需求是基本稳定的。如果粮食生产稳定，粮食产需平衡关系就相对稳定。在这种情况下，通过库存和进出口调节粮食供求平衡，实现粮食市场价格稳定就具有理想的条件。但现行政策可能进一步带来粮食生产资源配置的扭曲。继续激励农民扩大粮食生产，可能会带来某些粮食品种的过剩，给国家财政和仓容带来压力。如果调整粮食政策，可能会使农民对政策的连续性产生怀疑，影响农民的种粮积极性。这是一种两难的选择。

确保粮食安全是实现国民经济健康运行和持续发展的重要目标。自 2004 年以来，受粮食价格恢复性上涨和高位运行影响，粮食连续几年大幅度增产，充分证明了我国粮食生产潜力的存在。根据粮食消费总量与结构变化的特点，未来我国粮食生产应以稳产为主，维持紧平衡。为此，需要稳定发展粮食综合生产能力，以宏观调控为手段，尽可能地降低粮食生产的波动，确保粮食供求的长期平衡。

1. 建立稳定粮食生产的长效机制

保障粮食安全的核心是保障粮食生产能力。工作的重点应放在长期稳定主产区的粮食生产上。多年来的实践表明，扶持粮食主产区，除了要从财政税收、科技等方面加强粮食综合生产能力建设外，还需要切实解决好鼓励粮食主产区、尤其是国家商品粮基地的农民种粮与反复出现的卖粮难之间的矛盾，以及扩大粮食生产规模与粮农收入下降的矛盾，建立稳定粮食生产的长效机制。解决这些矛盾的有效办法就是增强粮食主产区的贮备加工能力，大力发展粮食订单农业，如《纲要》中提出的，发展农产品加工、保鲜、储运和其他服务，延长农业产业链条，使农民能分享农产品加工增值的利润，在农业功能拓展中获得更多收益。在稳定耕地面积的基础上，使种粮农民的收入能够增加，保护农民种粮的积极性。要稳定粮食生产，还要建立产销区之间的利益协调机制。

应培育低保额、低保费的农业保险制度，化解农业收入的风险。对农民来说，收入稳定是比收入增加更为基本的要求。建立粮食作物灾害保险制度既能够稳定农民对种植业的收入预期，鼓励其对粮食等农作物的增加投入，从而增加粮食产量；又能够减少农民的损失，稳定农民的收入。

2. 切实保护耕地特别是保护基本农田

短期内我国粮食需求具有相对的稳定性，粮食生产的供给面临市场和资源的双重约束。要稳定粮食生产，必须切实保护好耕地资源。在市场经济条件下，农地产权仍然存在较大模糊空间的情况下，必须发挥法律手段和行政手段的作用，把优质农田保护好。既要坚决制止城镇化、工业化过程中新的圈地运动，又要处理好农业结构调整中耕地的保护。要继续推进土地管理体制改革，尤其要改革征地制度和国有土地供给方式，控制征地规模，规范土地收益分配关系，保障失地农民的利益。大力推进节约和集约用地，加大土地治理力度。

3. 积极探索建立健全粮食生产支持体系和确保粮食安全的预警机制

面对政府财力约束与稳定粮食生产、确保粮食安全的要求，在确保农业投入法定水平的同时，要更加科学合理地确定财政支农的重点和方向。首先要保证提高粮食综合生产能力的投入，尤其是粮食科技创新和粮食生产条件改善方面的投资，确保粮食生产比较效益能够稳定在合理的水平。

改革开放以来,我国粮食供求的短缺和过剩交替出现。但在粮食短缺时采取的刺激供给的政策措施往往反应过度,但由于农产品生产周期性的特点,这些政策措施的效应往往滞后,在起作用的时候正好农产品供求规律也发生作用,二者叠加,加剧波动,造成供给和价格的大起大落。这个问题在生猪供求上曾经表现得尤为突出。

政府应根据粮食消费总量与结构变化的特点,运用多种手段进行调控,尽可能地降低粮食生产的波动,努力避免农产品价格下行,防止谷贱伤农,走出"少了喊,多了砍,不多不少没人管"的伤农循环。可考虑像《防止生猪价格过度下跌调控预案(暂行)》一样,建立稳定粮食供给、防止粮价过度下跌、确保粮食安全的预警方案。按照确保粮农比较效益相对合理从而稳定粮食生产的目标,可以考虑在最低收购价格政策基础上,酝酿出台最低保护价政策。国家根据财力状况和种粮农民应保障的比较利益,确定一个最低保护价水平。当市场价格低于最低保护价时,政府将最低保护价和市场价的价差直接发放给种粮农民。最低保护价政策类似于美国的差额补贴和无追索贷款政策。

4. 通过组织创新来构建与农产品预警机制相匹配的制度平台

无论是按照保护价收购粮食,还是在猪肉价格下跌时增加政府的收储,都应有一定的数量限制,也就是如同欧盟那样的配额管理。但在中国存在大量小规模农户的情况下,配额如何确定,如何分配,相关政策措施如何具有可操作性?十五届三中全会通过的《中共中央关于农业和农村工作若干重大问题的决定》曾提出,"加强和改善国家对粮食这一特殊商品的宏观调控,保护农民积极性,保证供给和价格基本稳定"。国家宏观调控的"抓手"是什么?在农业生产中,建立什么样的机制来与农产品预警机制相匹配,在确保粮食安全和主要农产品的基本供给同时又能增加农产品生产者的收入?答案是通过组织创新和构建制度平台来使农产品预警机制具有可操作性。应鼓励和支持以农产品生产为主业的专业种植、养殖农户组成农产品生产营销专业合作社,在条件成熟时将这样的合作社在更高层次组织合作社的联合社或协会，这样的合作组织和农产品行业协会在农产品生产和销售方面能达到较大规模，占有较大的市场份额，对市场信息的了解及对市场的预测也更容易。通过这种组织创新就能构建一个平台，使农民的专业合作社以及行业协会与政府有关部门以及农产品加工企业在农产品供求、配额管理及价格等方面协商对话、沟通信息，政府也就找到了进行宏观调控、优化资源配置的"抓手"，最终建立起政府、企业、农产品生产营销合作社、联合社和农产品行业协会之间的平等的伙伴关系，这将是保障中国粮食安全和保障主要农产品基本供给的重要制度安排。当然，这一目标的最终实现也将经过长期艰辛的努力。

5. 建立快速反应的机制，利用农产品进出口贸易调剂余缺

2003 年是我国进入 20 世纪 90 年代以后粮食产量最低的一年（43067 万吨），但同时也是我国历史上粮食出口最多的年份，粮食净出口 1615.9 万吨。2003 年我国玉米主产区受结构调整等人为因素和春季干旱等自然因素影响而减产，但当年出口玉米 1638.9 万吨，创造了玉米出口的新纪录，这导致国内玉米供给量减少，玉米价格较 2002 年上涨了 21%，引起饲料价格上涨及下游产品价格的相应上涨。我国农产品贸易政策的调整比国际市场形势变化要慢，机遇转瞬即逝，尤其是 2008 年，一年内国际粮价大起大落，必须有及时快速的反应。应总结历史上的经验教训，在长期稳定的农产品进出口战略框架中建立快速反应的机制。

6. 将中国粮食生产、储存、进出口贸易和能源安全相结合，保持农产品供求关系的紧平衡状态

中国发展生物质能源的基本方针是不与人争粮，不与粮争地，不与畜争料。国家出台了相关政策抑制对粮食的不合理需求。根据国际粮食供求形势和能源价格的变化，在农产品供给上，除了储存和进出口外，还可以将农产品转化为能源和农产品的深加工作为蓄水池，通过调节蓄水池的水面高度，来确保农产品的有效供给，保持农产品供求关系的紧平衡状态，避免国内粮食供给的大起大落。

7. 深化农产品流通体制改革和完善中央储备粮管理体系

要深化粮食流通体制改革,进一步减少粮食等重点农产品流通领域补贴,转换国有粮食企业机制,发挥好农产品市场机制作用,促进粮食收储和加工企业市场竞争力的提高。随着农业生产区域化的发展,农产品主产地与消费地点的距离趋于扩大。要加强绿色通道建设,推动农产品市场体系建设和农产品物流发展。粮食物流要以中央为主导,发挥好中央储备粮作用,加强库容建设,完善国家粮食的散装、散卸、散运、散储体系。

大力发展农业产业化,严格监管超大型龙头企业,特别是跨国粮商的非正当市场行为,重点扶持民营中小型农产品加工企业。

中央储备粮的收购与销售是保障我国粮食安全的重要组成部分。根据《中央储备粮管理条例》规定,中国储备粮管理总公司(中储粮)是承担中央储备粮收购和销售任务的独家经营主体,也是掌握中国农业发展银行发放的中央储备粮所需贷款的唯一执行主体,这种垄断地位形成种种弊端。应将中央储备粮的收购、销售职能从中储粮剥离出来,使中储粮回归为单纯的企业。对中央储备粮的收购采用市场经济的办法,公布指标,认定企业资质条件,网上招投标,同等条件下竞争,优胜劣汰,委托储备。中标企业承诺接受政府监管,保障粮食安全。粮食局只负责监管、安全。

8. 保持粮价合理水平

受到国际国内一些因素的影响,我国粮价长期将趋于上升的态势。国际上,世界人口不断增加,越来越多的发展中国家经济实力和粮食购买力不断增强,以及生物质能源的开发,世界粮食需求增长具有刚性。如耕地和淡水等的粮食生产资源只会减少,气候变化和环境污染只会加剧粮食生产受灾程度。从供求两个方面来看,世界粮食低价时代可能难以持续。唯一的希望是科技为未来粮食增产作出贡献。

随着我国经济发展,居民生活水平不断提高,食品消费升级,以及城镇化和工业化进程加快,国内粮价在国内和国际多种因素推动下总体趋于上涨是难以避免的。

国内粮食价格合理上涨，有助于提高粮食生产的比较效益，保护农民种粮积极性，促进耕地和水资源等稀缺要素的优化配置，对我国总体上是利大于弊。但是，粮食价格过度波动，特别是短时间内暴涨，种粮农民未必能够得到好处，结果是让粮食经销商从中谋利，消费者利益受损，经济秩序遭到破坏，甚至造成社会不稳定，这必须避免。

为了保障国家粮食安全，必须要保持粮价的合理水平。粮食价格必须能够敏感地反映我国粮食市场供求关系的变化和我国耕地等粮食生产资源的稀缺性。综合来看，我国粮价调控政策目标应是兼顾粮食生产者和消费者的利益，短期内促进粮食价格的稳定，长期要稳步提高粮食价格水平，尽可能避免粮食价格大起大落剧烈波动。政府调控粮食价格政策手段主要包括：出台托市价格政策保护粮农利益，吞吐粮食库存促进粮价稳定，调节进出口政策促进国内市场供求平衡，加强监管维护粮食市场秩序。

（二）"十二五"规划期要发展现代农业、实现农业增产与农民增收的统一

在农户家庭承包经营中，由于受到农业生产经营规模和农业比较效益偏低等因素的制约，农业收入增长乏力。但是，这并不意味着要加快农民增收就必须放弃农业收入来源。农业收入一直是我国农民的主要收入来源。2008年来源于第一产业的纯收入在农民人均纯收入中仍然占到41%。对于典型农区的农民，农业收入的意义更大。农业产出和农产品贸易条件是影响农民收入的两个基本因素。

从理论和我国多年来各地的实践经验来看，农业内部的收入增长仍然具有潜力，可以进一步挖掘。改善农产品贸易条件，提高农业劳动生产率，增加农业产出，就会带来农民增收。

1. 继续推进农业结构战略性调整

我国地域辽阔，各地条件千差万别，形成了各自的独特优势。市场经济条件下，为了提高农业比较效益，一条有效的途径是发挥比较优势,实现农业生产的专业化和规模化,推进农业集约化经营,发展优质高效农业,开辟新功能农业。各地要按照农业生产区域化布局的要求,大力发展特色农业,结合农民的探索,定位好主导产品,配套好专业市场建设、技术支撑和社会化服务,提高农业设施水平,发挥集聚效应,推进一村一品、一乡一品建设。在调查中了解到,一些地方通过发展设施农业,实现专业化生产,不但市场容量大,而且每亩农地能够带来几万元的纯收益,农民靠集约化经营扩大了增收空间。要因地制宜拓展农业的多功能性,打造功能多样、资源节约、环境友好的可持续发展的现代农业。

在现代农业发展中,要在发挥好政府服务的基础上,更加注重农业组织结构的调整,提高农民的组织化程度。农业内部增收潜力最终能否被挖掘出来,关键要看农业组织的创新。要在农民分化和加强农村社会保障的基础上,通过建立农村土地等要素市场等措施引导农民依法、自愿、有偿地转让农业用地,实现农业资源的重组和优化配置。提高农民组织化程度,要更加注重农民专业合作组织建设。应进一步培育具有生命力和深受农民欢迎的专业合作社,发挥好合作社在市场经济中带领农民致富、解决农民生产销售实际困难的组织作用。

要延长农业产业链,实现农产品加工增值,为农民创造更多的收入增长机会。多年来的实践表明,在多数农产品特色不十分鲜明和农民生产经营素质不高的情况下,应推进农业产业化经营,发挥龙头企业的带动作用,大力发展农产品加工业,细分农产品市场,开拓高端农产品市场,延长农业产业链,实现农产品增值。在此基础上,鼓励龙头企业与农户建立合理的利益分配和风险分摊机制,从而为一部分农民创造出更多的收入增长机会。

2. 扩大农业生产规模需要激活农村要素市场

适度规模经营是实现农民收入持续较快增长的有效途径之一。在农产品贸易条件不变的前提下,扩大农业生产规模,提高农业劳动生产率,就意味着收入的增加。适度规模是实现农民收入翻番目标和保证专门从事农业生产的农户获得与城镇居民相均衡收入的前提。我国农户农业生产规模普遍偏小。我国将来要实现城乡居民具有均衡性收入水平，必须解决农业专业户扩大经营规模的制约因素。

不同农产品扩大生产规模所依赖的要素具有相当大的差异。无论从事哪类农产品的生产，农户要扩大规模都普遍面临着较大的约束。扩大粮食生产，需要能够获得足够多的耕地。蔬菜和花卉等园艺产品需要足够数量的劳动力和资金。而规模化养殖需要相对较多的资金和技术。

在我国，家庭联产承包责任制是农村的一项基本制度。耕地承包时基本上是按农村集体内人均分配的，并且根据现有相关法律法规和政策规定，农民与集体的耕地承包关系长期不变。在现有政策框架下，我国农村现实经济生活中土地流转面临很多困难。根据我国现有条件，农村总体上缺乏转入耕地的农户，而且农民间耕地流转的交易费用过高，耕地流转后可能面临的多种风险更是制约着农地流转。这些制约因素使得适度规模经营的推广往往只具有理论意义。

在我国，制约农业适度规模经营的因素不仅是农用地流转困难，而且资金、高素质劳动力等的获得性都相当困难。农村金融体系极不完善，农民贷款难长期困扰着农民扩大农业生产的规模。

破除农业规模经营的制约，最重要的是尽快在农村建立完善的农业生产要素市场。要彻底改变长期压抑农村要素市场的政策，打破城乡完全分割的要素市场，让农地流转市场、资金市场和农业劳动力市场活跃起来，通过要素充分流动实现农业规模经营，增加农业生产者的收入。

3. 提高农业生产率需要走中国特色现代农业发展道路

在现代化进程中，不断提高农业劳动生产率是缓解城乡居民收入差距不断扩大的重要途径。与工业化相比，农业是一个传统性产业，农业生产率的提高相对较慢。受农业经营规模扩大比较困难等因素的制约，农业劳动生产率提高缓慢。

我国农业发展中土地等要素生产率提高相对明显。我国正是由于土地生产率的大幅度提高,才能用占世界9%的耕地,养活了占世界22%的人口。但是,只提高土地生产率而没有相应提高农业劳动生产率所带来的农业增产不增收的问题越来越突出。

农业劳动生产率低,是制约农民收入水平提高的根本性经济原因。解决农业劳动生产率偏低问题,不是农业发展自身能够解决的。从长远看,只有我国进一步加速城镇化、工业化和非农化进程,才可能为农业劳动力转移提供更多的非农就业机会。除此而外,我国必须走具有特色的农业现代化道路,才能将农业劳动生产率的提高和土地等稀缺要素生产率的提高统一起来。

4. 改善农产品贸易条件需要加强国家对农产品市场的宏观调控能力

农业增产与农民增收之间的矛盾始终影响着我国农业政策的选择,因为在市场经济中几乎不可能找到只影响农产品价格而对农产品产量不起作用的政策。

自1983年以来,我国在粮食(以及其他农产品)增产与农民增收之间时常处于矛盾之中。农产品供求关系紧张,价格上涨,国家增加财政支农力度,并采取提高价格和增加补贴等政策,大力发展农业,直到农产品供求关系改善,这个过程是农民增收相对较好的阶段。而当农产品市场受到外部冲击影响的时候,如宏观紧缩政策、亚洲金融危机,农产品供求关系将由偏紧很快转变为相对宽裕,市场价格回落直至下跌,农业增产与农民增收之间的矛盾就会不断地尖锐起来。

国家应将农业宏观调控的焦点置于主要农产品的核心产区。农业结构战略性调整已形成了我国农产品区域化布局和生产,这为国家有针对性地调控农产品生产提供了可能。我们不能对所有农产品采取像粮食一样国库专储的宏观调控,但是我们能够在各类农产品集中产区采取有效措施,实现有计划地生产或者收购,保证市场上主要农产品供求之间的紧平衡状态。

（三）"十二五"规划期要突破二元体制束缚促进非农收入增长

从长远来看，我国农民收入的增长越来越依赖于非农收入来源。随着农村经济的发展和社会的转型，农民家庭从事非农产业的机会也越来越多，这将会为更多农民开辟新的增收来源。从我国的实践来看，农民务工收入增长相对较快，在农民收入中的份额总体上呈现上升趋势。未来我国将有一大部分农民实现转移就业，主要从事非农产业，这可以将农产品市场和农业资源让给专门从事农业生产的农民发展规模经营，促进农业专业化水平的提高，从而提高农业劳动生产率。还有一部分农民主要实现兼业经营，实现家庭收入的多元化。

1. 增加工资性收入需要不断改善农民工就业条件

非农就业机会是提高农民收入的最有效途径。研究表明，东部地区农民收入水平相对较高，增长相对较快，重要原因是劳动力资源得到更加充分有效利用，工资性收入的贡献大。从发达国家开辟农村居民收入的来源看，也主要是增加非农收入。

农业劳动力转移不但有助于增加农民自身收入，而且也是国家工业化所必需的重要资源条件。正是我国大量相对廉价的农村富余劳动力转移为国家工业化加快推进提供了条件。

长期以来，我国农民工的工作和生活条件极其恶劣。农民工不但工资率低，而且曾经长期得不到提高。农民外出务工除了工资水平相对较低外，还长期在权益方面得不到保证，受政策歧视。农民工的职业病、工作环境恶劣，安全事故时有发生等突出问题还很难得到有效解决。从某种意义上来说，我国工业化的推进往往是以牺牲农民工权益为代价的。

自 2008 年以来，我国实行了新的《劳动法》。这部法律对改善农民工就业环境确实发挥了重要作用。但是，在世界性金融危机的冲击下，各地用工企业普遍感到劳动力成本的压力。解决农民工的就业条件与国家工业化，甚至城镇化之间的矛盾就是要寻找到新的平衡点，在加速我国工业化和城镇化进程的同时使农民工能够充分分享到我国改革发展的成果。

工资性收入一直是我国农民增收的主要增长点。为了增加我国农民的非农收入，必须进一步改善农民工就业环境和条件。各级政府要为农民工提供用工信息，根据条件逐渐提高农民工工资，并监督检查用工单位按时兑付农民工工资的情况，保证农民的工资性收入继续增长。要继续发展农村第二、三产业，不断吸收农民工本地就业，增加农民来自第二、三产业的收入。要发挥组织劳务输出、开展家政服务、建设劳务基地和拓展国际劳务对农民工就业的支持作用。加大对农民工培训力度，提高农民工技能，增强农民工就业能力。改善农民工工作环境和条件，建立健全农民工社会保障制度，解决农民工子女入学困难问题。要采取优惠政策积极扶持雇用农民工相对较多的劳动密集型产业和服务业的发展，增加农民工就业机会。我国有众多的农村富余劳动力，除了城市化就业之外，还应寻找新的经济增长点，进一步形成促进农民持续增收的合力，增强县域经济发展活力，改善农民工进城就业和返乡创业环境。

2. 增加政策性转移收入需要深化涉农财税体制改革

政府转移性收入越来越成为农民收入的一项重要来源。多数西方发达国家的农民收入中相当大的比重来源于政府直接补贴。随着我国国力的增强，应逐步发挥政策对农民增收的效应。问题是，政府是否愿意加大农业投入？近年来中央财政投入农业的力度明显加大。但是，一些地方政府对农业的投入问题就比较突出。

地方政府不愿意在财政支出中把农业补贴作为重要的预算，更何况我国农民数量庞大，中央财政用于农业补贴的规模可能不小，但平均到农民头上补贴金额并不算多。如何解决这个矛盾？关键在发展现代农业的体制和机制创新。地方投入农业积极性不高，这与政绩考核指标体系设计不合理有关，更与我国现行的财税分配体制有关。如果不从体制上和机制上理顺现代农业发展相关主体的关系，明确各自的责任，就不可能从根本上解决问题。我国现代农业的发展迫切需要政府重新设计更加健全的制度，增加农业补贴。

（四）"十二五"规划期要通过国民收入再分配让农村低收入群体增收

改革开放以来，我国农村不同群体间农民收入水平差异悬殊，农村相对较低收入的人口众多，且他们的收入增长乏力，缺少政策支撑。如果不采取有效措施，缓解农村居民内部收入差距日益扩大的矛盾，农村收入分配的非均等化所带来的负效应将逐步显现，对农村和全社会发展产生冲击。

1. 环境条件恶劣是农民低收入群体致富的最大制约因素

一个地区农民收入水平的高低，说到底是当地经济发展状况的反映。我国区域间发展极不平衡，与之相对应，地区间的农民收入水平及其增长差异悬殊。东部农民收入水平高，增长快，中西部农民收入水平低，增长慢。近年来，西部地区的农民人均纯收入只相当于东部地区的一半，实现中西部地区的农民收入相对较快增长难度更大。

我国农民收入相对较低的贫困地区，一般都是自然资源缺乏，生态环境恶劣，而且这些地区往往交通不便，基础设施比较落后，自然灾害更加频繁，抗御能力相当薄弱，因灾致贫比较普遍。近年来尽管国家采取了加大扶贫力度，但是国家重点贫困县的农民人均纯收入还不足全国平均水平的一半。

以种养业为主的家庭经营收入一直是农村低收入群体收入的最重要来源。农民增收困难，来自农业的收入增长更是缺乏保障。受农业比较效益偏低和低收入者面向市场扩大农业生产规模障碍相对较多等不利因素影响，农村低收入者的收入增长更加不稳定且增速慢，低收入农户进入市场困难，自给性农业生产比重高，难以享受到分工和专业化生产带来的成效，农业劳动生产率相对较低。

2. 改善农村低收入群体经济状况更需要国家政策支持

解决农村居民内部收入差距不断扩大的问题，大致上有两种思路：一是通过发展促进农村居民中相对较低收入群体的收入实现相对较快增长；二是通过调节收入分配的方式促进农村居民内部收入的均等化。政府虽然有两种方式可供选择,但是,结合我国农民内部收入差距状况及其变化趋势,当前及未来相当长时期内更需要政府通过向低收入群体农民提供更多公共服务,加强对农村较低收入者的支持,从而实现他们的收入相对较快增长,这应是主要路径。

要将改变落后地区农民生产生活条件和实施异地转移迁移相结合。从区域来看,交通不便,基础设施比较落后地方的农民收入水平相对更低,收入增长缓慢的农户所占份额更大。应把改善这些地区的农民生产生活条件放在更加突出的位置。同时,要促进欠发达地区农村的异地转移就业。我国很大一部分贫困农民生活在高山远山地区、水库库区、地质灾害频发地区。为了让这部分农民脱贫致富,有效途径是加快异地移民步伐。

应进一步完善专门扶持贫困农民的政策措施。目前,我国农村贫困户从政府得到的转移支付主要是救灾款、扶贫款和各种农业生产的补贴款。但这些款项发放范围小,力度轻。一些地方低收入农户得到的转移收入反而不如高收入农户。因此,扶贫开发应进一步提高目标瞄准性。扩大扶贫项目覆盖面,逐步缩小贫困面。在加大扶贫开发力度,坚持整村推进的基础上,应更多地关注农村低收入群体,逐步实现由瞄准区域扶贫目标向瞄准群体扶贫目标的转变。

(五)财政支农的"十二五"展望与建议

"十二五"规划期财政支农政策的制定和实施要考虑三点,第一,如何使更多农民从中央新增投资的大蛋糕中直接受益,真正得到实惠。应注意采取一些方向明确、操作简便、实施过程较为透明、公开、跑冒滴漏现象少、效果明显的政策举措。第二,过去说,没钱的时候就靠政策,靠改革。但现在,有钱也应深化农村改革,将投入与改革结合起来,向改革要投入的效益,向改革要农村经济社会的繁荣稳定,以改革夯实农民增收的基础。第三,不仅要将投入用于形成实物性资产,也要在促进城乡经济社会一体化新格局的形成、关注民生、促进城乡基本公共服务的均等化等方面加大投入。

"十二五"时期财政支农的总原则应该是：保持已有政策的连续性，继续将对"三农"的支持作为财政支持和政策的重点，防止出现大的政策性波动，但需要根据现有政策制定和实施中存在的问题以及社会经济发展的变化调整和完善财政支农政策。

建议"十二五"期间财政重点在以下方面支持"三农"：继续加大对农业基础设施建设投入，特别是要着力提高农业综合生产能力和农业竞争力；继续加大对农村基础设施建设的投入，通过农村民生工程，改善农村生活条件，增加农村消费；加大对增加农民就业机会和能力的支持，通过非农就业机会的增加提高农民收入；发展农村公共事业，加快实现城乡基本公共服务均等化、城乡一体化进程，特别是要更进一步加大对农村社会保障的投入力度，提高其在"三农"投入中的比重；在增加财政支农总量的同时，提高财政支农资金的配置和使用效率；针对现行政策在制定和执行过程中存在的问题进行改进和调整。

"十二五"时期财政支农的具体建议是：

1. 继续加大对农业基础设施建设、现代农业发展投入，继续加大对以民生工程为重点的农村基础设施建设投入

"十一五"时期，虽然农业基础设施建设投入不断增加，但我国农业基础设施依然薄弱，抗御自然灾害的能力依然不强；同时，根据2008年制定的《国家粮食安全中长期规划纲要》（2008—2020年）的要求，新增1000亿斤粮食生产能力，在耕地面积不断减少、水资源短缺的约束下，保证粮食生产稳定，必须进一步提高农业基础设施建设水平。

但是，在加大农业基础设施建设投入时，需要对投入结构进行一定的调整，即必须增加对小型农业基础设施建设的投入以及提高投入比例。长期以来，国家虽然重视农业基础设施建设，但投入不成比例地投向了大型水利、林业和生态建设，对农民急需的小型水利等基础设施建设的支持力度远远不够，小型农田水利设施破旧老化，严重削弱了抗御自然灾害的能力。这个问题虽然已经得到一定程度的重视，

并已采取了一定的政策措施。例如,2005 年,中央财政设立了小型农田水利工程建设补助专项资金,但补助力度有限,2006 年、2007年分别为 6 亿元和 10 亿元。2009 年 6 月,财政部、水利部印发了《关于实施中央财政小型农田水利重点县建设的意见》,提出要集中资金投入,连片配套改造,以县为单位整体推进,开展小型农田水利重点县建设。"十二五"时期应对现有的投资结构进行调整,大幅度增加对小型农田水利设施建设投入,提高其在农业基本建设投入中的比重。

为了发展现代农业,还必须注重提高现代农业基础设施的投入,例如现代农产品仓储设施建设等。

2009 年以来,财政明显加大了对农村民生工程建设的投入,这一政策应该在"十二五"时期继续实施,并相应加大投入力度。通过民生工程建设,改善农村生活和消费环境,促进农村消费,扩大内需。通过民生工程建设,增加农民临时性非农就业机会,增加农民非农收入。

2. 采取多种财政措施支持粮食生产、保障粮食安全

作为一个人口大国,粮食生产和安全是农业生产和农产品供给中的重中之重,应采取多种财政支持政策。

整个"十一五"时期,国家为了支持粮食生产、保障粮食安全,特别采取了两大政策措施和手段,一是大幅度增加农业补贴,二是全面实施粮食最低收购价政策,并逐年提高粮食最低收购价水平。这两项措施对于保护农民的种粮积极性起到了一定的作用。但是,这两项政策措施的长期效果有待评估,在具体的执行过程中存在一些问题。例如,目前的直接补贴具有普惠性质,很多地方并没有真正按粮食种植面积进行补贴,而是采取平均化方式,不论是否种植粮食,均按耕地面积发放补贴,因此,补贴的直接收入效应可能要大于生产效应,对粮食生产的影响作用并不大,即对农民增加粮食生产投入、扩大粮食种植面积的影响不大。"十二五"时期,为支持粮食生产和粮食安全,可以继续实行这两项政策,但应该实行适度、合理的补贴和价格

支持。

我们认为，从长期看，为了从根本上保持粮食生产的稳定和粮食安全，**财政政策不应过度采取补贴和价格支持政策，应更多采取以下措施：**

（1）支持农业基础设施建设，提高粮食生产抗御自然灾害的能力；

（2）支持农业科技事业发展和农业科技推广服务；

（3）支持粮食规模化生产和经营，例如，农业补贴政策应做适当调整，对规模生产的种粮农户加大补贴力度。

3. 从以提高公共服务覆盖率为主转向以提高人均服务水平、缩小城乡和区域人均差距为主

新近颁布的 2010 年中央 1 号文件提出，把改善农村民生作为调整国民收入分配格局的重要内容。通过扩大公共财政支出来改善农村地区的公共卫生、基础教育、社会保障等方面的服务，使不同地区的乡村基层的基础性公共产品的供给得到保障，当下即可减轻农民的生活负担、免除农民消费的后顾之忧，公共财政支出可以迅即变成一部分农村低收入群体的直接消费，并有助于提升农村人力资本的质量，使农村的就业结构能逐渐适应于产业结构调整对劳动力的需求，从而为农村劳动力在本地区和本地区以外创造更多的就业机会。从长远看则极大地促进社会的公平和正义，促进社会的稳定与和谐。

"十一五"时期，在提高农村居民公共服务覆盖率方面取得了突破性进展，已初步解决了农村居民与城镇居民享受基本公共服务的权利和机会不平等的问题，但仅仅实现的是低水平的广覆盖，社会保障水平很低，城乡居民在享受基本公共服务质量方面还存在着较大差距。同时，由于区域经济发展水平上的较大差距，区域之间公共服务水平也存在较大差距。

农村义务教育阶段的学生虽然获得了"两免一补"的政策，但学校教学条件、寄宿条件、教师水平等还与城市有着巨大差距。

农村医疗服务水平和能力还远远不能满足需要；新型农村合作医

疗的筹资水平还较低，农民的医疗费用负担仍较重。虽然，参加新农合的农民实际住院补偿比已从 2003 年的 25% 提高到 38%。但还意味着 60% 左右的住院费用需要农民参合者自付。随着筹资水平的不断提高，部分市县财政补助资金按时足额到位存在困难。

虽然农村低保推广了近两年，但与城市低保覆盖面水平还有差距。2008 年城市低保对象占全国非农业人口的 5.6%，农村低保对象占全国农业人口的 4.9%。农村大部分地区低保标准和补助水平偏低，人均 49 元的补助水平仅是城市低保月人均补助水平的 1/3。一些地方的最低生活保障标准还低于全国农村低收入标准线，如甘肃等13 个省份 2008 年的平均低保标准低于 2007 年的贫困标准（785 元）。其主要原因是地方政府财政资金不足，只能按中央给的钱确定实际标准和范围，虽然文件上的标准不断提高，但实际上应保未保的仍大有人在。

我们认为，城乡收入差距缩小是一个较为长期的过程，甚至在一段时期还会有所扩大，在一个较长时期里完全消除城乡之间公共服务水平差距是不现实的。但是，由公共财政政策所决定的城乡居民公共福利之间的差距不应继续扩大，而应不断缩小，而且在国家财政总量不断扩张的条件下应加快缩小差距的进程，从而使城乡居民之间的实际生活水平和质量之间的差距逐步缩小，区域间的差距也逐步缩小。**在城镇化加快，农村人口比例不断下降过程中，在享受公共服务方面统筹城乡的步伐不能仅仅停留在提高低水平的覆盖率上。“十二五”时期在继续提高公共服务覆盖率的同时（如加快在全国范围普遍推行新型农村社会养老保险制度），应从“十一五”时期以提高公共服务覆盖率为主逐步转向以提高人均服务水平、缩小城乡和区域人均差距为主，要继续大幅度提高各种社会保障中来自政府财政的人均筹资水平。**

4. 适应城镇化发展的需要，在支持农村社会事业发展中注重提高财政资源的集中配置和使用效率、投入方向

2009 年 12 月召开的中央经济工作会议指出，要把解决符合条件

的农业转移人口逐步在城镇就业和落户作为推进城镇化的重要任务，放宽中小城市和城镇户籍限制。在积极推进城镇化政策以及国民经济平稳较快增长情形下，可以预期未来农村人口实现向城镇真正迁移的规模会不断加大。因此，在制定"十二五"以及中长期财政支农政策时，必须充分考虑这一因素。

由于人口流动加大，城镇化进程加快，公共服务对象加快向县城以上城市的集中，带来的一个突出问题是目前投入方向与未来人口或公共服务对象变动与转移的矛盾，目前的投入很可能会在不久弃之不用，资金利用效率低下。

例如，目前在许多地方，很多农村家庭将孩子送到县城就学，村小和教学点的数量继续减少，如果现在继续对这些村小和教学点进行较大规模的基本建设投资，可能在不久就会形成闲置资产。而根据我们的调查，目前在许多县城，义务教育阶段的成班率非常高，不堪重负，却缺少资金扩大学校规模。

因此，"十二五"时期在继续加大对农村公共服务投入的同时，一部分财政资源的配置应适当集中，提高规模效应。

以农村义务教育为例，农村学校基础设施建设应适当向中心区、中心集镇和县城集中，特别是要进一步加大对寄宿制学校建设的投入，改善寄宿条件（如食堂、厕所等），进一步减少教学点以及规模小的学校数量，扩大农村中小学学校规模。虽然国家从2004年实施了"农村寄宿制学校建设工程"，从2004年起，利用4年时间，中央财政投入100亿元资金，在西部地区新建、改扩建一批农村初中为主的寄宿制学校，并改善一些条件较差的寄宿制学校的寄宿条件。经过几年的建设，在中西部地区农村新建了一批寄宿制学校，一些学校的寄宿条件得到大大改善。但总体上看，农村义务教育的规模问题仍然严重，根据我们的实地调查结果，农村寄宿条件仍然很差，相当多的学校没有寄宿条件，很多学生寄宿在学校附近的农户家，存在着严重的安全隐患和其他管理问题。因此，"十二五"时期应该更进一步加大这方面的投入。

5. 改革转移支付的分配方式, 中央财政的一部分转移支付可直接到县

相比而言, 地方政府比中央政府更了解农民对公共产品和服务的实际需求。虽然目前的转移支付项目都是农民所需要的, 但由于各地情况有所差异, 对公共产品和服务的需求次序不同, 并不一定所有项目都满足农民当前的最迫切需求。因此, 应对中央转移支付的方式进行改革, 特别是用于农业水利、道路等基础设施建设的转移支付, 一方面应该对现行层层纵向转移支付的方式进行改革和调整, 中央财政的一部分转移支付资金可以直接到县; 另一方面, 直接到县的建设性转移支付应该更多采取一般性转移支付的形式, 由县(市)根据当地情况自主决定使用方向, 提高县级政府满足符合农村居民实际需求的能力。

同时, 应建立相应的审计和监督制度, 以防止资金的挪用。为保证支农资金能够真正落到需要支持的农业项目上去, 需要建立、完善财政性资金的追踪问效制度。资金拨付和使用后, 进行定期检查。相关部门要加大稽查、审查力度。发现问题轻则通报, 重则限期整改, 如果触犯刑律, 则移交司法部门。

6. 通过以县为平台整合支农转移支付资金的使用, 解决由于分散、多头管理所带来的资金使用效率低下的问题

近几年来, 财政支农的规模虽然不断提高, 但同时存在严重的资金分散管理、重复交叉投入的低效率问题。"十一五"时期, 虽然开展了财政支农资金整合的试点, 但只是农业资金的整合, 而对"三农"的财政支出同样存在着分散、渠道多的问题, 同样需要整合以提高资金的利用效率。审计署发布的 2008 年第 6 号审计结果(《50个县中央支农专项资金审计调查结果》), 公告指出, 中央支农专项资金总体尚未有效统筹和整合, 难以集中财力解决突出问题。目前, 无论中央还是地方都没有一个对支农资金进行统筹管理的部门。从中央到省、市、县都有 20 个左右部门参与资金管理, 每个部门负责分配的专款 少则一两项、多则十几项。中央支农专项资金多头管理和

多渠道分配的结果是，中央支农专款总量虽然不少，但经多个部门按项目逐级分解后，项目点多面广，资金严重分散。垂直部门各有各的部门利益，"条条"管理、管理渠道繁多，导致地方政府事权的分割。主管部门之间由于部门间职能交叉、政策要求和考核标准不统一、信息沟通不畅，导致负责资金分配的部门间缺乏沟通，不同部门管理的专款在项目选择、资金投向上很难协调，项目设置重复，政策目标及内容交叉。

"十二五"时期还应开展其他支农转移支付资金整合的试点工作。以县为平台的支农资金整合的理由是：**现有的各个渠道的政府支农投资，最终都投入到县一级，并最终绝大多数都要落实到县里组织实施。所以，县一级最具有整合的条件。同时，中央部门改革的难度较大，以县为平台进行支农资金的整合，符合渐进式改革的一贯思路，相对容易实施。**

"十二五"时期，除要突出整合交叉重复现象比较突出、各方面反映比较强烈的农田基本建设投资、生态建设、农村小型基础设施投资外，也需要特别重视那些涉及部门多、资金额度相对较小的项目资金的整合，例如文化、体育、村政建设等。

7. 促进非农就业措施

近几年，由于政府补贴的大幅度增加，农民收入中来自转移性收入大幅度增加，占农民收入的比重有所提高，由 2005 年的 4.5% 提高到 2008 年的 6.8%。但在农业人口众多的情况下，转移性收入不可能持续大幅度增加，农民收入的增加更主要地要依赖于非农就业的增加和工资收入水平的提高。

我们认为，在公共财政促进农民就业方面，目前可行也比较有效的途径，一是公共财政支持劳动密集型产业的发展，通过产业政策上的支持来创造更多的就业岗位，特别是要通过信贷、税收、财政等支持措施促进民营企业的发展；二是通过加大对生活、消费设施的农村基础设施建设的投入，增加农民的临时性非农就业机会，2008 年底以来这一类型的政策措施已经得到实施，但实施力度仍然不够，还需在

"十二五"时期进一步加大;三是加大对农民各种技术培训的支持。

(六)"十二五"规划期农村改革的展望及建议

1. 以产权明晰为核心深化土地制度改革

关于土地制度改革,党的十七届三中全会提出的"明晰产权,用途管制,节约集约,严格管理"的原则应该尽快落实。**明晰产权,通过规划来管制用途,是两个杀手铜。其好处有三:**

第一,通过明晰产权,将一级市场逐步放开,让农民得利。这不是说让农民随便卖土地给开发商,而是在用途管制的约束下放开。约束有两重意义。一是用途的约束。例如,农地就是农地,不能随便转变为建设用地。二是买卖主体的约束。**在一定时期里,农地承包权的流转应该限定在农民之间。农业龙头企业只能允许短期租种农民的地,绝不能鼓励农民把长期土地承包权一次性卖给龙头企业。**

第二,通过规划控制,体现政府对公共利益的维护和土地收益分配的调节,以提高土地利用的整体效益。今后几年里,按照党的十七届三中全会关于农村土地改革的意见完成一轮法律修订工作以后,可以考虑适度开放土地抵押市场,允许农民宅基地永久使用权自由买卖,允许农民"带地进城"。还要统筹城乡建设用地,积极开发我国浅山地带的建设用地资源。可以在浅山区发展别墅式住房,而禁止在平原地区发展低密度住宅区,特别要禁止在平原地带建造别墅式住宅。山区的村庄大多土地零散,不适合在粮食生产上开展规模经营,不容易发展专业农户,随着经济发展水平提高,小块土地需要退耕还林还草,其间盖一些低密度的住房并不影响环境。还可以通过对近郊空心村庄的改造发展住宅小区。城市交通发达以后,这些地区的住户到城市上班工作不会太受影响。

第三,通过明晰产权和用途管制有助于克服中央和地方在土地问题上"负和博弈"的困境。在土地问题上,中央要节约土地,特别想保护稀缺的耕地资源,可谓天经地义。地方也不是想浪费土地,但因为直接占用耕地搞建设,可以降低建设成本,而集约利用土地会增加建设成本，从而使地方倾向于占用耕地，客观上浪费了土地资源。中央要约束地方会支付巨大的行政成本，**降低成本的办法是改变博弈主体的结构，让农民参与进来，让农民有权利对违反土地利用规划的征地行为说不。**

2. 以调整劳资关系为核心深化劳动和人口管理体制改革

我国城市拥有巨大的潜在的就业机会，但要把这种理论上的就业机会转变为现实的就业机会需要认真落实我国有关劳动保护的法律法规，调整劳资关系。这将改变现存劳动市场的恶性循环，使就业增加，工资水平上升。未来几十年里，能否调整好劳资关系，不仅关系到城镇化目标的实现，也关乎中国的国家安危。

在调整城市劳资关系的同时，要以户籍制度改革为重心，全面改革城市社会管理体制。户籍制度改革对农民迁徙的意义要远大于对其他类型群体（例如大学生）的意义，在大中城市改革的意义要大于小城市改革的意义。中央可以要求地方按照"保障公平、兼顾效率、维护稳定"的原则加快户籍制度的改革，但具体改革方案应由各个地方城市政府自行决定。改革的基本思路应是通过住房建设规划来实现人口控制规划，原则上只要公民在某城市拥有或能够租用符合一定条件的住房，就可以获得人口登记。至于什么样的住房，拥有或租用的期限多长，新居民的福利待遇和老居民如何衔接等技术性问题，可以通过当地群众的质询、听证等方式最终取得共识，加以解决。有条件的城市可有选择地为进城农民建造廉租房。从一些调查资料看，如果按照这个思路改革户籍制度，大约近1亿农村人口有条件很快在大中城市落户，并且不会给城市造成任何麻烦，因为这些农村人口事实上已经生活在城市。把户籍和住房挂起钩来，还可防止城市人口的急剧膨胀，扭转当前房价过高的现象。

3. 以增强地方自主权为核心全面调整国家行政管理体制

我国的国家治理架构的弊端不利于城镇化健康发展。其弊端主要是省域太大，县域缺乏活力，小城市（城镇）无城市之实；各级政府之间的公共职责没有相对清晰的划分；地方自治的理念几乎不存在。这些地方问题要逐步统筹解决。

关于村民自治,几个村庄合并后的"大社区"要不要自治?更高层次的地方政府要不要引入自治概念?要研究思考,允许地方试验。各级政府在公共领域的自治边界本来也不固定,应进一步扩大地方自主权。

省域范围过大的问题应该尽快着手解决。一些大省可以划小,办法是增设直辖市。为支持西部发展,可以设立多个直辖市。省级行政区多一些、小一些,中央政府下放权力的幅度就可以大一些,城市经济体的自主性也相应可以大一些。

县域经济缺乏活力应部分归罪于大中城市"大而全"的产业政策。大城市可以设立综合门槛来优化经济结构,将一些产业释放到中小城市。门槛的设立要尽量少用行政命令,多用经济手段。把住房和户籍挂起钩来,是一个有效的门槛。大城市的廉价劳动力到处都是,小城市就没有人愿意投资,而住房门槛是限制廉价劳动力涌入大型城市的手段。一旦中小城市的工资水平上升,北京、上海这样的大城市的吸引力也会减弱。要探索"居住法"或"住房法"立法的可能性。

小城市(城镇)不像城市的问题要充分重视。美国的官方统计把2500人聚居的居民点看做城市,而一些州对城市的定义更加宽松。我国的设市标准太高。根据我国的国情,可以把1万居民的人口聚居地看做城市,并在县域范围里设中心镇的建制,形成一大批县辖中心镇。

(执笔:张晓山、李国祥、朱钢、党国英)

第 五 章

"十一五"中期我国工业化
水平与问题

　　改革开放以来，尤其是在"九五"和"十五"期间，我国快速推进了工业化进程。"十一五"已经过半，尤其是始于2007年美国的国际金融危机，对世界经济的影响是十分巨大和深远的，那么，"十一五"中期，我国的工业化进程将发展到什么水平呢？国际金融危机对我国的工业化进程会产生怎样的影响呢？本章试图对这些问题进行分析和判断。

一　关于工业化水平的评价方法

　　工业化是一国（或地区）随着工业发展、人均收入和经济结构发生连续变化的过程，人均收入的增长和经济结构的转换是工业化推进的主要标志。具体而言，工业化主要表现为：（1）国民收入中制造业活动所占比例逐步提高，乃至占主导地位；（2）制造业内部的产业结构逐步升级，技术含量不断提高；（3）在制造业部门就业的劳动人口比例也有增加的趋势；（4）城市这一工业发展的主要载体的数量不断增加，规模不断扩大，城市化率不断提高；（5）在上述指标增长的同时，整个人口的人均收入不断增加。根据经典工业化理论，衡量一个国家或地区的工业化水平，一般可以从经济发展水平、产业结构、工业结构、就业结构和空间结构等方面来进行。根据我们以前的研究,我们具体选择以下指标来构造工业化水平的评价体系:经济发展水平方面,选择人均 GDP 为基本指标;产业结构方面,选择第一、二、三产业产值比为基本指标;工业结构方面,选择制造业增加值占总商品生产部门增加值的比重为基本指标;空间结构方面,选择人口城市化率为基本指标;就业结构方面,选择第一产业就业占比为基本指标。然后将工业化过程大体分为工业化初期、中期和后期,再结合相关理论研究和国际经验估计确定了工业化不同阶段的标志值(如表 1 所示)。

表 1   工业化不同阶段的标志值

基本指标		前工业化阶段 (1)	工业化实现阶段			后工业化阶段 (5)
			工业化初期 (2)	工业化中期 (3)	工业化后期 (4)	
人均 GDP (经济发展水平)	2000 年(美元)	660—1320	1320—2640	2640—5280	5280—9910	9910 以上
	2005 年(美元)	745—1490	1490—2980	2980—5960	5960—11170	11170 以上
三次产业产值结构 (产业结构)		A > I	A > 20%, 且 A < I	A < 20%, I > S	A < 10%, I > S	A < 10%, I < S
制造业增加值占总商品增加值比重 (工业结构)		20% 以下	20%—40%	40%—50%	50%—60%	60% 以上
人口城市化率 (空间结构)		30% 以下	30%—50%	50%—60%	60%—75%	75% 以上
第一产业就业人员占比 (就业结构)		60% 以上	45%—60%	30%—45%	10%—30%	10% 以下

资料来源:陈佳贵等:《中国工业化进程报告》,社会科学文献出版社 2007 年版,第 67 页。

我们在此基础上构造了反映工业化水平的综合指数。根据上述指标体系和相应的标志值，我们选用指标含义清晰、综合解释能力强的传统评价法（加权合成法）来构造计算反映一国或者地区工业化水平和进程的综合指数 K（$K = \sum_{i=1}^{n} \lambda_i W_i / \sum_{i=1}^{n} W_i$），其中 K 为国家或者地区工业化水平的综合评价值；λ_i 为单个指标的评价值，n 为评价指标的个数；W_i 为各评价指标的权重——由层次分析法生成，再用多元统计方法中的主成分分析法对结果进行检验。[①]

在此基础上，根据工业化综合指数划分工业化阶段：综合指数为0，表示工业化处于前工业化阶段（我们用"1"表示）；综合指数值大于 0 小于 33，表示处于工业化初期（我们用"2"表示）；综合指数值为大于等于 33，小于 66，表示工业化中期阶段（我们用"3"表示），综合指数值为大于等于 66 小于等于 99，表示处于工业化后期阶段（我们用"4"表示），综合指数值为大于等于 100，表示进入后工业化阶段（我们用"5"表示）；在工业化初期、中期和后期，又根据综合水平指数值是否超过该阶段的中间值，将其划分为相应阶段的前半阶段［用"（Ⅰ）"表示］和后半阶段［用"（Ⅱ）"表示］。

二 "十一五"中期我国工业化水平的分析评价

根据上述对工业化水平的评价方法，我们具体收集了我国 2005年（"十五"期末）和 2008 年（"十一五"中期）的相关数据，如表 2 所示。根据表 2 的数据，我们计算出如表 3、表 4 所示的全国工业化水平。

---

① 具体构建方法参见陈佳贵、黄群慧、钟宏武《中国地区工业化进程的综合评价和特征分析》，《经济研究》2006 年第 6 期。

表2　　　　**全国"十五"期末和"十一五"中期的工业化水平**

计算原始数据表

指标 时期 （年份）	GDP			第一、二、三产业 产值比（%）			制造业 增加值 占比 （%）	人口城 镇化率 （%）	第一产 业就业 比(%)
	GDP （亿元）	人均GDP （元/人）	直接汇 率美元 (美元/人)	一	二	三			
"十五"期末 （2005年）	183085	14040	1714	12.6	47.5	39.9	52.0	43.0	44.8
"十一五"中期 （2008年）	300670	22756	3329	11.3	48.6	40.1	52	45.7	39.6

注：2005年美元汇率为：8.1917，2008年为：6.8346。因为没有2008年制造业数据，未更新工业结构值，仍使用2005年值。

表3　　**全国"十五"期末和"十一五"中期的工业化水平计算结果**

（按照汇率—购买力平价法计算）

时期（年份）	人均GDP （权重=36）	产业产值比 （权重=22）	工业结构 （权重=22）	城市化率 （权重=12）	产业就业比 （权重=8）	综合得分	工业化阶段
"十五"期末 （2005年）	32	57	73	21	33	45	1（Ⅰ）
"十一五"中期 （2008年）	55	62	73	26	45	56	1（Ⅱ）

表4　　**全国"十五"期末和"十一五"中期的工业化水平计算结果**

（按照直接汇率计算）

时期（年份）	人均GDP （权重=36）	产业产值比 （权重=22）	工业结构 （权重=22）	城市化率 （权重=12）	产业就业比 （权重=8）	综合得分	工业化阶段
"十五"期末 （2005年）	5	57	73	21	33	36	3（Ⅰ）
"十一五"中期 （2008年）	37	62	73	26	45	50	3（Ⅱ）

由于在国际比较中，存在人民币汇率折算和按照购买力评价法进行折算，表3和表4的分别是按照汇率—购买力平价法、直接汇率计算的结果。从中可以看出，无论是哪种方法，总体而言，在"十五"期间我国处于工业化中期前半阶段，而到"十一五"中期，我国工业化虽然还处于工业化中期，但已经超过50分，已经达到工业化中期后半阶段。[①] 从表3和表4中可以计算出，"十一五"期间工业化进程仍很快，无论是按照哪种计算方法，"十一五"期间，"十一五"的前3年，工业化进程都以年均综合指数提高4左右的速度推进。这与我们曾经评估的"十五"期间工业化速度大致相当，这意味着，进入"十一五"后，我国工业化仍处于高速增长期。

考虑到中国工业化进程的地区差异很大，我们需要进一步评价各个地区的工业化水平。由于受到地区可获得数据的限制，本章只收集到2007年相应的工业化评价原始数据（如表5所示）。

表5　　　　2007年各地区和31个省市自治区的工业化原始数据

地区 \ 指标	GDP			第一、二、三产业产值比（%）			制造业增加值占比（%）	人口城镇化率（%）	第一产业就业比（%）
	GDP（亿元）	人均GDP（元/人）	汇率—购买力平价法（美元/人）（2005年美元）	一	二	三			
全国	249530	18934	3989	11.3	48.6	40.1	52	44.9	40.8
四大板块									
东部	152346	32728	6895	6.9	51.5	41.6	52.5	56.1	28.8
中部	52041	14154	2982	14.6	49.5	35.9	29.6	37.8	46.3
西部	47864	12533	2640	16	46.3	37.7	27.8	35.1	51.4
东北	23373	27786	5854	12.1	51.4	36.4	28.8	72	41.2

————————

① 需要说明的是，我们曾经应用汇率—购买力平价法计算2005年我国工业化水平指数，结果是50分，表明2005年恰好步入工业化中期后半阶段。但是，由于在2008年，世界银行调整了2005年PPP值，按调整后的PPP值计算，使得按照同样的方法计算出来2005年工业化水平指数为45，没有达到工业化中期后半阶段。

指标\地区	GDP			第一、二、三产业产值比（%）			制造业增加值占比（%）	人口城镇化率（%）	第一产业就业比（%）
	GDP（亿元）	人均GDP（元/人）	汇率—购买力平价法（美元/人）（2005年美元）	一	二	三			
环渤海	54079	41332	8708	8.4	50.7	40.9	44.9	71.9	34.6
长三角	56710	30160	6354	5.1	53.1	41.7	58.9	45.7	19.5
珠三角	41557	28343	5971	6.7	50.8	42.9	54.8	55.8	30.1
中部六省	52041	14154	2982	14.6	49.5	35.9	29.6	37.8	46.3
大西北	19945	13350	2813	16	47	36.9	29.6	33.9	53.3
大西南	27919	12008	2530	15.9	46	38	25.1	36	50.4
东三省	23373	27786	5854	12.1	51.4	36.4	28.8	72	41.2
31个省市自治区									
北京	9353	58204	12263	1.1	26.8	72.1	66.6	84.5	5.9
天津	5050	46122	9717	2.2	57.3	40.5	60.7	76.31	18
河北	13710	19877	4188	13.2	52.8	34	35.4	40.25	41.7
山东	25966	27807	5858	9.7	56.9	33.4	60.5	46.75	37.2
上海	12189	66367	13982	0.8	46.6	52.6	86.2	88.7	6.1
江苏	25741	33928	7148	7.1	55.6	37.4	64	53.2	22.7
浙江	18780	37411	7882	5.3	54	40.7	53.9	57.2	19.2
福建	9249	25908	5458	10.8	49.2	40	49.8	48.7	32.4
广东	31084	33151	6984	5.5	51.3	43.3	63.9	63.14	29.2
山西	5733	16945	3570	4.7	60	35.3	33.2	44.03	41.2
安徽	7364	12045	2538	16.3	44.7	39	36.2	38.7	45.9
江西	5500	12633	2662	16.5	51.7	31.9	27.4	39.8	41.6
河南	15012	16012	3373	14.8	55.2	30.1	33.4	34.34	50.6
湖北	9231	16206	3414	14.9	43	42.1	42.1	44.3	38.8
湖南	9200	14492	3053	17.7	42.6	39.8	35.1	40.45	50.7
甘肃	2702	10346	2180	14.3	47.3	38.4	32.7	31.59	54.4
青海	784	14257	3004	10.6	53.3	36	24.7	40.07	44.4

续表

指标 地区	GDP			第一、二、三产业 产值比（％）			制造业增 加值占比 （％）	人口城 镇化率 （％）	第一产业 就业比 （％）
	GDP （亿元）	人均GDP （元／人）	汇率—购买力 平价法（美元/ 人）（2005年 美元）	一	二	三			
宁夏	889	14649	3086	11	50.8	38.2	32.7	44.02	45.7
新疆	3523	16999	3581	17.8	46.8	35.4	11.7	39.15	52
广西	5956	12555	2645	20.8	40.7	38.4	26.8	36.24	55.1
内蒙古	6091	25393	5350	12.5	51.8	35.7	31.4	50.15	52.6
重庆	4123	14660	3089	11.7	45.9	42.4	32	48.34	39.3
四川	10505	12893	2716	19.3	44.2	36.5	37.8	35.6	46.3
贵州	2742	6915	1457	16.3	41.9	41.8	32.5	28.24	52.9
云南	4741	10540	2221	17.7	43.3	39.1	38.4	31.6	64.8
陕西	5466	14607	3077	10.8	54.2	34.9	27.6	40.62	48.5
辽宁	11023	25729	5421	10.3	53.1	36.6	50.7	59.2	34
吉林	5285	19383	4084	14.8	46.8	38.3	38.9	53.16	46.8
黑龙江	7065	18478	3893	13	52.3	34.7	16.7	53.9	46.6
海南	1223	14555	3066	29.5	29.8	40.7	21.3	47.2	53.5
西藏	342	12109	2551	16	28.8	55.2	8.6	28.3	57.6

注：1. 各地GDP、人均GDP、三次产业产值结构、城市化率、三次产业就业结构来自国家统计局：《中国统计年鉴（2007）》，中国统计出版社2008年版；2. 人民币直接汇率为2007年人民币基准汇价累计平均值7.604，PPP平价折算比率为3.45（根据世界银行测算数据推算）；3. 工业结构指标因没有2007年、2008年制造业数据，未更新工业结构值，仍使用2005年值。

资料来源：《中国统计年鉴（2007）》；世界银行网站。

　　根据表5的数据，可以计算出各个省级区域2007年工业化水平指数得分，可以进一步判断各个省级区域的工业化所处阶段。表6给出了具体按照各个单项指数得分和综合指数得分，以及按照综合水平指数的排名情况。利用表7，可以清楚地说明"十一五"中期（2007年）我国不同地区所处的工业化阶段。从中可以看出，上海、北京已经进入后工业化社会，天津、广东处于工业化后期的后半阶段，浙江、江苏、山东进入工业化后期的前半阶段，辽宁、福建处于工业化中期的后半阶段，山西、内蒙古、吉林、湖北、河北、重庆、黑龙江、宁夏、陕西、青海等 10 省级区域进入工业化中期的前半阶段，河南、湖南、安徽、四川、江西、新疆、甘肃、云南、广西、海南等 10 省区还处于工业化初期的后半阶段，而贵州还处于工业化初期的前半阶段，西藏还处于前工业化阶段。

表 6   **31 个省市自治区的工业化进程：分项及综合得分**

（2007 年，按照综合得分排序）

地区	人均 GDP（权重 = 8）	产业产值比（权重 = 36）	工业结构（权重 = 22）	城市化率（权重 = 22）	产业就业比（权重 = 12）	综合得分	工业化阶段
全国	44	62	73	25	42	52	3（Ⅱ）
四大经济区							
东部	72	62	74	53	68	68	4（Ⅰ）
东北	65	35	14	92	41	49	3（Ⅰ）
中部	33	23	16	13	30	24	2（Ⅱ）
西部	25	16	13	8	19	18	2（Ⅱ）
七大板块							
长三角	68	95	95	26	83	76	4（Ⅰ）
环渤海	83	53	49	92	56	68	4（Ⅰ）
珠三角	66	63	82	52	66	67	4（Ⅰ）
东三省	65	35	14	92	41	49	3（Ⅰ）
中部六省	33	23	16	13	30	24	2（Ⅱ）
大西北	29	12	16	7	15	19	2（Ⅱ）
大西南	23	18	8	10	21	17	2（Ⅱ）
31 个省市自治区							
北京	100	100	100	100	100	100	5
上海	100	100	100	100	100	100	5
天津	90	93	100	100	86	94	4（Ⅱ）
广东	72	96	100	73	67	83	4（Ⅱ）
江苏	74	93	100	44	78	80	4（Ⅰ）

续表

地区	人均GDP （权重=8）	产业产值比 （权重=36）	工业结构 （权重=22）	城市化率 （权重=22）	产业就业比 （权重=12）	综合得分	工业化阶段
浙江	78	94	79	57	84	80	4（Ⅰ）
山东	65	90	100	28	50	73	4（Ⅰ）
辽宁	60	65	68	63	57	63	3（Ⅱ）
福建	60	63	65	31	61	59	3（Ⅱ）
山西	40	90	22	23	41	45	3（Ⅰ）
内蒙古	59	58	19	33	16	43	3（Ⅰ）
吉林	45	50	31	43	29	42	3（Ⅰ）
湖北	38	50	40	24	47	40	3（Ⅰ）
河北	46	55	25	17	40	40	3（Ⅰ）
重庆	34	60	20	30	45	37	3（Ⅰ）
宁夏	34	63	21	23	31	36	3（Ⅰ）
黑龙江	43	56	0	46	29	36	3（Ⅰ）
陕西	34	63	13	18	25	33	3（Ⅰ）
青海	33	64	8	17	34	33	3（Ⅰ）
河南	37	50	22	7	21	32	2（Ⅱ）
湖南	34	41	25	17	20	30	2（Ⅱ）
安徽	23	45	27	14	31	28	2（Ⅱ）
四川	27	35	29	9	30	28	2（Ⅱ）
江西	26	45	12	16	40	27	2（Ⅱ）
新疆	40	40	0	15	18	26	2（Ⅱ）
甘肃	15	52	21	3	12	23	2（Ⅱ）
云南	16	41	30	3	0	22	2（Ⅱ）
广西	26	31	11	10	11	21	2（Ⅱ）
海南	34	9	2	28	14	19	2（Ⅱ）
贵州	0	45	21	0	16	16	2（Ⅰ）
西藏	24	46	0	0	5	0	1

表7　　　　　　　　中国各地区工业化阶段的比较（2007年）

阶段 / 区域		全国	4大经济板块	7大经济区域	31省市区
后工业化阶段　5					上海（100）、北京（100）
工业化后期 4	后半阶段			长三角（76）	天津（94）、广东（83）
	前半阶段		东部（68）	珠三角（68）环渤海（67）	浙江（80）、江苏（80）、山东（73）
工业化中期 3	后半阶段	全国（52）			辽宁（63）、福建（59）
	前半阶段		东北（49）	东北（49）	山西（45）、内蒙古（43）、吉林（42）、湖北（40）、河北（40）、重庆（37）、黑龙江（36）、宁夏（36）、陕西（33）、青海（33）
工业化初期 2	后半阶段		中部（24）西部（18）	中部六省（24）大西北（19）大西南（17）	河南（32）、湖南（30）、安徽（28）、四川（28）、江西（27）、新疆（26）、甘肃（23）、云南（22）、广西（21）、海南（19）
	前半阶段				贵州（16）
前工业化阶段　1					西藏（0）

注：括号中的数字为相应的工业化综合指数。

　　更进一步，我们需要分析"十五"期末到"十一五"中期我国不同地区工业化水平的变化情况。有关2005年我国各地区工业化水平综合指数，可以参见表8。这里需要说明的是，我们曾经按照汇率—购买力平价法计算过2005年我国各地区工业化水平综合指数，但是，2007年世行调整了PPP，为了使得计算结果有可比性，我们根据调整后的PPP，进行了重新计算，计算结果如表8和表9所示。

表 8 　　　　　　　　地区工业化进程综合评价结果的序列分析

（2005—2007 年，按照 2007 年综合得分排序）

年份 地区	2005（世行调整前，PPP＝2.14）			2005（世行调整后，PPP＝3.4）			2007		
	工业化 指数	工业化 阶段	全国 排名	工业化 指数	工业化 阶段	全国 排名	工业化 指数	工业化 阶段	全国 排名
全国	50	3（Ⅱ）	—	45	3（Ⅰ）	—	52	3（Ⅱ）	—
四大板块									
东部	78	4（Ⅰ）	1	67	4（Ⅰ）	1	68	4（Ⅰ）	1
东北	45	3（Ⅰ）	2	36	3（Ⅰ）	2	49	3（Ⅰ）	2
中部	30	2（Ⅱ）	3	20	2（Ⅱ）	3	24	2（Ⅱ）	3
西部	25	2（Ⅱ）	4	15	2（Ⅰ）	4	18	2（Ⅱ）	4
31 省市区									
上海	100	5	1	100	5	1	100	5	1
北京	100	5	2	100	5	2	100	5	2
天津	96	4（Ⅱ）	3	89	4（Ⅱ）	3	94	4（Ⅱ）	3
广东	83	4（Ⅱ）	4	76	4（Ⅰ）	4	83	4（Ⅱ）	4
江苏	78	4（Ⅰ）	6	72	4（Ⅰ）	6	80	4（Ⅰ）	5
浙江	79	4（Ⅰ）	5	73	4（Ⅰ）	5	80	4（Ⅰ）	6
山东	66	4（Ⅰ）	7	59	3（Ⅱ）	7	73	4（Ⅰ）	7
辽宁	63	3（Ⅱ）	8	56	3（Ⅱ）	8	63	3（Ⅱ）	8
福建	56	3（Ⅱ）	9	50	3（Ⅱ）	9	59	3（Ⅱ）	9
山西	45	3（Ⅰ）	10	39	3（Ⅰ）	10	45	3（Ⅰ）	10
内蒙古	39	3（Ⅰ）	12	33	2（Ⅱ）	12	43	3（Ⅰ）	11
吉林	39	3（Ⅰ）	11	33	3（Ⅰ）	11	42	3（Ⅰ）	12
河北	38	3（Ⅰ）	13	33	2（Ⅱ）	13	40	3（Ⅰ）	13
湖北	38	3（Ⅰ）	14	31	2（Ⅱ）	14	40	3（Ⅰ）	14
重庆	34	3（Ⅰ）	17	27	2（Ⅱ）	17	37	3（Ⅰ）	15
黑龙江	37	3（Ⅰ）	15	32	2（Ⅱ）	15	36	3（Ⅰ）	16
宁夏	34	3（Ⅰ）	16	27	2（Ⅱ）	16	36	3（Ⅰ）	17
青海	30	2（Ⅱ）	19	23	2（Ⅱ）	19	33	3（Ⅰ）	18
陕西	30	2（Ⅱ）	18	23	2（Ⅱ）	18	33	3（Ⅰ）	19

续表

年份 地区	2005(世行调整前,PPP=2.14)			2005(世行调整后,PPP=3.4)			2007		
	工业化指数	工业化阶段	全国排名	工业化指数	工业化阶段	全国排名	工业化指数	工业化阶段	全国排名
河南	28	2（Ⅱ）	20	22	2（Ⅱ）	20	32	2（Ⅱ）	20
湖南	28	2（Ⅱ）	21	21	2（Ⅱ）	21	30	2（Ⅱ）	21
安徽	26	2（Ⅱ）	22	20	2（Ⅱ）	22	28	2（Ⅱ）	22
四川	25	2（Ⅱ）	25	19	2（Ⅱ）	25	28	2（Ⅱ）	23
江西	26	2（Ⅱ）	23	19	2（Ⅱ）	23	27	2（Ⅱ）	24
新疆	26	2（Ⅱ）	24	20	2（Ⅱ）	24	26	2（Ⅱ）	25
甘肃	21	2（Ⅱ）	26	16	2（Ⅰ）	26	23	2（Ⅱ）	26
云南	21	2（Ⅱ）	27	16	2（Ⅰ）	27	22	2（Ⅱ）	27
广西	19	2（Ⅱ）	28	12	2（Ⅰ）	28	21	2（Ⅱ）	28
海南	17	2（Ⅱ）	29	10	2（Ⅰ）	29	19	2（Ⅱ）	29
贵州	13	2（Ⅰ）	30	8	2（Ⅰ）	30	16	2（Ⅰ）	30
西藏	0	1	31	0	1	31	0	1	31

表9　　　　　中国各地区工业化阶段的比较（2005 年）

阶段 \ 区域	全国	4 大经济板块	31 省市区
后工业化阶段　5			上海（100）、北京（100）
工业化后期 4 ·后半阶段			天津（89）
工业化后期 4 ·前半阶段		东部（67）	广东（76）、浙江（73）、江苏（72）
工业化中期 3 ·后半阶段			山东（59）、辽宁（56）、福建（50）
工业化中期 3 ·前半阶段	全国（45）	东北（36）	山西（39）、吉林（33）、内蒙古（33）、河北（33）
工业化初期 2 ·后半阶段		中部（20） 西部（15）	黑龙江（32）、湖北（31）、宁夏（27）、重庆（27）、陕西（23）、青海（23）、河南（22）、湖南（21）、安徽（20）、新疆（20）、江西（19）、四川（19）
工业化初期 2 ·前半阶段			甘肃（16）、云南（16）、广西（12）、海南（10）、贵州（8）
前工业化阶段　1			西藏（0）

注：括号中的数字为相应的工业化综合指数。

比较表9和表7，"十一五"前2年，除了处于前工业化阶段的西藏和处于后工业化阶段的上海、北京外，处于工业化进程中的各个省级区域工业化水平综合指数都有了不同程度的提高。从工业化阶段变化看，处于工业化后期的地区从4个变为5个，山东进入了工业化后期，而广东则进入了工业化后期的后半阶段；进入工业化中期阶段的地区从7个增加到12个，湖北、重庆、黑龙江、宁夏、陕西、青海等6个地区从工业化初期进入到中期阶段；而处于工业化初期前半阶段的甘肃、云南、广西、海南也进入到工业化初期的后半阶段。从排名看，总体上的格局基本没有发生变化，前10名位次没有变化。但有些省区的位次上升，内蒙古上升一位，重庆上升两位，青海上升一位，四川上升两位。

从工业化进程的速度看，总体上一些中西部地区省份工业化进程开始加快。东部地区只有山东在"十一五"前2年的工业化水平综合指数的提高幅度达到两位数（达到14），而中西部有内蒙古、重庆、青海、陕西、河南等5个地区工业化水平综合指数达到两位数（都达到10），湖北、宁夏、湖南、四川、广西等地区的工业化水平综合指数也提高很快。

三 "十一五"期间影响我国工业化进程的几个重大问题

"十一五"期间，有一些重大问题已经或者将对我国工业化进程产生影响，在分析"十一五"期间我国工业化进程时，这些问题必须给予足够的重视。

（一）如何以科学发展观为指导探索具有区域特色的工业化战略

改革开放以后，我国区域发展的巨大差异与地方政府竞争是不可回避的客观现实，各地区"为了经济增长而竞争"也成为中国经济保持持续高速增长的重要活力源泉。党的"十六大"以来，党中央坚持以邓小平理论和"三个代表"重要思想为指导，根据新的发展要求，集中全党智慧，提出了以人为本、全面协调可持续发展的科学发展观。2007 年，党的"十七大"将科学发展观写入《党章》，并要求全党同志全面把握科学发展观的科学内涵和精神实质，增强贯彻落实科学发展观的自觉性和坚定性，着力转变不适应不符合科学发展观的思想观念，着力解决影响和制约科学发展的突出问题，把全社会的发展积极性引导到科学发展上来，把科学发展观贯彻落实到经济社会发展的各个方面。这意味着，我国工业化进程进入了一个必须按照科学发展的目标、路径来推进的新时期。虽然 2003 年就提出新型工业化道路，但对于大多数地方政府而言，真正意义地全面推进符合科学发展观要求的新型工业化战略，应该是始于"十一五"期间。

但是，各地区的工业化水平差异十分巨大，处于工业化进程的不同阶段，我国各地区经济发展的要素禀赋、基础设施、市场发育、产业基础等也都不同，各地区需要针对自己地区所处的工业化水平阶段，以及自身的各种条件，探索适合自己区域特色的科学发展之路。"以人为本、全面协调可持续的发展"，迅速推进产业结构优化升级、快速培育自主创新能力、快速改善民生、快速优化生态环境、尽快建设和谐社会，这成为科学发展观对地方探索自己的工业化发展道路的具体要求。由于各地方的经济条件和基础的差异，这里存在两类科学发展模式：一是经济相对落后、处于工业化初期的地区，试图采用"跳跃式"模式快速推进工业化进程，实现从温饱直接到全面小康，跳跃总体小康阶段的发展。现在一些西部地区在党和政府的工作报告中已经明确提出这种"跳跃式"科学发展观指导下的工业化模式，如宁夏、西藏。二是经济发达、处于工业化中后期的地区，采用"渐进式"模式实现从总体小康到全面小康的科学发展，很多东部地区已经明确提出这种科学发展的目标，如唐山、厦门。可以肯定地说，如何结合本地区的具体情况，探索实现科学发展指导下的具体工业化模式，尽快建设成全面小康的和谐社会，是未来地方政府的核心任务。

（二）如何认识金融危机对我国工业化进程的影响

关于 2008 年国际金融危机的影响，单从我们测评工业化水平的数据看，这种影响至少在 2008 年并不明显，我国的工业化进程仍在快速推进。虽然 2008 年我国经济增长速度相比前几年有明显下降，但由于快速的城市化进程、产业结构的不断升级，我国的快速工业化进程并没因国际金融危机而改变。

但是，从工业本身发展看。国际金融危机对工业发展影响较大。受国际经济金融形势变化等因素的影响，进入 2008 年下半年工业经济运行下行压力加大，生产增长放缓，出口明显下滑，部分行业、企业经营困难。2008 年，全国规模以上工业增加值比 2007 年增长 12.9%，增速同比回落 5.6 个百分点，其中，1 季度增长 16.2%，2 季度增长 15.9%，3 季度增长 13%，4 季度增长 6.4%。12 月份，规模以上工业增加值同比增长 5.7%，增速比 11 月份回升 0.3 个百分点，同比回落 11.7 个百分点。如图 1 所示，可以看出，2008 年工业

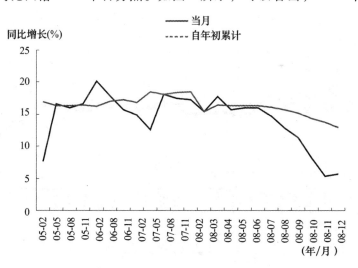

图 1　规模以上工业增加值增速

资料来源：黄速建、刘建丽、王钦：《国际金融危机对中国工业企业的影响分析》，《中国经济研究报告》2009 年。

增加值下降十分明显,成为"十一五"前3年的谷底。

由于国际金融危机造成工业经济和整个经济的下滑,无疑会在短期内对我国整体工业化进程产生一些影响,但是,从长期看,金融危机会促进我国经济结构调整步伐的加快,以及十大产业振兴规划的提出和实施,无疑都会对我国工业化进程产生积极的促进作用。

(三) 如何认识"十一五"期间重化工趋势问题

进入"十五"以来,我国的再重工业化趋势十分明显,如图2所示。关于重化工化,近些年理论界产生了大量的争论。进入"十一五"以后,这种趋势仍没有改变,还在不断加快,到2006年,轻重工业比例之差已经成为新中国成立以来最大。从图3可以看出,"十五"以来,重工业增加值增速一直高于轻工业增加值增速。即使在2008年,由于受金融危机的影响,工业增加值增速开始回落,而且轻工业增速回落慢于重工业,但全年轻、重工业增加值分别增长12.3%和13.2%,重工业增加值的增速仍高于轻工业增加值的增速。可以预见,这种重化工化趋势仍会延续整个"十一五"期间,甚至更长的时间。

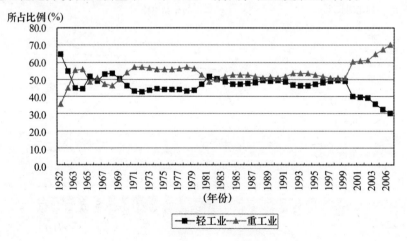

图2　1952—2006年我国轻重工业比例

资料来源:有关年份《中国统计年鉴》。

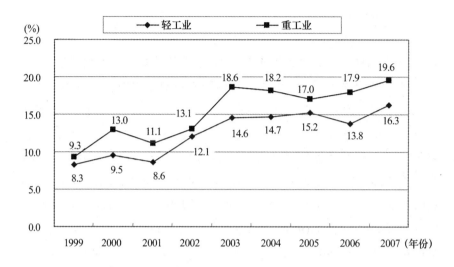

图3 1999—2007年我国轻重工业增加值增速

资料来源：有关年份《中国统计年鉴》。

应该认识到，无论从工业化阶段转换的有序性还是国际经验看，一个大的国家或者区域的重化工业化阶段都是难以逾越的。重化工业更容易导致资源过度消耗和环境污染等问题，但是两者之间并非必然的逻辑联系。如果通过推进工业现代化进程，充分利用科技高度发展和经济全球化带来的机遇，同时加以认真的规划和设计，我国的重化工业发展就可以走出一条不同于工业发达国家在相应发展阶段曾经经历过的高能耗、高污染的发展道路。新型工业化道路的核心是在增长方式上实现集约化和可持续。要达到这个目标，就必须推进工业现代化，利用高新技术特别是信息技术改造传统的重化工业，使这些产业的产品性能、生产方式、赢利模式和资源消耗等都更加符合集约化发展和可持续发展的要求。虽然关于如何解决能源、原材料等资源性产品供给不足的矛盾，存在依靠价格机制、提高能源和原材料价格，以及通过进口来弥补国内资源性产品供给不足的缺口两种方法。但是无论是价格上涨还是扩大进口都是有约束条件的。从根本上说，解决资源约束的关键还在于通过科学技术进步，通过推进工业现代化进程，实行经济增长方式的转变。

（四）如何认识 10 大产业振兴规划对我国工业化进程的意义

在 2008 年底和 2009 年初，我国积极应对金融危机，作为"保增长、扩内需、调结构"重要措施之一，出台了 10 大产业振兴计划。这 10 大产业包括钢铁、汽车、船舶、石化、纺织、轻工、有色金属、装备制造、电子信息以及物流等。这些行业或是国民经济的支柱产业，或是涉及民生的重要产业，或是攸关国家经济命脉的基础产业和战略产业。10 大产业中的 9 个产业工业增加值占全部工业增加值的比重接近 80%，占 GDP 的比重达 1/3，规模以上企业上缴税金约占全国税收收入的 40%，直接从业人员约占全国城镇单位就业人数的 30%。

如何认识这 10 大产业规划，现在还有不同意见。由于这 10 大产业振兴规划是在金融危机背景下推出的，因此产业振兴规划被批评为：旨在运用各种政策工具帮助出现周期性衰退的产业"复活"、忽视了培育新的经济增长点。[1] 但是，这里存在一定的对产业振兴规划的误读。如表 10 所示 10 大产业振兴规划的内容分类，只有开拓国内外市场的政策是所谓"救市"政策，而其他有关鼓励企业创新行为、完善市场竞争结构和调整产业发展方向的政策，都是有关推进产业结构升级、促进产业健康发展的工业结构调整与发展政策。在某种意义上，这些产业的振兴规划，可以认为是各个具体工业行业的现代化战略规划。

我国已经进入工业化中期的后半阶段，中国工业进一步发展的战略核心是在进一步加快工业化步伐过程中积极推进工业现代化进程，以提高工业现代化水平来促进工业化进程向高级阶段发展。因此，在这个阶段，对中国进入工业化中期以后的基本经济国情变化进行深入

---

① 中国社会科学院工业经济研究所：《国际金融危机冲击下中国工业的反应》，《中国工业经济》2009 年第 4 期。

系统的研究，积极探索新型工业化道路下适合自己国情的工业现代化战略，是我国经济发展的当务之急。因此，这些产业振兴规划的提出，将对我国推进工业现代化进程和工业化进程起到重要推进作用，无疑具有重大战略意义。

表 10   十大产业振兴规划的内容

产业	鼓励企业创新行为	完善市场竞争结构	调整产业发展方向	开拓国内外市场
汽车	安排 100 亿元专项资金，支持企业技术创新；支持发展自主品牌	支持汽车零部件骨干企业通过兼并重组扩大规模	推动电动汽车及其关键零部件产业化；安排补贴资金，支持节能和新能源汽车推广；发展现代汽车服务业	减征购置税；消费补贴；增加报废更新补贴资金；取消限购汽车的不合理规定；完善汽车消费信贷；加快汽车及零部件出口基地建
钢铁	在中央预算内基建投资中列支专项资金，推动钢铁产业技术进步，调整品种结构，提升钢材质量	控制钢铁总量，淘汰落后产能；推进企业联合重组；优化产业布局，提高集中度；整顿铁矿石进口市场秩序；规范钢材销售制度		落实扩大内需措施，拉动国内钢材消费；实施适度灵活的出口税收政策
纺织	加强技术改造和自主品牌建设；对企业给予信贷支持；加大中小纺织企业扶持力度	加快淘汰落后产能；鼓励兼并重组；优化区域布局。鼓励担保机构提供信用担保和融资服务；减轻企业负担	开发新产品	扩大国内消费，开拓农村市场；拓展出口市场，将纺织品服装出口退税率由 14% 提高至 15%
装备制造	利用增值税转型政策推动企业技术进步；安排产业振兴和技术改造专项资金；鼓励研发和再创新；加强企业管理和职工培训	鼓励联合重组，发展有实力的大型企业集团；加快完善产品标准体系	发展现代制造服务业	实现重点产品国内制造；推进装备自主化；增加出口信贷额度；建立使用国产首台（套）装备风险补偿机制

续表

产业	鼓励企业创新行为	完善市场竞争结构	调整产业发展方向	开拓国内外市场
船舶	加大信贷融资支持力度，稳定船舶企业生产；提高自主创新能力；在新增中央投资中安排产业振兴和技术改造专项	支持企业兼并重组；推动上下游企业组成战略联盟；推进产品更新；限制新上船坞、船台扩建项目	发展海洋工程装备；发展修船业务；规范发展拆船业；引导中小船舶企业调整业务结构	扩大市场需求；开拓国际市场；鼓励加大出口买方信贷资金投放；将现行内销远洋船财政金融支持政策延长到2012年
电子信息	确保骨干产业稳定增长；增强产业竞争力，加快产品升级；立足自主创新，突破关键技术；调整高新技术企业认定目录和标准	支持兼并重组；加大产业鼓励政策实施力度；落实数字电视产业政策，推进“三网融合”；扩大中小企业集合发债试点	推动业务创新和服务模式创新，强化信息技术在经济社会各领域的运用	支持企业“走出去”；保持产品出口退税力度，发挥出口信贷和信用保险的支持作用
轻工业	推进装备自主化和关键技术产业化；加快技术改造；加强企业管理，提高轻工产品质量；加大对中小轻工企业的财税和信贷支持	建立退出机制；强化食品安全；支持兼并重组，提高产业集中度；推动产业转移；培育特色区域和产业集群；对部分产品取消加工贸易限制		扩大城乡消费，扩大“家电下乡”补贴品种，放宽限购条件；进一步提高部分产品出口退税率
石化	推进技术改造；加大政策扶持；增加技改投入；加大信贷支持；完善公司治理结构；提升企业管理水平	完善能源产品价格形成机制；调整化肥农药生产结构，降低成本，增加供给；淘汰落后产能	推广资源综合利用和废弃物资源化技术，发展循环经济	落实国家扩大内需、振兴重点产业和粮食增产等综合措施，拉动石化产品消费
有色金属	推动技术进步；安排贷款贴息支持企业技术改造	淘汰落后产能；促进企业重组，优化产业布局；加强企业管理；提高产业竞争力；增强资源保障能力；建立国家收储机制	加快建设覆盖全社会的有色金属再生利用体系，发展循环经济，提高资源综合利用水平	稳定和扩大国内市场，改善出口环境；支持技术含量和附加值高的深加工产品出口；调整产品出口退税率结构

续表

产业	鼓励企业创新行为	完善市场竞争结构	调整产业发展方向	开拓国内外市场
物流	推动重点领域物流发展；加快发展国际物流和保税物流；加强基础设施建设，提高物流标准化程度和信息化水平	加快企业兼并重组，培育有竞争力的大企业；确定9大重点工程；促进物流企业与生产、商贸企业互动发展	推进物流服务社会化和专业化	扩大物流市场需求

资料来源：根据有关资料整理。

（执笔：黄群慧 、钟宏武）

参考文献

陈佳贵、黄群慧、钟宏武：《中国地区工业化进程的综合评价和特征分析》，《经济研究》2006年第6期。

黄速建、刘建丽、王钦：《国际金融危机对中国工业企业的影响分析》，《中国经济研究报告》2009年。

中国社会科学院工业经济研究所：《国际金融危机冲击下中国工业的反应》，《中国工业经济》2009年第4期。

第 六 章

我国产业结构问题跟踪分析

"十一五"规划从 2006 年开始实施,目前公开发布的产业和行业统计数据大多只到 2008 年,并且 2008 年的数据可能因国际金融危机的影响发生一些异常的变化。从产业结构分析的角度看,如果时间段太短,就难以发现规律性的变化。因此,我们从 2002 年这个最近一轮高速增长时期的起点开始分析我国产业结构的变化,分析时间段为 2002—2008 年。

一 我国产业结构的变动分析

2002 年开始,我国经济进入新一轮高速增长时期。特别是 2003—2007 年间,我国经济增长率均在 10% 以上。2008 年下半年,国际金融危机对我国经济的影响开始显现,在此影响下,我国 2008 年的经济增长率出现大幅度下降,同比增长速度下降 4.4 个百分点。由于产业增长速度的差异,三次产业结构以及三次产业内部结构也发生着重要的变化。

(一)三次产业结构的变动

2002 年以来,我国三次产业结构呈现比较明显的变化,但是这一变化主要发生在 2002—2006 年之间,2006—2008 年三次产业结构的变化不大。2008 年第一产业比重为 11.3%，比 2002 年下降 2.4 个百分点；第二产业比重为 48.6%，比 2002 年提高 3.8 个百分点；第三产业比重为 40.1%，比 2002 年下降 1.4 个百分点（见图 1）。

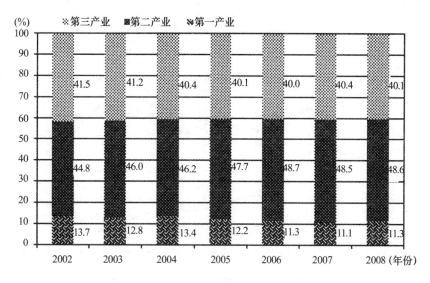

图 1　2002—2008 年三次产业结构的变化

资料来源：《中国统计年鉴》(2009)。

从第二产业内部看，建筑业占 GDP 的比重变化不大，一直保持在 5.4%—5.7% 之间；对第二产业比重的变化起主要作用的是工业比重的变化。2002 年工业占 GDP 的比重为 39.4%，2006 年上升到 43.1%，2008 年回落到 42.9%。三次产业结构变化特别是第二产业比重提高的直接原因是各产业的增长速度存在差异。同时，由于产业结构是用当前价格的增加值比例来衡量，因此价格变化也会对产业结构产生影响。2003—2007 年间，第二产业的增长速度一直高于 GDP 和第一产业、第三产业的增长速度。2003 年第二产业增速高于第三产业增速 3.17 个百分点，直到 2006 年和 2007 年，二者的差距才缩小到 1 个百分点以内（见图 2）。2008 年，第二产业（主要是工业）受国际金融危机的冲击明显，增长速度下降较快，第二产业增速低于第三产业增速 0.2 个百分点。但是由于从全年来看，工业品价格相对 2007 年仍有较大幅度上涨，工业品出厂价格指数较 2007 年上涨 6.9 个百分点，从而造成 2008 年用当前价格衡量的第二产业比重仍略有提高。

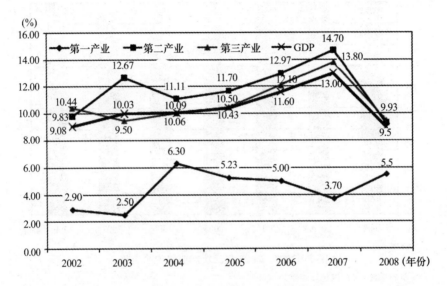

图2　2002—2008 年三次产业增长速度比较

资料来源：《中国统计年鉴》（2009）。

（二）三次产业内部结构的变动

1. 第一产业内部结构变动

2002—2008 年间，第一产业内部的农、林、牧、渔 4 个行业的增长速度呈现很大的波动，其最高与最低增长速度之差分别达到 8 个百分点、8.79 个百分点、5.57 个百分点和 3.29 个百分点。与 2002 年相比，2008 年农业比重下降 6.16 个百分点，林业比重基本保持不变，牧业比重上升 4.62 个百分点，渔业比重下降 1.88 个百分点。

表1　　　　　　　　　　第一产业内部结构和增长速度的变化　　　　　　　　　（%）

指标 年份	结构				增长速度			
	农业	林业	牧业	渔业	农业	林业	牧业	渔业
2002	54.51	3.77	30.87	10.85	3.90	7.07	6.01	6.12
2003	50.08	4.18	32.13	10.57	0.50	6.90	7.30	5.30
2004	50.05	3.66	33.59	9.95	8.50	2.00	7.19	6.05
2005	49.72	3.61	33.74	10.18	4.15	3.19	7.84	6.55
2006	52.74	3.95	29.61	9.73	5.39	5.58	5.00	5.99
2007	50.43	3.81	32.98	9.12	3.98	6.90	2.28	4.83
2008	48.35	3.71	35.49	8.97	4.78	8.07	6.75	5.96

资料来源:《中国统计年鉴》(2009)。

2. 工业内部结构变动

(1) **制造业比重**。2002年以来,工业内部结构发生了比较明显的变化。从表2可以看到,制造业增加值占工业增加值的比重从2002年的78.57%提高到2007年的80.29%,2003年制造业增加值比重一度达到81.18%。采掘业增加值的比重从9.98%提高到2006年的12.32%,2007年下降到11.59%;而电热气水的生产和供应业增加值的比重则从10.27%持续下降到8.12%。采掘业比重提高的原因主要在于随着制造业快速增长对矿产品需求的扩张所导致的矿产品价格快速上涨;电热气水的生产和供应业比重的下降一方面是由于电力投资增幅的相对缓慢,另一方面则可能是由于节能减排政策的实施,单位工业增加值能耗的下降所致。由于《中国统计年鉴》没有提供2008年分行业工业增加值数据,我们利用工业总产值计算2008年的制造业比重并与2007年进行比较。一般来说,采掘业的增加值率高于制造业,因此用工业总产值衡量的制造业比重会偏高。相对于2007年,用工业总产值来衡量的2008年制造业和电热气水的生产和供应业的比重分别下降0.30和0.57个百分点,而采掘业的比重上升了0.87个百分点。

表2   2002—2008 年制造业增加值占工业的比重变化   （%）

年份\比重	2002	2003	2005	2006	2007
采掘业	9.98	9.60	12.25	12.32	11.59
制造业	78.57	81.18	79.28	79.53	80.29
电热气水的生产和供应业	10.27	9.22	8.47	8.15	8.12

资料来源:《中国统计年鉴》(2008)。

（2）轻重工业比重。从1999 年开始，我国进入新一轮重化工业化阶段，重工业的增长速度明显加快。从表3 可以看到，1998 年重工业增加值增速比轻工业慢0.6 个百分点，1999—2008 年重工业增速一直超过轻工业增速，2006 年两者的增速差距达到4.1%。"十一五"以来，重工业与轻工业的增速之差呈回落趋势。2008 年受国际金融危机的影响，重工业增长速度下滑很快，比2007 年下降6.4 个百分点，而轻工业下降了4 个百分点。2008 年10 月，重工业月度同比增速已经低于轻工业增速，两者增速之差在2008 年11 月达到最大值6.7%。随着我国保增长政策效果的逐步显现，2009 年6 月重工业月度增速又重新超过轻工业，2009 年12 月重工业月度增速超出轻工业9.3 个百分点，2009 年全年重工业累计增速超出轻工业1.8 个百分点。

表3   1998—2008 年轻重工业增加值增长速度的变化   （%）

年份\项目	1998	1999	2000	2001	2002	2003	2004	2005	2006	2007	2008
轻工业	9.1	8.3	9.5	13.2	12.1	14.6	14.7	15.2	13.8	16.3	12.3
重工业	8.5	9.3	13	16.6	13.1	18.6	18.2	17	17.9	19.6	13.2
重工业与轻工业之差	-0.6	1.0	3.5	3.4	1.0	4.0	3.5	1.8	4.1	3.3	0.9

资料来源:历年《中华人民共和国国民经济和社会发展统计公报》。

　　重工业的快速增长使得其在工业中的比重不断提高。从图3可以
看到，1998年以来重工业产值占工业总产值的比重一直呈上升趋势，
特别是由于2003年重工业的高速增长，重工业的比重提高很快。到
2008年，重工业产值的比重已经达到71.34%。

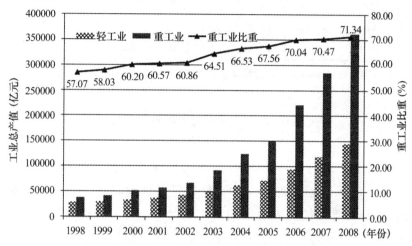

图3　规模以上重工业企业产值占工业总产值的比重变化

资料来源：《中国统计年鉴》（2008）。

　　（3）**资本密集型行业比重**。工业化的过程就是资本有机构成不
断提高即资本不断替代劳动的过程。我们用固定资产原值（P）与职
工人数（E）的比值 P/E 衡量要素密集程度的变化。按当年价格计
算，2007年规模以上工业人均固定资产原值达到277623元，是1998
年的2.0倍、2005年的1.3倍，如果换算成以1991年为基年的价格，
则2008年规模以上工业人均固定资产原值分别是1998年和2005年
的1.6倍和1.2倍。资本密集程度的提高一方面源于整个工业各行业
资本密集程度的提高，另一方面则源于资本密集型行业比重的提高。
冶金工业、电力工业、煤炭及炼焦工业、石油工业、化学工业、机械
工业、建筑材料工业、造纸工业等8个资本密集型行业产值占工业总
产值的比重从1998年的73.7%提高到2007年的81.3%，其中前6个
行业的比重从65.8%提高到74.8%。

表4   资本密集型行业产值占工业总产值比重的变化   (％)

年份	①冶金工业	②电力工业	③煤炭及炼焦工业	④石油工业	⑤化学工业	⑥机械工业	⑦建筑材料工业	⑧造纸工业	①至⑧比重	①至⑥比重
1998	8.9	5.9	1.9	6.1	13.4	29.6	5.2	2.6	73.7	65.8
2008	14.2	6.4	2.9	6.6	11.8	32.9	4.5	2.1	81.3	74.8

资料来源:根据《中国统计年鉴》有关各年计算。

(4) 工业参与国际分工程度的变化。从新中国成立直到改革开放之初,我国参与国际分工的程度很低。随着 1978 年以来改革开放的不断深化,我国与世界经济的交往不断增多,工业特别是制造业参与国际分工的程度越来越高。1980 年,我国制成品出口额占制造业增加值和工业增加值的比重分别为 11.4% 和 9.5%。从 2002 年开始,制成品出口快速增长,到 2006 年制成品出口额与制造业增加值和工业增加值之比已经分别达到 108.5% 和 71.4%,可以说我国已经深深地融入全球生产网络之中。随着国际分工方式的转变,我国与世界其他国家的商品往来逐步从产业间分工演化为产业内分工和产品内分工。对于一国在国际分工中的地位或者说一国参与国际分工的程度,可以用垂直专业化比例来衡量。垂直专业化(vertical specialization)是指一种商品的生产过程延伸为多个连续的生产阶段,每一个国家只在某个连续的特殊阶段进行专业化生产。垂直专业化比例则是指进口品用于出口的价值对出口额的比率,类似于"来料加工"的程度。北京大学中国经济研究中心课题组利用投入产出表对我国出口贸易中的垂直专业化程度进行了计算,结果表明,我国出口贸易中垂直专业化的价值比率从 1992 年的 14% 上升至 2003 年的 21.8%[1],表明我国参与国际垂直分工的程度有了很大的提高。

---

[1] 北京大学中国经济研究中心课题组:《中国出口贸易中的垂直专门化与中美贸易》,《世界经济》2006 年第 5 期。

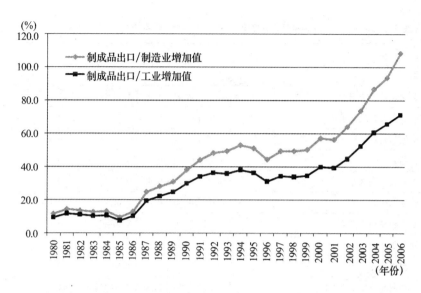

图4 我国制成品出口额占制造业增加值和工业增加值的比重变化

资料来源：制成品出口额数据来自 **WTO statistics database**，制造业和工业增加值数据来自 **World Development Indicators database**。

（5）**工业分行业结构。** 由于没有公布 2008 年的分行业工业增加值数据，我们对 2007 年与 2003 年工业分行业结构进行了比较，这一时期正好也是中国经济的最近一个高增长阶段。2003—2007 年间，行业增加值占全部工业比重上升最多的依次是有色金属冶炼及压延加工业、煤炭开采和洗选业、黑色金属冶炼及压延加工业、通用设备制造业、农副食品加工业、黑色金属矿采选业、有色金属矿采选业、化学原料及化学制品制造业以及电气机械及器材制造业。在这些行业中，除农副食品加工业外，其余均为提供原料、设备的重工业部门。2003—2007 年间，行业增加值占全部工业比重下降最多的依次是通信设备计算机及其他电子设备制造业、烟草制品业、电力热力的生产和供应业、交通运输设备制造业、医药制造业、石油加工炼焦及核燃料加工业以及纺织业，这些行业比重的下降并不是因为增长速度变慢，而是增长速度低于其他工业行业，通信设备计算机及其他电子设备制造业和交通运输设备制造业仍然是最大的两个制造业部门。

表5　　　　　　　　　**2003—2007 年工业分行业结构的变化**　　　　　（%）

行业 ＼ 年份	2003	2005	2006	2007	2003—2007 年的变化
煤炭开采和洗选业	2.74	4.00	3.94	4.01	1.27
石油和天然气开采业	5.69	6.67	6.57	5.51	-0.18
黑色金属矿采选业	0.35	0.59	0.65	0.79	0.45
有色金属矿采选业	0.42	0.59	0.74	0.83	0.41
非金属矿采选业	0.39	0.39	0.42	0.44	0.05
其他采矿业	0.01	0.00	0.00	0.00	0.00
农副食品加工业	3.49	3.80	3.83	3.97	0.47
食品制造业	1.59	1.62	1.61	1.59	0.00
饮料制造业	1.90	1.61	1.58	1.61	-0.29
烟草制品业	3.75	2.85	2.61	2.49	-1.25
纺织业	4.54	4.49	4.35	4.20	-0.34
纺织服装、鞋、帽制造业	2.18	1.97	2.01	1.94	-0.25
皮革、毛皮、羽毛（绒）及其制品业	1.41	1.31	1.29	1.26	-0.14
木材加工及木、竹、藤、棕、草制品业	0.63	0.71	0.75	0.88	0.25
家具制造业	0.44	0.53	0.55	0.55	0.12
造纸及纸制品业	1.62	1.59	1.52	1.49	-0.13
印刷业和记录媒介的复制	0.80	0.64	0.61	0.59	-0.21
文教体育用品制造业	0.60	0.53	0.51	0.47	-0.12
石油加工、炼焦及核燃料加工业	3.07	2.75	2.54	2.65	-0.42
化学原料及化学制品制造业	5.87	6.08	5.93	6.27	0.40
医药制造业	2.44	2.12	1.99	1.95	-0.49
化学纤维制造业	0.70	0.67	0.66	0.69	-0.01
橡胶制品业	0.88	0.82	0.79	0.82	-0.06
塑料制品业	1.82	1.76	1.83	1.83	0.01
非金属矿物制品业	4.17	3.89	4.01	4.14	-0.02
黑色金属冶炼及压延加工业	6.73	8.00	7.69	7.70	0.97
有色金属冶炼及压延加工业	2.15	2.67	3.51	3.83	1.68
金属制品业	2.31	2.35	2.44	2.57	0.26

年份 行业	2003	2005	2006	2007	2003—2007 年的变化
通用设备制造业	3.79	4.11	4.17	4.36	0.58
专用设备制造业	2.40	2.33	2.52	2.62	0.22
交通运输设备制造业	6.90	5.31	5.42	5.96	-0.94
电气机械及器材制造业	4.82	4.95	5.07	5.17	0.35
通信设备、计算机及其他电子设备制造业	8.29	7.93	7.78	6.77	-1.52
仪器仪表及文化、办公用机械制造业	1.06	1.02	1.06	0.99	-0.07
工艺品及其他制造业	0.83	0.79	0.77	0.78	-0.04
废弃资源和废旧材料回收加工业	0.03	0.08	0.10	0.14	0.11
电力、热力的生产和供应业	8.59	7.92	7.59	7.54	-1.05
燃气生产和供应业	0.18	0.19	0.21	0.26	0.08
水的生产和供应业	0.45	0.36	0.35	0.31	-0.14

资料来源：根据《中国统计年鉴》有关各年计算。

3. 第三产业内部结构变动

与工业内部结构相比，第三产业内部结构的变化相对较小。从表6可以看到，主要服务业行业只有金融业比重有较大提升，其比重从2002年的9.2%提高到2008年的14.0%。交通运输仓储和邮政业、批发和零售业、住宿和餐饮业、房地产业比重的变化均不大，其变动幅度均在一个百分点左右。表7进一步反映了第三产业细分行业的结构变化情况。

表6　　　　　　2002—2008 年第三产业内部结构变化　　　　　　（%）

年 份	交通运输、仓储和邮政业	批发和零售业	住宿和餐饮业	金融业	房地产业	其他
2002	15.0	20.0	5.5	9.2	10.7	39.5
2003	14.1	19.9	5.6	8.9	11.0	40.4
2004	14.4	19.3	5.7	8.4	11.1	41.2

续表

年　份	交通运输、仓储和邮政业	批发和零售业	住宿和餐饮业	金融业	房地产业	其他
2005	14.8	18.4	5.7	8.6	11.2	41.3
2006	14.7	18.3	5.7	10.0	11.4	39.9
2007	14.3	18.2	5.3	12.8	11.8	37.6
2008	13.8	19.2	5.5	14.0	10.6	37.0

资料来源：《中国统计年鉴》（2009）。

表7　　　　　2004—2007年第三产业细分行业的结构变化　　　　（％）

行业＼年份	2004	2005	2006	2007
交通运输、仓储和邮政业	14.41	14.76	14.73	14.25
信息传输、计算机服务和软件业	6.56	6.49	6.29	5.78
批发和零售业	19.29	18.43	18.26	18.16
住宿和餐饮业	5.68	5.71	5.66	5.34
金融业	8.35	8.59	10.02	12.83
房地产业	11.11	11.23	11.41	11.82
租赁和商务服务业	4.07	3.97	3.87	3.63
科学研究、技术服务和地质勘察业	2.73	2.79	2.84	2.82
水利、环境和公共设施管理业	1.19	1.16	1.11	1.06
居民服务和其他服务业	3.84	4.26	4.18	3.85
教育	7.58	7.70	7.29	7.01
卫生、社会保障和社会福利业	4.06	4.00	3.79	3.66
文化、体育和娱乐业	1.62	1.62	1.56	1.46
公共管理和社会组织	9.51	9.30	8.98	8.32

资料来源：《中国统计年鉴》（2009）。

（三）我国工业化发展阶段及其与产业结构变动的关系

产业结构是随着经济发展而改变的。配第—克拉克定理指出：随着经济发展即人均国民收入水平的提高，劳动力首先由第一产业向第二产业转移，再从第二产业向第三产业转移。霍夫曼定理则指出，在工业化进程中，霍夫曼比例（消费资料工业的净产值与资本资料工业的净产值之比）是不断下降的，据此可以把工业化划分成4个发展阶段。库兹涅茨研究了经济发展与三次产业所实现的国民收入的比例关系。钱纳里运用投入产出分析等方法，分析了产业结构转变与经济增长的一般关系以及结构转变和工业化各个阶段的基本特征，研究结果表明：产业结构转变同经济增长之间具有密切的关系，不同收入水平上产业结构的状况不同，并构建出产业结构转变的标准形式。

　　根据经典工业化理论，衡量一个国家或地区的工业化水平，一般可以从经济发展水平、产业结构、工业结构、就业结构和空间结构等方面来进行衡量。对工业化阶段划分最具影响力且广为认同的是钱纳里的"3大6小"阶段论。钱纳里在《工业化和经济增长的比较研究》中，把人均GDP作为综合反映经济发展水平的重要指标。按照人均GDP的变化，他将经济发展分为准工业化阶段（初级产品生产阶段）、工业化实现阶段（包括工业化初级阶段、工业化中级阶段、工业化高级阶段）和后工业化阶段（包括发达经济初级阶段、发达经济高级阶段）。陈佳贵等人根据工业化理论和钱纳里的工业化阶段划分标准，提出了衡量我国工业化不同发展阶段的标志性指标（最主要的是人均GDP）及其范围。他们将经济发展分为前工业化阶段、工业化实现阶段和后工业化阶段，其中工业化实现阶段又分为工业化初期、工业化中期和工业化后期。根据他们的分析，我国作为一个整体，目前的工业化水平处于工业化中期的后半段，但是各地区的工业化水平存在很大差异，例如长三角和珠三角地区已进入工业化后期的后半阶段，而大多数中西部省份仍然处于工业化初期阶段。[①]

　　如果按照工业化的一般理论，从目前我国所处的工业化阶段看，

---

　　① 陈佳贵：《中国工业化进程报告——1995—2005年中国省域工业化水平评价与研究》，社会科学文献出版社2007年版，第19—43页。

未来我国工业的比重仍然处于上升阶段(至少还没有到下降阶段)。我们利用世界银行 WDI online 数据库的数据,计算了 1970 年以来几个工业占 GDP 比重呈现先增加后下降的典型国家的工业比重与人均 GDP 的关系。从表 8 可以看到,阿根廷、巴西、墨西哥 3 个工业占 GDP 比重发生明显转变的国家,工业占 GDP 比重开始出现下降的转折点时,其经济发展水平(用人均 GDP 衡量)并不相同,但按 2000 年不变价美元衡量的人均 GDP 均在 3500 美元以上,按 2000 年不变价国际元衡量的 PPP 人均 GDP 均在 6790 国际元以上。而 2006 年我国按 2000 年不变价美元衡量的人均 GDP 和按 2000 年不变价国际元衡量的 PPP 人均 GDP 分别只有 1595 美元和 6621 国际元。如果按汇率转换的人均 GDP 来衡量,我国工业比重离转折点还差很远,如果按 PPP 转换的人均 GDP 来衡量,我国似乎已经到了转折点。但事实上,由于各国实际情况存在很大差异,在人均 GDP 多大的阶段工业比重开始下降并无定规。我们同样使用 WDI online 数据库的数据计算人均 GDP 与工业比重的关系,发现二者并不存在相关性,相关系数很小。从具体国家的情况来看也是如此。例如,韩国的工业比重在 1988 年和 1993—1995 年间达到最高点的 42%,但直到 2006 年这一比重仍然高达 40%,而此时其人均 GDP 和按 PPP 衡量的人均 GDP 已高达 13865 美元和 20572 国际元。

表 8　　　　　　　　　　3 个典型国家工业占 GDP 比重的转变

国家	转变时间	转变前一年比重(%)	2006 年比重(%)	人均 GDP (2000 年不变价美元)	人均 GDP, PPP (2000 年不变价国际元)
阿根廷	1977	51	33	7202	11309
巴西	1988	46	31	3518	6790
墨西哥	1988	38	27	4712	7354

资料来源:World Bank. WDI Online。

二　当前我国产业结构存在的主要问题分析

（一）工业特别是重工业比重高是由我国的发展阶段决定的

1. 总体上判断，我国工业的比重仍处于合理范围

与世界大多数国家特别是发达国家相比，我国第二产业的比重偏高、第三产业比重偏低。根据世界银行世界发展指标数据库的数据，2004 年，我国第二产业和第三产业的比重分别为 46% 和 41%，第二产业比重明显高于、第三产业比重明显低于中等收入以上国家（见表 9）。例如，2004 年美国、日本、德国的第二产业和第三产业的比重分别为 22% 和 77%、30% 和 68%、29% 和 70%，第二产业比重比我国低 20 个百分点左右，第三产业比重高 30 个百分点左右。

表 9　　　　　　　2004 年世界主要国家三次产业结构比较　　　　　　（%）

国家＼项目	第一产业比重	第二产业比重	服务业比重	制造业比重
美国	1	22	77	14
日本	2	30	68	21
德国	1	29	70	23
英国	1	25	74	15
法国	3	21	76	14
意大利	3	27	70	19
西班牙	4	29	67	16
澳大利亚	3	27	70	12
俄罗斯	5	35	60	18
韩国	3	41	56	29
巴西	7	30	63	19
墨西哥	4	26	70	18
印度	19	27	54	16
印度尼西亚	15	44	41	28
马来西亚	10	50	40	31

续表

项目 国家	第一产业比重	第二产业比重	服务业比重	制造业比重
泰国	10	44	46	35
菲律宾	15	32	53	23
中国	13	46	41	32
高收入	2	26	72	17
中等偏上收入	7	31	62	19
中等收入	10	36	54	22
中等偏下收入	13	42	45	26
中低收入	11	35	54	21
低收入	22	28	50	15
最不发达国家	29	26	45	11
高负债贫穷国家	30	24	46	11

资料来源: World Bank. World Development Indicators database。

据此很多人得出我国三次产业结构不合理,即第二产业比重高于合理值、第三产业比重低于合理值的结论。我们认为这一判断是缺乏根据的。我国的三次产业结构是否合理既取决于经济发展的一般规律,又会受到我国国情的影响。如果进行国际比较,应与我国当前发展阶段类似的国家或者发达国家类似的历史发展阶段进行比较。与东南亚的印度尼西亚、马来西亚、泰国等国家相比,我国第二产业的比重并不算太高、第三产业比重也不算太低,我国第二产业比重也仅略高于韩国。从发达国家的发展历史看,1971年美国、日本、德国、法国、英国等发达国家的第二产业比重均在35%以上,德国、日本、英国分别为46%、45%和43%,与我国目前的第二产业比重基本相当(见图5)。较高的第二产业比重是符合我国世界制造业基地的地位和发挥我国的比较优势的。我国第二产业比重较高的第二个原因是,由于我国劳动力相对丰富、资本相对稀缺,因此劳动力含量高的服务业产品的价格上涨滞后于资本含量高的第二产业产品的价格上涨。相对来说,发达国家服务业价格上涨得更快,而产业结构是按照当前价格计算的。

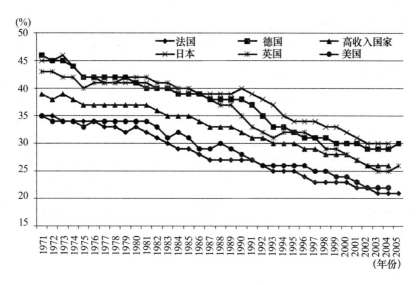

图5　1971—2005年若干发达国家第二产业比重的变化

2. 当前我国重化工业的高速增长有其合理性

1999年以来，重工业的增长速度明显加快，并有力地推动了整个国民经济的快速增长。但另一方面，重工业的高速增长也带来土地和水资源不足、环境恶化、资源约束加剧、能源安全风险增大等问题。因此，有学者认为，中国应该大力发展服务业，而不是过分依赖制造业尤其是重化工制造业[①]。另有学者则认为重化工业化的条件是：生产要素禀赋结构发生根本变化，劳动力短缺而资本过剩；重化工业获得比较优势，投资效率高于其所要替代的产业；重化工业所要求的投入资源可获得性较高。他们据此判断，当前我国重化工业化的条件尚不成熟，重化工业的领先增长是由于要素价格被扭曲的结果。[②]

我们认为，与改革开放前国家完全依靠国有企业推动重化工业的发展有很大不同，1999年以来，民营经济、外资经济对重化工业的

---

① 吴敬琏：《中国增长模式抉择》，上海远东出版社2009年版，第156—161页。

② 蔡昉、王德文等：《WTO框架下中国工业竞争力研究》，中国社会科学出版社2008年版，第14—23页。

发展发挥了越来越重要的作用,在许多高速增长的重化工业领域的投资主体恰恰是民营资本和外资;同时国家对资源的控制能力大大削弱,很难获得有效的手段调控资金的投向,这也是为什么在钢铁、电解铝、水泥、汽车等领域,国家宏观调控目标往往难以实现的原因。而且,目前重化工业的发展从经济上看也是合理的。与原来国家主要依靠扭曲要素价格实现重化工业快速发展不同,现在我国几乎所有商品都由市场定价,作为重化工业重要投入品的铁矿石等矿产资源的价格更是已经与国际接轨。在市场经济条件下,资本的逐利性会自然趋使其流向回报率更高的领域。2007 年,轻工业和重工业规模以上企业的利润总额与资产之比分别为 7.62% 和 7.72%,轻工业和重工业规模以上企业的利润总额与主营业务收入之比分别为 5.78%、7.21%,这就说明重化工业的高速发展有其经济上的合理性。

另一方面,我国重工业的内涵与发达国家重化工业化过程中以及发达国家当前的重工业存在很大的不同,统计意义上的重工业并不意味着一定是资本密集型行业。自 20 世纪末特别是进入 21 世纪以来,随着信息技术和运输技术的发展,世界产业组织形态呈现出许多新的特征,垂直一体化的企业为垂直分离的企业所取代,产品内分工和垂直专业化成为国际分工的主导形式,外包和离岸外包成为企业在全球范围内最优配置资源和获取竞争优势的重要手段。在这一趋势下,发达国家往往保留生产链条中资本和技术密集型的环节,而将劳动密集型的环节转移到发展中国家。我国凭借劳动力资源丰富的优势,成为承接发达国家劳动密集型产业环节转移的主要基地。这就造成即使产业分类中的同一行业,其具体内涵(比如资本或劳动密集程度)在不同国家间也会存在很大差异。例如,2007 年我国通信设备计算机及其他电子设备制造业的人均固定资产原值处于 39 个工业行业的第 19 位,也低于工业平均水平;而美国办公、会计与计算机设备产业(ISIC Rev.3 分类 30—33)则处于所有工业行业的前列。从图 6 可以看到,用人均占有固定资产原值来衡量,我国制造业中不但皮革毛皮羽毛(绒)、纺织服装鞋帽、家具、工艺品、文教体育用品等行业的劳动密集度高于制造业平均水平，而且电气机械及器材、通用设备、塑料、专用设备、通信和电子计算机等行业也具有较高的劳动密集程度。

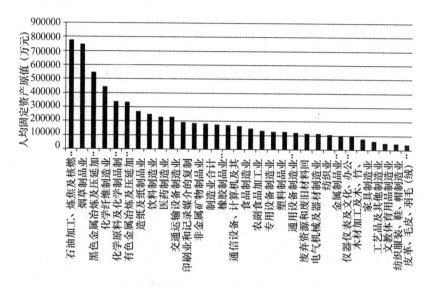

图6　我国制造业各行业人均固定资产原值（2007）

资料来源：根据《中国统计年鉴》（2008）计算。

　　技术创新是经济增长最重要的动力之一。熊彼特在《商业周期》（1939）一书中接受了长约半个世纪的"康德拉季耶夫波"周期这一现象的事实，并提供了与康德拉季耶夫（1925）本人不同的新颖解释。熊彼特将这些波称为"连续产业革命"，连续产业革命的基础是通过新技术实现经济的质的转变。21世纪50年代索洛等人提出的新古典增长模型认为，经济增长的源泉除资本、劳动之外，还有一个余值，索洛将该值定义为用全要素生产率提高表示的"技术进步"。在索洛模型中，技术进步是一个外生变量。20世纪80年代以来兴起的新增长理论则进一步将知识和技术内生化。虽然随着产业结构转型，出现了一些知识和技术密集型的服务业部门，但是制造业在相当长的时期内，仍然将是技术创新最迅速、劳动生产率提升最快的产业领域。1990年以来开始的第5个康德拉季耶夫长波周期就是由于微电子技术的推动，作为具有知识和技术比较优势的发达国家，最有能力发展这些技术创新最快的产业。无论是美国、日本、韩国，还是中国，电子通信设备行业均成为增长最快的领域。而且电子通信设备行业的发展通过对传统产业的改造和带动，推动了整个制造业高于服务业的增长。一个国家的工业是否是高增长行业不仅仅决定于该国的经济发展阶段或工业化水平，而且决定于技术的突破及其对各个产业部门的影响。也就是说，工业化或者后工业化国家的工业和重化工业也可能会出现快速的增长。

（二）我国产业结构存在的主要问题并不是各层次产业之间比例的高低，而是由产业的发展方式粗放和发展质量低下引发的相关问题

"十一五"以来，我国经济虽然以超过 10% 的平均速度增长，2006—2008 年的 GDP 增速分别为 11.1%、13% 和 9%，是世界上增长最快的国家，但是产业结构方面的一些突出问题已经成为我国经济进一步发展的限制因素。我们认为，我国的三次产业结构以及三次产业内部结构，特别是轻重工业结构、制造业结构基本上是合理的，产业结构方面的问题主要不是各层次产业之间比例的高低，而是由产业的发展方式粗放和发展质量低下引发的相关问题，主要包括：重化工业粗放增长带来的环境、资源和能源压力增强；制造业以高能耗、低技术、低附加值产业为主，高技术产业以原始设备制造（OEM）为主，处于全球产业链和价值链低端；过度依赖出口并且出口拉动力减弱；资本深化与劳动力数量巨大之间的矛盾，以及高技能的劳动力短缺等。

1. 资源环境的压力加剧

改革开放以来特别是近年来，我国对能源和资源性产品的需求快速增长。例如，1990 年以来我国石油消费量从 11485.6 万吨增长到 2006 年的 34875.9 万吨，年均增幅达到 7.2%，增长速度居世界第 1 位，远远高于 1.3% 的世界平均增长速度，成为世界第 2 大石油消费国。我国对能源和资源性产品需求的快速增长，一是由于经济的快速发展带来的经济规模扩大、城市化快速推进和人民生活水平的提高，这是经济发展一般规律的作用结果；二是在重化工业化的过程中，石化、化学等重化工业快速增长，带动了对作为原料和燃料的成品油的需求；三是我国低廉的劳动力和资源、环境成本吸引跨国公司将一些资源、能源高消耗型产业转移到我国。此外，我国工业的能耗以及自然资源的投入均高于发达国家水平，使原本稀缺的资源供应更加紧张。由于国内能源和资源性产品的储量和产量有限，我国不得不转向国际市场寻找供应来源，能源和资源性产品的进口量快速增长。2007年，我国矿产品进口额达到 1620.82 亿美元，占到全部进口额的 16.96%，而 1994 年我国矿产品的进口额仅为 55.30 亿美元，占进口总额的 4.78%，净进口额仅为 5.16 亿美元。我国资源密集型产业的快速发展，不仅推动国际原材料价格不断上涨并由此带动经济发展成本的提高，而且使我国经济对国外资源的依赖不断增强，经济安全面临日益增大的风险。

工业特别是重化工业的高速增长使我国的环境负荷进一步加重。1992—2006 年间，我国工业废气排放总量从 89633 亿标立方米增加到 330992 亿标立方米，工业粉尘排放量从 546 万吨增加到 808 万吨，工业固体废弃物产生量从 61884 万吨增加到 151541 万吨，工业废水排放量也达到了 240 亿吨。我国的工业规模处于世界第 3 位，但有机水污染物排放量、氮氧化物排放量已经处于世界第 1 位，二氧化碳排放量居世界第 2 位。虽然近年来我国的环境保护力度加大，但是由于污染物排放总量大，仍然超过环境的自净能力。一些地区出现虽然单个企业的排放达标，但整体环境质量仍难以达到环境标准的现象，整体环境质量也没有根本改观。

2."中国制造"处于低端的国际分工地位

虽然自改革开放以来，我国工业和制造业的产量提高很快，国际市场份额和国际竞争力不断提高，但是要看到，我国工业的发展与世界先进水平还存在很大的差距。从总量上看，虽然我国工业和制造业的规模已经进入世界前列，但是从发展的质量上看，我国与世界先进水平的差距表现得非常突出，中国制造仍然处于国际分工体系的低端。从产业结构上看,发达国家的制造业中高技术产业的比重大,而我国的低技术产业和资源密集型产业仍占很大比重。例如,2002年美国纺织服装和皮革工业增加值占制造业增加值的比重仅为3.2%,金属及其制品工业占10.3%;而2007年我国纺织服装和皮革工业增加值占制造业增加值的比重为9.6%,金属及其制品工业占17.2%。从产业内部的结构看,我国处于国际价值链的低端。我国出口的制成品仍以初级制成品为主,即使在所谓高技术产品中,我国所从事的很大一部分工作也是劳动密集型的加工组装活动。在表征技术创新能力的许多关键指标上,目前我国都与发达国家存在较大差距。虽然我国的研发经费及研发人员数均增长较快,但研发经费占GDP的比重和每万人中科学家、工程师的数量仍然低于美国、日本、德国、韩国等国家。我国的版税和许可费收入较少且小于支出,居民专利权申请数量低于主要发达国家,也少于非居民专利权申请数量。总体上看,"中国制造"在关键技术、关键设备上对国外还有相当大的依赖,核心和关键零部件大部分需要从国外进口。

　　"中国制造"在国际上的低端地位决定了尽管其产量和出口量很大,但是附加价值和利润很低。美国、俄罗斯、日本的增加值率在0.55上下,德国、英国、澳大利亚的增加值率在0.47—0.5之间,而我国2000年的增加值率只有0.36[①],并且相比于改革开放之初有逐年下降的趋势[②]。我国单位资源产出平均只相当于发达国家的1/10—1/20,从业人员生产率只相当于1/30—1/40[③]。国际价值链低端的分工地位和以加工贸易为主的出口结构,使得我国出口的很大一部分产品只是在国内完成产品价值链最后的组装、加工活动,而主要不是在

---

① 　这里的增加值率指经济总体的增加值率。一般来说第一产业和第三产业的增加值率要明显高于第二产业的增加值率,例如2000年中国三次产业的增加值率分别是0.587、0.280、0.492。但是该指标也能近似反映各国工业和制造业增加值率的差异。

② 　20世纪80年代(1981—1987年),中国的增加值率在0.44—0.48之间,与英国和澳大利亚的增加值率相差不多。沈利生、王恒:《增加值率下降意味着什么》,《经济研究》2006年第3期。

③ 　陈清泰:《中国应该如何走出"世界工厂"误区》,《瞭望》2007年第29期。

我国"增值"的，企业主要依靠低价竞争获取微薄的利润，利润率很低。例如，我国 2005 年服装出口的平均价格仅为 3.51 美元，我国出口 8 亿件衬衫的价格才抵得上一架空客 380，出口一件衬衣平均利润只有 30—40 美分；又如，罗技公司每年向美国出口 2000 万个中国制造的鼠标，这些鼠标在美国的售价大约是 40 美元，我国仅从中获利 3 美元，且工人工资、电力、交通和其他经常性开支都包括在这 3 美元之中[①]。

3. 过度依赖出口与增长动力衰减

我国经济高度依赖于出口，贸易顺差占 GDP 的比重从 21 世纪初的 2% 上升到 8% 以上，而出口额占 GDP 的比重则接近 40%。2005—2007 年，出口对 GDP 增长的贡献率在 20% 左右，投资对 GDP 增长的贡献率接近 40%，二者对 GDP 增长的贡献率合计达到 60% 左右（见表 10）。我国工业结构在发挥低成本比较优势、充分参与国际分工的同时，也形成对出口的高度依赖。从表 11 可以看到，2005 年我国制造业出口总额占制造业总产出的比重达到 20.23%，其中纺织、缝纫及皮革产品制造业的这一比重达到 35.24%，机械设备制造业达到 31.77%，对出口的依赖非常严重。

表 10　　　　2002—2008 年三大需求对国内生产总值增长的贡献率

年 份	最终消费支出		资本形成总额		货物和服务净出口	
	贡献率(%)	拉动(百分点)	贡献率(%)	拉动（百分点）	贡献率(%)	拉动（百分点）
2002	43.6	4.0	48.8	4.4	7.6	0.7
2003	35.3	3.5	63.7	6.4	1.0	0.1
2004	38.7	3.9	55.3	5.6	6.0	0.6
2005	38.2	4.0	37.7	3.9	24.1	2.5
2006	38.7	4.5	42	4.9	19.3	2.2
2007	40.6	5.3	39.7	5.1	19.7	2.6
2008	45.7	4.1	45.1	4.1	9.2	0.8

资料来源：《中国统计年鉴》（2008）。

---

① 王珺：《"中国制造"：特征、影响与升级》，《学术研究》2007 年第 12 期。

表 11　　　　　　　　2005 年我国进出口占总产出的比重

指标　　　　　产业	出口/总产出	进口/总产出	净出口/总产出
中间投入合计	12.53	10.86	1.66
农 业	1.52	4.38	-2.85
采掘业	4.07	32.23	-28.16
制造业	20.23	16.94	3.29
食品制造业	6.06	3.73	2.33
纺织、缝纫及皮革产品制造业	35.24	7.30	27.94
其他制造业	19.50	9.66	9.84
电力、热力及水的生产和供应业	0.28	0.11	0.17
炼焦、煤气及石油加工业	5.28	10.17	-4.90
化学工业	12.82	18.85	-6.02
建筑材料及其他非金属矿物制品业	5.88	1.90	3.98
金属产品制造业	11.40	10.07	1.33
机械设备制造业	31.77	31.31	0.46
建筑业	0.50	0.31	0.19
运输邮电业	9.02	2.80	6.22
批发零售贸易、住宿和餐饮业	14.62	2.86	11.76
房地产业、租赁和商务服务业	3.10	4.86	-1.77
金融保险业	0.55	3.31	-2.76
其他服务业	3.83	1.93	1.91

资料来源:根据《中国统计年鉴》(2009)。

2004 年下半年以来,原材料、能源、劳动力、土地等生产要素价格不断上涨,我国低成本比较优势正在逐渐丧失,高成本时代已经来临[①]。原油、铁矿石价格达到历史顶点;劳动力无限供给的状况结束,珠三角、长三角地区均出现严重的"民工荒"。受农民工短缺影

---

① 魏杰、董进:《高成本时代与中国经济转型——兼论节约型经济》,《中国工业经济》2005 年第 9 期。

响，沿海地区农民工工资水平出现明显上涨，各地最低生活保障标准以及国家公务员工资标准也相应提高，而新《劳动合同法》在加强对劳动者权益保护的同时，也在一定程度上提高了企业的用工成本。环境保护标准提高，企业在治理废气、污水和废料等方面的支出不断加大；国家自 2005 年 4 月以来开始陆续调低出口退税率，纺织服装及鞋类企业的成本大幅度上升；人民币对美元持续升值，提高了我国出口产品以美元结算的价格。在上述诸因素的综合作用下，我国企业面临巨大的成本压力，利润空间大幅度被压缩，广东等地甚至出现一批外向型中小企业倒闭的现象①。

由美国次贷危机引起并扩大到全球的国际金融危机更对我国过度依赖出口的增长模式以重创。从图 7 可以看到，我国月度商品出口总额在 2008 年 11 月急剧下降，到 2009 年月度降幅高达 20% 以上，而 2008 年 10 月份以前出口增幅多在 20% 以上。我国的主要出口市场是以美国为代表的欧美发达国家，而美国的进口之所以持续快速增长则源于美国企业和居民靠借贷生存的经营方式和生活方式。金融危机的爆发使美国企业和居民不得不向减少负债、增加储蓄以维持经济增长的方向转变，因此美国进口增长的速度将会下降，这也就意味着国际市场难以消化中国几乎无限增长的产品供应，出口需求对我国经济的拉动作用将下降。

近年来，我国面临的贸易摩擦日益增多。根据《全球贸易保护报告》，国外对华反倾销立案数量从 1995 年的 20 件增加到 2006 年的 71 件，我国占全球案件总数的比重则从 12.7% 提高到 36%②。贸易摩擦的种类除了反倾销、反补贴和保障措施外，还有更加隐蔽、更具歧视性的技术性贸易措施、绿色贸易壁垒、知识产权壁垒和企业社会责任标准等。在一些国家的媒体上甚至出现"中国出口威胁论"的

---

① 周鹏峰、张韬：《广东数千中小企业倒闭，数万外向型企业艰难求生》，《上海证券报》2008 年 1 月 10 日。

② Cliff Stevenson. Global Trade Protection Report 2007. www. antidumpingpublishing. com。

论调①。发生贸易摩擦的主要领域是纺织品、服装、鞋类、玩具、家具、化工、钢铁等技术含量不高的产品，而我国的出口商品恰恰以这些可替代性很强的低附加值产品为主。这些产业一方面是发达国家的夕阳产业，其政府有保护就业机会的压力；另一方面又是发展中国家的主要产业。国际金融危机使贸易保护主义抬头，进一步加大了我国商品出口的不确定性。同时，受城乡二元结构、收入分配差距拉大以及社会保障体系不完善等方面的影响，我国居民的消费支出短期内很难有大幅度的提高，而依靠政府支出推动的投资也难以持续快速增长。

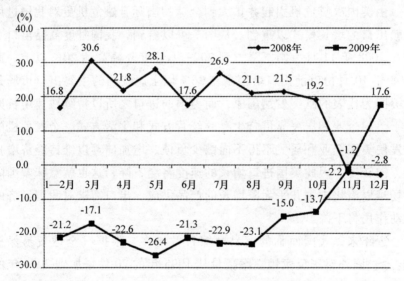

图7　2008年以来各月出口总额增速的变化

资料来源：海关总署《海关统计》。

4. 资本深化与就业吸纳能力下降之间的矛盾

1978年以来的改革开放政策推动了我国经济的高速增长，我国

---

①　秦海菁：《质疑中国威胁论：威胁还是机遇?》，http://www.china.com.cn/chinese/jingji/252900.htm。

已成为世界最大的外资流入国和商品进出口国之一。但是在我国参与国际分工和经济高速增长的过程中，也面临着在产业低端被锁定的可能。同时近几年来，土地、原材料成本和工资、运费等的上涨以及人民币升值，削弱了"中国制造"赖以在国际市场竞争的优势。因此，国家提出要大力推进产业结构的升级，受成本上涨影响最为明显的广东也提出要加快全省经济"主动升级"的步伐。产业升级说到底就是以资本、技术密集型产业替代劳动和资源密集型产业，将竞争优势从劳动密集型产业转换到资本、技术密集型产业。但是金融危机的爆发使我们重新认识到劳动密集型产业的重要性。在 2008 年上半年之前，我国连续出现"民工荒"的困难情况，劳动力的供给似乎已从供大于求转变为供不应求。金融危机爆发后，随着我国出口额的急剧下降，大批从事加工组装的劳动密集型企业因订单减少不得不选择冻结招工、裁员甚至停业、倒闭，在以加工组装产业为主的一些地区表现得尤为突出，而一些劳动力输出地区甚至出现了返乡潮，就业压力重新出现。

　　"中国制造"的优势主要体现为价格优势，这种建立在初级生产要素基础之上并表现为低价格的竞争优势是非常脆弱的。一方面，随着低成本竞争国家的经济发展，其劳动力、土地、资金、环境成本会不断上涨，使价格优势不断缩小；另一方面，世界上存在许多低收入国家，当这些国家恢复稳定，经济走上良性轨道后，就会对先前低成本竞争的国家产生威胁。因此，当自己的成本优势丧失或者有成本更低、产品质量更高的国家进入全球市场后，先前依赖于低成本竞争的国家的制造业出口就会显著下降。从表 12 可以看到，2000 年以来我国劳动力成本提高很快，2004 年我国劳动力的小时平均成本已经超过周边的印度、菲律宾、印度尼西亚等国家。我国劳动密集型产品的国际竞争力之所以还能够维持，很大程度上是因为现代制造业的产业链长、配套体系复杂，周边国家尚未形成我国如此完善的产业配套体系。但是我们必须未雨绸缪，及早培育具有国际竞争力的产业和产品。

表 12　　　　1992—2004 年部分国家或地区劳动力的小时平均成本　　　　（美元）

年份 国别或地区	1992	1993	1994	1995	1996	1997	1998	1999	2000	2001	2002	2003	2004
美 国	16.0	16.4	16.8	17.2	17.8	18.2	18.6	18.9	19.7	20.6	21.4	22.3	22.9
加拿大	17.6	16.9	16.3	16.5	17.0	16.8	15.9	16.1	16.5	16.2	16.7	19.4	21.4
德国	25.2	23.9	25.3	30.1	29.6	26.0	25.2	24.6	22.7	22.5	24.2	29.6	32.5
法国	17.3	16.5	17.1	19.3	19.0	17.1	17.3	17.0	15.5	15.6	17.1	21.1	23.9
英国	14.3	12.5	13.0	13.8	14.1	15.7	17.0	17.3	16.7	16.7	18.2	21.2	24.7
意大利	18.9	15.7	15.7	17.1	17.4	15.5	15.5	15.3	13.6	14.7	18.1	20.5
澳大利亚	13.2	12.6	14.1	15.4	17.0	16.7	15.1	15.9	14.4	13.3	15.4	19.8	23.1
日本	16.2	18.9	21.0	23.6	20.5	19.1	17.7	20.5	22.0	19.4	18.6	20.3	21.9
韩国	5.2	5.6	6.4	7.3	8.2	7.8	5.7	7.4	8.2	7.7	8.8	10.0	11.5
巴西	—	—	—	—	5.8	5.8	5.6	3.5	3.6	3.0	2.7	2.8	3.4
墨西哥	—	—	—	1.1	1.0	1.1	1.2	1.3	1.6	1.9	1.9	1.9	1.9
中国香港	3.9	4.3	4.6	4.8	5.1	5.4	5.4	5.4	5.4	5.7	5.7	5.5	5.5
新加坡	4.9	5.2	6.2	7.6	8.2	8.0	7.4	7.0	7.2	7.0	6.7	7.2	7.4
菲律宾	0.6	0.7	0.7	0.8	0.8	0.8	0.7	0.7	0.7	0.7	0.7	0.7	0.7
印度尼西亚	0.3	0.3	0.4	0.4	0.5	0.4	0.1	0.0	0.4	0.5	0.4	0.5	0.5
泰国	1.2	1.3	1.2	1.4	1.5	1.3	1.1	1.2	1.1	1.0	1.1	1.1	1.2
马来西亚	1.9	2.0	2.2	2.5	2.7	2.6	1.9	2.0	2.1	2.1	2.2	2.2	2.2
印度	0.5	0.4	0.5	0.5	0.5	0.5	0.5	0.6	0.6	0.6	0.7	2.8	0.9
中国	0.2	0.3	0.3	0.3	0.4	0.5	0.5	0.5	0.6	0.7	0.8	0.9	1.0

资料来源：EIU（Economist Intelligence Unit）各国宏观经济指标数据库，转引自 Ross Garnaut、宋立刚主编《中国市场化与经济增长》，社会科学文献出版社 2007 年版，第 66 页。

　　我国仍然是一个二元社会，二元性不但表现在城乡差别、东西差别，而且表现在高收入与低收入、高学历与低学历的并存。由于我国人口众多，二元结构的存在一方面使得高收入、高学历居民虽然比重较低，但是总量巨大，能够为企业提供足够规模的市场。例如，1978—2007 年，普通高等学校毕业生人数已经超过 3000 万人，为我国发展高技术产业和现代服务业提供了充足的人才。但另一方面，占绝大多数的低收入、低学历居民的存在，又必须解决他们的生活和就业问题。因此，我国的产业升级方向既要大力发展高技术产业，又不能放弃附加价值较低的劳动密集型产业，"必须将建立层次丰富、结构完善的大国工业体系作为新型工业化的长期任务，即我国必须实行全方位的产业发展战略"。[1]

5. 产能过剩有所抬头

2003—2007 年，我国 GDP 的增长速度均保持在 10% 以上，然而全社会固定资产投资的增长速度却保持在 20% 以上（23.9%—27.7% 之间），是 GDP 增幅的两倍多，而同期最终消费支出即使按照当年价格计算，其增长速度也仅在 10% 上下，最高的 2007 年也不过 16%。固定资产投资的增长意味着新的产能不断投放到市场中去，而固定资产投资增速与 GDP 增速以及最终消费增速之间 10% 以上的缺口，意味着释放的产能大部分被出口消化掉了。按当年价格计算，2003—2007 年间，最终消费、资本形成和净出口的年均增长速度分别为 12.4%、19.6% 和 49.9%。

在 2003—2007 年的经济高速增长过程中，我国经济整体呈现产销两旺的态势，企业赚钱很容易，只要产品生产出来就不愁没有市场，生产资料特别是原材料价格上涨很快，产能过剩问题并不突出。例如钢铁行业，早在 2003 年国家就因产能过剩出台政策制止其盲目投资，钢铁产量在 1998 年、2003 年、2004 年和 2006 年分别超过 1 亿吨、2 亿吨、3 亿吨和 4 亿吨，但是销售形势良好，全行业的产销率一直保持在较高的水平，1998 年以来除 2004 年外，其他各年均超过工业的平均产销率。其中外需的强劲增长吸收了我国的大部分过剩产能。随着出口需求的急剧下降，很多产业的产能过剩将重新出现。为了扩大内需，国家提出 4 万亿元的投资计划，其中有一些过去不能批或者缓批的项目匆忙上马，如果不能合理引导，很有可能进一步加剧某些行业的产能过剩。

---

[1] 中国社会科学院工业经济研究所：《国际金融危机冲击下中国工业的反应》，《中国工业经济》2009 年第 4 期。

6. 生产性服务业发展滞后

生产性服务业是指向生产者提供中间性投入服务的产业。除个别时期外，1987年以来我国生产性服务业一直保持比较快的增长，特别是近年来随着对生产性服务业重要性认识的提高以及国际生产性服务业向我国转移，生产性服务业的增长加快。根据李善同等人（2007）利用投入产出表的计算，1992—2002年，我国狭义生产性服务业（PS）的年均增长速度为9.02%，广义生产性服务业的年均增长速度为9.43%。如果扣除1992—1997年，狭义PS和广义PS年均增速分别为5.88%和6.39%，1998年以来的增长速度要快得多。[①]但是与发达国家乃至与我国发展水平相当的国家相比，我国生产性服务业的发展仍相当落后。根据程大中（2008）利用各国投入产出表进行的计算，生产性服务占GDP的比重我国仅为12.2%，OECD国家平均为21.7%；物质性投入占国民总产出的比重我国高达52%，OECD国家平均为26.86%；生产性服务投入占服务总产出的比重我国仅为36.4%，OECD国家平均为38.3%。这说明与OECD国家相比，我国生产性服务业的发展水平因为整体服务业的发展水平较低而相对较低，物质性投入消耗相对较大，而服务性投入消耗相对较小。即使与发展阶段相近的印度、巴西、俄罗斯3国相比，我国生产性服务业的发展水平仍是较低的。[②]

---

① 狭义的也是最常使用的"生产性服务"，是指提供给第一、二、三产业作为中间投入使用的那些服务，也就是说，它满足的"生产者"对象主要是指所有产业，其中包括服务业本身。从更宽泛意义上来讲，只要不是满足消费者对服务的最终消费需求的，都属于生产性服务，其中满足的"生产者"对象，则不仅包括所有产业，而且还包括政府、非政府部门和外国部门。李善同、高传胜：《中国生产性服务业：内容、发展水平与内部结构——基于中国1987—2002年投入产出表的分析》，国务院发展研究中心《调查研究报告》第34号，2007年4月16日。

② 程大中：《中国生产性服务业的水平、结构及影响——基于投入产出法的国际比较研究》，《经济研究》2008年第1期。

三　"十二五"时期我国产业结构调整的目标和任务

（一）"十二五"时期我国产业结构调整的目标

针对我国产业结构存在的问题，我们认为，"十二五"时期，我国产业结构调整的重点应该主要不是调整三次产业以及三次产业内部的比例关系（例如，轻、重工业结构；采掘工业、原料工业、加工工业结构），而应放在解决可能会影响经济可持续发展的一些重大产业发展问题上。具体来说，"十二五"时期，我国产业结构调整的目标应该包括以下几个方面：

1. 科学发展

我国的土地、淡水、能源、矿产资源和环境资源有限，工业特别是重工业的高速增长使其面临着非常大的压力，对国外能源和矿产资源的过度依赖也使我国经济面临很大的安全风险。因此未来的经济发展要走科技含量高、经济效益好、资源消耗低、环境污染少、人力资源优势得到充分发挥的新型工业化道路，产业结构调整的重点要放在能够减少我国资源、环境的压力，能够促进经济发展与人口、资源、环境相协调，实现节约发展、清洁发展、安全发展和可持续发展上。

2. 充分就业

就业是民生之本，实现比较充分的就业是全面建设小康社会、构建社会主义和谐社会的重要目标。虽然我国一度出现所谓的"民工荒"，但事实上我国就业形势仍然十分严峻。我国新增劳动力每年超过2000万人，而每年只能提供城镇就业岗位1200多万个，新增劳动力数量庞大的状况将会持续很长一个时期。国际金融危机的爆发造成的出口加工型企业的困境，更加凸显了就业问题的重要性。因此未来的产业结构调整，必须着眼于我国新增劳动力数量庞大这一国情，将充分就业作为重要的目标。

3. 产业升级

我国产业结构虽然不存在大的失衡，但是在产业内部和产业价值链的国际分工体系中却处于低端，投入多、消耗大而回报低。未来产业结构的调整要着重改变产业内部和产业价值链的结构，推进我国的产业升级，从而提高产业增长的质量。由于我国区域经济发展存在很大的不平衡性，东部经济发达，中西部相对落后，因此产业升级可以由东部向西部推进，形成产业在国内的梯度转移。

4. 增强竞争优势

处于价值链低端的产业具有很强的替代性，由于以低价格要素的低成本为基本的竞争力，因此当成本上升时，很容易被成本更低的竞争者所替代。产业结构调整的目标就是要增强产业的竞争优势，一方面要巩固低成本的国际竞争力，另一方面要把竞争优势的来源从劳动力、土地等低端的生产要素转移到人才、技术等高端生产要素上来。

（二）"十二五"时期我国产业结构调整的主要任务

1. 巩固农业的基础地位

虽然第一产业（广义的农业）占 GDP 的比重呈现不断下降的趋势，但是农业关系到 10 多亿人口的吃饭问题，其地位和作用不容忽视。未来产业结构调整应将巩固农业的基础地位作为重要任务来抓，一方面要促进粮食生产的稳产增产，另一方面要继续推进新型农业产业组织的发展和农业的产业化，在保障国家粮食安全的同时，也能够提高农民的收入，并为工业的发展提供优质可靠的原料。

2. 推进工业的节能减排

2007 年工业占我国 GDP 的比重为43%，工业对 GDP 的拉动达到5.8 个百分点，约占 GDP 增幅的一半。但同时工业也是能源和资源消耗最大、污染物排放最多、土地占用最多的产业，工业能源消耗占全社会能源消耗的 70% 以上。我国经济要实现科学发展，工业必须要在能源资源消耗方面做出重大改进，坚定不移地推进节能减排。工业的节能减排一方面要加快淘汰落后产能、遏制"两高"行业过快增长，另一方面要通过发展循环经济、加强企业技术改造等途径来提高能源、资源的使用效率和减少污染物排放。

3. 改造和提升劳动密集型产业

在全球价值链分工的条件下，价值链各个环节根据其资源需求状况在全球范围内加以配置，因此对于我国来说，劳动密集型产业不仅包括纺织、服装等传统意义上的劳动密集型产业，而且包括仪器仪表、电子通信等高技术产业的加工组装环节。由于我国仍然面临较大的劳动力就业压力，因此必须坚持发展劳动密集型产业。另一方面，由于劳动密集型产业在我国工业中占有很大比重，因此改造和提升劳动密集型产业就成为实现我国产业升级、提高产业竞争力的重要方面。改造和提升劳动密集型产业既包括增加品种、改善质量、提高效率，更重要的是要增加我国劳动密集型产业中的知识、技术成分，即从以加工组装为主扩大到产品设计、品牌营销等环节，实现劳动密集型产业在价值链中的升级。

4. 大力发展高技术产业

我国产业竞争力的提高根本上还要靠高技术产业，因此应将发展高技术产业作为长期的任务。高技术产业的发展包括两个方面：一是提升现有高技术产业的技术水平，二是扩大高技术产业在工业中的比重。高技术产业发展的重点包括：利用高技术产业变革出现的窗口机会，促进新能源、无线通信等产业的发展；发展基础性的高技术产业，如大规模集成电路、精密机床等；发展应用广泛并且能够提高各行业生产率的产业，如互联网、软件等；发展产业链长、具有重大带动作用的产业，如大飞机、高速铁路等。通过重点高技术产业的发展，首先形成我国高技术产业的群体优势和局部强势，然后再进行全面突破。

5. 推进产能过剩行业调整

2006 年国务院出台了《关于加快推进产能过剩行业结构调整通知》，提出对钢铁、电解铝、电石、铁合金、焦炭、汽车等投资增长过快的行业进行抑制和调整。由于当时我国处于经济增长的快速上升阶段，兼之国外需求旺盛，实际上产能过剩并不明显。但是随着全球经济衰退以及国外进口需求下降，我国部分行业的产能过剩问题又重新严峻起来。虽然国际金融危机造成当前的经济增长速度下降、企业经营困难和倒闭破产增多,但正是由于企业的倒闭破产,使市场中的过剩生产能力得以退出。在这一阶段淘汰落后产能成本小、见效快。因此要抓住时机加快淘汰落后生产能力,优化产业的生产力结构。此外,要严格控制借国家扩大内需、加大固定资产投资之机,在产能过剩行业继续扩充生产能力。

6. 加快发展生产性服务业

加快发展生产性服务业是推动产业结构优化升级的内在要求。生产性服务业的发展不仅是世界经济的发展趋势,能够促进第三产业内部结构的优化、吸纳就业,而且生产性服务业中研发、设计、营销、信息服务、物流等环节的发展,能够提高整个工业的运行效率,是我国工业提升在全球价值链中地位的基础。只有生产性服务业获得大发展,才有可能提高我国工业产品的开发设计能力,提高品牌价值。因此"十二五"时期要将生产性服务业作为重点发展的产业加以培育。目前,我国生产性服务业中很大一部分是内含于工业部门的,今后应该促进这些内含于工业的生产性服务业以更加专业化的组织形式加以存在。

四　推动我国产业结构优化升级的政策建议

产业政策是指"国家(政府)系统设计的有关产业发展,特别是产业结构演变的政策目标和政策措施的总和"[1]。由于脱胎于计划经济体制,我国产业政策中的"计划思维"长期存在。政府在制定产业政策时,往往认为行业管理者由于所处的特殊位置能够获取更多信息,因而比行业内的投资者、生产者更聪明、更富有远见,能够准确预见到未来行业的供求平衡点[2]。事实上,政策制定者并不见得比

---

[1]　周叔莲、裴叔平、陈树劼:《中国产业政策研究》,经济管理出版社 1990 年版,第 35 页。

[2]　刘世锦:《市场开放、竞争与产业进步》,《管理世界》2008 年第 12 期。

市场更聪明，他们掌握的市场信息同样是不全面的、滞后的，甚至比企业掌握的信息更滞后、更失真。因此，政府部门强行按照自己的意愿调整产业结构，结果必然不尽如人意。政府应该更加充分地发挥市场机制的作用，产业政策的目标应该更多的是定性的指导而非定量化的规定。

（一）产业准入政策

1. 缩小行政性垄断范围，实行公平的准入政策

垄断大体上可以分为经济性垄断和行政性垄断，目前在我国的供水、供电、供气、邮政、电信、运输、烟草等领域仍然存在着行政性垄断。近年来，国有重点企业利润越来越集中到少数的垄断性行业领域，我国企业500强的前100名企业也多为垄断型企业。从产业结构的角度看，行政性垄断的行业缺少竞争，民营资本无法进入，导致这些行业效率较低、增长速度较慢，从而造成产业结构没有达到合理的水平，同时也不利于吸纳就业。缩小行政性垄断对于转换经济增长方式，调整产业结构，促进国内消费，发展第三产业具有重要的意义。除了少数关系国计民生、国家安全的产业外，对其他产业应破除行政性垄断，向私人资本和外资开放。即使在那些关系国计民生、国家安全的产业领域，也并非就要实行完全的行政垄断，对于产业价值链中的一些非核心环节完全可以放开，允许其他性质的资本进入。在破除行政性垄断方面，要对国有与非国有资本实施统一的准入标准，杜绝歧视性的准入政策。

2. 坚持鼓励、限制、禁止的分类指导原则

近年来，我国产业政策逐步由过去的行业行政管理为主转变为以产业准入管理为主，出台了一系列综合性和行业性产业准入标准，例如《产业结构调整指导目录》、《钢铁工业产业政策》、《汽车工业产业政策》、《铝工业产业发展政策》、《煤炭产业政策》、《水泥工业产业政策》等①。这些产业准入政策对防止低水平重复建设、保护环境、降低能耗等方面发挥了积极的作用。今后我国的产业准入政策应该延续已有的鼓励、限制、禁止的分类指导原则，设立最低的行业进入门槛，对不同技术水平的装备、工艺、项目设定不同的准入政策。设立产业准入政策的行业范围要进一步扩大，通过产业准入政策对企业的投资行为加以引导。产业准入标准的设定要进一步提高科学性，既要能够对产业结构的优化调整发挥积极作用，又要能够适应我国当前的经济发展和技术发展水平。准入标准的设立还要根据经济的发展、技术的进步以及其他出现的问题不断调整。产业准入政策的方向主要包括两个方面：一是对破坏资源、污染环境、能源消耗大、不符合安全生产条件、不符合质量标准的企业进行淘汰；二是引导新投资的投向。

（二）外资外贸政策

1. 实现内外资待遇并轨

改革开放以来，外资的进入弥补了制约我国经济发展的外汇短缺、资金不足等问题，提高了企业的技术和管理水平，并对我国产业的快速增长发挥了重要作用。但从另一个角度来看，外资也对我国产业结构调整产生了很多负面影响。由于外资中的很大一部分以利用我国低廉的劳动力、资源和土地为目的，因此外资的产业分布很不平衡，第一产业比重很小，第二产业比重大，特别是集中于能耗大、污染重、劳动密集的工业行业。以往为了吸引外资，我国对其实行了超国民待遇，除了在税收上给予优惠外，地方甚至出现竞相出台优惠政策、违法征地、减免土地款、违反国家环保法规和产业政策的现象。目前，外汇和资金短缺已经不是制约我国经济发展的主要问题。2008年1月1日起，我国开始实行新的企业所得税法，内资、外资企业开

---

① 李开孟：《建设项目规划背景及产业政策和行业准入的分析解读》，《中国投资》2008年第6期。

始适用统一的企业所得税税率。今后要进一步取消外资的"超国民待遇"，形成内外资企业一视同仁、公平竞争的环境。不应以外资作为优惠的依据，而应将项目的技术水平作为是否提供优惠的标准，对那些技术含量高、带动性强、填补我国空白的高技术产业实行优惠。

2. 实现利用外资的几个转变

我国利用外资要实现几个转变：一是利用外资从追求数量和规模向追求质量的转变，利用外资的目的从弥补外汇资金不足转变为引进先进技术和管理经验上来。二是从"招商引资"到"招商选资"的转变，按照国家产业政策的要求，限制或禁止高耗能、高污染和资源性项目，鼓励外资投资高技术行业、先进制造业和我国比较薄弱的生产性服务业；三是利用外资的区域重点从重东部转向中东西部并重，引导外资投资中西部地区，以及东部外商投资企业向中西部地区转移。此外，对于既有投资，要促进加工组装型企业的转型升级，向产业的高附加值环节发展。

3. 外贸政策要贯彻产业结构调整的要求

近3年来是我国外贸政策变动最为剧烈的时期。2007年，国家出于减少贸易顺差、抑制"两高一资"产品出口过快增长、促进产业升级的目的，年内几次大幅度调低甚至取消包括纺织品在内的部分商品的出口退税，对进出口关税也进行了调整。在外贸政策调整的作用下，进出口商品结构得到优化。然而由于人民币快速升值、成本上涨特别是2008年国际金融危机的影响，给出口导向型企业的生产经营带来极大困难，不少企业倒闭破产。为了应对金融危机，抑制出口过快下滑，2008年国家又几次上调出口退税率、减免出口关税和特别出口关税、暂停加工贸易限制类保证金台账"实转"政策，2007年出台的多项外贸政策已几乎全部"回调"。我们认为，外贸政策的回调只是暂时的应急之举，从长期看，外贸政策要贯彻产业结构调整的要求，利用贸易政策促进产业结构的优化升级。特别是要对高耗能、高污染、消耗资源比较多的出口商品，不但要降低或取消出口退税，有些还要加收出口关税。要采取优惠政策，鼓励那些符合产业结构调整方向、具有自主知识产权和自主品牌、高质量和高附加值的产品出口。

(三) 技术创新政策

1. 充分利用全球化创新资源

随着经济全球化的发展和全球产业组织结构的演进,全球创新体系也呈现出新的趋势。一是研发的全球化,主要表现为跨国公司在全球范围内配置其 R&D 资源,跨国技术联盟日益增多,合作创新成为重要的创新方式;二是技术(知识产权)成为重要的商品,技术转让与技术贸易达到空前水平;三是垂直专业化日益深化,专业化的研发、设计公司不断涌现。在这种环境下,我国的技术创新必须从以自我为主向充分利用全球化创新资源转变,通过吸引跨国公司研发投资、建立创新联盟、购买知识产权、委托研发设计等多种方式,实现技术水平和创新能力的不断提高。

2. 将集成创新和引进消化吸收再创新作为重点

自主创新具有 3 种基本的创新形式,即原始性创新、集成创新、引进消化吸收再创新。相对于集成创新和引进消化吸收再创新,原始创新的投入大、周期长。而目前我国企业的资金实力还不够雄厚,与发达国家的行业领先企业相比存在相当大的差距。因此在现阶段,我国应将集成创新和引进消化吸收再创新作为自主创新的重点,加快对推动产业结构升级有重大影响的共性技术、关键技术和配套技术的开发,加大对集成创新和引进消化吸收再创新活动的投入。

3. 重视公共创新平台建设

公共创新平台的建设有利于整合创新资源,建立共享机制,降低创新成本。今后应该加大对公共创新平台的投入力度,建立国家、省、市、开发区等多层次的创新平台体系。一是建立公共科技基础条件平台,包括科技文献资源共建共享平台、科学数据共享平台、知识产权公共服务平台、标准化技术服务平台、大型仪器设备协作共用平台、科技成果共享服务平台等。二是继续推进关键领域的国家重大装备工程中心、工业企业技术中心和行业重点实验室的建设，建立重点产业共性技术创新平台。三是鼓励和扶持国内有实力的企业建立技术联盟、标准联盟，推进自主知识产权标准的确立。

4. 发挥重大项目的带动作用

以国家重大工程为牵引，通过关键技术突破产生的局部跃升，可以有效带动产业自主创新能力的全面提升。国家中长期科技发展规划纲要确定了重大新药创制、水体污染控制与治理、大型飞机、载人航天与探月工程等 16 个重大专项。应坚持以重大项目为科技创新的重要抓手，以市场化手段为主，整合和调动全国的科技力量，通过工程化牵引，攻克一批关键技术，研制一批重大装备，全面带动我国产业自主创新能力的提高。在重大项目的实施过程中要重视发挥政府采购的作用，特别是首台首套政府采购的示范效应，将《自主创新产品政府首购和订购管理办法》落到实处。

5. 促进中小科技型企业的发展

从国际经验看，中小科技型企业在技术创新方面也可以发挥重要作用，并且能够与大企业的创新领域形成互补。但是在我国，中小科技型企业的发展一直面临着很大的困难，特别是资金方面的困难。未来技术创新政策应将促进中小科技型企业的发展作为重点，切实为中小科技型企业的发展创造良好的环境。继续深入推进科技孵化器建设，为中小企业的创立创造条件。通过推进设立创业板、设立中小科技型企业创新基金和扩大基金规模、为有发展前途的中小科技型企业进行贷款担保和贷款贴息等方式，解决中小科技型企业的融资难问题。

（四）节能减排政策

能源消耗、污染物排放与产业结构是相互影响相互促进的。一方面，产业结构水平决定了当前的能源消耗与污染物排放现状，产业结构的优化有利于节能减排。另一方面，能源与环境会对产业发展形成约束，而节能减排政策也能够促进产业结构的调整和发展。我国的节能减排政策既要考虑到当前的国情、经济发展和就业的要求、产业的国际竞争力,又要考虑到资源和环境的承受能力;既要考虑到现有产业的可持续发展,又要考虑到新兴产业的培育。"十一五"规划提出单位 GDP 能耗降低 20%、主要污染物排放总量减少 10% 的目标,要坚决贯彻落实。在"十二五"时期仍然要提出单位 GDP 能耗和减排目标,并作为各级政府的"硬"任务加以落实。要大力推进新型能源产业、环保产业以及提高能源效率、降低污染排放的新工艺、新设备、新产品的发展,一方面促进节能降耗,另一方面也有利于产业结构的优化调整。

(执笔:金碚、吕铁、李晓华)

参考文献

Ross Garnaut、宋立刚主编:《中国市场化与经济增长》,社会科学文献出版社2007 年版。

北京大学中国经济研究中心课题组:《中国出口贸易中的垂直专门化与中美贸易》,《世界经济》2006 年第 5 期。

蔡昉、王德文等:《WTO 框架下中国工业竞争力研究》,中国社会科学出版社2008 年版。

程大中:《中国生产性服务业的水平、结构及影响——基于投入产出法的国际比较研究》,《经济研究》2008 年第 1 期。

陈佳贵:《中国工业化进程报告——1995—2005 年中国省域工业化水平评价与研究》,社会科学文献出版社 2007 年版。

陈清泰:《中国应该如何走出"世界工厂"误区》,《瞭望》2007 年第 29 期。

李善同、高传胜:《中国生产性服务业:内容、发展水平与内部结构——基于中国 1987—2002 年投入产出表的分析》,国务院发展研究中心《调查研究报告》第34 号,2007 年 4 月 16 日。

林毅夫:《进一步提高宏观调控的科学性和有效性——投资"潮涌现象"与宏观治理理论创新》,《人民日报》2007 年 6 月 11 日。

刘世锦:《市场开放、竞争与产业进步》,《管理世界》2008 年第 12 期。

沈利生、王恒:《增加值率下降意味着什么》,《经济研究》2006 年第 3 期。

王珺:《"中国制造":特征、影响与升级》,《学术研究》2007 年第 12 期。

魏杰、董进：《高成本时代与中国经济转型——兼论节约型经济》，《中国工业经济》2005 年第 9 期。

吴敬琏：《中国增长模式抉择》，上海远东出版社 2005 年版。

武力、温锐：《1949 年以来中国工业化的"轻、重"之辨》，《经济研究》2006年第 9 期。

中国社会科学院工业经济研究所：《国际金融危机冲击下中国工业的反应》，《中国工业经济》2009 年第 4 期。

中国社会科学院工业经济研究所课题组：《"十二五"时期工业结构调整和优化升级研究》，《中国工业经济》2010 年第 1 期。

周叔莲、裴叔平、陈树勋：《中国产业政策研究》，经济管理出版社 1990 年版。

第七章

我国区域结构问题跟踪分析

一 "十一五"以来我国出台的区域政策及其实施效果简评

1. "十一五"以来我国出台的区域政策内容

为促进区域经济协调发展，在国家"十一五"规划纲要中，明确提出要"坚持实施推进西部大开发，振兴东北地区等老工业基地，促进中部地区崛起，鼓励东部地区率先发展的区域发展总体战略"，"逐步形成主体功能定位清晰，东中西良性互动，公共服务和人民生活水平差距趋向缩小的区域协调发展格局"。相应地，我国陆续出台了一系列相关区域结构调整的有关法规及政策。

（1）实施西部大开发战略。"十一五"以来，为继续深入推进西部大开发，国务院西部开发办制定了《关于促进西部地区特色优势产业发展的意见》（2006年5月）。近年来，国务院又先后同意或批复了《西部大开发"十一五"规划》（2007年2月）、《兴边富民行动"十一五"规划》（2007年6月）和《广西北部湾经济区发展规划》（2008年2月），国家发展改革委还批准重庆市和成都市为全国统筹城乡综合配套改革试验区（2007年6月）。同时为加强东西部地区互动合作，推进西部地区主动承接东部地区及境外产业转移，进一步加强东西部地区基础设施、特色优势产业、经贸往来、人才开发等领域的合作，国家发展改革委和国务院西部开发办等 6 部门还联合发布了《关于加强东西互动深入推进西部大开发的意见》。在国际金融危机席卷全球之际，国务院总理、国务院西部地区开发领导小组组长温家宝于 2009 年 8 月 20 日主持召开领导小组会议，讨论并原则通过《关于应对国际金融危机保持西部地区经济平稳较快发展的意见》，以化解与防范国际金融危机对西部地区的影响。截至 2007 年底，国家在西部地区新开工重点工程已达 92 项，投资总规模 13042 亿元；累计完成退耕还林 1.39 亿亩、荒山荒地造林 2.26 亿亩。同时，国家财政每年投入西部的建设资金大约 1000 亿元，每年对西部的转移支付达到 1000 多亿元。

　　（2）振兴东北地区等老工业基地。从 2004 年 4 月起，国家全面启动东北振兴战略。"十一五"以来，中央政府相继出台了一系列振兴东北的相关政策与措施。2006 年 8 月 31 日，继上海洋山、天津东疆保税港区之后，国务院正式批准设立大连大窑湾保税港区。2007年 8 月，国务院正式批复了《东北地区振兴规划》，提出经过 10 到 15 年的努力，将东北地区建设成为具有国际竞争力的装备制造业基地、国家新型原材料和能源保障基地、国家重要商品粮和农牧业生产基地、国家重要的技术研发与创新基地和国家生态安全的重要保障区，即 "四基地一保障区"，实现东北地区的全面振兴。为振兴东北老工业基地，近年来国家有关部门在项目投资、财税、金融、国有企业改革、社会保障试点、资源型城市转型试点、对外开放和基础设施建设等方面还制定实施了一系列的政策措施。

　　（3）促进中部地区崛起。最早在 2004 年 1 月，中央经济工作会议首次出现了 "促进中部崛起" 的提法。同年 3 月，温家宝总理在政府工作报告中正式提出要 "促进中部地区崛起"。2006 年 2 月，温家宝总理主持召开国务院常务会议，专门研究促进中部地区崛起问题。2006 年 4 月，中共中央、国务院发布了《关于促进中部地区崛起的若干意见》，提出将中部地区建设成为全国重要的粮食生产基地、能源原材料基地、现代装备制造及高技术产业基地和综合交通运输枢纽,即"三基地一枢纽"。2006 年 5 月,国务院办公厅又发布了《关于落实中共中央国务院关于促进中部地区崛起若干意见有关政策措施的通知》,提出了 56 条具体落实意见。2007 年 1 月,国务院办公厅下发了《关于中部六省比照实施振兴东北地区等老工业基地和西部大开发有关政策范围的通知》,明确中部六省中 26 个城市比照实施振兴东北地区等老工业基地有关政策,243 个县(市、区)比照实施西部大开发有关政策。同年 12 月 14 日,国家发展改革委又发文批准武汉都市圈和长株潭城市群为全国资源节约型和环境友好型社会建设综合配套改革试验区。目前,有关促进中部崛起的规划和其他相关政策正在研究制订之中。

(4)鼓励东部地区率先发展。为充分发挥东部地区优势,2006 年 3 月,国家"十一五"规划纲要又明确提出,推进天津滨海新区开发开放,支持海峡西岸和其他台商投资相对集中地区的经济发展。同年 5 月,国务院又发布了《推进天津滨海新区开发开放有关问题的意见》,批准天津滨海新区为全国综合配套改革试验区,先行试验一些重大的改革开放措施,同时设立天津东疆保税港区。深圳作为经济特区也享受全国综合配套改革试验区的待遇。

(5)推进形成主体功能区。为把经济社会发展切实转入全面协调可持续发展的轨道,《纲要》首次提出了对全国以至省、市、县域国土,根据其自然承载力、现有开发强度与发展潜力等因素,划分为优化开发、重点开发、限制开发和禁止开发 4 类不同主体功能区。针对不同功能区,采用不尽相同的政绩评价体系和相应政策。应该看到,主体功能区划分并非一般性举措,而是从人与自然和谐相处,促进经济发展与人口、资源、环境相协调,实现可持续发展出发,优化空间开发结构、规范空间开发秩序的一项带有根本性的制度建设。就省、市、县域层面如何进行主体功能区划,科学确定各功能区的范围与边界,2006 年中央经济工作会议就"分层次推进主体功能区规划工作,为促进区域协调发展提供科学依据"提出了具体的要求。省级主体功能区规划 2007 年全面开展基础研究工作,对国土空间进行专题研究和综合评价，2008 年 6 月，形成规划初稿，报领导小组办公室，与国家主体功能区规划和相邻省（区、市）主体功能区规划进行衔接。此后，国务院出台了《关于编制全国主体功能区规划的意见》（2007 年 7 月），进一步明确了主体功能区的范围、功能定位、发展方向和区域政策的任务。

2. 对"十一五"以来区域政策实施效果的简要评价

"十一五"以来，我国实施了一系列促进区域经济协调发展、优化调整区域结构的区域政策，并加大了财政转移支付和对发展落后的贫困地区、结构单一的资源型地区、处于衰退中的老工业基地、财政包袱沉重的粮食主产区、各种矛盾交融的边境地区及库区等各种问题区域支持的力度。在这些相关政策的大力支持下，中西部和东北地区主要经济指标表现良好，增速开始全面超越东部地区，各项指标占全国的比重开始逐步回升，呈现出良好的发展态势，4 大区域之间相对差距已趋于缩小，区域经济发展已经发生了重大转变，开始由不平衡增长逐步转变为相对均衡增长，地区间协调发展取得了一定的成效。然而，由于历史、自然、经济和社会等多方面因素的综合影响，总体上，目前我国区域经济仍然呈现出不平衡发展的态势，地区发展差距仍然很大，地方财政实力、人均可支配财力和公共服务能力等区域间的差距仍然较大，实现地区协调发展的目标任重而道远。

二 "十一五"以来我国区域结构的变动及其原因

"十一五"是我国转变经济增长方式，缓解资源环境约束矛盾，实践科学发展观的关键时期。在这一时期，国家的区域发展战略和政策发生了重大转变与调整，明确提出了要走东中西各展所长、良性互动，地区间公共服务与人民生活水平差距逐步收敛的区域经济协调发展新格局的目标和路径，我国的区域发展已进入一个更加注重科学发展的新阶段，区域结构变动与以往相比，也呈现出新的特点与态势。

1. 经济总量快速扩大，各地区经济呈相对均衡增长态势

"十一五"以来，我国国民经济总体保持了持续、快速发展的势头，虽然 2008 年以来，受国际金融危机的影响，经济增长有所下滑，但总量仍快速扩大。分地区看，4 大区域板块经济总量均有不同程度的扩张（见表 1）。2008 年，东部地区实现国内生产总值 177579.56 亿元，中部地区 63188.03 亿元，西部地区 58256.58 亿元，东北地区 28195.63 亿元，与 2005 年相比分别增长了 61.5%、69.7%、73.5% 和 65.9%，与"十五"时期相比，呈现出中西部地区增长加快，而东部地区增长有所放慢的新格局。在这一时期，西部地区 GDP 年均增长 20.2%，远高于其他区域，成为 4 大板块中增长速度最快的区域，而东部地区首次成为 4 大板块中增长速度最慢的区域，年均增长为 17.3%，低于中部地区的 19.3% 和东北地区的 18.4%。这种增长态势对于遏止区域经济差距的扩大趋势，促进区域经济协调发展，改变中国经济总量和生产力布局不断向东部地区集中的局面是有利的。这说明，在国家区域政策的有力推动下，"十一五"以来，我国区域经济的发展格局开始发生转变，中西部和东北地区的经济增长已出现逐步加快的趋势，开始由不平衡增长逐步转变为相对均衡增长。

表 1　　"十五"和"十一五"全国及四大区域的 GDP 变动状况　　（亿元）

时间 地区	"十五"时期					"十一五"前 3 年		
	2001	2002	2003	2004	2005	2006	2007	2008
全国	106766.26	118020.69	135539.14	163240.43	197743.41	231053.34	273682.61	327219.8
东部	56360.09	62830.84	73280.86	88433.10	109934.56	128593.05	151038.79	177579.56
中部	21531.17	23522.42	26348.46	32088.30	37230.30	43217.98	51864.17	63188.03
西部	18248.44	20080.93	22954.66	27585.17	33585.93	39527.14	47454.64	58256.58
东北	10626.56	11586.50	12955.16	15133.86	16992.62	19715.17	23325.01	28195.63

资料来源：2001—2007 年数据来自相关年份《中国统计年鉴》；2008 年数据来自《中国统计摘要（2009）》。

2. 经济发展水平全面提升，地区间经济发展差距仍然过大

"十一五"以来，我国4大区域的经济发展水平得到全面提升。2006—2008年，东部地区人均GDP从27415元提高到37023元，中部地区从12260元提高到17066元，西部地区从10932元提高到15850元，东北地区从18226元提高到25929元。在这4大区域中，东部地区人均GDP提升水平最高，3年间增长了9608元，东北地区和西部地区次之，中部地区增长最少，目前西部地区人均GDP水平仍然是最低的。到2008年，东部地区人均GDP是西部的2.34倍，是中部的2.17倍，是东北地区的1.43倍，东中西和东北4大区域之间人均GDP相比为2.34∶1.08∶1∶1.64，比较来看，东部地区与其他3大区域之间的差距仍然较大，中部和西部之间的差距相对较小，这两个区域的人均GDP都低于全国平均水平（23891元），东北地区人均GDP虽然高于全国平均水平，但与东部地区的差距仍然较大。

从绝对值来看，我国区域差距主要表现为东部地区与其他3大区域之间的差距。从动态的角度看，如果以各地区平均水平为100，2006年西部地区人均GDP相对水平为63.5，到2008年上升到66.3，中部从71.2上升到71.4，这说明，"十一五"以来，中西部地区与各地区平均水平之间的差距已开始缩小。

东部地区与其他区域之间的相对差距也已出现相对缩小的趋势。我们采用相对差距系数来判断四大区域在"十一五"以来发展差距的趋势。从图2可以看出，2006—2008年，东部地区与中西部地区以及东北地区间人均GDP的相对差距系数均已呈现缩小的趋势。2006年，东、中之间的相对差距系数为55.3，到2008年已到下降到53.9，东、西之间从60.1下降到57.2，东部与东北之间从33.5下降到30.0，3大区域分别与东部之间的相对差距系数都出现不同程度的下降。

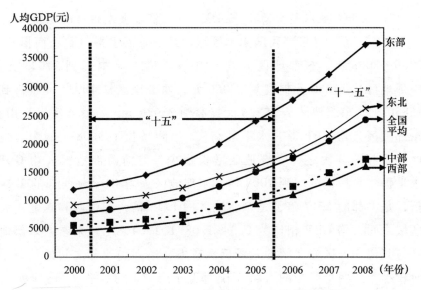

图1　2000—2008年4大区域的人均GDP增长态势

资料来源:2000—2007年数据来自相关年份《中国统计年鉴》;2008年数据来自《中国统计摘要》(2009)。

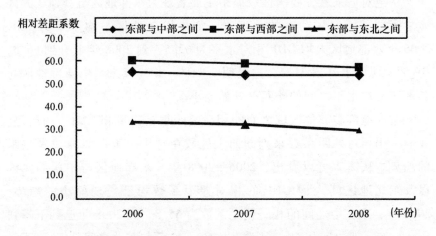

图2　2006—2008年东部与其他3大区域之间的相对差距系数

注:东部与中西部、东北地区之间的相对差距系数 = (东部指标值 − 中西部、东北地区指标值)/东部指标值×100%。

资料来源:2006—2007年数据来自相关年份《中国统计年鉴》;2008年数据来自《中国统计摘要》(2009)。

我国是一个幅员辽阔、区域发展不平衡的国家。不仅东、中、西、东北 4 大区域之间，而且同一区域的不同省市区之间，甚至同一省区的不同地域之间，都存在较大的发展差距。因此，缩小省际差距也是实施区域协调发展战略的关键环节，是"十一五"规划纲要制定的重大区域发展战略。2008 年，我国人均 GDP 最高的上海市达到 73124 元，而人均 GDP 最低的贵州只有 8824 元，两者相差 64300 元，最高值是最低值的 8.26 倍，与 2006 年人均 GDP 的极差值 9.96 倍相比，"十一五"以来，我国的省际极差值降低了 1.7 倍。参考世界银行的通用分类标准，将我国人均 GDP 分为高收入、上中等收入、下中等收入和低收入 4 种类型①。2006 年，我国高收入的省市为 6 个（上海、北京、天津、浙江、江苏、广东），上中等收入省区市为 4 个（山东、辽宁、福建、内蒙古），下中等收入省区为 5 个（河北、黑龙江、吉林、新疆、山西），低收入省区市为 16 个。到 2008 年，我国高收入的省市为 5 个（上海、北京、天津、浙江、江苏），上中等收入省区市为 5 个（广东、山东、内蒙古、辽宁、福建），下中等收入省为 7 个（吉林、河北、黑龙江、山西、新疆、湖北、河南），低收入省区市为 14 个。可以明显看出，低收入水平的省区市个数已减少，这与"十一五"以来国家的经济发展空间结构转化及地区经济政策、扶贫攻坚战略等的实施密切相关，低收入发展水平的省份经济发展上了一个新的台阶。

3. 固定资产投资保持快速增长势头，中西部和东北地区投资增长加快

"十一五"以来，国家推行积极的财政投资引导政策，特别是为应对 2008 年金融危机，中央政府启动了 4 万亿元的投资计划，各地投资保持较高速增长态势。2006—2008 年，东北和中部地区全社会

---

① 分类标准如下：低收入类型是指人均 GDP 低于全国或区域平均水平 75% 的地区；下中等收入类型是指人均 GDP 为全国或区域平均水平 75%—100% 的地区；上中等收入类型是指人均 GDP 为全国或区域平均水平 100%—150% 的地区；高收入类型是指人均 GDP 高于全国或区域平均水平 150% 以上的地区。

固定资产投资平均每年分别增长 34.8% 和 31.3%,西部地区平均每年增长 26.6%,均高于全国平均水平(24.6%)和东部地区投资增长速度(19.3%),中西部和东北地区全社会固定资产投资增长速度已明显加快。这种快速增长,除了发展阶段的要求,还主要与扩大内需和 4 万亿元的投资计划有关,因为中央政府投资的重点是基础设施建设,而基础设施建设的重点又放在中西部地区。

表 2　　　　2001—2008 年我国各区域固定资产投资额的变动　　　　(亿元)

年份 地区	2001	2002	2003	2004	2005	2006	2007	2008
全国	36091.9	42035.0	54604.4	69294.9	87095.7	108050.6	134793.2	168634.4
东部	19453.0	22577.9	30063.8	37431.9	45626.3	54637.1	64876.0	77395.2
中部	6393.7	7455.8	9485.5	12529.1	16145.6	20896.6	27746.2	36583.7
西部	7158.8	8515.4	10843.5	13754.4	17645.6	21996.9	28250.9	35838.8
东北	3086.5	3486.0	4211.6	5579.5	7678.8	10520.0	13920.1	18816.7

　　资料来源:2001—2007 年数据来自相关年份《中国统计年鉴》;2008 年数据来自《中国统计摘要》(2009)。

　　"十一五"以来,东部地区投资总额占全国比重呈下降态势,2006—2008 年下降了 4.7 个百分点(见表 3)。这表明东部地区经济增长对于投资的依赖作用明显下降,而是更多地发挥消费和净出口的作用。中部崛起战略实施以来,中部地区固定资产投资增速进一步提高,2006—2008 年平均增速高达 31.3%,高于同期全国平均水平 6.7 个百分点。2008 年中部地区全社会固定资产投资 36583.70 亿元,占全国的比重为 21.7%,比 2005 年提高了 3.2 个百分点。随着西部大开发的深入推进,西部地区全社会固定资产投资一直保持加速增长态势。2006—2008 年平均增速达到 26.6%,高于全国平均水平 2 个百分点。3 年间累计新增固定资产投资达 86086.6 亿元,占全国比重进一步上升到 21.3%,其主要用于改善基础设施和保护生态环境。从

2004 年中央启动东北振兴战略开始，东北地区固定资产投资增速一跃成为全国第一。"十一五"以来，东北地区固定资产投资延续了高增长的态势，2006—2008 年平均增速为 34.8%，高于全国平均水平10.2 个百分点。2008 年东北全社会固定资产投资总额达到 18816.7亿元，占全国比重为 11.2%，较 2007 年进一步提高了 0.9 个百分点。

表 3　　　2001—2008 年我国各区域固定资产投资占全国的比重　　　　　　（%）

年份 地区	2001	2002	2003	2004	2005	2006	2007	2008	"十一五"以来年平均增速
全国	100	100	100	100	100	100	100	100	24.9
东部	53.9	53.7	55.1	54.0	52.4	50.6	48.1	45.9	19.0
中部	17.7	17.7	17.4	18.1	18.5	19.3	20.6	21.7	32.3
西部	19.8	20.3	19.9	19.8	20.3	20.4	21.0	21.3	27.6
东北	8.6	8.3	7.7	8.1	8.8	9.7	10.3	11.2	33.7

资料来源：2001—2007 年数据来自相关年份《中国统计年鉴》；2008 年数据来自《中国统计摘要》（2009）。

虽然这一轮快速增长的固定资产投资将会形成下一阶段有效拉动和支撑各地区经济增长的主要动力，但由于各地区固定资产投资的投向主要集中在能源和重化工等一些部门，区域间的投资领域差异不明显，未来这些部门将出现产能过剩的问题，这要求在"十一五"后期和"十二五"期间，对固定资产投资的区域结构和产业结构进行宏观调控，以逐步化解产能供过于求的风险。

4. 东部地区仍是外商投资的重点地区，但外资已有西移之势

改革开放以来，我国实行的是一种非均衡地域开放战略，实际利用外商投资和出口高度集中在沿海少数地区。这种开放战略虽然有力地促进了我国的经济增长，但也产生了诸多不和谐因素，加剧了地区差距的扩大趋势。当前，这种非均衡开放战略已发生转变，在"十一五"期间，我国开始逐步实行一种全新的对外开放战略。党的

"十七大"报告明确提出要"推动区域协调发展","发挥利用外资在推动自主创新、产业升级、区域协调发展等方面的积极作用"。2006—2008年间,我国各地区共利用外商投资60319亿美元,其中东部地区吸引47458亿美元,占总额的78.7%;中部地区4439亿美元,占总额的7.3%;西部地区3901亿美元,占总额的6.5%;东北地区4520亿美元,占总额的7.5%。吸引外资最多的为东部地区,东北和中部地区次之,西部地区吸引外资最少。很明显,"十一五"以来,外商投资的重点地区仍是东部地区,珠三角、长三角、环渤海地区又是东部地区外资投向的主要区域,利用外资的规模较大。中西部和东北地区吸引外资所占全国吸引外资总量的比重还是较低。但随着东北振兴战略的实施、西部大开发的深入推进和中部的崛起,这3大区域发展潜力逐渐看好,2006—2008年间,西部地区外商投资以年均22.45%的速度增长,中部地区达到年均17.11%,东北地区年均为11.86%,东部地区年均为15.28%。中西部吸引外商投资的增长速度已快于东部地区,特别是随着中西部地区对外开放程度的加大和交通基础设施等的完善,外商投资在中西部地区的投资规模也在增大,尤其是大型跨国公司西进趋势渐强,"贸易探路、投资跟进"模式也开始盛行。

表4   2006—2008年我国4大区域外商投资额   (亿美元)

年份 地区	2005	2006	2007	2008	"十一五"以来年平均增长(%)
东部	11597.4	13409	16281.65	17767.22	15.28
中部	1039.2	1252	1518.35	1669.06	17.11
西部	869.55	1024	1280.73	1596.53	22.45
东北	1131.9	1390	1545.90	1584.15	11.86

资料来源:2005—2007年数据来自相关年份《中国统计年鉴》;2008年数据来自《中国统计摘要》(2009)。

5. 对外贸易增长态势已有所回落,对外贸易的格局出现波动

"十一五"期间,随着一系列出口贸易紧缩政策的出台、人民币

汇率的升值、《劳动合同法》的实施以及 2008 年国际金融危机的爆发，我国对外贸易所面临的环境越来越严峻，各区域对外贸易以及外贸依存度的增长态势在这一时期已有所回落，区域间对外贸易的格局也出现一定变动。总体来看，东部地区仍是我国进出口贸易最集中的地区，其他 3 大区域的进出口总额占全国总额的比重不到 15%。东部地区进出口总额占到全国的 87.7%，东北和西部地区次之，中部地区最低（见表 5）。从变动趋势看，2006—2008 年，东部地区进出口总额增幅回落最大，占全国总额的比重一直下降，从 89.7% 下降到 87.7%，下降了 2 个百分点，而其他 3 大区域增幅虽有所回落，但占全国的份额一直在扩大，其中，西部地区进出口总额增长最快，其占全国的份额 3 年间增长了 0.9 个百分点。

表 5　　　　2001—2008 年我国 4 大区域进出口总额所占比重的变化　　　　（%）

时期 地区	"十五"期间					"十一五"前 3 年		
	2001	2002	2003	2004	2005	2006	2007	2008
东部	88.3	88.9	89.3	89.6	89.9	89.7	89.0	87.7
中部	3.2	2.9	2.9	3.0	2.9	3.1	3.4	3.9
西部	3.3	3.3	3.3	3.2	3.2	3.3	3.6	4.2
东北	5.2	4.8	4.5	4.2	4.0	3.9	4.0	4.2

資料来源：2001—2007 年数据来自相关年份《中国统计年鉴》；2008 年数据来自《中国统计摘要》（2009）。

改革开放以来，东部沿海地区一直实施外向型发展战略，外贸对经济增长的拉动作用很大。2003 年以来，东部地区对外贸易增速开始回落，但仍高于全国平均增速。进入 2006 年，其同比增速开始落后于国内其他地区，占全国的比重也随之下降。2007 年东部地区进出口总额为 19338.47 亿美元，占全国的比重为 89.0%；2008 年为 22469.69 亿美元，占全国的比重进一步下降到 87.7%，其中出口总额下降幅度大于进口总额下降幅度（见图 3）。

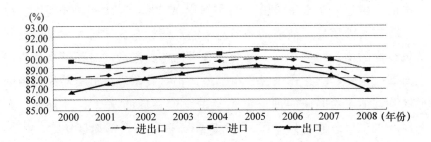

图3　2000—2008年东部地区对外贸易总额占全国的比重变化

资料来源:2000—2007年数据来自相关年份《中国统计年鉴》;2008年数据来自《中国统计摘要》(2009)。

中部地区既不靠海,也不沿边,严重制约着外向型经济的发展。进入"十一五"以来,中部地区对外贸易开始加速。2006—2008年,进出口总额年均增速为33.7%,居4大区域首位。2008年进出口总额为992.36亿美元,占全国比重为3.9%,比2007年提高0.5个百分点。

由于受客观条件和历史基础等因素的限制,西部地区对外贸易发展比较缓慢。但"十一五"以来,西部地区对外贸易规模迅速扩大,增速不断加快,贸易结构逐渐优化。2006—2008年西部地区进出口总额年均增速为33.2%,超过全国平均水平11.5个百分点。虽然绝对量与东部地区相比仍存在相当大的差距,但在2008年世界经济危机对我国外贸出口形成严峻挑战的情况下,却依然保持平稳增长。2008年西部地区进出口总额为1067.51亿美元,占全国的比重为4.2%,分别比2005年和2007年提高1.0和0.6个百分点。

东北地区与俄罗斯远东地区、朝鲜、韩国、日本相接相望,边境口岸线占全国2/3,具有开展边境贸易、国际合作的天然优势。然而多年来,东北的对外贸易增长缓慢,对当地经济带动作用有限。"十一五"以来,东北地区外贸发展受国际金融危机影响较小,但依然缓慢。2006—2008年,东北地区进出口总额年均增长23.9%,高于全国平均水平2.2个百分点。2008年东北地区进出口总额1086.76

亿美元，占全国的比重为 4.2%，比 2007 年提高 0.2 个百分点。

表 6　"十五"和"十一五"时期我国及各区域进出口总额的变化

（亿美元）

时期 地区	"十五"时期					"十一五"前 3 年		
	2001	2002	2003	2004	2005	2006	2007	2008
全国	5097.68	6207.68	8512.07	11547.91	14221.18	17606.86	21738.33	25616.32
东部	4503.18	5521.35	7601.00	10350.92	12783.65	15798.07	19338.47	22469.69
中部	162.09	182.20	251.08	349.48	415.07	540.50	743.26	992.36
西部	168.43	206.17	279.36	367.30	451.34	576.68	785.76	1067.51
东北	263.98	297.96	380.63	480.22	571.12	691.62	870.84	1086.76

资料来源：2001—2007 年数据来自相关年份《中国统计年鉴》；2008 年数据来自《中国统计摘要》（2009）。

6. 产业结构调整力度加大，地区间结构趋同现象有所缓和

现代经济增长方式本质上是结构主导型增长方式，即以产业结构变动为核心的经济增长，产业结构的变动与经济增长是有机统一的。因此，产业结构的差异也是引起区域经济差异的主要因子。"十一五"以来，3 大直辖市的三次产业结构已基本上实现了从"二三一"到"三二一"的转变，进入了发达经济阶段；东部地区产业结构得到进一步优化，2005 年三次产业比重为 7.9∶51.6∶40.5，2008 年进一步调整为 6.8∶51.7∶41.5，第二产业所占比重基本稳定，第一产业有所下降，第三产业有所上升，产业结构的变动开始进入了提升阶段；2005 年西部地区三次产业结构为 17.7∶42.8∶39.5，2008 年调整为 15.6∶47.3∶37.1，第一产业下降了 2.1 个百分点，第二产业上升了 4.5 个百分点，第三产业下降了 2.4 个百分点，这表明西部地区产业结构调整初见成效，工业化进程正快速推进；中部工业化进程也明显加快，2008 年第二产业占全国的比重达到 19.3%，比 2007 年提高 0.7 个百分点。但中部、西部一些欠发达省份的产业结构仍然还处于低度化状态，第一产业占有较大的比重，第三产业的比重徘徊不

前,基本上处于工业化的初期至中期阶段。因此,努力促进中西部地区产业结构的变动,提升中西部地区的产业结构,将有助于缩小我国区域经济的差异。

7. 居民生活水平明显提高,但城乡收入差距仍然较大

"十一五"以来,我国各地区的居民生活水平得到明显提高。其中,东部地区城乡居民收入较高,以绝对优势领先于全国其他地区。2000—2007年东部地区农村居民人均纯收入水平不断增加,高出全国平均水平50%左右,2008年为全国平均水平的1.45倍。2005年东部地区城镇居民可支配收入为13262元,是全国平均水平的1.27倍;2008年达到19228元,是全国平均水平的1.29倍。中部城镇居民人均可支配收入及农村居民人均纯收入仍处于较低水平,两者均相当于全国平均水平的85%左右。西部地区城镇居民人均可支配收入及农村居民人均纯收入水平仍处于较低水平,2000—2008年,西部城镇居民人均可支配收入相当于全国平均水平的85%左右,农村居民人均纯收入相当于全国的67%左右。东北地区城镇居民人均可支配收入不断提高,与全国平均水平的差距不断缩小。2007年东北城镇居民人均可支配收入为11463元,相当于全国平均水平的83.1%;农村居民人均纯收入为4348元,是全国平均水平的1.05倍。

城乡收入差距过大的现象在各区域间仍然存在,并且呈现从东到西逐步扩大的趋势。2007年全国城镇居民人均可支配收入与农村居民人均纯收入之比为3.33∶1,同期西部为3.73∶1,中部为3.03∶1,东部为2.90∶1,东北为2.64∶1,东部地区城乡居民收入差距明显小于全国其他地区,西部城镇居民人均可支配收入与农村居民人均纯收入之比为3.73∶1,差距居全国4大区域之首。这表明我国城乡收入差距正从东到西逐步扩大,也说明统筹城乡发展的重点区域在中西部地区。

8. 各区域间基本公共服务的差距仍然较大

实现基本公共服务的均等化和生活条件的同质化,既是全面贯彻落实科学发展观和完成"十一五"规划纲要中所确立的战略目标的

要求，也是促进区域协调发展、缩小地区差距的核心和关键所在。为完成这一战略目标，"十一五"以来，中央财政已加大了对中西部地区和东北地区的一般性转移支付和专项转移支付规模，进一步均衡地方财力，逐步推进地区之间的基本公共服务均等化，但各区域间的地方财政实力、人均可支配财力和公共服务能力的差距仍然较大。

2008 年，我国各地区财政收入共为 28645 亿元，其中东部地区占 58.4%，西部地区占 18.0%，中部地区占 15.4%，东北地区占 8.2%，财政收入最高的东部地区分别是西部的 3.2 倍、中部的 3.8 倍、东北地区的 7.1 倍，各地区财政实力相差巨大。相比于东部地区而言，中西部地区和东北地区的公共服务能力明显不足，公共服务水平较低，离中央要求的实现基本公共服务均等化目标仍有很大差距。但从相对差距来看，与 2005 年各地区财政收入所占份额相比，东部地区下降了 1.8 个百分点，中部、西部和东北地区则分别上升了 0.2、1.5 和 0.2 个百点（见表 7），地区间财政实力的相对差距已出现缩小趋势。2006—2008 年，西部地区地方财政收入年均增长 27.9%，是 4 大区域中增长速度最快的。由于国际金融危机的影响，外向型经济较为发达的东部沿海地区最早遭受波及，经济增速放慢，企业效益下降，税收已受到严重影响，其地方财政收入增速大幅度回落，2006—2008 年间的财政收入年均增长 23.2%，相比"十五"期间高速的财政收入增长，东部地区增幅回落最大。

表7　　　　　　4 大区域财政收入占全国总收入的比重变化　　　　　（%）

年份 地区	2000	2001	2002	2003	2004	2005	2006	2007	2008
东部	57.0	59.4	59.4	60.0	59.3	60.2	59.2	59.6	58.4
中部	16.3	14.9	14.8	14.6	15.4	15.2	16.1	15.2	15.4
西部	17.6	16.7	16.8	16.7	17.0	16.6	16.7	17.3	18.0
东北	9.1	9.0	9.0	8.6	8.4	8.1	7.9	7.8	8.2

资料来源：2000—2007 年数据来自相关年份《中国统计年鉴》；2008 年数据来自《中国统计摘要》（2009）。

"十一五"以来，我国人均财政支出普遍得到提高。2006—2008年，我国各地区平均人均财政支出由1960元增加到3749元，其中东部地区由2493元增加到4300元，中部地区由1399元增加到2758元，西部地区由1738元增加到3768元，东北地区由2439元增加到4482元，年均增幅分别为19.9%、27.2%、29.4%和22.5%，中西部地区人均财政支出增长速度已高于东部地区，区域间的人均财政支出相对差距已出现缩小趋势，各区域间基本公共服务均等化已取得一定成效。但在设计基本公共服务的标准时，应该考虑到中西部地区是我国民族地区、边境地区和贫困地区的集聚地，同时还分布有大量革命老区的实际情况和特殊需要。例如，革命老区的优抚费用要远高于其他地区，民族地区则需要维持两种语言和民族文化传统，其公共文化支出也要远高于一般地区。这样，就需要从中西部地区的实际情况出发，对西部一些特殊地区基本公共服务的范围和标准进行系统深入的研究，以便在保持全国政策统一性的基础上，照顾到某些地区的特殊性。

三　当前我国区域结构存在的突出问题分析

1. 空间无序开发问题依然比较突出

当前我国经济发展中的一个突出问题，就是空间开发无序现象十分严重。区域经济的持续增长以过度占用土地、矿产、水等资源和环境损害为代价，使得我国空间利用效率十分低下。据统计，我国万元GDP能耗是发达国家3—11倍；2007年COD（化学需氧量）排放总量达1382万吨，接近排放最大允许量的两倍。如果扣除生态环境成本和其他社会成本，我国空间利用的真实绩效就要大打折扣。不同区域都存在着忽视资源环境承载力的盲目开发现象。一方面，一些资源环境条件欠佳或脆弱地区，在"行政区经济"的大环境下，一味追求GDP增长，不顾自身承载能力盲目过度开发，致使资源更加匮乏，生态环境更加恶化；另一方面，发达地区资源和生态环境的支撑能力日益下降，给进一步发展带来了新的制约。突出表现为：一是片面强调土地的城市化，城市用地规模急剧外延扩张，2001—2007年全国地级以上城市市辖区建成区面积增长了70.1%；二是前些年各地不管有无条件都竞相建设开发区，开发区数量过多、面积过大，大批不具备条件的开发区"征而不开"、"开而不发"，造成大量耕地闲置撂荒；三是空间结构不合理，工业和生产占用的空间偏多，而用于生活、居住和生态的空间偏少；四是已出现"过密"与"过疏"的迹象，珠三角、长三角等一些城市开发强度过高，而其他一些有条件的地区却没有得到应有的开发；五是各地区经济的高速增长大多依靠土地的"平面扩张"，土地和空间利用效率较低，尤其是一些地方大建"花园式工厂"，各种形式的"圈地"现象严重。因此，从科学发展的角度看，当前急需采取有效措施切实加强空间管制，规范空间开发秩序，实现从无序开发向有序开发的转变。过去，我国的城市规划、土地利用规划和区域规划虽然在抑制空间无序开发方面起到了一定作用，但由于规划体制和机制等方面的缺陷，其在空间管制方面的作用受到很大局限。当前，国家正在推进的主体功能区规划和建设，其核心作用就是强化空间管制和区域调控。通过强化空间管制和区域调控，引导各开发主体和政府的空间行为。

2. 东中西产业互动关系有待进一步加强

改革开放以来东部沿海地区得到了较快发展，但在其快速发展的同时，一方面忽视了自身产业升级换代能力的建设，高技术含量、高知识含量的产业体系建设缓慢，现代服务业升级步伐不快，另一方面对我国广阔的中西部市场的重视、开发不够。这种格局的形成既有地区利益、地方保护、国内大市场远未建立的原因，也受区际交通条件和地缘结构等因素制约。这种格局的弊病在国际金融危机下凸显，对外部市场严重依赖的东部沿海地区在国际金融危机中经济发展受到较大影响，而中西部地区短期内所受影响没有东部地区大，但在较长时期内，中西部地区受的冲击和负面作用可能会更大，目前必须加紧改变已有的产业发展格局，促进区域间建立紧密的产业联系。

3. 问题区域发展仍然面临诸多困难

老少边穷和资源枯竭型城市等地区问题突出。我国尚未解决温饱问题的农村贫困人口，一部分分散在中、东部丘陵低山区、库区以及低洼盐碱易涝等地区，但大多数更趋向于边远高寒山区和荒漠化等自然条件极端恶劣地区相对集中，这些地区生态环境脆弱，交通不便，基础设施薄弱且投入产出效益比很低，区位条件劣势明显，商品经济不发达，社会发育程度和公共服务水平严重不足。资源枯竭型城市就业压力大，居民生活比较困难。近年来，随着我国 2/3 的矿山进入中老年期，1/4 的资源型城市面临资源枯竭。由于这些城市的经济严重依赖资源开采和加工，接续替代产业发展滞后，伴随着资源型产业萎缩和经济下滑，职工下岗失业问题十分突出。

4. 财税体制尚需完善

税收政策不合理，税源与税收不对等。财政转移支付制度不健全，一般转移支付真正用于缩小区域间发展差距的数额偏小，而为保持原体制地方既得利益（如税收返还）的补助数额偏大，而专项资金存在交叉重复、种类繁多、操作不透明、不规范等问题。政府间事权划分与政府支出范围尚不够明确，使得基层公共服务水平难以得到保障。一些应该由省级政府或中央政府负担的财政支出责任落到市县级政府，致使市县财政压力加大，特别是在经济相对落后的市县，财政压力更大。如社会保障和义务教育的支出责任大约有 70% 落在县或县以下财政的肩上。

5. 区域间利益关系调整缺乏科学规范的制度构架

资源开发与利用、生态保护与补偿机制不健全。为了充分发挥各地区的比较优势，一些区域成为资源的提供者，一些地区成为生态保护的区域，但是由于市场机制不完善和区际利益关系协调机制不健全，使得这些区域的发展面临很多困难。对于资源提供区域，由于资源价格偏低，资源产权制度不完善，资源开发给当地带来的是更多的资源枯竭、环境污染、地面塌陷等负效应；对于生态保护区，为了保护生态必然要牺牲一些发展权，但基本公共服务不到位，相应的生态补偿机制不健全，使得生态环境难以得到有效保护。现有的区域合作组织由于缺乏必要的政策手段以及相应的矛盾协调机制，难以发挥真正的作用。

6. 区域间经济发展差距仍然过大，区域间低水平竞争严重

由于财政体制、政绩考核制度等原因，我国一些地区不顾资源条件和生态环境承载力，盲目发展加工业，造成地区间产业结构雷同，不合理的低水平重复建设现象十分突出，加剧了资源环境压力，阻碍了发展方式转型的步伐。不具有优势的地区竞相发展价高利大的加工业特别是重化工业，造成低水平的重复建设和无序竞争。据第三次全国工业普查显示，全国主要工业品有80%以上生产能力过剩或者严重过剩。以钢铁工业为例，2007年我国钢铁产量已经达到4.89亿吨，占世界总产量的36%，但布局分散、集中度低、国际竞争力不强。此外，在汽车、石化、有色金属、建材等领域也不同程度地存在着重复建设的问题。由于长期粗放式经济增长方式的影响，使得东部沿海部分地区过度依赖外部市场，忽视产业升级和自主研发能力的提高，单纯依靠廉价的劳动和土地要素维持了一段时间的高增长，但在当前金融危机形势下，其弊端凸显，而中西部地区丰富的劳动力、矿产、土地资源，却由于社会保障制度不健全、资源价格不合理等因素也难以发挥作用。

四 "十二五"期间我国区域结构调整的目标和任务

我国是一个地区差异极大的发展中大国。在当前新的发展形势下，要按照科学发展观的要求，统筹兼顾、合理布局，妥善处理区域发展中各方面的关系，走各地区协调发展、共同富裕之路。在"十二五"期间和今后较长一段时期内，科学合理地调整我国区域结构，是推进协调发展的重要内容，是促进国民经济持续快速健康发展和社会全面进步，实现全面建设小康社会目标的重要途径。

1. "十二五"期间我国区域结构调整的目标

在"十二五"期间,要按照新型区域协调发展的内涵,从三个方面促进区域协调发展。一是全面的协调发展。不仅包括地区间经济、社会、文化和生态的协调发展,而且包括区域城乡协调发展、人与自然和谐发展、经济与社会协调发展等内容。二是可持续的协调发展。区域协调发展应该建立在可持续发展的基础上,通过采用资源节约和环境友好技术,制定科学的规章制度和政策措施,促进地区间和区域内资源高效集约利用,推动形成生产、生活、生态协调发展的格局。三是新型的协调机制。推动区域协调发展,必须建立一个以科学发展观为指引,并与社会主义市场经济体制相适应,能够长期管用的新型协调机制。因此,未来区域结构调整的目标和评判标准应该是多元的。具体说来,在"十二五"期间,评判区域协调发展应主要考虑以下几个标准:

一是各地区优势能够得到充分有效发挥,并形成合理分工、各具特色的产业结构。

二是各地区形成人与自然和谐发展的局面。

三是各地区人均居民收入差距逐步缩小,并保持在合理的范围内。在"十二五"期间,东中西和东北四大区域之间人均 GDP 相比调整为 2.1:1.2:1:1.5;全国城镇居民人均可支配收入与农村居民人均纯收入将大体调整为西部 3.4:1,中部 2.9:1,东部 2.4:1,东北2.2:1。

四是各地区居民均能够享受到均等化的基本公共服务和等值化的生活质量。在"十二五"期间,我国各地区财政收入占比将大体调整为东部地区占 50%,西部地区占 20%,中部地区占 18%,东北地区占 12%。东中西和东北地区人均财政支出年均增幅大体调整为18%、22%、26% 和 20%。

五是保持地区间人口、经济、资源、环境的协调发展,即地区人口、经济与资源、环境的协调发展,以及地区人口分布与经济布局相协调。

六是保持国民经济的适度空间均衡，即从大区域的角度看，要防止出现经济过密与过疏问题，避免某些地区出现衰落和边缘化。

2. "十二五"期间我国区域结构调整的任务

（1）**健全完善区域协调发展机制**。进一步健全市场机制。首先，积极推进政府职能转变，减少政府对微观经济的过多干预，减少不必要的重复建设和区域间的过度竞争。其次，消除要素市场流动的障碍，推动劳动力、资本、技术在不同区域间的自由流动。再次，完善资源管理体制，健全产权制度，推进资源价格改革。建立有利于促进区域协调发展的财政体制。进一步厘清各级政府的职责范围，明晰各级政府事权和公共支出责任，完善中央和地方财力与事权相匹配的财政体制。

深化合作机制。区域间合作的目标是通过深化专业化分工和拓展协作范围来扩大市场，提高生产和组织效率，推动区域经济合作和区域一体化进程。政府应在政策层面鼓励区域合作。

依据科学化、法制化、规范化的要求，调整和完善各级政府间以分税制为主要内容的收入划分体制。按照加强中央宏观调控和贯彻财力均等化的原则，继续完善我国上下级政府间的财政转移支付制度，提高一般性转移支付比例，整合专项转移支付项目。加大对欠发达地区的支持力度，实现区域基本公共服务的均等化。按照规范的因素法统一核定各地的标准收入、标准支出及补助数额，形成有利于缩小各地财力差距的科学合理的转移支付模式。

（2）**培育多极带动的国土空间开发格局**。培育若干带动力强的经济轴带。立足于日益完善的基础设施网络，结合人口与产业的空间集疏趋势，大力拓展我国空间开发的轴线系统，推进我国区域开发格局逐步从增长极集聚、主导轴集聚向网络化扩散的方向转变。提升沿海发展轴，强化沿江发展轴，拓展京广开发轴、东北开发轴，培育陇海、西南开发轴。

以城市群为核心培育联系紧密的经济圈。准确把握人口与产业的迁移、集聚趋势，引导各类要素向基础条件好、发展前景明朗的城市群（带）集聚。以重要的交通基础设施为依托，以主要城市群为核心区，以城市群有效吸引范围为腹地作为区划单元，打破行政边界，形成若干跨行政区的经济区或经济圈。积极培育区域性增长极。按照区域平衡原则，围绕促进区域协调发展的主线，扶持一批区域性中心城市，引导、促进这些城市不断完善基础条件，大力发展具有区域资源支撑的特色产业体系，形成若干具有较强带动作用的区域性增长极。

（3）积极开展新型的区域合作与开放战略。加强东中西产业互动。积极构建有效平台，加快东部产业向中西部转移步伐，鼓励劳动密集、物流成本低、产品时效性弱的产业向中西部地区转移，引导转移产业向中西部地区的工业园区集中。建设中西部产业转移示范区，积极探索中西部地区承接东部地区产业转移和工业园区建设的成功模式。加快中西部有条件的大中城市积极承接国际产业转移，大力发展外包服务业，建设服务外包产业基地。推进以大中城市为核心的跨区域合作，加快区域一体化进程。深入实施"走出去"战略，加强与周边国家的次区域合作。强化战略通道建设，重点提高境外基础性战略资源供给地的运输保障能力，确保国家基础产业的产业链安全。加快沿边地区对外开放，大力发展边境贸易，实行以开放促开发战略，建设沿边开放带，对推动沿边地区发展，实现兴边富民、保土安民目标，构筑沿边对外开放新格局。

（4）创新各具特色的区域发展模式。根据不同地区、不同类型功能区的发展特点，创新各具特色的区域发展模式。对综合实力较强、经济规模较大、城市规模结构健全、内在经济联系紧密、科技创新实力较强，但存在过度开发隐患的优化开发区要在加快转变发展方式、提升产业层次、提高自主创新能力、强化土地集约利用、推行循环经济模式、提高公共服务水平、进一步集聚人口等方面进行创新。对于具有较好经济基础、较强技术创新能力和较大发展潜力的重点开发区要在优化区域发展环境、培育区域新的核心竞争力、统筹城乡发展、提高区域产业人口承载能力等方面进行创新。对于具有区域性中心城市功能的区域性增长极，要在壮大城市基础、提高城市吸引力、完善城市功能、增强城市聚集能力等方面进行创新。对于资源密集地区，要在资源合理有序开发、提高资源有效利用率、建立健全资源补偿机制等方面进行创新。对限制开发区域要在生态修复、增强提供生态产品能力、因地制宜地发展资源环境可承载的适宜经济、引导超载人口逐步有序转移、建立生态补偿机制等方面进行创新。对禁止开发区要在严格保护、引导人口逐步有序转移、发挥不同类型禁止开发区功能等方面进行创新。

（5）**建立健全区域利益协调和补偿机制**。建立区域公共事务多元化管理机制。在现有区域合作组织的基础上，完善区域合作的政策协调、利益协调、争议解决、广泛参与等机制。对于一些重要的跨行政区的区域合作组织，应赋予其一定的行政管理职能，如规划权、监督权、资金分配权等，保证区域合作组织能够发挥真正的协调作用。探索建立区域合作发展基金，由区域合作组织成员联合出资，用于引导区域重大基础设施建设补助、生态治理、区域信息平台建设等公共服务领域。探索建立生态保护区与生态受益区、资源产区和资源加工区、粮食主产区与粮食主销区之间的利益分享机制。

（6）**统筹安排区域发展的总体布局**。在当前以及"十二五"期间，国家应以西部、东北、中部、东部四个地区为地域单元，统筹规划和安排区域发展的总体战略布局。要继续实施西部大开发、振兴东北等老工业基地、促进中部地区崛起、鼓励东部地区率先发展，实现相互促进、优势互补、共同发展。西部地区在完善基础设施和生态环境建设的基础上，要充分发挥地区优势，大力推进特色优势产业发展，搞好资源综合开发利用和产业链延伸，培育一批具有竞争力的特色优势产业群，推进工业化和城镇化进程。东北地区要加大改革开放力度，加快国有企业改革和产业转型步伐，积极培育接替产业，重点支持能源原材料及后续加工、装备制造业、农产品精深加工和高新技术产业发展，大力推进新型产业基地建设。中部地区要立足资源和劳动力优势，进一步完善农业生产基地和能源原材料基地建设，积极抓好农产品加工转化和资源深度开发,大力发展劳动密集型产业,并依托大中城市发展高新技术产业,促进产业升级和经济快速发展。东部地区要重点发展高新技术产业和资源消耗小、附加价值高的出口产业,大力推进经济结构调整和升级,提升区域综合竞争力和自主创新能力,促进区域可持续发展。

五　推动我国区域经济协调发展的政策建议

针对"十一五"以来区域协调发展中存在的主要问题,"十二五"期间,应该从以下五个方面着力推进我国区域政策的调整和完善。

1. 实行分类管理的国家区域政策

自改革开放以来,我国实行的区域经济政策主要是依据几大经济区域展开的。从20世纪80年代开始实施的沿海经济发展战略,到后来相继实施的西部大开发战略、东北地区等老工业基地振兴战略和促进中部地区崛起战略,都是以大经济区域作为政策实施的地域单元。显然,这些政策主要采取区域普惠制的办法,没有较好体现区别对待、分类指导的思想,其实施效果不太理想,而且也容易诱发不公平问题。为促进区域协调发展,今后在国家层面应该采取"4+2"的区域发展战略和政策框架。所谓"4",就是按照西部、东北、中部和东部4大区域的地域框架,统筹安排和部署全国的经济布局;所谓"2",就是按照主体功能区和关键问题区两种类型区,实行差别化的区域调控和国家援助政策,并据此调整和完善国家区域援助政策体系。因此,未来区域协调发展的政策模式应从行政区内部政策转向区域公共政策。其次,应进一步创新政策工具,使促进区域经济协调发展的方法、手段实现从简单化向精准化发展。目前我国政策实施对象一般是较大的区域范围,无法体现区域内部的差异性和特殊性。另外,应该调整区域协调发展的政策管理机构,使其从"碎片化"转向整合化。可通过整合现有的相关区域发展机构,如,"国家扶贫办"、"国务院西部开发办"、"国务院促进中部地区崛起工作办公室"、"国务院振兴东北地区等老工业基地办公室"等一系列国务院部委机关中与地区开发有关的机构，设置专门的区域协调机构，以便于统筹我国区域经济协调发展。

2. 积极推进主体功能区建设，逐步建立合理的空间开发结构

按照优化开发、重点开发、限制开发和禁止开发的不同要求，推进形成主体功能区，能够进一步突出各地区的特色与需求，增强区域政策的针对性，同时也有利于处理好一些特殊性质功能区开发与保护的关系，是对区域发展总体战略的完善、细化与落实。在实际操作过程中，应重点把握好以下方面：准确认识和把握我国国情和发展阶段，从实际出发进行科学划分，不能盲目仿效发达国家；积极调整完善相关政策特别是财政政策、人口迁移政策、生态保护与资源利用政策、经济补偿及相关政策，尤其要加大对限制开发和禁止开发区域的财政转移支付力度；进一步明确中央和地方各自的职责，充分发挥各方面积极性，做好区域发展4大板块战略与形成主体功能区的政策衔接，保持政策的连续性和稳定性。引导经济布局、人口分布与资源环境承载能力相适应，促进人口、经济、资源环境的空间均衡；从源头上扭转生态环境恶化趋势，适应和减缓气候变化，实现资源节约和环境保护；打破行政区划，制定实施有针对性的政策措施和绩效考评体系，加强和改善区域调控。随着区域发展总体战略的落实，空间布局规制、区域政策和区际互动机制的日趋健全，我国必将形成区域协调发展的新格局。

3. 着力抓好重点地区发展，进一步促进区域协作互动

加强区域合作是缩小地区发展差距的重要手段，中央政府应按照有利于推进区域合作的方向调整现行制度安排。为促进东中西合作，国家应着手研究制定鼓励东部发达地区企业进行跨区域投资的优惠政策，并以此取代、规范中西部地区各地方政府出台的地方性政策，以保证相关政策的执行力度，为东部地区产业转移及东中西部地区开发良性互动合作提供体制保障。

4. 强化规划引导和法律约束,健全保障区域政策有效实施的制度

提高区域政策实施的有效性和规范性,需要加强两项工作。一是区域规划编制。编制和实施区域规划,有利于统筹兼顾、综合协调,调动各方面的积极性,加快区域协调发展的进程。应按照科学发展、协调发展的要求,编制和实施若干重点开发区域和重点生态功能区域的规划。二是建立健全区域法律法规。应加快立法进程,抓紧制定促进区域协调发展法、区域规划法等专门法律法规,进一步解决规划和政策有效实施的问题。区域政策的调控手段包括行政手段、经济手段和法律手段,我国现阶段以行政手段调控为主。行政手段由行政机关直接做出,政府的自由裁量权过大,随着市场环境的变化以及决策者本身的有限理性,最容易"朝令夕改"。行政手段虽然可以在短时间内让经济呈现高速增长的局面,但从长远来看可能造成资源环境、社会秩序方面的隐患,而且不加规范的行政行为有可能只是行政官员"拍脑袋"的结果,而大量成本却由社会承担。因此,我国国家区域政策手段必须由经济手段和行政手段为主,尽快过渡到以法律手段和经济手段为主,以保证区域政策的连续性和稳定性。

5. 推进基本公共服务的均等化

在国家政策的有力支持下,近年来中西部地区投资和经济增长逐年加快,东部与中西部间 GRP 增长率差距已趋于缩小,东西部发展差距也开始呈逐步缩小的态势,但从总体上看,目前我国地区发展差距仍然很大,缩小地区差距仍将是一项长期的艰巨任务。从政府政策的角度看,缩小地区差距重点是缩小地区间公共支出和公共服务水平的差距,使各地区居民能享受到均等化的基本公共服务和同质化的生活条件。为此,今后中央政府应该更加强调公平目标,进一步加大财政转移支付的力度,切实帮助各种问题区域发展经济,提高其基本公共服务水平,推进地区间基本公共服务的均等化。这种基本公共服务是不同地区的居民应该享有的基本权利和福利。要加快制定有关公共服务投入的政策条例,建立公共服务投入监测指标体系。通过有效整合财力资源,提高资金使用效率,把公共财力更多地向市场机制无法调节或不便调节的公共服务领域倾斜，更多地用于扶持社会发展领域中的薄弱环节，加大对劳动就业、职业培训、生活保障、社会弱势群体救助以及公共卫生、公共安全等与人民群众切身利益直接相关领域的投入力度，让人民群众共享改革发展成果。

（执笔：金碚、吕铁、孙承平）

参考文献

魏后凯：《金融危机对中国区域经济的影响及应对策略》，《经济与管理研究》2009 年第 4 期 。

魏后凯：《中国国家区域政策的调整与展望》，《西南民族大学学报》2008 年第 10 期。

国家统计局国民经济综合统计司：《中国区域经济统计年鉴》（2008），中国统计出版社 2009 年版。

安树伟、郁鹏：《"十一五" 以来我国区域经济运行态势及未来政策取向》，《西南民族大学学报》2008 年第 10 期。

朱丽萌：《调节区域政策，统筹城乡、区域发展》，《江西财经大学学报》2007 年第 6 期。

魏后凯：《"十一五" 时期中国区域政策的调整方向》，《学习与探索》2006 年第 1 期。

李君甫、王选庆：《中国的区域结构对可持续发展的影响》，《金融与经济》2006 年第 6 期。

蒋满元：《区域结构演化对区域可持续发展的影响探讨》，《当代经济管理》2007 年第 10 期。

范恒山：《实施区域发展总体战略取得重要进展》，《经济研究参考》2008 年第 23 期。

陈栋生：《区域协调发展和区域发展总体战略》，《浙江经济》2007 年第 10 期。

第八章

中国开放型经济"十一五"进展与"十二五"战略

　　"十一五"规划纲要提出了互利共赢的开放战略，指出要"坚持对外开放基本国策，在更大范围、更广领域、更高层次上参与国际经济技术合作和竞争，更好地促进国内发展与改革，切实维护国家经济安全"。该纲要从加快转变对外贸易增长方式、提高利用外资质量和积极开展国际经济合作3个方面提出了中国开放型经济发展的总体要求。（1）加快转变对外贸易增长方式包括优化出口结构、积极扩大进口、发展服务贸易和完善公平贸易政策4项内容，在总体上应"按照发挥比较优势、弥补资源不足、扩大发展空间、提高附加价值的要求，积极发展对外贸易，促进对外贸易由数量增加为主向质量提高为主转变。到2010年货物贸易、服务贸易进出口总额分别达到2.3万亿美元和4000亿美元"。（2）提高利用外资质量包括引导外商投资方向和促进利用外资方式多样化两项基本内容，强调要"抓住国际产业转移机遇，继续积极有效利用外资，重点通过利用外资引进国外先进技术、管理经验和高素质人才，把利用外资同提升国内产业结构、技术水平结合起来"。（3）积极开展国际经济合作包括实施"走出去"战略和推进国际区域经济合作两项内容，重点是"完善促进生产要素跨境流动和优化配置的体制和政策，积极发展与周边国家及其他国家的经济技术合作，实现互利共赢"。

时至今日，"十一五"规划纲要实施已4载有余，中国开放型经济发展对促进经济增长和融入全球化经济发挥了重要作用。当然，不期而至的国际金融危机对中国开放型经济发展也带来了严峻挑战。本章基于"十一五"以来中国开放型经济发展的现实数据，考察规划纲要的落实和实施情况，分析新阶段中国开放型经济面临的挑战和发展趋势，提出"十二五"我国开放型经济发展的指导思想和战略目标，同时提出相应的保障措施和对策建议。

一　开放型经济与中国经济增长

（一）货物与服务贸易对经济增长的贡献和趋势

自进入21世纪以来，我国对外贸易规模不断扩大，货物和服务净出口规模稳步增加。按支出法核算，2005年货物和服务净出口10223.1亿元，是2001年的4倍多；2007年该数据达到23380.6亿元，较2005年增长了1倍多。但受美国金融危机影响，2008年货物和服务净出口增幅很小，较2007年仅增长了3.2%（见表1）。在这种背景下，货物和服务净出口对国内生产总值增长的贡献在2008年出现了明显的下滑。2008年货物和服务净出口对国内生产总值增长的贡献率为9.2%，较2007年的19.7%大幅下降；货物和服务净出口拉动国内生产总值增长仅0.8个百分点。

表1　　　　　　　　支出法国内生产总值及其构成　　　　　　（亿元,%）

年份	国内生产总值	最终消费支出	资本形成总额	货物和服务净出口	资本形成率（投资率）	最终消费率
2001	108972.4	66878.3	39769.4	2324.7	36.5	61.4
2002	120350.3	71691.2	45565.0	3094.1	37.9	59.6
2003	136398.8	77449.5	55963.0	2986.3	41.0	56.8
2004	160280.4	87032.9	69168.4	4079.1	43.2	54.3
2005	188692.1	97822.7	80646.3	10223.1	42.7	51.8

续表

年份	国内生产总值	最终消费支出	资本形成总额	货物和服务净出口	资本形成率（投资率）	最终消费率
2006	221651.3	110595.3	94402.0	16654.0	42.6	49.9
2007	263093.8	128793.8	110919.4	23380.6	42.2	49.0
2008	306859.8	149112.6	133612.3	24134.9	43.5	48.6

注:1. 按当年价格计算。2. 资本形成率指资本形成总额占支出法国内生产总值的比重;最终消费率指最终消费支出占支出法国内生产总值的比重。

资料来源:《中国统计年鉴》(2009)。

表2　　2001—2008 年三大需求对国内生产总值增长的贡献率和拉动

年份	最终消费支出		资本形成总额		货物和服务净出口	
	贡献率（%）	拉动（百分点）	贡献率（%）	拉动（百分点）	贡献率（%）	拉动（百分点）
2001	50.0	4.1	50.1	4.2	-0.1	—
2002	43.6	4.0	48.8	4.4	7.6	0.7
2003	35.3	3.5	63.7	6.4	1.0	0.1
2004	38.7	3.9	55.3	5.6	6.0	0.6
2005	38.2	4.0	37.7	3.9	24.1	2.5
2006	38.7	4.5	42.0	4.9	19.3	2.2
2007	40.6	5.3	39.7	5.1	19.7	2.6
2008	45.7	4.1	45.1	4.1	9.2	0.8

注:1. 按当年价格计算。2. 贡献率指3大需求增量与支出法国内生产总值增量之比;拉动指国内生产总值增长速度与三大需求贡献率的乘积。

资料来源:《中国统计年鉴》(2009)。

货物贸易方面,从 2008 年第 4 季度开始,我国商品进出口贸易受到国际金融危机明显影响,10 月份和 11 月份连续两月出现负增长。2008 年全年进出口贸易总额为 2.56 万亿美元,比 2007 年增长 17.8%,增速回落 5.7 个百分点,其中,出口贸易为 1.428 万亿美元,比 2007 年增长 17.2%,增速回落 8.6 个百分点。2009 年,我国对外贸易累计进出口总值为 22072.7 亿美元，比 2008 年下降 13.9%，略高于 2007 年的贸易总值。其中出口 12016.7 亿美元，较 2008 年下降 16%；进口 10056 亿美元，下降 11.2%。全年贸易顺差 1960.7 亿美元，减少 34.2%。值得注意的是，2009 年 12 月份，我国外贸进出口呈现恢复性强劲反弹，进出口总值 2430.2 亿美元，同比增长 32.7%，环比增长 16.7%；其中出口 1307.3 亿美元，为历史上月度出口值的第 4 高位，同比增长 17.7%，环比增长 15%；进口 1122.9 亿美元，创造了月度进口值的历史新高，同比增长 55.9%，环比增长 18.8%。2009 年 12 月实现贸易顺差 184.4 亿美元，同比减少 52.8%。[①]

在服务贸易领域，2008 年我国进出口总额为 3044.5 亿美元，比 2007 年增长 21.3%，增速回落近 10 个百分点，其中服务贸易出口 1464.5 亿美元，同比增长 20.4%，增幅回落 12.7 个百分点，但仍比世界服务贸易出口增长幅度高 9.4 个百分点，我国服务贸易出口份额也从 2007 年的 3.7% 上升到 3.9%。2009 年上半年，我国服务贸易进出口总额为 1257.4 亿美元，同比下降 14.4%；其中出口 545 亿美元，同比下降 24.1%，进口 712.4 亿美元，同比下降 5%。2009 年上半年，服务贸易逆差 167 亿美元，增长 4.1 倍。其中，旅游和其他商业服务由 2008 年同期顺差转为逆差，以及运输项下逆差较快增长，是服务贸易逆差扩大的主要原因。

2010 年，随着世界经济回升，外需增加，预计我国进出口贸易可能增长 10% 以上，恢复到 2008 年的贸易总额水平；出口贸易也将恢复到 2008 年 1.43 万亿美元水平，增长幅度为 15% 以上。整个"十一五"期间，我国商品进出口总额预计年平均增长 12.2% 左右，比"十五"期间年平均增长 25% 下降近 13 个百分点，其中出口贸易年平均增长为 13.8%，比"十五"期间年平均增长 25.5% 下降 11.7 个

---

① 数据来源于国家海关：2009 年我国对外贸易总值下降 13.9%，其中 12 月份出现恢复性快速增长。

百分点;进口贸易年平均增长为 11.8%,比"十五"期间年平均增长 24.6% 下降 12.8 个百分点。服务贸易方面,预计 2010 年我国服务贸易总额比 2009 年将增长 10% 以上,达到 3000 亿美元左右,其中出口 1250 亿美元左右,增长 13.6%,进口 1750 亿美元,增长 11% 左右。

(二) 吸引外商直接投资的规模和趋势

2001 年以来,我国实际利用外资金额稳步增加,截至 2005 年底利用外资存量已达到 8091.5 亿美元。"十一五"期间利用外资金额进一步扩大,特别是 2008 年在美国金融危机冲击世界经济的背景下,我国利用外资金额进一步增加,较 2007 年增加了 21.6%,高于 2007 年 16.8% 的增幅。2009 年前 10 个月,我国实际吸收外商直接投资 708.7 亿美元,同比下降 12.6%,在连续 10 个月负增长后,从 8 月份开始连续 3 个月实现同比增长。预计 2009 年吸收外商直接投资为 850 亿美元左右,比 2008 年下降 13% 左右。

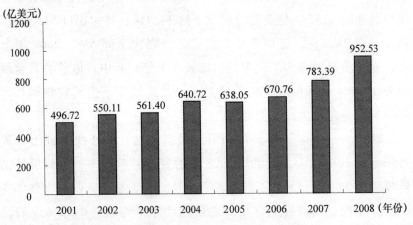

图 1   2001—2008 年中国实际利用外资额

资料来源:《中国统计年鉴》(2009)。

根据联合国贸发会议的预测,2009 年将成为国际直接投资流量的低谷，2010 年将缓慢复苏，全球直接投资将达到 1.4 万亿美元，比 2009 年增长 16.6%。在国际直接投资流量恢复中，预计 2010 年我国吸收外商直接投资可增长 15% 左右，达到 920 亿美元。整个"十一五"期间，我国实际吸收外商直接投资的累计金额为 4365 亿美元，年平均增长 8%；比"十五"期间累计吸收外商直接投资 2862 亿美元，绝对量增长 52.5%，但年平均增长速度下降 4.3 个百分点。

（三）企业"走出去"的进展与趋势

"十五"以来，我国加快实施"走出去"战略，鼓励和支持有条件的各种所有制企业开展跨国经营，主动参与国际经济技术合作，对外开放进入了"引进来"和"走出去"并重阶段。按照商务部的统计，2001 年之后，我国企业对外直接投资出现了跨越式增长。对外直接投资流量规模由 2002 年的 27 亿美元增加至 2008 年的 559.1 亿美元（包括金融类对外直接投资 140.5 亿美元）。在美国金融危机肆虐，

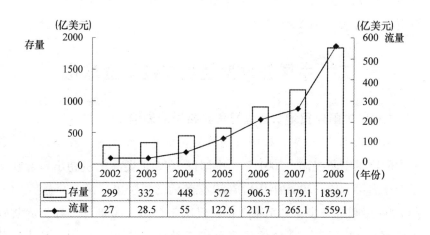

	2002	2003	2004	2005	2006	2007	2008
存量	299	332	448	572	906.3	1179.1	1839.7
流量	27	28.5	55	122.6	211.7	265.1	559.1

图 2　中国企业对外直接投资统计结果

注：2002—2005 年数据为中国非金融类对外直接投资统计数据，2006—2008 年为全行业对外直接投资数据。

资料来源：《2008 年中国对外直接投资统计公报》。

各国经济受到严重冲击和对外投资乏力的情况下，中国企业抓住机会扩大对外投资规模，使流量首次突破 500 亿美元，同比增长 111%。2002—2008 年，中国对外直接投资年均增长速度为 65.7%。

2009 年，我国境内投资者共对全球 122 个国家和地区的 2283 家境外企业进行了直接投资，累计实现非金融类对外直接投资 433 亿美元，同比增长 6.5%。对外承包工程方面，2009 年，我国对外承包工程业务完成营业额 777 亿美元，同比增长 37.3%；新签合同额 1262 亿美元，同比增长 20.7%。截至 2009 年底，我国对外承包工程累计完成营业额 3407 亿美元，签订合同额 5603 亿美元。对外劳务合作方面，2009 年，我国对外劳务合作完成营业额 89.1 亿美元，同比增长 10.6%；新签合同额 74.7 亿美元，同比下降 1.2%。全年派出各类劳务人员 39.5 万人，同比下降 7.5%；12 月末在外各类劳务人员 77.8 万人，较 2008 年同期增加 3.8 万人。截至 2009 年底，我国对外劳务合作累计完成营业额 648 亿美元；合同额 674 亿美元；累计派出各类劳务人员 502 万人。预计随着世界经济回升，2010 年中国企业海外投资还将有较大幅度增长。[①]

二　中国开放型经济与经济全球化

（一）中国外贸增长对世界贸易格局的影响

自加入 WTO 以来，中国货物贸易规模进一步扩大，在全球出口贸易中的比重不断提高。2001 年，中国以 2661 亿美元的货物出口额在全球中排名第 7 位；2005 年凭借 7620 亿美元的货物出口额上升至第 4 位；到 2008 年则进一步上升至第 2 位，仅次于德国。2008 年，在世界货物出口贸易中排名前 10 位的国家分别是德国、中国、美国、日本、荷兰、法国、意大利、比利时、俄罗斯和英国。从比重和趋势来看，美国货物出口在全球中的比重一路下降，已经从 2001 年的 11.8% 下降至

---

① 数据来源于商务部网站：《2009 年我国对外投资合作业务简况》。

2008 年的 8%。相比之下，德国的货物出口自 2003 年以来就已经超过美国，从而跃升为第一大出口国。与德国 2008 年 14619 亿美元的出口额相比，中国 14283 亿美元的出口额还有所差距，对外出口仍有进一步增长的空间。特别是考虑到中国巨大的人口基数，如果按照人均出口规模计算，中国作为世界货物贸易大国的地位还有很大的发展空间，从贸易大国向贸易强国转变的道路依旧漫长。

表 3 　　　　　　　　世界货物贸易大国出口规模变化 　　　　　（10 亿美元）

年份\国别	2001	2002	2003	2004	2005	2006	2007	2008
全球	6191	6493	7586	9219	10489	12112	13987	16070
德国	571.6	615.8	751.6	909.9	970.9	1108.1	1321.2	1461.9
中国	266.1	325.6	438.2	593.3	762.0	969.0	1218.6	1428.3
美国	729.1	693.1	724.8	814.9	901.1	1026.0	1148.2	1287.4
日本	403.5	416.7	471.8	565.7	594.9	646.7	714.3	782.0
荷兰	230.9	244.1	296.0	357.4	406.4	463.6	550.8	633.0
法国	323.4	331.7	392.0	452.1	463.4	495.9	551.9	605.4
意大利	244.5	254.4	299.3	353.8	373.1	416.9	499.9	538.0
比利时	190.3	216.1	255.6	306.9	334.4	366.9	432.1	475.5
俄罗斯	101.9	107.3	135.9	183.2	243.8	303.6	354.4	471.6
英国	272.7	280.2	305.6	347.5	384.5	448.7	439.1	458.6

资料来源：世界贸易组织数据库（http：//stat. wto. org/Home/WSDBHome. aspx？Language＝E）。

服务贸易方面，2008 年世界商业服务[①]出口增长达到 37779 亿美元。WTO 的统计数据表明，全球所有主要地区和 3 个大类的服务贸易额均呈现上升趋势。服务贸易加速增长的主要原因在于汇率变动，某些情况下也是由于运输的材料成本升高所致。2008 年，在世界服务出口贸易中排名前 10 位的国家分别是美国、英国、德国、法国、

---

① 商业服务包括交通运输服务、旅游服务和其他商业服务，但不包括政府服务。

中国、日本、西班牙、意大利、印度和荷兰。与 2007 年相比，2008
年有一个可喜的变化是中国服务贸易出口额超过日本和西班牙，尽管
差距并不明显。从比重和趋势来看，中国商业服务出口在全球所占比
重进一步上升至 3.88%，而在 2001 年，我国商业服务出口在全球所
占比重仅为 2.22%。从发展趋势来看，尽管美国商业服务出口仍稳
居全球第一，但其出口额在全球中的比重一路下降，已经从 2001 年
的 17.97% 下降至 2008 年的 13.8%。呈明显上升势头的除中国外，
还有印度，其服务贸易出口额所占比重从 2001 年的 1.13% 上升至
2008 年的 2.71%。但总体而言，与发达国家服务贸易出口额相比，
发展中国家服务贸易发展水平还存在相当大的差距。

表4　　　　　　　　世界服务贸易大国出口规模变化　　　　　（10 亿美元）

国别 ＼ 年份	2001	2002	2003	2004	2005	2006	2007	2008
全球	1484.4	1596.4	1832.4	2220.7	2480.3	2816.9	3372.4	3777.9
美国	266.7	273.2	284.2	330.2	362.1	408.7	472.7	521.4
英国	118.8	132.9	155.5	194.0	204.1	233.6	280.6	283.0
德国	84.3	96.8	116.3	138.3	157.3	184.6	217.0	241.6
法国	79.6	85.3	98.0	113.8	121.4	125.4	144.7	160.5
中国	32.9	39.2	46.4	62.1	73.9	91.4	121.7	146.4
日本	64.8	66.1	71.8	89.7	102.1	115.1	127.1	146.4
西班牙	55.3	59.6	73.7	85.3	93.5	105.9	127.1	142.6
意大利	57.1	59.6	70.6	83.3	88.1	97.6	110.5	121.9
印度	16.8	19.1	23.6	37.9	52.2	70.9	87.5	102.6
荷兰	50.1	54.7	61.3	71.8	78.2	82.7	94.2	101.6

　　资料来源：世界贸易组织数据库。

（二）中国吸收外资规模及份额的变化

进入 21 世纪以来，全球国际直接投资流量和存量增速明显加快。
根据联合国贸发会（UNCTAD）的统计，全球外国直接投资流入量在

经过 4 年的连续增长后，2007 年增幅更进一步，达到 19788 亿美元。尽管 2007 年下半年美国金融危机开始出现并呈现出不断蔓延的趋势，但发达国家、发展中国家以及转型期经济国家 3 大类经济体外国直接投资的流入量都在继续增长。这种强劲增长反映了世界许多地区较快的经济增长和强劲的公司业绩。当然，美元对主要货币大幅贬值也在一定程度上导致以美元计算的外国直接投资水平创下新高。不过，这种局面在 2008 年发生改变，受国际金融危机影响，2008 年全球外资流量规模下降至 16974 亿美元。尽管全球外国直接投资保持增长，中国吸引外资规模也有一定程度的提高，但中国吸引外资流量和存量在全球中的比重近年来却有比较明显的下降。2003 年，中国吸收外国直接投资在全球所占比重达到 9.5%，但该比重此后逐步下滑，2007 年中国吸引外资 835 亿美元，在全球流量中所占的比重仅为 4.2%。2008 年，在全球金融危机和中国政府大举入市的背景下，全球资本出于对中国经济的信心而大举进入中国，中国吸引外资规模 2008 年达到 1083 亿美元，较 2007 年增长 29.7%，在全球中的比重也上升至 6.4%。

表 5   **全球及中国吸收外资的规模和份额变化**   （10 亿美元）

年份		2001	2002	2003	2004	2005	2006	2007	2008
全球规模	流量	820.4	629.7	565.2	734.9	973.3	1461.1	1978.8	1697.4
	存量	6129.8	6739.8	8160.4	9607.8	10050.9	12404.4	15660.5	14909.3
发展中经济	流量	215.4	175.9	184.0	290.4	329.3	433.8	529.3	620.7
	存量	1795.4	1757.9	2008.2	2338.1	2722.3	3363.9	4393.4	4276.0
转轨经济	流量	9.7	11.3	19.9	30.3	30.9	54.5	90.9	114.4
	存量	88.1	115.4	154.2	198.8	273.4	395.3	676.1	420.4
发达经济	流量	595.3	442.4	361.3	414.2	613.1	972.8	1358.6	962.3
	存量	4246.3	4866.4	5997.8	7070.7	7055.2	8645.3	10591.1	10212.9
中国吸收 FDI 的变化									
规模	流量	46.9	52.7	53.5	60.6	72.4	72.7	83.5	108.3
	存量	203.1	216.5	228.4	245.5	272.1	292.6	327.1	378.1

续表

年份		2001	2002	2003	2004	2005	2006	2007	2008
增长速度	流量	—	12.5	1.4	13.3	19.4	0.4	14.9	29.7
（%）	存量	—	6.6	5.5	7.5	10.8	7.5	11.8	15.6
所占比重	流量	5.7	8.4	9.5	8.3	7.4	5.0	4.2	6.4
（%）	存量	3.3	3.2	2.8	2.6	2.7	2.4	2.1	2.5

资料来源：联合国贸发会数据库（http：//stats. unctad. org/fdi/）。

（三） 中国对外直接投资规模及份额的变化

2000 年 10 月召开的党的十五届五中全会审议并通过了《中共中央关于制定国民经济和社会发展第十个五年计划的建议》，指出在"十五"期间乃至更长的一段时期，一个很重要的内容，就是要实施"走出去"的开放战略，从而为今后 5 年我国对外投资活动的发展指明了方向，为企业走出去创造了良好的政策环境。为了配合走出去战略的推进，2004 年 10 月国家颁布了《关于对国家鼓励的境外投资重点项目给予信贷支持政策的通知》，这个政策体现了中国促进对外直接投资具体配套措施。在境外投资日常管理方面，除了 2002 年 10 月原外经贸部先后颁布的《境外投资联合年检暂行办法》和《境外投资综合绩效评价办法（试行）》外，商务部于 2004 年 11 月下达了商务部关于印发《国别投资经营障碍报告制度》的通知。这 3 个文件共同规范了中国政府在境外投资方面的监督与服务工作。2006 年 10 月国务院常务会议原则通过了《关于鼓励和规范我国企业对外投资合作的意见》，这是自中央提出"走出去"战略以来第一个全面系统规范和鼓励对外投资的纲领性指导文件，为我国企业海外发展创造了良好的政策环境。

受各种政策措施的推动，"十一五"以来我国企业对外直接投资规模和范围进一步扩大。根据联合国贸发会的统计，中国企业对外投资流量不断扩大，特别是"十五"末期和"十一五"以来的增速尤为明显。2000 年，我国对外直接投资流量仅为 9 亿美元，到 2005 年已增长至 123 亿美元，大约是 2000 年的 14 倍。到 2007 年，这一数字又迅速扩大至 225 亿美元，较 2005 年翻了近一倍。在金融危机冲击世界经济的背景下，2008 年中国企业变危机为机遇进一步扩大海外投资规模，实现对外直接投资 522 亿美元，较 2007 年增长了 132%。截至 2008 年底，我国对外直接投资存量达到 1479 亿美元，在全球对外直接投资中的比重达到 0.9%。从投资范围来看，按照中国商务部的统计，截至 2008 年底，我国对外直接投资共分布在 174 个国家（地区）。截至 2008 年末，中国对外直接投资存量在 10 亿美元以上的国家和地区有：中国香港、开曼群岛、英属维尔京群岛、澳大利亚、新加坡、南非、美国、俄罗斯联邦、中国澳门、哈萨克斯坦、巴基斯坦和加拿大。其中，南非、中国澳门是 2008 年新增规模国家和地区。

表 6　　　　全球及中国对外直接投资的规模和份额变化　　（10 亿美元）

年份		2001	2002	2003	2004	2005	2006	2007	2008
全球规模	流量	745.7	536.6	563.4	929.6	879.0	1396.9	2146.5	1857.7
	存量	6495.2	7269.2	8642.2	10093.1	10603.7	12953.5	16226.6	16205.7
发展中经济	流量	82.9	49.6	45.5	120.4	122.7	215.3	285.5	292.7
	存量	859.0	866.0	947.1	1116.0	1283.7	1731.6	2360.8	2356.6
转轨经济	流量	2.7	4.6	10.7	14.1	14.3	23.7	51.5	58.5
	存量	45.5	65.1	94.8	111.4	152.0	222.8	387.1	225.4
发达经济	流量	660.0	482.3	507.2	795.1	742.0	1157.9	1809.5	1506.5
	存量	5590.7	6338.0	7600.3	8865.7	9167.9	10999.2	13478.8	13623.6

中国对外直接投资的变化

		2001	2002	2003	2004	2005	2006	2007	2008
规模	流量	6.9	2.5	2.9	5.5	12.3	21.2	22.5	52.2
	存量	34.7	37.2	33.2	44.8	57.2	73.3	95.8	147.9
增长速度（%）	流量	—	-63.4	13.4	92.6	123.0	72.6	6.2	132.1
	存量	—	7.3	-10.6	34.8	27.8	28.2	30.6	54.4
所占比重（%）	流量	0.9	0.5	0.5	0.6	1.4	1.5	1.0	2.8
	存量	0.5	0.5	0.4	0.4	0.5	0.6	0.6	0.9

资料来源：联合国贸发会数据库（http://stats.unctad.org/fdi/）。

三 对"十二五"期间世界经济形势的判断

从 2008 年第 2 季度开始,发达国家,特别是美国、欧元区和日本等经济体的经济状况都不同程度出现回暖势头,尽管市场的内生力量还十分微弱、发展趋势仍然很不稳定、很不巩固,但国际组织大都预测,国际金融危机影响已经触底。同时,一些发展中国家还呈现增长势头。即便这种恢复势头还会出现反复,但总体看,世界经济将进入继续恢复和低速增长的态势。今后一个时期,世界经济发展趋势将取决于以下几个重要因素:

(一) 关于美国经济增长模式转变的可能性

美国主流社会的政治精英们主张:未来美国居民应降低消费水平,提高储蓄率,提高工业制成品出口能力,减少贸易逆差,减轻经济增长对消费的依赖;同时要求中国和贸易顺差国减少出口,转向内需。2009 年 9 月世界 20 国领导人会议上美国政府提出"可持续与平衡发展框架"的主张,就是其典型的表现。

那么它究竟能否行得通?也就是说在现实情况下,美国在多大程度上能够转变过去负债消费、过度消费的经济增长模式?这就不取决于美国政治精英的愿望和主张,而取决于美国长期形成的社会经济结构和文化传统。从国际金融危机发生后的一年时间看,美国的消费水平是在下降,储蓄率有所提高,美国居民储蓄率从 2008 年 3 季度的 -0.2% 提高到 2009 年 2 季度的 6%,但这个趋势能维持多久,并进而翻转美国的经济增长模式,却是大有疑问的。其原因在于:

第一,这不符合美国金融垄断资本的利益。服务业已占美国经济总量的 80%,美国生产总值的三分之二以上是只以价值量衡量的国民收入,而没有实物产品,美国经济已日益虚拟化,这使美国金融资本成为最强大、最有权势的利益集团。金融危机削弱了金融资本,但靠美国政府不断输血,依然十分强大。连美国新当权派要搞低碳经济都要设计碳交易和碳金融来讨好金融垄断资本，可见任何缩减金融资本活动空间的经济措施都不符合金融资本的利益。美国居民负债消费正是金融资本借以最迅速扩张金融产品与市场的最广泛的土壤，改变美国居民的消费习惯不符合美国金融资本的利益。

第二，美国产业资本依赖金融市场。美国制造业具有全世界难以企及的优势：技术、管理、品牌、营销能力和整合资源能力，那为什么仍然出现两大汽车公司破产危机？因为美国工会极力主张高工资和高福利，迫使美国公司难以控制劳动力成本，美国制造业依靠产业资本自身循环来平衡成本与收益的能力愈来愈弱；它需要依靠资本运作的手段，即不断在全球市场上重组、兼并、收购等方式来争取在金融领域的利润以弥补和抵消生产成本的不断增加，因此使美国产业资本的生存愈来愈依赖全球金融市场，而美国居民负债消费模式的转变，意味着美国金融市场乃至全球金融市场的萎缩或扩张速度下降，这也使产业资本难以忍受。

第三，美国居民偏好金融交易以获得财富。美国经济结构的虚拟化，导致国民财富结构的改变，实物财富在经济生活中愈来愈退居次要地位，虚拟财富愈来愈占有重要地位，这导致了人们观念的变化，这种观念变化就是经济学中说的偏好改变。金融产品交易成为美国居民获得财富的重要来源，负债与扩大金融产品交易不仅是美国普通居民的实际经济利益，也是美国独特的时尚文化，完全回到过去靠工资收入积累财富的传统，既不符合美国人民的利益，也违背美国的时尚文化。

因此结论是明显的：未来美国会继续出现消费与储蓄比例关系一定程度的变化，但不可能改变美国的经济结构；不可能改变金融资本、产业资本的生存方式；不可能改变美国居民的利益偏好与时尚文化。若强行改变，必然引起政治和社会动荡，美国的政治精英在这种压力下也无能为力。因此美国依靠消费拉动经济增长的趋势不会改变，负债消费和过度消费会有所收敛，但仍然会花样翻新继续出现，美国将仍然是世界最大的商品市场。其他西方发达国家也都只能基本照着美国的路子走,不可能出现太大的偏离。

(二) 关于美国的新兴战略性产业成长的前景

奥巴马上台之前,其智囊班子就为其制定了振兴美国经济的基本思路是:发展清洁能源和低碳经济。希望通过清洁能源和低碳排放寻找并建立起新的战略性产业,形成新的技术与生产供给,并建立新的国际分工以及新的国际收支格局。原来美国在应对气候变化问题上的调门很高,但在 2009 年 9 月应对气候变化的国际会议上,美国没有承诺减少排放的责任,这使各国、特别是欧盟国家大失所望。其中重要的原因就是推行战略性新产业的重重阻力。

首先,推行清洁能源和低碳经济在国内外都有阻力,与信息技术经济和房地产金融不同,石油垄断集团是新能源经济的天敌,美国石油垄断资本和石油出口国都是新能源经济的对立面,它们可以容忍新能源在不损害其利益的前提下得到一定发展,一旦出现利益冲突,它们不会任其坐大,必要时会采取各种手段来封杀新能源经济的发展,甚至控制其技术。

其次,美国至今还缺乏使新兴战略性产业成长的机制。这包括风险投资、技术转让、成本补贴、大众消费推广、出口促进等一系列经济杠杆手段。简单地依靠改变排放标准和交易规则,可以在一定程度上促进新兴产业发展,但不具有内在的可持续性。而这一经济机制的建立,是一个极其复杂的利益博弈过程。

再次,IT 新经济从勃兴到泡沫破灭的历史经验表明,往往依靠新技术支撑的新产业缺乏长期赢利的可持续性。在科技日益发达和科技全球化条件下,任何新产品的技术生命周期都日益缩短,创新技术生命和赢利时间愈来愈短,投资于技术创新很难得到足够大的回报,而风险却很大,这必然大大降低资本投资于新技术的热情。垄断资本更愿意投资于稀缺资源开发或可以不负担投资失败责任(如金融创新)的领域。

最后也是最关键的是,美国制造业仍然很强大,产业资本对新产业的需求以及美国国家利益对发展新产业的迫切性并非想象得那么强烈。美国制造业优势在三个领域：（1）航空航天器、汽车、大型计算机、武器、成套设备等技术含量高、附加值高的行业；（2）机械、电子产品的核心零部件等，主要为大企业配套，技术含量也较高；（3）在附加值低的劳动密集型制造业中控制研发、品牌和营销。这些产业优势将相当长时间存在，这不仅决定美国作为世界创新领导者的地位，而且美国还牢牢掌握着石油价格武器来维持这个地位。

在奥巴马的任期（或5年或10年）内，美国以清洁能源和低碳经济为主的战略性产业将会循序渐进并有一定程度发展，但不可能很快取代原有的制造业，不可能很快改变原有的制造业国际分工格局和国际收支流向。

（三）关于未来的国际分工与贸易规则是否变化

美国精英为未来设计的国际分工图景是：美国或西方发达国家成为新兴战略性产业的设计、研发和生产者、创新产品的主要供给者，不仅借以增强美国的制造能力和出口，而且让中国和发展中国家成为这些产品的消费者，从而改变世界经常项目收支的"失衡"格局。在贸易规则上通过征收碳关税，限制中国和发展中国家的出口和产业，逼迫中国在高油价、碳关税、高汇率三重压力下永远处在国际分工的不利地位。

前已述及，美国新兴战略性产业的成长之路尚遥，国际分工的基本格局在相当长一段时间不会改变，中国和发展中国家仍然是世界主要制成品或中间产品的主要生产者和供给者，世界经常项目收支的基本格局也不会改变，中国和部分发展中国家仍然是经常项目顺差大国，这是不以人的意志为转移的。在既定国际分工下，贸易自由化和比较优势对要素配置的必然结果是与经常项目收支不平衡相伴随的，而这一切结果的动力机制正是来源于美国和发达国家的跨国公司努力扩张。

在应对气候变化的国际关注中，不应小看美国政治精英提出的碳关税舆论,它也可能成为世界贸易组织的新议题。尽管贸易自由化的趋势不会改变,但贸易自由化会被逐渐加入新的因素,逐渐与传统自由贸易概念有新的区别,这也会成为一种趋势,我国应当积极参与规则制定并认真应对。同时,应对贸易保护主义也将成为长期任务。客观上存在的经济利益矛盾、西方国家的选票政治因素以及对中国社会制度的敌视和怀疑,都是贸易保护主义长期存在的原因。但是经济全球化和贸易自由化是跨国垄断资本的根本利益所在,跨国公司主导国际贸易的基本格局决定了贸易保护主义兴风作浪的有限程度。所以,我国应确立不怕打贸易战的思想,要学会有理、有利、有节、持久地打各种贸易战和汇率战,"斗而不破"是我们处理与美国经济利益矛盾的指导思想;建立国际经贸统一战线联盟和分化区别不同贸易伙伴和利益集团应是我们的基本策略。

基本结论是:经济全球化的趋势没有改变,国际分工和国际收支流向的基本格局在未来若干年内也不会有实质性改变。特别值得注意的是,在国际金融危机的压力下,各国经济的相互依赖不仅没有削弱,反而加强;美国等西方发达国家与各国的经济战略对话和经济政策协调的必要性继续增强,G20成为各国对话和政策协调的机制性重要平台,取代了富国的G7俱乐部。另外同样值得关注的是,国际直接投资流量在2007年达到1.979万亿美元空前峰值后,2008年下降14%,但仍然达到1.697万亿美元,仍然是历史第二高点;2009年预计再下降30%,但绝对值仍然达到1.2万亿美元左右,而且,2008年和2009年跨国并购在国际直接投资中仍占68%和67%,与2007年的70%相差无多。这种状况与美国IT新经济泡沫破灭后国际直接投资流量从2000年的1.3万亿美元下跌到2003年的5000多亿美元有很大不同。联合国贸发会议预测,2010年国际直接投资流量将恢复到1.4万亿美元。这说明,跨国垄断资本仍然有经济金融实力继续推进经济全球化,我国不仅处在有利于对外开放的和平国际环境,而且仍然处在有利于吸收国际资本和承接国际产业转移的战略机遇期。

四 "十二五"我国开放型经济发展的指导思想和战略目标

（一）"十二五"我国开放型经济发展的指导思想

"十二五"我国开放型经济发展的指导思想是：**提高开放型经济水平，继续实行内外需并重的经济建设方针，努力扩大内需与积极争取外需相结合，两手都要硬。在扩大内需中，坚持以扩大投资需求为先导，合理增加消费需求，特别是居民消费；在积极争取外需中，既要努力创造新的国际竞争优势，也要保持和延续低成本制造的已有优势，实施企业走出去战略和自由贸易区战略，促进商品和服务出口贸易持续增长，扩大世界市场份额。**

关于我国开放型经济的提法，最早出现在 1992 年党的十四届三中全会决议中，后来党的"十五大"、"十一五"规划建议都继续使用了我国开放型经济的概念。中共"十七大"报告做出明确判断："我国开放型经济进入新阶段"。这说明，开放型经济已经不是一个简单的提法问题，也不仅仅是对我国实行对外开放政策的归纳，实际上，这个概念是对我国现行经济社会形态、国民经济体系与运行的总结与定义。对于这种特性的经济体，其经济建设方针应该怎样看待外需问题，这是关系我国现代化建设的全局问题。

有一种看法认为，中国改革开放 30 年曾是出口拉动型经济（外国学者有一说法是重商主义），现在搞科学发展观就是纠正出口拉动，要以内需为主。这种看法不仅很流行，而且对国家宏观决策造成很大影响。这种看法不仅对过去 30 年的总结不正确，而且对现在与未来的决策方向更具有误导性。

在 1978—2008 年的 31 年间，在我国的总量需求中，国内需求为主体，31 年的平均比重为 85.54%，外需比重为 14.64%，在各个需求对经济增长的贡献率中，国内需求比重相对下降，平均为 80.9%，外需比重平均为 19.1%；外需对经济增长的拉动作用逐渐明显并不断增强,与我国对外开放的扩大和开放型经济特征的逐渐显化是相对应的。总体而言,我国31年内外需整体结构特征是:内外需共同增长,外需增长更快,但内需为主基本不变;投资需求增长保持稳定,出口需求和消费需求增长在波动中互有起伏。这说明,在过去31年建设开放型经济和积极争取外需中,并没有改变我国大经济体客观上必然以内需为主的基本格局,内外需结构基本是恰当的。相反,这种局面是花大力气才能争取到的,如果在争取外需上稍有松懈,这种内外需并举的局面就将丧失或退步。

前两三年片面强调"内需为主"不仅缺乏针对性,而且实际上是否定争取外需的必要性。2008年12月在应对国际金融危机冲击中召开的中央经济工作会议,提出了"坚持以扩大内需为主与稳定外需相结合"的工作方针,一定程度上纠正了否定外需必要性的主张,但究竟"稳定外需"的含义是什么,仍然是比较模糊的。2009年12月在经历了应对国际金融危机冲击一年实践的基础上,中央经济工作会议对稳定外需有了更多的表述,例如"必须坚持扩大内需和稳定外需协调发展"、"实现内需与外需有效互补"、"把扩大内需特别是消费需求与稳定外需结合起来,着力增强经济发展的均衡性"等,而且,明确提出了稳定外需的含义是,推动出口稳定增长,保持外需政策的连续性和稳定性,深入实施市场多元化战略,稳定传统市场,开拓新兴市场,并首次提出了"加快转变外贸发展方式"。这些表述和政策倾向,事实上使我国开放型经济的建设方针重新回到了内外需并重的正确轨道上。

外需是否存在,或是否有潜力?答案是肯定的。中国人口占世界的20.13%,劳动要素不能自由流动,只能靠商品出口流动,2008年中国出口只占世界总出口的8.9%,而德国人口只占世界的1.26%,出口占9.1%,美国人口只占世界的4.6%,出口占8%;日本人口只占世界的1.96%,出口占世界的4.9%;欧元区15国人口只占世界的5.3%,出口却占到世界的34.8%。中国理应占世界出口市场份额的20%以上,这就是潜在的外需,我们距离这个目标还很远。我们不应把既不敢也不想、也没有能力争取到外需与没有外需混为一谈。现有的外需分布也不平衡，我国商品出口在发达经济体的市场份额比重高一些，而在许多新兴经济体和发展中国家的市场份额就很低，增长空间仍然很大。

即便在国际金融危机影响下，也要纠正某些对外需下降的误判。国际金融危机诚然使世界一部分居民的支付能力下降，从而导致外需增长下降，但并非丧失，特别是对那些收入需求弹性小的消费品仍然必须购买，2009年前11个月我国出口劳动密集型产品下降幅度较小已经证明这一点。一些外需下降也是由于贸易融资发生问题，并非完全是购买力问题。更为严峻的是我国出口商品竞争力下降，导致出口市场份额下降。"十一五"以来，在忽视外需的舆论误导下，我国的贸易政策措施不断削弱低成本制造优势，而在新的国际竞争优势尚未形成的条件下，对我国商品和服务的出口竞争力造成很大的负面影响，这个教训应当吸取。

（二）"十二五"我国开放型经济发展的战略目标

商品出口贸易：人口专家预测，从现在起到2025年，我国农村仍需继续转移剩余劳动力，因此应用最短的时间、最快的速度使我国商品出口贸易在世界市场中占有20%以上的份额是我国开放型经济发展、也是我国经济建设发展的战略利益，应争取用10年完成这个目标，即"十二五"应达到15%以上。作为贸易强国，不仅要强调贸易质量，而且也要强调贸易数量，特别是人均数量；没有人均数量就没有话语权。因此，未来中国走向贸易强国，不仅需要质量的提高，数量的增长仍然极其必要。

服务贸易：从2008年服务贸易出口占世界市场份额3.9%，提高到2010年的5%左右，"十二五"结束的2015年达到8%。在运输、保险、专有权利使用费和特许费这三项主要逆差项目中应着力提高我国海洋运输能力，减少收支逆差，要由2008年115亿美元，减少到2010年的85亿美元，到2015年减少到20亿美元。同时加强通

信、其他商业服务、广告宣传、电影音像等行业的出口能力,特别是
软件外包带动的计算机信息服务应从 2008 年的 30 亿美元顺差提高到
2010 年的 50 亿美元,2015 年提高到 100 亿美元以上。

利用外资:继续大力吸引外商直接投资,争取年均 1000 亿美元
以上,5 年累计达到 5500 亿美元。在东部沿海地区和内地大城市吸
引外资投向先进制造业和新兴战略性产业,投向各种生产性服务业;
在内地广大区域继续吸引外资投向各种低成本加工制造业和服务业;
要创新利用外资方式,最主要的是扩大服务业吸引外资和利用并购方
式吸引外资。扣除金融业和房地产业外,服务业吸收外资平均应达到
30% 以上;以并购方式吸引外资平均应达到 30% 以上。继续完善
QFII,利用我国资本市场吸引外资。

企业海外投资:企业海外投资不仅要强调金额数量,也要强调实
际功效。"十二五"企业海外投资年均争取达到 600 亿美元,5 年累
计达 3000 亿美元。企业海外投资的实际功效不仅要讲企业的实际经
营效益,而且要把进口我国所需资源和扩大我国海外商品市场作为战
略目标。即要求到 2015 年,我国海外公司应能够担负我国所需进口
的原油、成品油、铁矿砂、部分有色金属矿等资源性产品的部分生产
与储备功能,如进口量的 10% 和储备量的 20% 由海外公司承担。海
外商品市场的扩展,要求我国海外公司从国内母公司进口的产品或中
间品,占我国出口总额的 10%。

五　促进我国开放型经济发展的措施和建议

第一,扩大开放,提升开放型经济。(1)进一步开放基础设施
和服务业市场,吸引外商投资。基础设施市场要按照不同类别制定
市场准入条件,并采取招投标的办法制定收费价格。特别是各级各
类经济技术开发区,集中了较多外商投资企业,有的正在向城市建
成区过渡,这些新城区往往管理体制和居民观念都比较新,更有条
件吸引外商投资进入城市基础设施和社会服务业领域。即使是老城

市的新城区、沿海经济特区和城市都具备吸引外商投资进入城市基础设施和社会事业中各种服务业的条件或部分条件，应当开放这些市场。大型基础设施，如支线航空机场、支线铁路、部分高速公路和港口也都可以吸引外商投资，并允许采取 BOT 方式，或参股经营等不同方式，吸引外资设立物流合资、合作企业；吸引外商在华设立各类研究开发机构；投资咨询机构；进一步放宽政策允许外商投资企业在华设立分销渠道；采取有利的政策环境吸引外资流向房地产和股票市场以外的各种服务业。（2）放宽外资并购政策，鼓励拥有先进技术的外资企业并购国内企业。并购投资已成为国际直接投资的主要方式，如果我们在吸引外资并购方面没有新的突破，那我们落实党的"十七大"报告中提到的"创新利用外资方式"就是一句空话。在民用工业生产领域，我们要舍得出让股权，不要怕外资控股。当然，并购是一项十分专业化的商务活动，需要有精通业务的专家和中介机构提供服务。（3）加快实施地区性对外开放的国家战略，如上海全球性国际贸易中心，扩大保税区和特殊监管区的范围，给予上海更灵活的贸易自由化政策，使上海成为全球最大的商品贸易、转口贸易和离岸贸易中心，成为我国与全球资源置换的中心。扩大珠三角和天津滨海新区、海峡西岸经济区的对外开放功能，进一步发展先进制造业和生产性服务业，提高资源置换能力，使这些对外开放最前沿的部分成为我国广大内地参与经济全球化的各种枢纽。

　　第二，改革外汇管理体制，促进企业海外投资。应鼓励外汇持有主体的多元化。按照外汇储备功能的多样性，可以将外汇储备分为基础性外汇储备、战略性外汇储备以及收益性外汇储备三个层次，各个层次均对应不同主体。基础性外汇储备，即国家用于防范国际收支风险、维持汇率稳定的外汇储备部分，应由央行国家外汇管理部门集中管理；战略性外汇储备，即国家用于对支持中长期发展资源需求和产业技术升级需要，为海外战略资源投资提供融资，支持重点领域、重点行业、重点企业进行海外市场拓展、技术升级、资源收购的外汇储备部分,应由主权基金性质的中国投资公司国家开发银行、进出口银行等政策性银行保险机构、部分地方政府、战略性重点国有企业、大型民营企业等主体构成;收益性外汇储备,即满足一般经济主体寻求海外投资收益驱动而需要的外汇储备部分。当前,我国在基础性外汇储备和战略性外汇储备方面均已启动,但还需要完善,特别是需要扩大范围。收益性外汇储备,通俗来说即"藏汇于民",这一政策设计需要启动和试行。

第三,**继续推动自由贸易区战略**。中国—东盟自由贸易区已经启动,并已初步显示互利效果,应从促进相互投资方面继续深化开放、巩固和扩大自由贸易区的成果。同时,应在上海合作组织基础上,推动中国与中亚五国自由贸易区的建立,扩大我国商品与服务市场,并继续发展石油天然气资源方面的合作。"十二五"期间,应把中国东盟自由贸易区合作推向新的发展阶段,同时启动一至两个对我国开放型经济发展具有较高价值的自由贸易区。

第四,**创造国际经济竞争新优势**。(1)鼓励境内商务企业发展各种形式的生产性服务,为分散的加工制造出口企业提供有效服务,节约流通领域的成本和劳动时间;并在此基础上发展境内为外贸出口服务的生产性服务产业,形成境内的生产性服务供应链。完善各种商务平台,加快建设外向型商品市场和出口基地,使我国对外贸易发展主体的组织化程度得到进一步提高,加强竞争力。(2)鼓励一部分企业自主创新,创造具有自主知识产权的技术和品牌,实现生产制造技术在国际分工价值链的提升。鼓励外商投资于先进制造业和先进制造技术环节,带动我国制造业的产业升级和技术提升。(3)加大金融保险服务对进出口贸易的支持力度。2009年在应对国际金融危机中,我国出口买方信贷发挥了有效作用,根据中国出口信用保险公司测算,840亿美元的承保规模,可直接拉动500亿美元的出口。截至2009年10月末,出口信用保险承保金额达到733.8亿美元,其中,短期出口信用保险承保701.6亿美元,同比增长108%;出口信用保险对我国一般贸易出口的覆盖率达到17.3%。2009年上半年,通过短期出口保险累计支持企业向新兴市场出口 112 亿美元，同比增长 21%。根据 2009 年的经验，应当在"十二五"期间继续扩大出口买方信贷的承保规模，以 2010 年承保 1500 亿美元为基数，每年递增 30%，到 2015 年承保规模达到 5500 亿美元以上。同时，对信誉良好的境外进口商提供人民币出口信贷服务，扩大国内出口卖方信贷的覆盖范围，争取 2015 年出口信贷在一般贸易中承保比重达到 40%。随着出口信用保险业务的发展，要开放商业性保险公司经营出口信用保险业务。

第五，尽力保持低成本制造优势。（1）从我国利益最大化角度出发，人民币汇率应当是具有商品出口竞争力的汇率，应当是保持较大规模贸易顺差的竞争性汇率。人民币汇率应实行主要盯住美元的、有浮动的、竞争性的固定汇率，即形成发挥市场机制作用的、有管理的汇率机制。（2）合理使用出口退税经济杠杆。我国现行税制很难做到"应退尽退"；出口退税规模应稳定在占全国财政收入的恰当比重。"十五"期间，全国出口退税规模占全国财政收入的 8.31%，该期间我国出口贸易高速增长。"十一五"前 3 年，我国出口退税规模占全国财政收入比重提高到 10.5%，2009 年出口贸易激励完全压在出口退税上，尽管出口退税率比 2008 年大幅度提高，但由于退税压力太大，从 2009 年下半年开始，实际退税的增长速度已经下降，前 10 个月全国实际退税为 5224.62 亿元，同比增长 9%；预计全年退税规模达到 6300 亿元，比 2008 年 5870 亿元增加了 430 亿元，占全国财政收入比重的 9.4% 左右。可见加大出口退税力度的空间已经没有。因此"十二五"期间应把出口退税规模基本稳定在占全国财政收入的 8.5%—9.5%，即不超过 10% 的水平，并明确退税的经济功能主要是调节商品结构，而不是对出口贸易的普遍激励。（3）继续鼓励加工贸易。除造成环境污染的项目外，其他项目应基本采取允许与鼓励的政策；特别是要制定鼓励加工贸易产品进入国内市场销售的政策，让加工贸易企业具有更强的抵御国外市场风险的国内市场条件，并培育增强具有国外竞争优势的国内产业规模条件。

第六，继续完善关税结构。由于贸易自由化措施的安排，虽然中国关税保护措施不断弱化，但关税结构在不同时期仍然体现了对某些产品和行业一定程度的保护，这对外商投资于一些资本技术密集行业形成一种激励，如运输设备制造业、通信与计算机设备制造业、化学品制造业等成为外资进口替代制造业比较集中的行业。因此在"十二五"以及未来时期，应继续完善关税结构，通过关税保护和国内优惠政策激励，吸引外资进入先进制造业和新兴战略性产业。现行我国工业制成品的算术平均关税率为 9.8%，其中完善关税结构的空间仍然存在，对一些我国竞争力比较强的工业制成品，还有降低关税的潜力，因此还可以对一些进口替代型的工业产品实行一定程度的关税保护，特别是以关税保护措施吸引外商投资，尽快引进技术，形成生产能力，为未来的关税减让奠定基础。

（执笔：裴长洪、王朝阳）

参考文献

WTO：International Trade Statistics，2009.

UNCTAD：World Investment Report 2009.

裴长洪：《利用外资仍要坚持数量与质量并重》，《红旗文稿》2008 年第 11 期。

裴长洪：《探寻吸引外商投资的新增长点：理论与实践依据》，《中国工业经济》2009 年第 4 期。

裴长洪：《中国贸易政策调整与出口结构变化分析（2006—2008）》，《经济研究》2009 年第 4 期。

裴长洪、王朝阳：《"十一五"中期我国开放型经济发展评述》，院交办课题，2009 年 3 月。

裴长洪、于立新等：《扩大内需与稳定外需的互动关系研究》，商务部综合司委托研究课题，2009 年 11 月。

第九章

投资、消费与经济发展

一 "十一五"规划纲要及各年《政府工作报告》有关目标与指标

(一)"十一五规划纲要"有关要求

《国民经济和社会发展第十一个五年规划纲要》中"经济社会发展的主要目标"包括宏观经济平稳运行、产业结构优化升级、资源利用效率显著提高、城乡区域发展趋向协调等九个方面,其中未来五年经济增长具体指标是"国内生产总值年均增长 7.5%、人均国内生产总值年均增长 6.6%"。[①] 实现以上目标以及具体指标所要坚持六项原则的第一条就是"必须保持经济平稳较快发展。要进一步扩大国内需求,调整投资和消费的关系,合理控制投资规模,增强消费对经济增长的拉动作用"。与这一指导思想和原则相对应,"规划纲要"提出"针对发展中的突出矛盾和问题,要进一步调整推动发展的思路,转变推动发展的方式,明确推动发展的政策导向",首先一条就是"立足扩大国内需求推动发展,把扩大国内需求特别是消费需求

---

① 该指标为预期性指标,而非约束性指标。

作为基本立足点，促使经济增长由主要依靠投资和出口拉动向消费与投资、内需与外需协调拉动转变"。

（二）各年《政府工作报告》有关要求

2006 年《政府工作报告》提出，2006 年国民经济和社会发展的主要预期目标是：国内生产总值增长 8% 左右，单位国内生产总值能耗降低 4% 左右；居民消费价格总水平涨幅控制在 3%；城镇新增就业 900 万人，城镇登记失业率控制在 4.6%；国际收支基本平衡。

在"继续保持经济平稳较快发展"这一首要工作方面，《报告》明确了两条："坚持扩大内需的战略方针，重点是扩大消费需求，增强消费对经济发展的拉动作用"① 与 "保持固定资产投资适当规模，坚持有保有压，优化投资结构，防止投资过快增长"。

2007 年《政府工作报告》提出，2007 年国民经济和社会发展的主要目标是：在优化结构、提高效益和降低消耗、保护环境的基础上，国内生产总值增长 8% 左右；城镇新增就业人数不低于 900 万人，城镇登记失业率控制在 4.6% 以内；物价总水平基本稳定，居民消费价格总水平涨幅在 3% 以内；国际收支不平衡状况得到改善。

在"促进经济又好又快发展"的首要工作"坚持加强和改善宏观调控"中明确"调整投资和消费的关系。坚持扩大内需方针，重点扩大消费需求。……保持固定资产投资适度增长，着力优化投资结构，提高投资效益"。

2008 年《政府工作报告》提出，2008 年国民经济和社会发展的预期目标是：在优化结构、提高效益、降低消耗、保护环境的基础

---

① 具体措施来自 4 个方面：（1）努力增加城乡居民收入；（2）稳定居民支出预期，扩大即期消费；（3）大力开拓农村消费市场；（4）完善消费环境和政策。

上，国内生产总值增长 8% 左右；居民消费价格总水平涨幅控制在
4.8% 左右；城镇新增就业 1000 万人，城镇登记失业率控制在 4.5%
左右；国际收支状况有所改善。

在全年 9 个主要工作的第三个方面"推进经济结构调整，转变发
展方式"中要求"坚持扩大内需方针，调整投资和消费关系，促进
经济增长由主要依靠投资、出口拉动向依靠消费、投资、出口协调拉
动转变"。

2009 年国民经济和社会发展的主要预期目标是：国内生产总值
增长 8% 左右，经济结构进一步优化；城镇新增就业 900 万人以上，
城镇登记失业率 4.6% 以内；城乡居民收入稳定增长；居民消费价格
总水平涨幅 4% 左右；国际收支状况继续改善。

报告指出，2009 年是实施"十一五"规划的关键之年，也是进
入新世纪以来我国经济发展最为困难的一年，改革发展稳定的任务十
分繁重。而做好政府工作的第一项原则（共四项原则）就是"扩内
需、保增长"——坚持把扭转经济增速下滑趋势作为宏观调控最重
要的目标，把扩大国内需求作为促进经济增长的长期战略方针和根本
着力点，增加有效需求，加强薄弱环节，充分发挥内需特别是消费需
求拉动经济增长的主导作用。2009 年的第一项主要任务（共四项任
务）就是"大规模增加政府投资，实施总额 4 万亿元的两年投资计
划，其中中央政府拟新增 1.18 万亿元，实行结构性减税，扩大国内
需求"。2009 年七项工作的第二项是"积极扩大国内需求特别是消费
需求，增强内需对经济增长的拉动作用"，其中，第一条要求是"扩
大消费尤其是居民消费"，第二条要求是"保持投资较快增长和优化
投资结构"。

（三）主要目标与指标实现情况

2006—2009 年前 3 季度主要指标与实现情况具体如下（下文如
不特别指明，2009 年均为前 3 季度）：

表 1　　　　　　**"十一五"前 4 年主要指标与实现情况**

年份	2006		2007		2008		2009*	
项目	目标	实现	目标	实现	目标	实现	目标	实现
GDP 增长	8%	11.6%	8%	13%	8%	9%	8%	7.7%
CPI 涨幅	≤3%	1.5%	≤3%	4.8%	≤4.8%	5.9%	≤4%	-1.1%
城镇 新增就业	900 万	1184 万	900 万	1204 万	1000 万	1113 万	900 万	121 万
城镇登记 失业率	≤4.6%	4.1%	≤4.6%	4.0%	≤4.5%	4.2%	≤4.5%	NA

资料来源:历年《政府工作报告》、国家统计局、国新办前三季度国民经济运行情况发布会。

*2009 年实现情况为截止前 3 季度。

从上表可以知道,"十一五"头四年经济增长的目标均能得到很好实现,但在国际金融危机影响之下,2009 年以及可能的 2010 年,中国就业情况会遇到比较大的困难。需要注意的是,2007 年和 2008 年 CPI 涨幅均超过了预定目标,而 2009 年则较大幅度低于预定目标。

二　投资、消费与经济增长的总体情况

本部分首先简要回顾 2006—2009 年中国经济增长的基本情况,然后分析经济增长中投资、消费的具体贡献与拉动情况。

(一) 经济增长

2006—2009 年,中国经济增长首先延续了自 1999 年以来的连续走高趋势,直到 2007 年第三季度才发生转折性变化,其主要原因在于大的国际背景——美国次贷危机爆发,并迅速演化为全面金融危机;与此相伴随,日益开放的中国经济也经历了高速增长、突然下滑、稳定反弹的变化过程。

分季度看,2006—2009 年的增长率依次为 11.4%、12.0%、

11.8%、 11.6%、 13.0%、 13.4%、 13.4%、 13.0%、 10.6%、
10.4%、9.9%、9.0%、6.1%、7.9%和8.9%。① 在经济日益全球化的今天，中国经济在所难免地伴随着金融危机同步走出了"一波行情"（见图1和表2）。

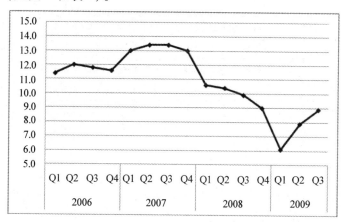

图1　2006—2009年季度GDP增长速度

资料来源：国家统计局。

注：本报告中以下图表如不注明资料来源，均来自国家统计局。

表2		2006—2008年主要经济体经济增长率			（%）
经济体　　年份	2006	2007	2008	2009 预测	2010 预测
世界	5.4	5.2	3.4	-1.1	3.1
发达国家	2.9	2.7	1.0	-3.4	1.3
美国	2.9	2.0	1.1	-2.7	1.5
欧元区	2.8	2.6	1.0	-4.2	0.3
德国	2.9	2.5	1.3	-5.3	0.3
法国	2.0	2.2	0.8	-2.4	0.9

① 数据来自国家统计局《中国统计年鉴》（2009年），该年鉴已对2007年数字完成了调整。数据为自年初累计数。

续表

经济体　＼　年份	2006	2007	2008	2009 预测	2010 预测
意大利	1.9	1.5	-0.6	-5.1	0.2
西班牙	3.9	3.7	1.2	-3.8	-0.7
日本	2.2	2.4	-0.3	-5.4	1.7
英国	2.8	3.0	0.7	-4.4	0.9
加拿大	2.8	2.7	0.6	-2.5	2.1
其他发达国家	4.4	4.6	1.9	-2.1	2.6
新兴和发展中国家	5.3	8.3	6.3	1.7	5.1
俄罗斯	6.7	8.1	6.2	-7.5	1.5
中国	11.1	13.0	9.0	8.5	9.0

　　资料来源：IMF《世界经济展望》“最新预测”（2009 年 10 月）。

　　注：2006 年数据来自 2007 年《世界经济展望》。

（二）　投资、消费的贡献与拉动

　　由于数据的可得性，按支出法国内生产总值计，2006 年、2007 年和 2008 年资本形成总额分别为 94402 亿、111417 亿元和 133612 亿元，分别占 GDP 的 42.6%、42.3% 和 43.5%；[①] 2006 年、2007 年和 2008 年最终消费支出分别为 110595 亿元、128445 亿元和 149113 亿元，分别占 GDP 的 49.9%、48.8% 和 48.6%，延续着自 1981 年以来的下滑趋势。

　　从《2008 年国民经济和社会发展统计公报》的数据看，不严格地分析，[②] 过去 5 年的投资与消费发展趋势如下所示。

　　2009 年前 3 季度，全社会固定资产投资 155057 亿元，同比增长 33.4%，增速比上年同期加快 6.4 个百分点。

---

　　①　2009 年投资率应该会创出新高，但 2008 年投资率可能不会超过 50%——从《2008 年国民经济和社会发展统计公报》来看，全社会固定资产投资总额为 172291 亿元，占国内生产总值的 47.77%。

　　②　即简化的以“社会消费品零售总额”代替“最终消费支出”。

　　2009 年前 3 季度，社会消费品零售总额 89676 亿元，同比增长 15.1%；扣除价格因素，实际增长 17.0%，比上年同期加快 2.8 个百分点。

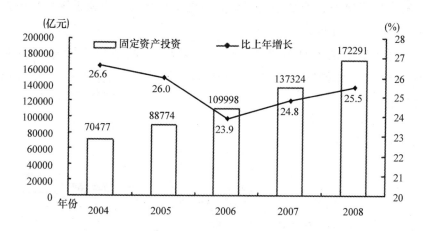

图 2　2004—2008 年固定资产投资及其增长速度

资料来源：《2008 年国民经济和社会发展统计公报》。

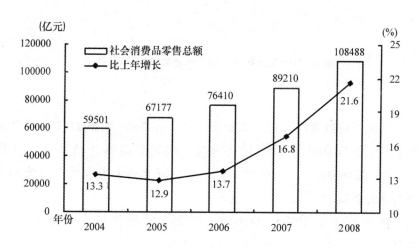

图 3　2004—2008 年社会消费品零售总额及其增长速度

资料来源：《2008 年国民经济和社会发展统计公报》。

从图 2 和图 3 可以看出，固定资产投资增长速度从 2006 年起扭转下降趋势开始保持稳定提高，社会消费品零售总额增长速度虽然自 2005 年起不断加快，但仍低于固定资产投资增长。当然，无论是固定资产投资增长，还是社会消费品零售总额增长，均高于生产法国内生产总值增长速度。

图 4 更加准确地描述了 1997—2008 年间投资（即资本形成总额）、消费（即最终消费支出）和国内生产总值（支出法下）增长速度的变化。

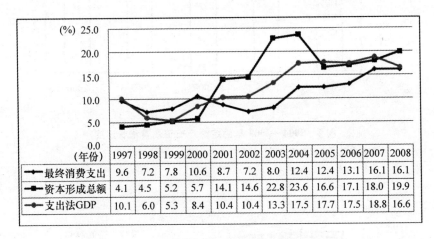

（年份）	1997	1998	1999	2000	2001	2002	2003	2004	2005	2006	2007	2008
最终消费支出	9.6	7.2	7.8	10.6	8.7	7.2	8.0	12.4	12.4	13.1	16.1	16.1
资本形成总额	4.1	4.5	5.2	5.7	14.1	14.6	22.8	23.6	16.6	17.1	18.0	19.9
支出法GDP	10.1	6.0	5.3	8.4	10.4	10.4	13.3	17.5	17.7	17.5	18.8	16.6

图 4 1997—2008 年投资、消费和 GDP 增长速度

注：最终消费支出、资本形成总额和支出法 GDP 均为当年价格。

从图 4 可以看出，以当年价格计算，在 2006 和 2007 年，投资增长速度低于国内生产总值增长速度，但它们均高于消费增长速度（13.1% 和 16.1% ）；2008 年，投资增长速度高于国内生产总值和消费的增长速度。

图 5 描述了 1997—2008 年，投资、消费和净出口对 GDP 的贡献。

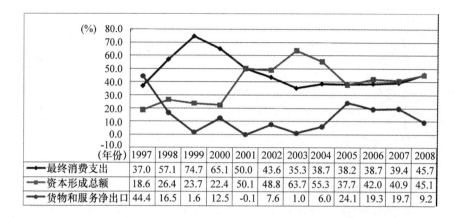

(年份)	1997	1998	1999	2000	2001	2002	2003	2004	2005	2006	2007	2008
最终消费支出	37.0	57.1	74.7	65.1	50.0	43.6	35.3	38.7	38.2	38.7	39.4	45.7
资本形成总额	18.6	26.4	23.7	22.4	50.1	48.8	63.7	55.3	37.7	42.0	40.9	45.1
货物和服务净出口	44.4	16.5	1.6	12.5	-0.1	7.6	1.0	6.0	24.1	19.3	19.7	9.2

图 5　1997—2008 年投资、消费和净出口对 GDP 的贡献率

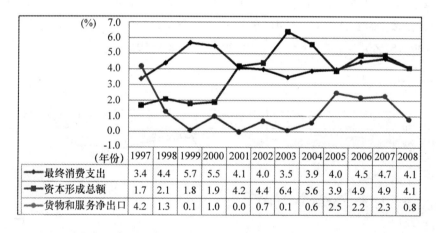

(年份)	1997	1998	1999	2000	2001	2002	2003	2004	2005	2006	2007	2008
最终消费支出	3.4	4.4	5.7	5.5	4.1	4.0	3.5	3.9	4.0	4.5	4.7	4.1
资本形成总额	1.7	2.1	1.8	1.9	4.2	4.4	6.4	5.6	3.9	4.9	4.9	4.1
货物和服务净出口	4.2	1.3	0.1	1.9	0.0	0.7	0.1	0.6	2.5	2.2	2.3	0.8

图 6　1997—2008 年投资、消费和净出口对 GDP 的拉动

从图 6 可以看出，2008 年相对于 2006 年和 2007 年，投资和消费对于国内生产总值的拉动作用均出现了下降。投资对于国内生产总值的拉动作用均高于消费的拉动。预计"十一五"期间，投资大于消费对国内生产总值的拉动作用的状况将进一步扩大。因此，从 2001 年以来，中国经济投资驱动的特征仍将延续。①

---

① 从图 6 可以看到，只有 2005 年投资的拉动作用略低于消费的拉动作用。

三　投资的具体情况①

本部分首先总结和分析中国投资的一些总体特征和新近趋势;由于数据的可得性以及城镇投资占有全国投资 85% 以上的现状,接下来将集中分析 2006 年以来城镇投资的具体情况。

(一)投资总体情况概览

如图 7 所示,1997—1998 年亚洲金融危机之后,中国固定资产投资增长速度迅速提高;2003 年之后平均保持在 25% 以上。"十一五"的头 4 年,② 固定资产投资增长速度经过高位调整之后小幅升高, 依次为 23.9% 、24.8%、25.5% 和 33.4%, 完成投资额为109998 亿元、137324 亿元、172291 亿元和 155057 亿元。

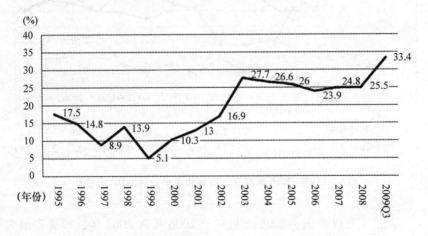

图7　1995—2009 年 3 季度全社会固定资产投资增长率

---

① 如不特别说明,本部分的"投资"一般指"固定资产投资",它区别于上部分中更多使用的"资本形成总额"概念。

② 2009 年为前 3 季度。下文同。

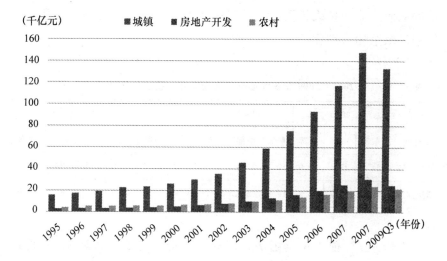

图 8　1995—2009 年 3 季度全社会固定资产投资城乡构成

从图 8 可以看出，城镇固定资产投资是全社会固定资产投资的主体。根据国家统计局的有关数字，2001 年城镇固定资产投资占比超过了 80%，2008 年已超过了 85%，2009 年前 3 季度达到了 85.9%。

从全社会固定资产投资的地区结构上看，"十一五"前 4 年中，东部不断下降、中部和西部继续上升（参见表 3）。①②从增长速度上看，中部和西部高于全国平均水平，而东部低于全国水平。固定资产投资地区结构的这一变化充分反映出：区域增长不均衡和梯度发展是中国这种发展中大国的显著特征。所以，投资区域结构的变化，固然有十余年来政府大力推进中部崛起、振兴东北和西部大开发战略的作用，更是经济的梯度发展之客观规律所致。基于上述变化，为应对金

①　国家统计局《2006 国民经济和社会发展统计公报》中将东北地区单独列出，为与 2007、2008 年统计数据进行对比，这里进行分解合并，即黑龙江省和吉林省并入中部，辽宁省并入东部。

②　这里东部包括辽宁、河北、天津、北京、山东、江苏、浙江、广东、福建和海南，中部包括黑龙江、吉林、山西、河南、河北、湖南、安徽和江西，西部包括宁夏、陕西、甘肃、青海、新疆、四川、重庆、云南、贵州、西藏、广西和内蒙古。

融危机而采取的扩大投资计划,就应当更为积极主动地顺应、引导和促进区域结构合理化。

表 3　　　　2006—2009 年 3 季度全社会固定资产投资地区情况

年份	2006			2007			2008			2009Q3		
地区	东部	中部	西部	东部	中部	西部	东部	中部	西部	东部	中部	西部
结构(%)	54.8	23.4	19.9	52.7	25.0	20.5	50.7	20.5	20.8	NA	NA	NA
增速(%)	21.3	37.7	36.2	19.9	33.3	28.2	20.9	32.6	26.9	28.1	38.3	38.9

"十一五"前 4 年全国房地产开发投资情况如下表所示。[①] 可以看出,2008 年和 2009 年增速越来越显著低于固定资产投资增速。

表 4　　　2006—2009 年 3 季度房地产开发投资完成情况　　(单位:亿元)

年份	2006		2007		2008		2009Q3	
项目	总额	增速	总额	增速	总额	增速	总额	增速
房地产开发投资	19382	21.8%	25280	30.2%	30580	20.9%	25050	17.7%
固定资产投资	109870	24.0%	137239	24.8%	172291	25.5%	155057	33.4%

(二) 城镇投资的具体情况

"十一五"前 4 年,2006—2009 年城镇和农村固定资产投资情况参见下表。

如表 5 所示,2009 年扭转了此前 3 年中农村固定资产投资增长率低于城镇的状况;而"十一五"前 4 年中,城镇固定资产投资全国占比分别达到了 85.02%、85.56%、86.00% 和 85.89%。这说明,中国在快速工业化过程中,同时展开更快的城市化进程。虽然消费增长率高于经济增长率,但它还是远远低于投资增长率。中国经济运行

---

① 数据来自历年《国民经济和社会发展统计公报》。

中的特殊现象——高投资、低消费的状况没有发生根本性转变。

表5　　2006—2009年3季度城镇和农村固定资产投资情况　　（亿元）

年份	全社会		城镇		农村	
	总额	增速（%）	总额	增速（%）	总额	增速（%）
2006	109870	24.0	93472	24.5	16397	21.3
2007	137239	24.8	117414	25.8	19825	19.2
2008	172291	25.5	148167	26.1	24124	21.5
2009Q3	155057	33.4	133177	33.3	21880	33.6

　　分行业来看，固定资产投资增长在各行业的分布并不平衡（见表6）。

表6　　　　2006—2009年11月城镇固定资产投资增长速度

行业＼年份	2006	2007	2008	2009 Nov
农林牧渔业	30.7	31.1	54.5	51.5
采矿业	28.9	26.9	31.5	16.8
制造业	29.4	34.8	30.6	26.8
电力燃气及水的生产和供应业	12.5	9.8	15.4	26.4
建筑业	50.1	48.5	30.4	46.9
交通运输仓储和邮政业	25.7	14.4	19.7	54.6
信息传输计算机服务和软件业	14.4	1.3	17.1	20.3
批发和零售业	23.0	28.9	29.2	45.4
住宿和餐饮业	37.4	41.2	30.5	38.6
金融业	11.7	25.4	62.6	58.0
房地产业	25.4	32.2	23.0	22.2
租赁和商务服务业	37.0	30.5	50.6	52.7
科学研究技术服务和地质勘察业	9.5	16.7	35.9	53.0
水利环境和公共设施管理业	22.2	22.3	32.2	49.0

续表

年份 行业	2006	2007	2008	2009 Nov
居民服务和其他服务业	34.5	28.8	34.2	61.2
教育	7.5	3.9	6.0	39.1
卫生社会保障和社会福利业	17.0	13.4	30.6	69.5
文化体育和娱乐业	23.9	31.0	26.0	52.2
公共管理和社会组织	18.3	7.9	23.2	36.0

"十一五"前4年行业固定资产投资增长的两端情况参见表7。

表7　　　　2006—2009年城镇分行业固定资产投资增长的两端情况　　（%）

年份		2006		2007		2008		2009Nov	
项目		行业	增速	行业	增速	行业	增速	行业	增速
最高	1	建筑	50.1	建筑	48.5	金融业	62.6	卫生社保和社会福利	69.5
	2	住宿和餐饮业	37.4	住宿和餐饮业	41.2	农林牧渔业	54.5	居民服务和其他服务	61.2
	3	租赁和商务服务业	37.0	制造业	34.8	租赁和商务服务业	50.6	金融业	58.0
平均	—	—	24.5	—	25.8	—	26.1	—	—
最低	1	教育	7.5	信息传输计算机服务和软件业	1.3	教育	6.0	采矿业	16.8
	2	科学研究技术服务和地质勘察业	9.5	教育	3.9	电力燃气及水的生产和供应	15.4	信息传输计算机服务和软件业	20.3
	3	金融业	11.7	公共管理和社会组织	7.9	信息传输计算机服务和软件业	17.1	房地产业	22.2

　　从项目的产业性质看，"十一五"前 4 年中，城镇固定资产投资中，第一产业投资增速均高于第二产业和第三产业；第二产业投资增速基本高于第三产业；但是，需要注意的是，2009 年以来，第三产业投资增速已开始快于第二产业。

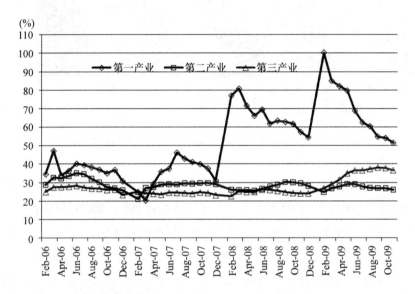

图 9　2006—2009 年 11 月三次产业固定资产投资增长速度

注：固定资产投资增速为自年初累计增速。

　　从项目的隶属关系看，从 2006 年直到 2008 年 9 月，中央项目固定资产投资增速基本上都低于地方投资项目；2008 年 9 月之后，在"保增长"政策措施之下，中央项目固定资产投资增速迅速超过地方投资项目——直到 2009 年 4 月，占全部城镇固定资产投资比重近 90% 的地方投资项目投资增速又一次超过了中央项目。

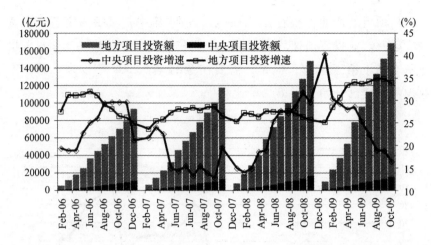

图 10　2006—2009 年 11 月中央项目、地方项目投资情况

　　从固定资产交付使用率上看,[①] 参见图 10 所示,2006—2009 年
延续了自 2000 年以来的下滑趋势。根据初步计算,2008 年固定资产
交付使用率可能已低于 50%,而 2009 年前 11 月为 40.9%。由于固
定资产交付使用率反映了各个时期固定资产的动用速度,它是衡量建
设过程中投资效果的一个综合性指标。由此可见,自"十五"时期
以来中国建设投资效率日益下降的趋势并未得到遏制和扭转。

　　制造业和房地产业向来是城镇固定资产投资中投资金额最大的两
个行业,两者占全部投资的比重总是维持在 60% 以上。从图 11 可以
看到,制造业投资同比增速自 2007 年初一直上升到 2007 年 11 月的
37.2%,然后在波动中不断下降;与此同时,房地产投资的上升趋势
则自 2007 年初保持到了 2008 年 6 月的 33.5%,而后一路下滑至 2009
年 2 月低谷时的 4.9%(均为累计同比)。

---

① 固定资产交付使用率＝新增固定资产/同期固定资产投资完成额。

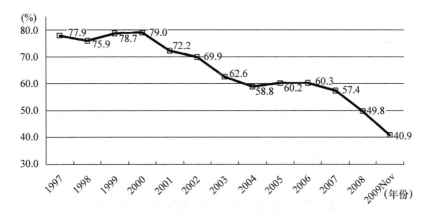

图 11　2006—2009 年 11 月城镇固定资产交付使用率

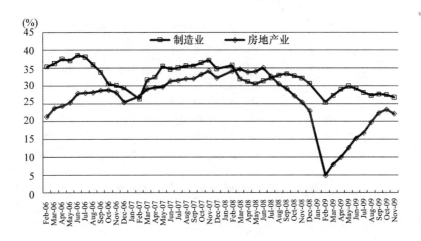

图 12　2006—2009 年 11 月制造业和房地产业投资增长速度

四　消费的具体情况

　　本部分首先从最终消费支出的角度，分析其政府与居民、城镇居民与农村居民的构成以及消费率的变化，考察一段时期内中国消费的有关趋势及可能的新近发展；然后，以社会消费品零售总额作为近似代表，分析其在 3 年内的有关水平、结构和速度变化，同时还将适当涉及与消费密切相关的物价、收入等居民生活方面。

（一）最终消费有关情况

1. 最终消费支出有关构成

从最终消费支出的构成上看，如图 13 所示，自上世纪 90 年代中期以来，随着政府消费支出的不断提高，居民消费支出在最终消费中所占比例不断降低。2006 年、2007 年和 2008 年，居民消费支出在最终消费中的占比分别达到了 72.8%、72.7% 和 72.7% 的新低。

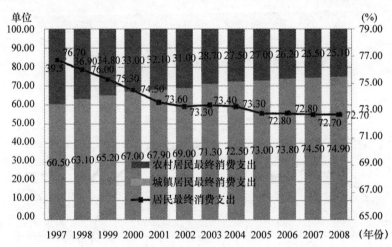

图13　1997—2008 年最终消费支出构成

注：数据来自支出法下国内生产总值。

在居民消费内部，自改革开放以来，农村居民消费支出所占比例从 62% 以上逐步下降到了 1990 年的不到 50%；进入新世纪以来，又进一步从 2000 年的 33% 降低到了 2006、2007 和 2008 年的 26.2%、25.5% 和 25.2% 的新低。这说明，中国经济拉动消费内需的一个重要主题就是提高农村居民的最终消费支出——这首先要求尽快提高农村居民收入水平，增加他们的消费能力。

2. 最终消费率有关构成

如图 14 所示，改革开放以来，居民最终消费支出在国内生产总

值中所占份额不断下降，而政府消费率基本保持稳定，在 GDP 不断
扩大的情况下，实际上意味着居民消费相对于政府消费在快速下降。
自 2000 年以来，居民消费率已从 46.4% 的最后一个高点逐步降低到
了 2006 年、2007 年和 2008 年的 36.3%、35.6% 和 35.3%；这里城
镇居民和农村居民最终消费率均不断下降，而农村已经低于
10%——与城镇居民消费率的差距达到了 17 个百分点，考虑到农村
居民与城镇居民人口总数的差异，城乡生活和消费水平差距不断再拉
大。居民最终消费支出在国内生产总值中所占份额的下降，一般地，
比较直接的原因就是居民可支配收入在国民总收入（GNI，即旧称
GNP）中所占比例的降低——这往往与劳动报酬收入（主要是工资）
相对增长速度有密切关系。鉴于这是居民收入专题的专门研究内容，
这里不再赘述。

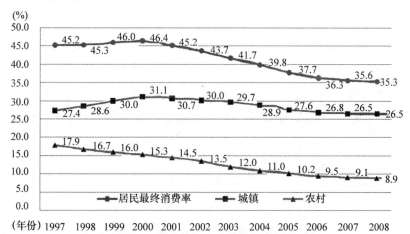

图 14　1997—2008 年最终消费率构成

注：数据来自支出法下国内生产总值。

（二）社会消费品零售及相关方面的情况

1. 社会消费品零售

提高消费率一直是宏观调控的重点。在诸项政策的刺激下，国内
消费市场趋于活跃，增速也在不断加快。"十一五"前 4 年，社会消

费品零售额增速分别为 13.7%、16.8%、21.6% 和 15.3%（2009 年截至 11 月）。

表 8 　　　　　　　2006—2009 年社会消费品零售情况　　　　　（亿元、%）

年份		2006		2007		2008		2009 年 11 月	
项目		数额	增速	数额	增速	数额	增速	数额	增速
城乡	城市	51543	14.3	60411	17.2	73735	22.1	76587	16.5
	县及县以下	24867	12.6	28799	15.8	34753	20.7	36146	15.7
行业	批发和零售业	64326	13.7	75040	16.7	91199	21.5	94795	15.3
	住宿和餐饮业	10345	16.4	12352	19.4	15404	24.7	16251	16.9
	其他	1739	2.3	1818	4.5	1885	3.7	1687	2.6

从表 8 可以看出，城乡消费中，县及县以下地区的消费额和消费增速仍与城市具有一定差距，但保持了同步增长的态势。这说明，中国经济在拉动内部消费增长上仍需要继续努力且有一定潜力。在行业消费中，住宿和餐饮业增速明显高于其他行业，说明中国社会和居民生活水平在继续逐步提高。

2006—2009 年限额以上批发和零售业零售额各类消费品增长情况可见表 9。

表 9 　　　　　　2006—2009 年限额以上批发和零售业增长情况　　　　（%）

类别 ＼ 年份	2006	2007	2008	2009Nov
食品、饮料、烟酒	15.5	25.9	20.9	13.7
粮油	6.30	38.3	22.7	12.34*
肉禽蛋	4.78	40.9	22.3	8.77*
服装	19.2	28.7	25.9	18.4

续表

年份 类别	2006	2007	2008	2009Nov
中西药品	8.92	25.1	14.8	NA
汽车	26.3	36.9	25.3	29.5
石油及制品	36.2	20.5	39.9	4.9
文化办公用品	14.5	22.6	17.9	5.9
通信器材	22.0	8.8	1.4	-2.3
家用电器和音像器材	19.2	23.4	14.2	11.2
建筑及装潢材料	24.0	43.6	12.0	24.0
日用品	15.7	26.5	17.1	15.3
家具	21.3	43.2	22.6	35.2
化妆品	18.6	26.3	22.1	17.3
金银珠宝	28.5	41.7	38.6	15.0

＊为截止 2009 年 10 月累计。

从表 9 可知，2006—2009 年，吃穿用等主要类别消费品零售额几乎都经历了先升后降（或继续下降）的变化，这也是此间中国经济变化的直接反映。

2. 与消费相关的其他方面

（1）物价

消费者价格指数是衡量物价上涨对人们生活水平影响的最重要的指数。2006—2009 年，消费品价格上涨显著，依次为 1.5%、4.8%、5.9% 和 -0.9%（截至 11 月）。

表 10　　　　2006—2009 年居民消费价格比上年涨跌幅度　　　（%）

年份	2006			2007			2008			2009Nov		
指标	全国	城市	农村	全国	城市	农村	全国	城市	农村	全国	城市	农村
居民消费价格	1.5	1.5	1.5	4.8	4.5					-0.9	-1.1	-0.5

续表

年份	2006			2007			2008			2009 Nov		
指标	全国	城市	农村	全国	城市	农村	全国	城市	农村	全国	城市	农村
食品	2.3	2.5	2.1	12.3	11.7	13.6	14.3	14.5	14.0	0.3	0.7	-0.4
其中：粮食	2.7	2.7	2.9									
烟酒及用品	0.6	0.8	0.3	1.7	1.8	1.6	2.9	3.1	2.6	1.5	1.7	1.3
衣着	-0.6	-0.6	-0.4	-0.6	-0.9	0.2	-1.5	-1.8	-0.6	-2.1	-2.3	-1.6
家庭设备用品服务	1.2	1.3	1.0	1.9	1.9	2.1	2.8	3.0	2.4	0.3	0.4	0.1
医疗保健个人用品	1.1	0.9	1.5	2.1	1.7	2.8	2.9	2.8	3.2	1.1	1.0	1.4
交通和通信	-0.1	-0.7	1.3	-0.9	-1.6	0.6	-0.9	-1.6	0.7	-2.5	-2.8	-1.8
娱乐文教用品服务	-0.5	0.0	-1.4	-1.0	-0.7	-1.6	-0.7	-0.9	-0.1	-0.7	-1.3	0.7
居住	4.6	4.7	4.6	4.5	4.5	4.4		4.3	8.2	-0.4	-5.1	-1.7

由于粮食价格在我国的 CPI 的统计中占有较大的权重，因而粮食价格的涨跌对我国 CPI 的变化影响显著。自 2006 年第四季度开始的粮食价格较大幅度回升，也直接带动了 CPI 在年末的上升，这一趋势在 2007—2008 年得到加强，并于 2008 年 4 月达到顶点，然后，在食品价格下降并不断加强的趋势引领下，各种类别消费价格在 2009 年全面下降。

（2）收入

2006—2009 年城乡居民收入的增长变化参见下图。无论城镇居民还是农村居民收入年增长速度，均低于 GDP 增长速度。这也再次说明，在国民收入分配最终结果上，居民部门占比下降的趋势近几年并没有得到改善。

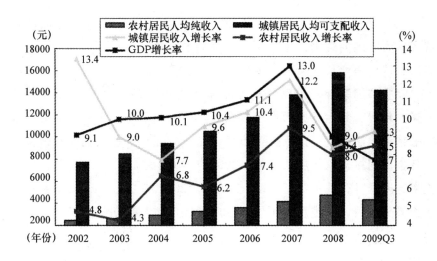

图15　2002—2009年居民收入增长情况

城镇和农村居民收入增长率近几年已经趋于一致。但是，需要引起注意的是，城镇居民收入无论绝对额还是增长速度均高于农村。这种状况的延续，势必会继续扩大城乡收入差距。

（3）就业

"十一五"期初，城镇居民登记失业率有所降低。但是，随着经济形势趋紧，在全球经济不景气大环境影响下，2008年和2009年就业压力不断加大。2006—2009年的就业情况参见下表。

表11　　　　　　　　2006—2009年就业情况　　　　　　　（万人，%）

年份	全国就业人员	与上年比	城镇就业人员	新增加	净增加	城镇登记失业率	与上年比
2006	76400	+575	28310	1184	979	4.1	−0.1
2007	76990	+590	29350	1204	1040	4.0	−0.1
2008	77480	+490	30210	1113	860	4.2	+0.2
2009*	NA	NA	NA	121	NA	NA	NA

* 截至2009年3季度。

（4）居民储蓄。改革开放以来，中国居民一直保持了很高的储蓄率，为中国的资本积累提供了大量的国内资金来源。这是中国经济得以保持快速增长的重要原因之一（见图16）。

除季节因素外，2007年居民储蓄存款增长率延续了2006年逐月下降的趋势，其主要原因在于股票价格的大幅上涨，这一方面吸引了越来越多的居民直接进入股票市场，另一方面，许多人则通过购买各类基金而间接进入了股票市场。2007年10月之后，居民储蓄存款增长率走出低谷，并贯穿了2008年全年。2009年之后，居民储蓄存款增长势头减缓，这也反映了居民对中国经济增长预期的企稳。

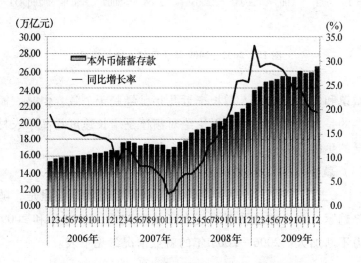

图16　2006—2009年居民本外币储蓄存款增长情况

五　结论：问题、展望与建议

总体来说，2006—2009年，中国经济整体上经历了加快、偏快以及迅速低落的变化。在这一过程中，投资与消费基本延续并发展了自亚洲金融危机以来所形成的相对格局与规律趋势，直到这次国际金融危机对中国的影响开始显现。短时间内，中国经济势必依靠内需，但仍不得不采取扩大投资的旧道路；未来3—5年内，即使外需可能得到重新恢复，中国还是需要加大力度解决投资与消费的协调配合问题；中长期内，在一些体制性和机制性问题得到解决后，消费才有可能发生转折性变化。

1. "十一五"期间投资与消费存在的主要问题

从报告前文的分析可以发现，"十一五"前4年投资与消费领域的主要问题可以简要总结为以下几个方面。

第一，无论从规模水平还是从速度上看，而且不管是支出法还是生产法下考察，投资对于经济增长的贡献和拉动都大于消费，并且这一格局仍将延续一段时期。因此，转变中国经济增长方式到主要靠内需上——尤其是消费的轨道上来很有可能是一个中长期问题。

第二，固定资产投资越来越集中于城镇地区，目前已经达到了86%，而且增长速度明显高于农村，说明城乡地区投资差距在进一步加大。虽然，中国市场经济的发展决定了城市化和工业化可能还持续较长时期，但协调城乡同步发展，事关经济和社会发展的全局。这也是一个中长期问题。

第三，需要注意的是，城镇地区的投资虽然固定资本形成总额在不断上升、存货下降，但城镇固定资产的交付使用率在不断下降，说明建设投资效果不理想。这是前一问题的子问题，但是应属于中期内可以解决的问题。

第四，投资增长的行业结构存在问题，尤其是教育，前三年内位列全部行业两年倒数第一、一年倒数第二，大大低于平均水平。[①] 教育的意义不必强调，中国经济未来科技、技能乃至企业、产品的国际竞争力能否提高与持续都取决于教育。而且，教育目前更成为影响甚至制约居民扩大消费的一个障碍。

----

① 2009年在国家加大投资的情况下，截至到11月，教育行业投资增长为39.1%，仍低于全部行业43.2%的平均增长水平。

第五，中央和地方项目投资增速存在较大差距，中央投资项目没能带动起地方投资项目的启动。这是一个短期问题，目前更需要加快解决。

第六，制造业和房地产业投资增速差距有可能扩大。由于二者合计占全部投资50%以上，对整个投资的贡献和拉动作用比较大。但是，由于被列入振兴目录，制造业投资未来将不断加速，而房地产业投资将存在不确定因素。如何保持两者的健康发展，防止此起彼伏，对于未来整体投资增长具有稳定和持续作用。这是一个中期甚至短期问题。

第七，消费、居民消费、农村消费依次递进的困境是较长时期以来的一个难题。它既涉及经济增长方式，又涉及到国民收入分配（包括初次分配和再次分配），还涉及到城乡协调发展。具体的问题包括劳动报酬（工资收入）合理增长（包括如何调节不同行业差距问题）、农村居民收入提高、社会保障以及教育医疗等问题。这是一个长期战略性问题。

第八，社会消费品零售方面县及县以下（可以认为是农村地区）与城市的水平和增速差距问题，这既有支付购买能力（涉及收入）又有商品市场流通建设问题。

2．"十二五"投资与消费发展展望

目前我国正处在改革开放的第三个阶段，即社会主义市场经济体制的全面完善阶段，这一阶段的起点是党的十六大宣告我国社会主义市场经济初步建立、十六届三中全会做出《关于进一步完善社会主义市场经济体制若干重大问题的决定》，它至少要持续到 2020 年。[①]这一阶段改革开放的总任务是以中国特色社会主义理论体系为指导，深入贯彻落实科学发展观，全面完善社会主义市场经济体制，以经济体制改革为主，全面推进经济、政治、文化、社会体制改革。简单地说，这一阶段的主要目标就是党的十六大所提出的——到 2020 年

---

① 第一阶段是从1978年党的十一届三中全会到 1992 年小平同志南方谈话和党的十四大召开为标志，即目标探索阶段。主要是探索中国改革开放向何处去，寻求经济体制改革的目标模式。第二阶段是从十四大召开到本世纪初，我国社会主义市场经济体制的框架构建阶段，这个阶段初步建立起了社会主义市场经济体制。

实现全面建成小康社会。

胡锦涛同志在党的十七大报告中进一步指出，"增强发展协调性，努力实现经济又好又快发展。转变发展方式取得重大进展，在优化结构、提高效益、降低消耗、保护环境的基础上，实现人均国内生产总值到二○二○年比二○○○年第期年翻两番"；他强调，今后五年是全面建设小康社会的关键时期。在"促进国民经济又好又快发展"的要求中，党的十七大报告具体地指出，"加快转变经济发展方式，推动产业结构优化升级。这是关系国民经济全局紧迫而重大的战略任务。要坚持走中国特色新型工业化道路，坚持扩大国内需求特别是消费需求的方针，促进经济增长由主要依靠投资、出口拉动向依靠消费、投资、出口协调拉动转变"。

"十一五"期间，我国经济受到了国际金融危机的严重影响，经济高速增长的连续性被打破。党中央和国务院及时出台了"扩内需"、"保增长"的一系列经济调控和刺激政策措施，避免了经济的硬着陆，2009年经济增长可望达到8.3%—8.5%，而2010年有可能进一步上升到9%。与此同时，我们也不得不承认，我国投资、消费中积累的问题，势必会增加未来5到10年内转变经济增长方式的难度。

（1）"十二五"经济增长的估计

首先，经济中长期增长潜力仍然巨大。未来5年，我国经济增长完全有可能保持8%以上的年均速度。从基本面来看，我们既有巨大的市场需求和发展空间，又有比较充分的发展要素供给条件。居民消费结构将由总体小康型向全面小康升级，必然会创造新的市场最终需求。而建设创新型国家的战略实施所带来的产业升级，将打破原有的结构平衡和供求关系，拓宽了新的增长空间。改革开放的深化将进一步激发经济活力，提高资源配置效率。生产要素的组合状况比较有利，经济增长具有较强的内源性和较大的回旋余地，突出表现为市场容量巨大、劳动力充裕和居民储蓄水平高。这些都是我国经济持续增长的内在依托，使我国经济在国际竞争中处于比较有利的地位。

其次，从中国经济增长的动力来看，工业化和城镇化将进入快速和深化阶段。目前，我国正处于工业化中期的后半段，而新型工业化道路要求我们在重化工保持相对稳定的同时，信息化将引领第二产业的升级换代和结构调整；同时，在第一产业不可避免地下降趋势之下，城镇化是未来第三产业发展完善的通道和载体——它可以吸纳更多的劳动力转移，并且提供社会发展所必然要求的服务均等化。此外，从世界上工业化的经验看，其中后期阶段还需要一定水平的投资率保证。因此，我们可以认为，在工业化和城镇化基本力量之下，未来中国经济增长的内部动力不会失去或减弱。

最后，根据此前中国社会科学院较多的研究基础，中国未来20年到30年的潜在经济增长率在9.85%—10.15%之间，即可以认为能够保证最高约10%的短期经济增长。基于国际金融危机后全球经济发展恢复以及可能的格局变化，尤其是中国经济增长方式调整的影响，我们简单假定"十二五"期间，中国经济存在三种增长速度：8.5%、9%和9.5%。

(2)"十二五"投资与消费发展的估计

首先，从世界各国经济发展和工业化进程看，投资率存在一个从低到高、再从高到低并趋于相对稳定的演变过程，整个演变过程类似一条平缓的"马鞍形"曲线（或称为"倒U"形曲线）；消费率演变过程则呈现与投资率相反的"倒马鞍形"曲线（也称为"U"形线）。投资率和消费率这一演变进程是工业化过程中的消费结构和产业结构的逐步提升所引起的。

其次，工业化深化和城镇化加速发展要求保证一定的投资率，并逐步提高消费率。工业化中期阶段，投资率上升、消费率下降的变化趋势，符合工业化阶段发展的一般规律。在这一阶段，投资需求比较大。无论是调整经济结构、加强节能环保，还是加强公共卫生、基础教育和水利、交通基础设施等薄弱环节，都需要较大的投资。从下图也可以看出，自2001年以来，尤其是国际金融危机影响之下，社会固定资产投资的增长对于保证中国经济必要的增长速度具有一定的路径依赖性，而这种体制性特征只能在"十二五"期间逐步加以矫正。

与此同时，城乡居民消费倾向下降对消费率下降具有较大影响，但城市化率的提高则促进了我国消费率的上升。2008 年中国城市化率45.7%，正处于城市化的中期加速发展阶段。自 1993 年以来，中国城市化率年提高约 1.22%，显著高于此前所估计的 0.9%。从居民消费水平和消费结构看，2008 年我国城镇居民和农民家庭恩格尔系数分别为 37.89% 和 43.67%，虽然已经跨入了小康社会，但居民消费仍处在以食品和工业品为主以及工业制品消费加速扩张阶段，医疗保健、交通通信、教育文化娱乐、居住等服务类产品消费比重提高空间还很大。这也可以从国民储蓄率上看出来。

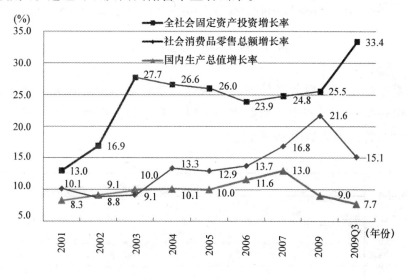

图 17　2001—2008 年投资与消费增长情况

最后，根据党的十七大的要求，尤其是当前中国转变经济增长方式的内外部压力与动力，我们假定到"十二五"结束时，中国经济增长初步实现了由主要依靠投资、出口拉动向依靠消费、投资、出口协调拉动的转变，即 2015 年时，按支出法衡量，中国经济的消费率、投资率和净出口率依次为 54%、41% 和 5%。这一假定的依据主要包括：第一，内需拉动中消费的地位得到保证并扭转下滑趋势；第二，1997 年和 2001 年是中国经济发展的两个重要转折点，前者是短缺经

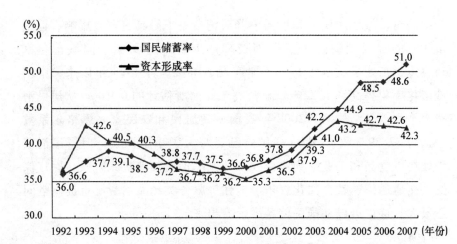

图18　1992—2007 年国民储蓄率

济状态的结束,后者是外向经济快速发展的新起点。因此,我们以 2001—2008 年投资率与消费率的可得数据平均值作为"十二五"的预期目标。具体如图 19 所示。

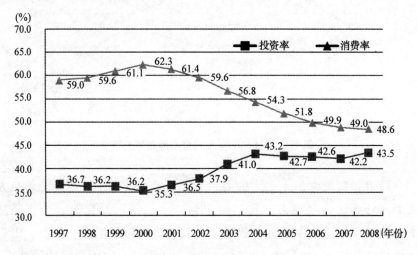

图19　1997—2008 年资本形成率与最终消费率

这里假定,到 2010 年即"十一五"结束时,由于惯性和保增长措施的影响，投资率继续上升到了44%，而消费率继续下降到了48%，那么，"十二五"各年投资率、消费率和净出口率如表12所示。

表12　　　　　　"十二五"投资率、消费率与净出口率估计　　　　（%）

年份 指标	2010	"十二五"					
		2011	2012	2013	2014	2015	年均增长
最终消费贡献	48.0	49.2	50.4	51.6	52.8	54.0	1.2
资本形成贡献	44.0	43.4	42.8	42.2	41.6	41.0	-0.6
净出口贡献	8.0	7.4	6.8	6.2	5.6	5.0	-0.6

这样，自2001年来内需发展不协调的格局可望得到改善，如图20所示。

而自1997年以来，中国经济中三大需求对GDP（支出法）的拉动如下图所示。从图中可以发现，自2001年直到次贷危机爆发，净出口对GDP的拉动基本上保持了上升趋势；而截至2008年，资本形成对GDP的拉动基本上高于最终消费对GDP的拉动，其差距约为0.7个百分点。

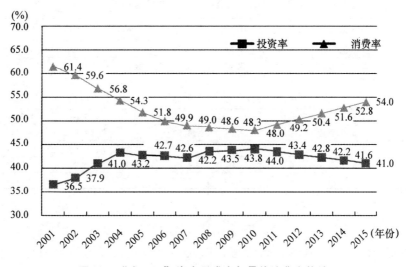

图20　"十二五"资本形成率与最终消费率估计

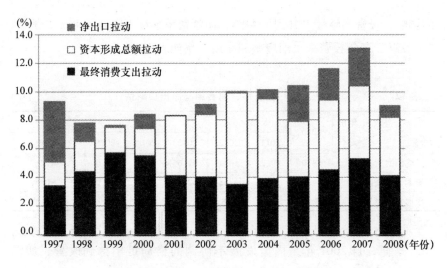

图21   1997—2008年净出口、资本形成与最终消费对GDP的拉动

结合前文对"十二五"GDP增长速度的三种情景假定以及资本形成率和最终消费率的估计,可以估计出净出口、资本形成与最终消费未来的拉动作用,具体见表13。

表13   "十二五"投资拉动、消费拉动估计   （%）

GDP增长	三大需求	2011年	2012年	2013年	2014年	2015年	平均增长
8.5%	净出口	0.63	0.58	0.53	0.48	0.43	−0.05
	资本形成	3.69	3.64	3.59	3.54	3.49	−0.05
	最终消费	4.18	4.28	4.39	4.49	4.59	0.1
9.0%	净出口	0.67	0.61	0.56	0.50	0.45	−0.05
	资本形成	3.91	3.85	3.80	3.74	3.69	−0.06
	最终消费	4.43	4.54	4.64	4.75	4.86	0.11
9.5%	净出口	0.70	0.65	0.59	0.53	0.48	−0.5
	资本形成	4.12	4.07	4.01	3.95	3.90	−0.06
	最终消费	4.67	4.79	4.90	5.02	5.13	0.12

假定"十二五"经济增长保持9%的速度(基于中国"十二五"转变经济增长方式的战略考虑,以及内外部发展环境的影响与约束,9%的增长速度更具有代表性),则三大需求的拉动作用如图22所示。

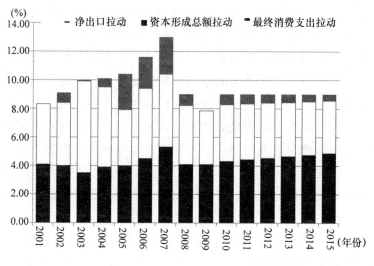

图22 "十二五"净出口、资本形成与最终消费拉动估计

3. 有关建议

针对以上不同性质、不同层次和不同时限的问题，以及"十二五"期间投资与消费发展展望，我们认为目前可以采取的对策主要有以下几个方面。

第一，切实深化投资体制改革。投资体制改革是"十五"时期的重要体制改革内容，2004年《国务院关于投资体制改革的决定》发布以后，"十七大"曾强调"深化投资体制改革，健全和严格市场准入制度"；但是，过去4年的《政府工作报告》并未强调甚至提及如何进一步深化或落实问题。从根本上讲，距离"市场引导投资、企业自主决策、银行独立审贷、融资方式多样、中介服务规范、宏观调控有效的新型投资体制"还比较远。由于"自筹和其他"来源的投资资金已成为主体，当前可以采取的行动是配合有关振兴的产业安排与推进实施，抓紧建立重大投资项目决策和责任追究制度；同时，迅速落实核准制和备案制的具体执行办法。一句话，要尽快消除体制性障碍。

第二，承接上一条建议，可以考虑推进市政公用事业改革，鼓励民间资本进入石油、铁路、电力、电信、市政公用设施等重要领域，以中央投资充分带动社会投资,想办法加大新开工项目——而不仅仅是改扩建项目,后者拉动作用有限。换言之,要尽快消除政策性障碍。

第三,中国的消费问题之所以复杂,除了决定和影响因素涉及不同层面以外,一个非常重要的原因还在于经济的投资驱动特征以及投资快速发展之下的相对挤压问题——目前中国还处于城市化、工业化加快时期,投资增长加快是必然的。当前及今后一段时间内可以采取的措施应符合两个基本思路:一是推进就业和收入分配制度改革,不断提高居民收入水平和消费能力。二是推进社会保障制度建设和教育、卫生、文化体制改革,改善居民支出预期和消费意愿。如果前者是充分条件的话,后者可以看作是必要条件。

特别地,对于将持续到 2010 年的刺激投资方面政策措施和思路,还要注意 7 个具体问题。

1. 从单纯促进增长到就业优先

理论上说,用投资来带动经济增长是相对容易的。因为投资本身就是需求的一大类,但是这种观点忽略了一个重要事实:不同的投资领域、不同的投资项目会有不同的就业效果。我们力主以就业优先来安排经济刺激方案,希望和提请决策部门牢记这样的事实:人口和就业,始终是关乎中国经济发展和社会稳定的头等大事。

2. 投资的区域结构

前文已经发现,由于经济发展水平不同,东部、中部和西部各地区的投资增长率已经显示出相当大的差异。基于这一特征,我国便存在通过梯度发展和区域转移来弱化外部冲击的巨大腾挪能力。因此我们建议:有关部门在制定启动投资计划时,应认真分析、把握、顺应这种梯度发展的客观趋势,在投资项目的安排和资金的分配上,有目的地给予引导。同时,基于梯度发展的客观形势,我们应大力鼓励各地区之间开展密切合作。

3. 投资的行业结构调整

行业发展不平衡是发展中大国的又一特征。对我国 19 个行业投资增长率的统计分析显示:诸如能源、信息、计算机服务、交通运输等 9 个传统行业的投资增长率已经明显低于行业平均水平;而其他与工业化深入发展和后工业化相关的行业则仍处于高速增长过程中。

其中，制造业、采矿业、基础设施等行业的投资仍在高速增长，证实了中国总体上仍处于工业化和城镇化的过程之中；而诸如科学技术服务业、金融业、商务服务业、卫生、社会保障和社会福利事业等领域投资的高速增长，则显示了中国向"后工业化"社会转型的特征，这一转型的基本指向，就是民生为本。我们认为，国家在安排总的投资计划和制定行业发展改造规划时，必须认真分析并顺应上述行业结构调整的趋势。

4. 投资的资金结构：股权和债务

在我国的投资领域和生产领域中，普遍存在着以股权类资金短缺为基本特征的资金结构失衡的问题。因此，规划中的大规模投资计划，或者可能因为股权类资金不足而难以落实；或者，如果要突破资金结构的制度规定，便可能酝酿投资风险。

从根本上说，破解我国资金结构失衡的治本途径是大力发展直接融资。

但建立正规的股权融资机制非一日之功。我们还须通过鼓励各种金融创新，鼓励私人资本和外资的进入，放开诸如保险、社保等拥有长期资金来源的机构的投资领域，鼓励企业间横向信用发展等多方面体制调整和金融创新来综合地应对我国资金结构失衡的痼疾。

5. 投资资金的来源结构：中央和地方、财政与金融

可以预见，在今后几年内，我国将推出一系列、大规模的投资项目，而且，这些项目的多数都会落实在地方层面。问题在于，从当前我国资金的分布格局来看，中央政府和金融机构是主要的资金供应者，地方资金则存在短缺的失衡问题。

我们固然可以通过中央财政的资金转移和允许地方发债的方式解决一部分问题，但相当多的地方政府特别是广大后发展地区的政府仍然缺乏稳定且有效的资金来源。

我们认为，鼓励发达地区的政府和企业跨区域投资、鼓励金融机构通过一系列新的金融安排（例如早几年被叫停的"打包贷款"），或可为解决这些问题走出一条可行的道路。

6. 必须提高投资项目的商业可持续性

分析近年来我国投资在各领域间转换调整的进程,可以看到,在未来时期中,大量的投资将进入民生领域和基础设施领域。然而,在目前的商业环境下,投入这些领域中的资金是否具有商业可持续性,尚可存疑。

换言之,如果我们不能创造让进入这些领域的投资收回成本并有所盈余的商务环境,如果这种商务环境不可持续,我们就不可能指望有大量资金,特别是私人资金进入这些领域。没有大量资金进入,整个投资刺激方案便可能落空。

鉴于此,理顺民生领域和社会基础设施领域的商业环境,改革要素、资源、环境的定价水平,改革此类项目的定价机制、收费机制和补偿机制,创造商业可持续的经济环境,便成为保证我国经济刺激计划得以成功的又一关键所在。

7. 准入问题

应当清醒地看到,经过 30 年的发展,目前尚有投资价值和投资潜力、且不会造成产能过剩的领域,多数存在着程度不同的政府垄断和准入管制。虽然 30 年来我们一直在推进改革开放,但迄今为止,仍有很多领域对于民营资本、对于国外资本是限制开放甚至是基本不开放的。

这种状况继续存留,将大大限制资本的有效使用,从而大大弱化我们经济刺激方案的效力。在这个意义上,进一步打破垄断,推行投资的自由化,特别是对国内私人资本放松各类准入管制,借以吸引私人资本和外资进入,同样构成经济刺激方案能否有效推行的关键因素。

总之,在 2010 年落实经济刺激方案的过程中,以及制定"十二五"有关发展目标、原则与措施时,我们更加要强调落实科学发展观。我们的所有投资项目,都应首先考虑是否有利于转变经济发展方式。尤其是对于当前的中国,投资、消费之与经济发展的问题实质上就是宏观经济调控以保增长与深化体制改革以保长期可持续的辩证协调处理问题。

(执笔:何海峰)

第十章

就业、收入分配与经济发展

——"十一五"规划进展评估

一 "十一五"规划目标和要求

就业、收入分配是国计民生的重要内容,"十一五"规划给予了重点关注,表1列出了"十一五"规划中有关就业、收入分配的目标和要求。

表1   "十一五"规划中就业与收入分配的要求、目标

项目	要求	2010 年目标
就业	千方百计扩大就业,实行积极的就业政策	城镇登记失业率小于 5%
		新增就业岗位 4500 万转移劳动力 4500 万人
		服务业就业比重达 35.3%
		技能劳动者数量达到 1.1 亿,技师和高级技师占技能劳动者总量的 5%,高级工占 20%
收入分配	合理调节收入分配,协调城乡生活水平协调发展	农民人均收入达到 4150 元,城镇居民人均可支配收入达到 13390 元,遏制城乡差距扩大的趋势
		城市基本养老保险人数 2.23 亿人
		新农村合作医疗县级覆盖率达到 100%
		生育保险参保人数达 8000 万人

资料来源:"十一五"规划。

（一）就业目标

一是把扩大就业摆在经济社会发展更加突出的位置，继续实施积极的就业政策，在重点解决体制转轨遗留的下岗失业人员再就业问题的同时，努力做好城镇新增劳动力就业和农村富余劳动力转移就业工作，探索建立社会主义市场经济条件下促进就业的长效机制，积极推进城乡统筹就业，逐步建立城乡统一的劳动力市场和公平竞争的就业制度。具体目标是在"十一五"期间，全国城镇实现新增就业4500万人，城镇登记失业率控制在5%以内，转移农业劳动力4500万人。

二是劳动者素质不断提高，形成面向市场、运行有序、管理高效、覆盖城乡的职业培训和技能人才评价制度与政策体系，进一步加大对各类劳动者的培训力度，基本建立起规模宏大、专业齐全、梯次合理的技能劳动者队伍。到"十一五"期末，全国技能劳动者总量达到1.1亿人，其中，技师和高级技师占技能劳动者总量的5%，高级工占20%。

三是劳动关系基本保持和谐稳定，劳动关系调整机制进一步完善，逐步实现劳动关系调整的法制化。劳动合同制度普遍实行，集体合同制度继续推进，协调劳动关系的三方机制逐步健全，劳动争议处理体制改革取得明显进展。企业工资收入分配秩序比较规范，职工工资水平稳步增长。

（二）收入分配目标

一是有关初次分配的目标。"十一五"规划要求农民收入年均增长5%以上，城乡差距扩大的趋势得到遏制。到2010年，农村居民人均纯收入达到4150元，城镇居民人均可支配收入达到13390元。在收入分配制度方面，"十一五"规划提出完善按劳分配为主体、多种分配方式并存的分配制度，坚持各种生产要素按贡献参与分配，以发挥各种生产要素的积极性，促进经济增长。

二是有关收入再分配的目标。"十一五"规划强调合理调节收入分配，规范个人收入分配秩序，努力缓解地区之间和社会成员之间收入分配差距扩大的趋势。首先，建立健全社会保障制度和管理服务体系，实现资金来源多渠道、保障方式多层次、管理服务社会化；进一步扩大社会保障覆盖范围，基本实现城镇各类就业人员平等享有社会保障；健全农村社会保障制度。到"十一五"期末，城镇基本养老、基本医疗、失业、工伤和生育保险参保人数分别达到2.23亿人、3亿人、1.2亿人、1.4亿人和8000万人以上，参加农村社会养老保险和企业年金的人数逐步增长。其次，加快建立健全劳动保障法律法规体系，进一步完善劳动保障依法行政的制度，基本形成覆盖城乡的劳动保障监察执法网络，通过强化普法工作，使广大劳动者和用人单位的维权意识和守法意识明显增强。

二 "十一五"规划落实情况

"十一五"规划颁布实施以来，国家相关政府部门制定了一系列的政策措施，具体地落实了"十一五"规划相关内容。

（一）有关就业规划内容的落实情况

落实"十一五"规划中就业内容的政策主要集中在如何促进农民工和大学生的就业上。2006年初《国务院关于解决农民工问题的若干意见》要求建立农民工工资支付保障制度，合理确定和提高农民工工资水平；依法规范农民工劳动管理，严格执行劳动合同制度，依法保障农民工职业安全卫生权益。同年5月，中组部等联合下发《关于切实做好2006年普通高等学校毕业生就业工作的通知》，要求各相关部门进一步落实和完善鼓励毕业生合理流动的政策，对用人单位跨地区聘用的高校毕业生，省会城市、副省级城市、地级市应取消落户限制；积极培育和完善高校毕业生就业市场，确保招聘活动安全；建立高校毕业生就业供求信息发布制度和国家高校毕业生就业网上联合招聘制度。

同时，特殊困难就业人群的就业也得到相当程度的重视。2007年2月，国务院颁布《残疾人就业条例》，对残疾人实行集中就业与分散就业相结合的制度，并对接收残疾人的企业给予税收方面的优惠政策，这些政策和措施在《就业促进法》中得到承认并进一步发展。同年6月，国务院要求各地劳动部门多渠道开发就业岗位，帮扶零就业家庭成员实现就业，到2007年底基本解决零就业家庭的就业问题；通过开发公益性就业岗位和实行相关补贴，安置年龄偏大、家庭困难的零就业家庭成员就业；实行相应政策扶持，鼓励各类用人单位吸纳零就业家庭成员实现稳定就业；扶持兴办劳动密集型小企业，推广适于家庭手工加工的项目，引导零就业家庭成员灵活就业。

2007年8月，全国人大常委会通过《就业促进法》，明确规定实施积极的就业政策、千方百计扩大就业是各级政府的法定责任，要求县级以上政府把扩大就业作为经济和社会发展的重要目标，纳入国民经济和社会发展规划，制订促进就业的中长期规划和年度工作计划，并在财政预算中安排就业专项资金用于促进就业工作。国家实行有利于促进就业的金融政策和财政政策，增加中小企业的融资渠道，加大对中小企业的信贷支持，并对自主创业人员在一定期限内给予小额信贷等扶持。

《就业促进法》还规定国家依法发展职业教育，鼓励开展职业培训，促进劳动者提高职业技能，增强就业能力和创业能力。《国务院关于解决农民工问题的若干意见》要求各地搞好农民工就业服务和培训，大力开展农民工职业技能培训和引导性培训，提高农民转移就业能力和外出适应能力；扩大农村劳动力转移培训规模，提高培训质量。2006—2008年，国家加强了农村劳动力的培训，共投入约40亿元的资金用于农村劳动力转移和培训，包括阳光工程、跨世纪青年农民科技培训工程、新型农民创业培植工程、农村富余劳动力转移培训工程、农业实用技术培训计划、新型农民科技培训计划等。《劳动合同法》明确了劳动合同双方当事人的权利和义务，保护劳动者的合法权益，要求企业与劳动者订立正式的书面合同，还明确了违反合同、使用暴力或威胁劳动者，以及其他违反规定的行为应负的法律责任。

针对 2008 年下半年以来国际金融危机的冲击，中国政府出台了强有力的措施加以应对，保持了就业局面的稳定。2008 年底，人力资源和社会保障部、财政部、国家税务总局联合发出《关于采取积极措施减轻企业负担稳定就业局势有关问题的通知》，允许困难企业在一定期限内缓缴社会保险费，在 2009 年内适当降低城镇职工基本医疗保险、失业保险、工伤保险、生育保险的费率。同时，允许地方使用失业保险基金帮助困难企业稳定就业岗位，并可以用它支付社会保险补贴和岗位补贴。2009 年 5 月，国务院召开会议，要求全面落实减轻企业负担的政策措施，切实解决中小企业融资难等问题，挖掘更多就业潜力。会议还强调必须把高校毕业生就业摆在就业工作的首位，并确定了加强高校毕业生就业工作的 7 项措施。

（二）有关收入分配规划内容的落实情况

"十一五"规划实施以来，中央政府继续加大三农投入，大力提高农民收入。具体来看，政府采取各种措施增加农业财政支出，支持农业产业结构调整；调整农村土地政策，保障农民对承包土地的合法权利，加强对被征地农民的保障和补偿；实施阳光工程，推动农村劳动力的转移，并采取多种措施对农民展开职业技能和创业培训；改革并加强农村公共服务，解决了绝大多数农民的安全用水问题，加大对农村文化站和农村文化活动的支持；推动农村行政体制的改革，规范村民自治选举活动。

"十一五"规划实施以来，覆盖城乡的社会保障制度建设力度不断加大，第一表现在覆盖城乡的医疗保险制度初步建成。2005 年以来国家先后出台了一系列文件：《国务院办公厅转发民政部等管理建立城市医疗救助制度试点工作意见的通知》、《民政部、卫生部、财政部关于实施农村医疗救助的意见》、《财政部、民政部关于加强城市医疗救助基金管理的意见》、《中共中央、国务院关于深化医药卫生体制改革的意见》，确定了建立健全覆盖城乡居民的基本医疗卫生制度。《国务院关于印发医药卫生体制改革近期重点实施方案（2009—2011年）的通知》要求加快推进基本医疗保障制度建设，3年内，城镇职工基本医疗保险、城镇居民基本医疗保险和新型农村合作医疗覆盖城乡全体居民，参保率均提高到90%以上。《关于进一步完善城乡医疗救助制度的意见》进一步完善医疗救助制度，筑牢医疗保障底线。用3年左右时间，在全国基本建立起资金来源稳定，管理运行规范，救助效果明显，能够为困难群众提供方便、快捷服务的医疗救助制度。

第二，国家开始探索建立农村社会养老保险制度。2009年6月，国务院研究部署在全国10%的县（市、区）开展新型农村社会养老保险试点。新型农村社会养老保险制度采取社会统筹与个人账户相结合的基本模式和个人缴费、集体补助、政府补贴相结合的筹资方式。新型农村社会养老保险基金纳入同级财政社会保障基金财政专户，实行收支两条线管理，并建立公示和信息披露制度，加强社会监督。

第三，城镇企业职工养老保险制度继续改革。2006—2008年间，各级政府部门出台了大量完善社会保障的规章制度，继续对社会保障制度进行试点改革。养老保险制度改革是"十一五"期间政府关注的重点问题。2005年12月，《关于完善企业职工基本养老保险制度的决定》要求逐步做实个人账户，完善社会统筹与个人账户相结合的基本制度；统一城镇个体工商户和灵活就业人员参保缴费政策，扩大覆盖范围，缴费基数为当地上年度在岗职工平均工资，缴费比例为20%，其中8%记入个人账户；改革基本养老金计发办法，建立参保缴费的激励约束机制；建立多层次养老保险体系，划清中央与地方、政府与企业及个人的责任；加强基本养老保险基金征缴和监管。截止到2008年底，全国共有13个省（区、市）参与了做实企业职工基本养老保险个人账户的试点工作。提高养老保险基金的统筹层次是政府在"十一五"期间的另一个重要工作。到2008年底，全国共有17个省（区、市）实现了养老金的省级统筹，人保部提出争取在2009年底前在全国实现省级统筹，一些地方（广东、吉林、北京等）还探索了统一缴费基数、缴费比例、计发办法和养老保险基金管理的路径和方法。

第四，失业保险制度不断得到完善。2006 年 1 月，劳动和社会保障部、财政部在 7 省市开展适当扩大失业保险基金支出范围试点工作，试点地区允许失业保险基金支出用于职业培训、职业介绍服务、小额担保贷款贴息及经省市人民政府批准的其他补贴支出。2007 年，中央政府开始着手失业保险条例（1999 年）的修订工作，而一些地区（云南、福建、甘肃和陕西等省）已经修订了其失业保险条例，一个重大突破是将失业保险覆盖到农民工。

第五，社会救助制度建设不断完善。2006 年 1 月，国务院颁布《五保工作条例》，要求确保建立稳定的五保供养资金筹措机制，并要求地方财政在预算中安排相应的资金。2007 年 7 月，《国务院关于在全国建立农村最低生活保障制度的通知》决定在全国范围内建立农村低保制度，将符合条件的农村贫困人口全部纳入保障范围，还明确了享受资格的条件、收入审查机制、制度的管理等。2008 年的《社会救助法》（草案）确定了低保制度的享受资格、申请程序、待遇水平和其他内容，对低收入家庭的专项救助、五保制度、自然灾害救助及其他救助制度都做了明确规定；草案还明确了社会救助资金的筹集渠道与方式，要求地方政府将社会救助支出列入本级财政预算，中央政府为财政困难地区或遭受特大自然灾害的地区提供支持和补贴。

三　基本评价：主要成就

到目前为止，"十一五"规划的大部分目标完成情况进展顺利，有些目标已经提前完成，很多工作成就突出，主要表现在以下几个方面。

(一) 扩大就业取得积极进展，形成了稳定就业新格局

我国"十一五"期间的就业形势比"十五"期间严峻得多：新增就业人口达到历史最高峰，总就业人数也随之达到历史顶峰，面临前所未有的就业压力。从 2006 年以来，我国每年城镇新增就业人口都在 1100 万人以上，年均增加 1167 万人，大大高于"十五"期间的年均 889 万人；总就业人数也持续上升，从 2005 年底的 75825 万人上升到 2008 年底的 77480 万人，增长了 1655 万人。

2001—2005 年间，城镇登记失业率平均为 4.1%，2006—2008 年也保持在 4.1% 的平均水平。到 2008 年，城镇新增就业岗位 3028 万个，2010 年增加 4500 万个就业岗位的目标已经实现了 68%，如果 2009 年能够创造 900 万个城镇新增就业岗位（从目前的情况看来，应该可以做到），2009 年底，"十一五"规划的就业目标将能完成 87%，总就业目标应该能够提前完成。

2006—2007 年间，农村劳动力转移了 2530 万人，虽然在 2008 年下半年到 2009 年年初，受国际金融危机冲击，有 2000 多万农民工返乡，但由于政府应对危机措施得力，国际金融危机对就业的冲击并没有改变我国稳定就业的基本格局。迄今为止，我国就业形势较为稳定，诸多促进经济增长、保障就业政策的出台有力保障了就业工作的顺利展开。

表 2 就业目标完成情况

项　目	2008 年实际数据	2010 年目标	完成情况
城镇登记失业率	4.2%	不超过 5%	较好完成
城镇就业岗位	3028 万	45000 万	68%
转移劳动力	2530 万[1]	4500 万人	56%[2]
第三产业就业比重	33.2[3]	35.3	46%[4]

注：[1]为 2006—2007 年数据，[2]为 2006—2007 年两年总计的完成情况，[3]为 2007 年的情况，[4]为 2007 年的完成情况。

资料来源：历年《全国国民经济和社会发展统计公报》。

（二）覆盖城乡社会保障制度建设取得重大进展

1. 初步建成了覆盖城乡的医疗保障制度

到 2008 年底，全国所有县级地区都已经展开了新型农村合作医疗工作，新型农村合作医疗基金累计支出总额为 429 亿元，提前实现了农村新型合作医疗制度全覆盖的目标。城镇职工和城镇居民基本医疗保险飞速发展，2008 年底，参加城镇基本医疗保险的人数 31698 万人，比 2005 年增加近 17000 万人，城镇职工医疗保险参保人数达到 2 亿人，城镇居民基本医疗保险参保人数达到 1.17 亿人，"十一五"规划中的相关目标都已提前实现。

在城镇职工参保增加的同时，农民工参与医疗和工伤保险也获得较大突破。2008 年，参加城镇医疗保险的农民工为 4249 万人，比 2006 年增加了 1882 万人，其中参加工伤保险农民工 4976 万人，比 2006 年增长 2425 万人。就"十一五"规划的相关目标而言，失业保险、生育保险的目标已经于 2008 年提前完成，城镇基本养老保险和工伤保险业已完成了 90% 以上，估计 2009 年将能够提前完成目标。

表3　　　　城镇养老、失业、工伤和生育保险目标的实现情况　　　　（亿人）

项目	2005 年（基数）	2008 年	2010 年目标	完成情况
城镇基本养老保险	1.75	2.189	2.23	92%
失业保险	1.06	1.24	1.2	提前完成
工伤保险	0.85	1.38	1.4	96%
生育保险	0.54	>0.8	0.8	提前完成

资料来源："十一五"规划和历年《全国国民经济和社会发展统计公报》。

2. 农村社会养老保险制度建设实现突破

"十一五"期间，国家加快了农村社会保障体系的建设，农村养老保险制度取得突破。"十一五"之前，我国农村养老保险的主要政策依据是 1992 年的《县级农村社会养老保险基本方案（试行）》和

1995 年的《国务院办公厅转发民政部关于进一步做好农村社会养老保险工作的意见的通知》，养老金以个人缴纳为主，集体补助为辅，国家给予政策扶持，带有商业保险的性质。2009 年，国务院决定开展新型农村社会养老保险的试点工作，首次明确了国家在农村社会养老保险中的筹资责任，强调个人、集体、政府共同为农村社会养老保险提供资金，成为名副其实的现代意义上的社会养老保险。同时，还规定年满 16 周岁、不是在校学生、未参加城镇职工基本养老保险的农村居民均可参加新型农村社会养老保险，年满 60 周岁、符合相关条件的参保农民可领取基本养老金，从而在政策上实现了广覆盖的目标。

农村养老保障的突破体现在两个方面，一是它建立了覆盖全部农村人口的养老保障体系。在这个体系中，农民可以通过多种途径解决老年保障问题：参保者通过社会养老保险制度，穷人（无法参与社会养老保险者）依靠最低生活保障制度（五保制度），家庭在其中也起到了重要作用，而这些途径具有互补作用；二是它强调了多方在社会养老保险中的责任、权利与义务，并具有一定的灵活性，可以根据经济、社会、人口的发展来调整各方在农村养老保险中的具体筹资和管理责任。因而，可以认为，我国在“十一五”期间正式建立了农村社会养老保障制度的基本框架。

（三）覆盖城乡最低生活保障制度初步建成，社会福利制度不断完善

2008 年底，全国共有 2334 万城市居民，4291 万农村居民得到最低生活保障，基本实现了“应保尽保”；全国各类收养性社会福利单位床位 235 万张，每千名老人的福利床位数达到 14.70 张，实现 2010 年千名老人 14.84 个福利床位数的目标指日可待。但 2008 年，农村五保户的集中供养率仅为 29.5%，离 2010 年达到 50% 的目标较远。再从城乡低保标准和低保支出金额来看，2005 年以来的变化较大。“十一五”规划提出了提高城乡低保标准的目标，并没有明确规定具

体的量化目标。2005 年，城市低保为 155 元，2008 年提高到 182 元，提高了 17%，农村低保标准从 2006 年的 70 元提高到 2008 年的 82 元，也提高了 17%。由于城乡低保标准和低保人数都在快速增长，城乡低保的总支出增长很快：城镇低保从 2005 年的 190.7 亿元增长到 2008 年的 385.2 亿元，增长了 1 倍多，而农村低保从 2006 年的 30.4 亿元猛增到 2008 年的 222.3 亿元，增长了 6 倍多。

表 4　　　　　　　　　　社会救助发展情况

项目	2005 年	2008 年	2010 年目标	目标实现情况
每千名老人福利床位数	9 张	14.70 张	14.84 张	97%
城市低保人数	223 万人	2334 万人	无具体目标	实现了应保尽保
城市低保标准	155 元	182 元	无具体目标	较好完成
城市低保总支出	190.7 亿元	385.2 亿元	无具体目标	增长迅速
农村低保人数	1892 万人	4291 万人	无具体目标	实现了应保尽保
农村低保标准	70 元①	82 元	无具体目标	较好完成
农村低保总支出	30.4 亿元①	222.3 亿元	无具体目标	较好完成
城市医疗救助总支出	8.1 亿元	29.7 亿元	无具体目标	较好完成
农村医疗救助总支出	13.1 亿元	38.3 亿元	无具体目标	较好完成
五保集中供养率	19.8%	29.5%	50%	31%
农村五保总支出	41.1 亿元①	76.7 亿元	无具体目标	较好完成

资料来源：历年《劳动和社会保障统计年鉴》和《全国国民经济和社会发展统计公报》。
①为 2006 年数据。

四　基本评价：压力与问题

在取得突出成绩的同时，"十一五"规划的执行过程中也有不尽如人意之处，突出问题包括就业结构性矛盾突出，初次收入分配格局扭曲，收入分配差距继续扩大等。

(一) 就业结构性矛盾突出，大学生就业更加困难

我国目前就业形势基本稳定，但这既不表明就业问题已经解决，也不意味着劳动力市场不存在问题，相反，劳动力市场不仅继续面临着就业压力，而且结构性矛盾越来越突出。

中国目前仍然面临着较大的城镇就业压力，压力主要来自两个方面，一是农村劳动力向城镇地区转移的就业压力，二是劳动力市场新进入者的就业压力。由于农村青年越来越不选择在农村就业，上述两个方面的压力实际上正逐渐汇集为一种压力——新进入劳动力市场者的就业压力。

与此同时，劳动供需之间不匹配的结构性矛盾越来越突出。一方面是对熟练工人、中高级技术工人的需求无法及时满足。目前农村转移劳动力中，约83%只受过初中及初中以下教育，受过正规职业培训的比例仅有15%左右，缺乏技能使得很多企业难以招到合格的技术工人。

另一方面是大学生就业越来越困难。大学生就业难是劳动力市场结构性矛盾的具体反映。过去10年来，我国高等教育实现了跨越式发展，大学毛入学率从20世纪90年代末的不足10%增加到现在的22%，高等教育进入了大众化阶段。但从社会的要求来看，我国目前大多数的适龄青年仍然被拒之在高等院校大门之外。与发达国家相比，我国的差距就更加巨大。发达国家的大学毛入学率一般都在50%以上，例如法国为56%，日本为55%，英国为59%，美国为82%，韩国更是高达91%（World Bank，2006）。即使以每年一个百分点的速度增加，中国要想赶上发达国家平均67%的大学毛入学率水平，还需要40多年的时间。中国的高等教育不仅需要质量的提高，而且仍然需要数量规模的继续扩张。与我国经济社会飞速发展的要求相比，中国大学生数量并没有过剩。造成大学生就业难的原因，简单说来，就是大学生教育体系与劳动力市场之间存在严重脱节。市场已经在我国劳动力资源配置中发挥主导作用，但大学生供给体系改革严

重滞后，大学教育计划经济特征明显，高等教育层次单一，课程内容和设置僵化，与市场多样化的需求相比，高等学校提供的毕业生同质性强、就业能力差，不同层次大学毕业生都在争抢同样乃至同一个就业岗位。高等教育改革确实给了更多人接受高等教育的机会，但并没有带来同样多的市场需要的人才。

（二）劳动力市场保护不平等，非正规就业现象严重

当前的劳动力市场一方面是保护过度和缺乏弹性，另一方面则是缺乏保护和灵活过度，劳动者权益受到伤害。劳动力市场保护不平等的结果是就业非正规划现象严重。非正规就业不仅收入水平低，而且缺乏起码的保障，因此，就业非正规化意味着就业质量和稳定性下降，劳动力市场对劳动者保护程度的下降。

1995 年之前，城镇就业正规化比例很高，单位就业占城镇就业的比例一直维持在 80% 左右，1995 年后，这一状况迅速改变，单位就业不仅比例迅速减少，绝对人数也呈减少趋势。1995 年，城镇就业总数 19040 万人，其中单位就业总数 14908 万人，单位就业占城镇就业比例高达 78.3%，到 2006 年单位就业人数减少为 11713 万人，比例下降到只有 41.4%。与此相对应，非单位就业数量和比例大幅增加，1995 年非单位就业 4132 万人，2006 年非正规就业增加到 16597 万人，非单位就业比例则从 20% 左右迅速增加到 58.5%。从 1995—2006 年，非单位就业人数共增加 12465 万人，而同期城镇就业增加总数只增加 9270 万人，城镇就业增加数量小于非单位就业增加数量，这意味着城镇新增就业不仅全部来自非单位就业，而且还有大约 3000 万左右的就业人员从单位就业变为了非单位就业。2006 年以来，劳动力市场非正规化趋势仍然很严重，劳动力市场保护不平等现象日益突出。

总体来看，计划经济体制下享受较好保障水平的人群如政府公务人员、国有企事业单位从业人员以及城市高收入人群等仍然享受着比较好的社会保障，而那些在市场经济体制下逐渐沦为弱势和贫困的

群体在失掉过去保障的同时无法得到新保障或者干脆被排斥在保障体系之外,而这些人往往是最需要受到保护的人。

(三)　收入初次分配格局扭曲、收入差距扩大趋势未见遏止

党的"十七大"报告明确提出了提高劳动者报酬在国民收入分配中比例的要求。20世纪90年代以来,劳动者报酬占国民收入的比重(劳动份额)下降比较明显:从1990年的53%下降到2007年的不足40%,下降幅度超过1/4。一个严峻的事实是,在经济持续高速增长,快速工业化和城镇化过程中,中国劳动份额不仅低于发达国家(发达国家的劳动份额集中在60%左右),非农产业的劳动份额也低于新兴工业化国家,似乎陷入了低水平陷阱,而且,2004—2007年间,我国劳动份额加速下降,说明收入分配格局处于加速扭曲状态。

在劳动份额总体较低的情况下,行业间的平均劳动报酬却存在较大差异,收入分配进一步扭曲。从全国各行业的平均工资来看,2007年,信息传输、计算机服务业(工资最高)的平均工资是农林牧副渔业(工资最低)的4.4倍,而2000年的相应比例仅为2.6倍,明显高于发达国家的水平;再从细行业来看,2007年,证券业(工资最高)的平均工资是全国的5.7倍,是畜牧业(工资最低)的14.6倍,而2005年的相应比例分别是3.1倍和7.8倍,行业间收入分配状况进一步恶化。究其原因,垄断是重要原因。2008年,18个行政性垄断行业中,其职工总数为全国职工总数的10.8%,工资总额却占了全部城镇单位工资的17.2%。

另一方面,城乡收入差距持续扩大。2006—2008年间,城乡居民人均收入都得到提高。2005年,农村居民人均纯收入为3255元,2008年达到4761元,实际年均增长9%;2005年,城镇居民人均可支配收入10493元,2008年达到15781元,实际年均增长11%,"十一五"规划中城乡人均收入的目标已经于2008年提前完成。

表5 收入增长的目标实现情况

目标	2008 年	2010 年目标	完成情况
农村居民人均纯收入	4761 元	4150 元	提前完成
城镇居民人均可支配收入	15781 元	13390 元	提前完成
协调发展（收入增速差距）	0.4%	遏制城乡差距扩大的趋势	较好完成

资料来源："十一五"规划和历年《全国国民经济和社会发展统计公报》。

但是，城镇居民人均可支配收入的增长速度仍然快于农村居民，以至于城乡收入差距仍然在扩大。2006—2008 年间，农村居民人均纯收入增长率分别是 7.4%、9.5% 和 8.0%，而城市居民人均可支配收入的增长率则是 10.4%、12.2% 和 8.4%，农村居民人均纯收入增长率仍然低于城镇居民。2001 年，城乡人均收入之比为 2.9，2005 年为 3.2，2008 年则上升到 3.3，说明城乡收入差距仍在继续扩大。

表6 2001—2008 年城乡人均收入的实际增长率 （%）

年份	2001	2002	2003	2004	2005	2006	2007	2008
农村	4.2	4.8	4.3	6.8	6.2	7.4	9.5	8.0
城镇	8.5	13.4	9.0	7.7	9.6	10.4	12.2	8.4

资料来源：历年《全国国民经济和社会发展统计公报》。

而且，农村居民收入高速增长的状态也难以持续。2005—2008 年间，农村居民收入的增长主要有三个来源：（1）农产品价格大幅上涨，2006—2008 年，粮食、猪肉等农产品价格急剧上扬，且其涨幅明显高于农业生产资料价格的涨幅；（2）农业税取消、国家对农村补贴、转移支付项目和金额增加；（3）民工荒导致农民工工资在2005—2007 年间增长较快，农民的非农收入增长较快。但农产品价格在 2009 年已经出现下降，而国际金融危机也影响了农民工工资和农业劳动力的转移，如果导致 2005—2008 年间农民收入快速增长的三架马车三去其二，城乡收入差距有可能进一步扩大。

五　对策思考与建议

"十一五"时期是中国经济社会发展的关键时期。在此期间，发展仍然是第一要务，但必须要高度关注并解决发展过程中出现的各类矛盾和问题，处理好效率与公平的问题。对于就业与收入分配来说，今后应该着重考虑与解决的问题有以下几方面：

（一）重点解决大学生就业难，建立促进大学生就业的长效机制

大学生就业难是我国经济社会发展进入新阶段所面临的重大挑战。造成我国大学生就业难的原因固然很多，但从根本上说，大学教育无法培养出具有创新精神和创新能力的人才是问题的根源。大学教育缺乏创新性不仅导致大学生就业难，而且也是我国经济增长内生性和自主性不足的重要原因。大学生就业难与经济增长的自主性和内生性不足是一种互为因果的关系。解决大学生就业难问题，就必须要打破这一恶性循环，这就要求解决大学生就业难问题不能"头疼医头、脚疼医脚"，需要从全局和战略的高度加以考虑和解决。具体来说，可以考虑这样两条措施：一是把提高创新能力作为高等教育投资和改革的重点。解决大学生就业难问题的关键是提升国家创新能力，增强经济内生增长能力，这就要求必须改革高等教育培养模式，把培育大学生的创新精神和创新能力作为突破点，增强其就业能力和创业能力。二是设立大学创业园和大学生创业基金，增强大学毕业生创业能力。大学既要成为培育创新人才的基地，也需要成为创新的实验基地。可以考虑在重点研究型大学设立大学生创业园，从资金政策和硬件方面予以支持，让有创新意愿和能力的大学生在学校阶段就能够有施展自己才华的机会。同时，国家可以考虑设立大学生创业基金，对那些有志于创业的大学毕业生给以信贷和资金支持。这样的基金不应该视为商业投资，而应该视为人力资本投资，视为国家能力建设的一部分，属于国家的战略性投资。

（二）更加关注民生，构建灵活安全的劳动力市场

在我国当前的劳动力市场上，虽然仍然存在着对部分人群的过度保护，总体上是缺乏保护的问题，劳动者总体是处于相对弱势地位，从而导致劳动者收入在国民收入中的份额不断减低，初次收入分配向着不利于劳动者的方向严重倾斜。要保持社会和谐稳定，一定程度的劳动力市场保护则是不可或缺的，不过，保护水平过高，又会导致劳动力市场僵化并削弱经济的竞争能力。只有兼顾到保障水平、市场灵活性和稳定性以及经济增长之间关系的劳动力市场才会既有助于维护社会稳定，同时也有利于经济发展。

与世界其他国家相比尤其是与欧洲国家相比，中国劳动力市场当前存在的最大问题是缺乏保护而不是保护过度，当前的劳动力市场应该说是灵活程度有余，安全性不足。因此，今后劳动力市场建设和改革的重点应该是如何增进劳动力市场的安全性和稳定性。

增强劳动力市场安全性的重要工作就是建立覆盖到每个劳动者的普惠的社会保障制度。我国当前的社会保障体系仅覆盖城镇地区的部分劳动者，社会保障制度在农村基本上缺失。需要指出的是，随着新型农村合作医疗制度和农村最低生活保障制度在全国的探索和实施，这一状况正在逐渐开始改变，探索建立覆盖城乡社会保障体系的工作已经成为构建社会主义和谐社会的主要内容。随着经济社会的不断发展，中国在寻求劳动力市场灵活性和安全性平衡方面一定能够走出一条属于自己的路。

（三）建立工资正常增长机制，培育有利于劳动报酬增长的市场环境

长期以来，我国劳动者工资增长缓慢，缺乏保障工资正常增长的机制。为此，我们首先根据经济社会发展需要动态调整最低工资标准，建立国有资本预算经营制度，合理调整国有垄断行业的资本与劳动分配比例。第二，需要加强对劳动者的基本保护。我国已经初步形成并建立了以劳动合同法为龙头的调整劳动关系的法律体系,并基本形成了由劳动合同、集体合同、劳动标准、三方协商、劳动监察、劳动争议处理、企业职工民主参与等制度构建而成的新型劳动关系协调制度,但这些制度往往在正规部门有效,在非正规部门作用不明显。非正规部门的合同签约率低(30%—40%),劳动保护程度不高。随着经济社会的发展,非正规就业者的规模越来越大,他们的劳动报酬相对较低,这直接影响我国整体的劳动报酬水平,非正规就业者就业的稳定性和就业质量问题成为当前突出的劳动问题。需要严格执行劳动合同法,进一步完善劳动合同制度和劳动保护制度,加强劳动监督制度,完善三方协调机制。第三,要积极培育有利于劳动者收入增长的市场环境。总体上讲,目前我国的市场环境对资本有利,而劳动者特别是非正规部门的劳动者在劳动权利受到损害之后,往往得不到保护,迫切需要建立有利于劳动者更加公平的市场环境。

(执笔:张车伟、张士斌)

参考文献

国办发〔1995〕51号文件:《国务院办公厅转发民政部关于进一步做好农村社会养老保险工作的意见的通知》。

《中共中央国务院关于推进社会主义新农村建设的若干意见》。

《中华人民共和国国民经济和社会发展第十一个五年规划纲要》。

科林·吉列恩等著编:《全球养老保障——改革与发展》,杨燕绥等译,中国劳动社会保障出版社2006年版,第581页。

国家发改委分配司编写:《2008年中国居民收入分配年度报告》。

国办发〔2007〕26号文件:《关于切实做好2007年普通高等学校毕业生就业工作的通知》。

国发〔2005〕36号文件:《国务院关于进一步加强就业再就业工作的通知》。

国发〔2007〕19号文件:《国务院关于在全国建立农村最低生活保障制度的通知》。

国发〔2007〕24号文件:《国务院关于解决城市低收入家庭住房困难的若干意

见》。

国发〔2008〕5号文件：《国务院关于做好促进就业工作的通知》。

国发〔2009〕12号文件：《国务院关于印发医药卫生体制改革近期重点实施方案（2009—2011年）的通知》。

国务院常务会议部署做好毕业生就业七项措施，教育在线（http：//www.eol.cn/20090109）。

教学〔2006〕8号文件：《关于切实做好2006年普通高等学校毕业生就业工作的通知》。

劳动和社会保障事业发展"十一五"规划纲要（2006—2010年）。

劳社部发〔2006〕5号文件：《劳动和社会保障部、财政部关于适当扩大失业保险基金支出范围试点有关问题的通知》。

民电〔2007〕66号文件：《民政部关于妥善安排好近期城镇低保家庭生活的紧急通知》。

民发〔2009〕81号文件：《关于进一步完善城乡医疗救助制度的意见》。

民发〔2006〕107号文件：《民政部关于农村五保供养服务机构建设的指导意见》。

民发〔2006〕146号文件：《关于贯彻落实农村五保供养工作条例的通知》。

民发〔2007〕8号文件：《关于免收代发最低生活保障资金费用的通知》。

民发〔2007〕92号文件：《民政部关于进一步建立健全临时救助制度的通知》。

民发〔2003〕158号文件：《民政部、卫生部、财政部关于实施农村医疗救助的意见》。

《全国农业和农村经济发展第十一个五年规划》（2006—2010年）。

陕西省人民政府令（第88号）文件：《陕西省失业保险条例实施办法》。

世界银行：《中国第十一个五年规划：中期进展评估》。

张车伟：《中国的经济增长与就业——构建灵活安全的劳动力市场》，《中国工业经济》2009年1月。

中发〔2009〕6号文件：《中共中央、国务院关于深化医药卫生体制改革的意见》。

中华人民共和国国务院令第456号文件：《农村五保供养工作条例》。

中华人民共和国国务院令第271号文件：《城市居民最低生活保障条例》。

中华人民共和国主席令第70号文件：《中华人民共和国就业促进法》。

建设部、民政部等第192号令文件：《廉租住房保障办法》。

人社部发［2008］117 号《关于采取积极措施减轻企业负担稳定就业局势有关问题的通知》。

国发［1991］33 号文件：《关于企业职工养老保险制度改革的决定》。

民办发［1991］2 号《民政部关于印发县级农村社会养老保险基本方案（试行）的通知》。

国发［2005］10 号文件：《国务院办公厅转发民政部等管理建立城市医疗救助制度试点工作意见的通知》。

财社［2005］39 号文件：《财政部、民政部关于加强城市医疗救助基金管理的意见》。

World Bank. World Development Indicator 2006［R］.

第十一章

中国财税运行（2006—2009）：
回顾与展望

一 2006—2009 年财税改革概况

（一）"十一五"规划有关财税改革的主要内容

《中华人民共和国国民经济和社会发展第十一个五年规划纲要》第三十二章对"推进财政税收体制改革"作了相应部署。其中改革目标是"调整和规范中央与地方、地方各级政府间的收支关系，建立健全与事权相匹配的财税体制。实行有利于促进科技进步、转变增长方式、优化经济结构的财税制度"。

在完善财政体制上，纲要要求："加快公共财政体系建设，明确界定各级政府的财政支出责任，合理调整政府间财政收入划分。完善中央和省级政府的财政转移支付制度，理顺省级以下财政管理体制，有条件的地方可实行省级直接对县的管理体制，逐步推进基本公共服务均等化。改革预算编制制度，提高预算的规范性和透明度。继续深化部门预算、国库集中收付、政府采购和收支两条线管理制度改革。建立国库现金管理和国债余额管理制度，推进政府会计改革。加强预算执行审计，提高预算执行的严肃性。建立财政预算绩效评价体系，提高财政资金使用效率。加强政府债务管理，防范政府债务风险。完善非税收入管理制度,规范对土地和探矿权、采矿权出让收入的管理。"

在完善税收制度上,纲要要求:"在全国范围内实现增值税由生产型转为消费型。适当调整消费税征收范围,合理调整部分应税品目税负水平和征缴办法。适时开征燃油税。合理调整营业税征税范围和税目。完善出口退税制度。统一各类企业税收制度。实行综合和分类相结合的个人所得税制度。改革房地产税收制度,稳步推行物业税并相应取消有关收费。改革资源税制度。完善城市维护建设税、耕地占用税、印花税。"

(二) 2006—2009 年的财税改革概况

在"十一五"已经过去的 4 年中,按照纲要的规定,我国进行了一系列重大财税改革:取消了农业税,向城乡统一的公共财政体制迈出了一大步;实行新的政府收支分类制度;对企业所得税和增值税税制进行了较大规模的调整;燃油税费改革迈出一大步。除此之外,在消费税、营业税、个人所得税、出口退税、国债管理制度、财政体制等方面,也作了一系列的改革。财政政策也由稳健转向积极,财政的公共化特征越发明显。

1. 完善财政体制

按照纲要的要求,中国进一步完善公共财政体制,在财政体制改革上取得了一些进展。这主要表现在以下三个方面:

其一,取消农业税,为建立城乡统一的公共财政体系迈出了重要的一步。其二,进一步完善中央和省级政府的财政转移支付制度,对省以下财政体制改革进行了积极的探索。"省直管县"财政体制改革在许多地方得到推行,基本公共服务均等化的财力保障机制逐步形成。其三,部门预算、国库集中收付、政府采购和收支两条线管理制度改革正逐步深化,财政透明度正逐步提高。国库现金管理和国债余额管理制度已经建立起来。非税收入管理制度也逐步规范。政府收支分类改革也顺利进行。

目前，在分税制框架下，各地省以下财政体制分别实行了省直管县财政体制和省管市、市管县财政体制。

省管市、市管县财政体制实施的初衷，是促进城市经济的发展。从现实来看，城市经济发展的目标并未全部实现。市级财力强大的发达地区，能够在一定程度上促进城市经济的发展，但所带动的往往是郊区、周边地区以及开发区经济的发展。市级财力较弱的地区，不仅难以在城市化过程中发挥带动作用，反而要从县级财政集中财力，县域经济发展反而大受影响。市管县财政体制与行政管理体制一致，便于协调。市管县体制下，市的管理半径较小，所管辖的县数量较少，便于管理。

省直管县体制可以避免市级财政集中县级财力的弊端。省直管县体制的实质是县级财政扩权。无论是强县扩权，还是弱县扩权，对县域经济的发展都是有利的。对弱县穷县实行省直管，省级财政可以发挥着省内的财政调控能力，缩小省内的财力差距，促进县域经济的发展。对弱县穷县实行省直管，可以减少市管县体制下，县级财力可能被市级财政集中的风险，减少市级财政对县级财政支持力度不够的风险。对强县富县实行省直管，当地经济社会发展的财力保障容易得到满足。当然，从根本上说，县域经济发展在很大程度上系由政府与市场的界限是否合理所决定。财政体制建设不过是政府内部的调整，不涉及政府与市场的界限调整。财政体制建设最多只能给县域经济的发展创造一个良好的外部环境。只有在尊重市场前提下的省直管县，才有可能取得县域经济发展的预期目标。

在多数省份中，推行省直管县体制采取了保证市级既得利益的做法。但是，省直管县体制与当前的行政管理体制不一致，县级财政同时面对市级财政和省级财政的局面在许多地方还不能得到根本扭转。

在省直管县体制下，各省所要管辖的县的数量不一，有的少，有的多。县数量较多的省，对省财政的管理能力提出了更高的要求。省直管县在实际运作中还受到行政管理体制改革滞后的直接约束。

2. 完善税收制度改革

2006—2009 年，在完善税收制度上以下几个主要方面取得进展：第一，在全国范围内，基本实现了生产型增值税向消费型增值税的全面转型。第二，调整了消费税征收范围，调整了部分应税品目税负水平和征缴办法，将燃油税制改革融入消费税制。第三，出口退税率作了多次调整。第四，统一了内外资企业所得税制。第五，进一步完善了个人所得税制。第六，适时调整房地产税制，统一了内外资的房地产税制，实现了房地产税与城市房地产税的统一。在一些地方进行物业税"空转"试点。第七，提高了耕地占用税的税负。第八，对证券交易印花税税率以及相关征收方式作了多次的调整。

（1）增值税转型改革。2004 年中国增值税制转型改革试点在东北老工业基地启动。入围试点的有 8 大行业：装备制造业、石油化工业、冶金工业、船舶制造业、汽车制造业、高新技术产业、军品工业和农产品加工业，几乎涵盖了所有东北的 51 家大型生产企业所在的行业领域。这次改革允许企业抵扣当期新增机器设备所含进项税金。2007 年 7 月 1 日起，增值税转型试点扩大到中部 6 个省 26 个城市。2008 年，内蒙古东部 5 盟市适用东北增值税转型试点的政策，汶川地震受灾严重地区，包括四川、甘肃、陕西 51 个县（市、区）也纳入增值税转型试点地区。

2009 年 1 月 1 日，中国正式进行增值税转型改革。这次增值税转型改革的主要内容包括以下几个方面：第一，自 2009 年 1 月 1 日起，全国所有增值税一般纳税人新购进设备所含的进项税额可以计算抵扣。第二，购进的应征消费税的小汽车、摩托车和游艇不得抵扣进项税。第三，取消进口设备增值税免税政策和外商投资企业采购国产设备增值税退税政策。第四，小规模纳税人征收率由 5% 降低为 3%。第五，将矿产品增值税税率从 13% 恢复到 17%。

（2）消费税改革。消费税制改革是局部性的。其主要目的，是为了更好地发挥消费税在调节消费行为中的作用。重要的调整有三次：一是 2006 年中国消费税政策的调整；二是 2008 年对汽车消费税所作的调整；三是表现为消费税税额提高的燃油税制改革。

　　从 2006 年 4 月 1 日起，中国对消费税税目、税率及相关政策进行了调整。① 税目的调整主要包括：新增消费税税目包括高尔夫球及球具、高档手表、游艇、木制一次性筷子、实木地板税目；取消汽油、柴油税目，增列成品油税目，另外新增石脑油、溶剂油、润滑油、燃料油、航空煤油 5 个子目；取消护肤护发品税目，将原属于护肤护发品征税范围的高档护肤类化妆品列入化妆品税目。

　　税率的调整包括：调整小汽车税目税率；调整摩托车税率，将摩托车税率改为按排量分档设置；调整汽车轮胎税率，将汽车轮胎 10% 的税率下调到 3%；调整白酒税率，粮食白酒、薯类白酒的比例税率统一为 20%，定额税率为 0.5 元/斤（500 克）或 0.5 元/500 毫升。

　　在这次消费税制的调整中，新设税目"成品油"、"实木地板"以及大排量汽车大幅增税等，发挥了税收在促进资源合理配置中的积极作用。与此同时，这些调整措施还能起到促进环保、资源节约利用，促进循环经济形成以及落实科学发展观要求的作用。这次调整，还考虑了税收征管因素，否则可能因征管不到位，影响税收经济效率目标的实现。此次白酒消费税税率的统一，就是一例。原税制对粮食白酒和薯类白酒实行差别税率，前者高税率，后者低税率，其目标是要节约粮食，但是这增加了税收征管的难度，企业可能利用差别税率，逃避税收。统一税率堵塞了差别税率设计所带来的税收漏洞。这次改革，对一些仅由富人消费的商品课征消费税，有助于包括公平在内的社会目标的实现。此次新增高尔夫球及球具、高档手表、游艇等税目，则必然会起到调节收入分配的作用。将护肤护发品等已属于大众消费品范畴的商品从税目中剔除，也起到同样的作用。

---

　　① 参见财政部、国家税务总局《关于调整和完善消费税政策的通知》（财税〔2006〕33号）。

2008 年 9 月 1 日起,中国对汽车消费税作了调整①,以促进节能减排政策目标的实现,主要内容包括:一是提高大排量乘用车的消费税税率,排气量在 3.0 升以上至 4.0 升(含 4.0 升)的乘用车,税率由 15% 上调至 25%,排气量在 4.0 升以上的乘用车,税率由 20% 上调至 40%;二是降低小排量乘用车的消费税税率,排气量在 1.0 升(含 1.0 升)以下的乘用车,税率由 3% 下调至 1%。

2008 年底,中国进行了成品油价格和税费改革。2009 年 1 月 1 日开始实施的燃油税改革方案选择了依托消费税制,提高成品油消费税税率。内容包括:第一,将无铅汽油的消费税单位税额由每升 0.2 元提高到每升 1.0 元;将含铅汽油的消费税单位税额由每升 0.28 元提高到每升 1.4 元。第二,柴油的消费税单位税额由每升 0.1 元提高到每升 0.8 元。第三,将石脑油、溶剂油和润滑油的消费税单位税额由每升 0.2 元提高到每升 1.0 元。第四,将航空煤油和燃料油的消费税单位税额由每升 0.1 元提高到每升 0.8 元。

(3) 出口退税制度改革。在 1994 年税制改革中,曾强调出口退税零税率制度。但随着时间的推移,它很快就为财政因素和宏观经济政策所打破。在今天的中国,出口退税事实上已经演化成为一种灵活的宏观经济政策工具。

在 2006—2009 年,中国的出口退税政策大致可划分为两个阶段。第一个阶段从 2006 年到 2008 年上半年为止,中国取消了部分产品的出口退税政策,下调了部分产品的出口退税率。第二阶段是从 2008 年下半年以来,中国数次上调了出口退税率。这一政策仍在进行之中。

——以下调出口退税率和取消出口退税为主要内容的出口退税政策

为了应对贸易顺差给中国宏观调控带来的挑战,促进外贸发展方

---

① 财政部、国家税务总局:《关于调整部分乘用车进口环节消费税的通知》(财关税〔2008〕73 号)。

式的转变和中国经济的可持续发展，2006 年 1 月 1 日起，中国取消多项皮革类原材料的出口退税政策，并下调了部分产品的出口退税率。2006 年 9 月 15 日起 142 个税号的钢材、部分有色金属材料、纺织品、家具等产品的出口退税率下调；重大技术装备、部分 IT 产品和生物医药产品以及部分国家产业政策鼓励出口的高科技产品、部分以农产品为原料的加工品出口退税率上调。2007 年 4 月 15 日，经国务院批准，财政部、国家税务总局将进出口税则（2007 年版）第 72 章中的部分特种钢材及不锈钢板、冷轧产品等 76 个税号出口退税率降为 5%；型材、盘条等另外 83 个税号的钢材产品则取消出口退税。

从 2007 年 7 月 1 日起，中国调整商品的出口退税政策，共涉及 2831 项商品，约占海关税则中全部商品总数的 37%，主要包括三个方面：一是进一步取消了 553 项"高耗能、高污染、资源性"产品的出口退税。二是降低了 2268 项容易引起贸易摩擦的商品的出口退税率。三是将 10 项商品的出口退税改为出口免税政策，包括：花生果仁、油画、雕饰板、邮票和印花税票等。

从 2007 年 12 月 20 日起，中国取消小麦、稻谷、大米、玉米、大豆等 84 类原粮及其制粉的出口退税。从 2008 年 6 月 13 日起，中国又取消部分植物油的出口退税。

——以调高出口退税率为中心的出口退税政策

2008 年下半年，中国的出口退税政策再次发生大的逆转。从 2008 年 8 月 1 日起，部分纺织品、服装的出口退税率由 11% 提高到 13%；部分竹制品的出口退税率提高到 11%；取消红松子仁、部分农药产品、部分有机肥产品、紫杉醇及其制品、松香、白银、零号锌、部分涂料产品、部分电池产品、碳素阳极的出口退税。从 2008 年 11 月 1 日起，部分商品的出口退税率再次调高：部分纺织品、服装、玩具出口退税率提高到 14%；将日用及艺术陶瓷出口退税率提高到 11%；部分塑料制品出口退税率提高到 9%；部分家具出口退税率提高到 11%、13%；艾滋病药物、基因重组人胰岛素冻干粉、黄胶原、钢化安全玻璃、电容器用钽丝、船用锚链、缝纫机、风扇、数控机床硬质合金刀、部分书籍、笔记本等商品的出口退税率分别提高到9%、11%、13%。

从2008年12月1日起,部分商品的增值税出口退税率(以下简称退税率)进一步提高:部分橡胶制品、林产品的退税率由5%提高到9%;部分模具、玻璃器皿的退税率由5%提高到11%;部分水产品的退税率由5%提高到13%;箱包、鞋、帽、伞、家具、寝具、灯具、钟表等商品的退税率由11%提高到13%;部分化工产品、石材、有色金属加工材等商品的退税率分别由5%、9%提高到11%、13%;部分机电产品的退税率分别由9%提高到11%,11%提高到13%,13%提高到14%。

从2008年12月1日起,对黑大豆(税则号为1201009200)出口免征增值税。

出口退税政策的多次调整,虽是适应宏观经济形势变化的要求而进行的,但它与税收的确实原则相悖,不利于市场主体经营活动的正常开展。

(4)企业所得税制改革。1994年,中国统一了内资企业所得税制,进入了内外资企业所得税制分立的时代。2007年,《中华人民共和国企业所得税法》几经周折,终获通过,统一的新企业所得税制在2008年开始实施。从此,内外资在企业所得税制上享有相同的税收待遇,内资企业获得了与外资企业公平竞争、共同发展的机会,这与市场经济的要求是一致的。

新企业所得税制下,企业不分内外资,适用同一套税制,税率统一为25%,新税制统一了税前扣除标准。对内资企业而言,在工资费用扣除上,以前只能相应扣除计税工资部分,而现在执行和外资企业相同的标准,只要是企业发生的合理的工资薪金支出,可以全额扣除,其他的如职工福利费、工会经费、职工教育经费也实行税前扣除,减轻了企业的纳税负担。新企业所得税制堵住了一些税制漏洞,业务招待费支出按照60%扣除,且最高不得超过当年销售(营业)收入的5%;对特别纳税调整方面也作了许多具体规定,企业所面临的税收环境将更加平等。

新企业所得税制不是简单的内资企业所得税制向外资企业所得税制靠拢,而是考虑了中国进入改革开放新阶段的具体国情。新企业所得税制鼓励企业自主创新,符合条件的高新企业适用优惠税率;企业的研究开发费用在据实扣除的基础之上,再加计扣除50%;因技术进步可缩短折旧年限或选择加速折旧的方法。此外,与之前的所得税优惠政策相比,新企业所得税制更注重产业政策目标的实现,强调与产业政策、技术经济政策相配合,鼓励农、林、牧、渔业、节能环保产业和自主创新企业的发展。新企业所得税制还对小型微利企业实施优惠的政策,扩大了小型微利企业的优惠范围,大幅度提高了优惠力度,为小企业的发展创造了更加有利的外部环境,增强其竞争力。对小型微利企业的税收优惠不仅有利于促进就业,而且体现了国家鼓励创业投资的政策导向。

新企业所得税制同样考虑了统一税制之后对外资企业的影响,并采取了一些配套过渡措施。这样的税制加上中国经济的发展前景和市场环境,外资不会因新税制而却步。不会因为税率的调整而改变投资。从长远来看,新税法的实施有利于中国引进外资结构的转变和引进外资的质量和水平的提高。

(5)**个人所得税制改革**。从2006年以来,个人所得税制没有发生根本性的改革,只是根据生活费用上涨和宏观调控的需要对税制作了适当的调整,同时加强了税收征管工作。可以称之为"小步微调"。

个人所得税制比较重要的改革主要有:第一,提高工资薪金所得费用扣除标准。2006年1月1日起,该标准从800元调高至1600元;从2008年3月1日起,该标准再次调高至2000元。工资薪金所得费用扣除标准确定的主要依据是个人的基本生活费用。两次调高都是应对个人基本生活费用增加的举措。第二,对储蓄存款利息所得征收个人所得税。自1999年11月1日起,对个人储蓄存款利息所得征收20%的所得税;2007年8月15日,税率下调为5%。对储蓄存款利息所得征税的初衷是通过征税,促进居民消费。随着宏观经济状况的变化,税率相应作了调整。从 2008 年 10 月 9 日起,暂免对储蓄存款利息所得征收个人所得税。第三,开展个人自行纳税申报工作。2007年首次要求 2006 年所得在 12 万元以上的个人自行纳税申报。个人自行申报纳税有利于加强税收征管,对纳税人来说,税制会更加公平。第四,其他调整。承包承租经营所得必要费用扣除额调整为 2000 元,外籍人员等纳税人的附加减除费用调整为每人每月 2800 元。此二项调整主要是和工资薪金所得费用扣除标准调整配套实施的。

(6) 其他调整事项。 除了上述几个较为重要的税种——在全部税收收入中占比相对较高——之外,发生在其他税种上的变化有:

——与房地产市场相关的税制调整

为了抑制投机和投资性购房需求,进一步加强个人住房转让营业税征收管理,2006 年 6 月 1 日后,个人将购买不足 5 年的住房对外销售的,全额征收营业税;个人将购买超过 5 年(含 5 年)的普通住房对外销售的,免征营业税;个人将购买超过 5 年(含 5 年)的非普通住房对外销售的,按其销售收入减去购买房屋的价款后的余额征收营业税。①

为了促进房地产市场健康发展,自 2009 年 1 月 1 日至 12 月 31日,个人将购买不足 2 年的非普通住房对外销售的,全额征收营业税;个人将购买超过 2 年(含 2 年)的非普通住房或者不足 2 年的普通住房对外销售的,按照其销售收入减去购买房屋的价款后的差额征收营业税;个人将购买超过 2 年(含 2 年)的普通住房对外销售的,免征营业税。② 从 2010 年起,个人购买超过 2 年(年)但不足 5 年的普通住房对外销售的,按照其销售收入减去购买房屋的价款后的差额征收营业税。

---

① 财政部、国家税务总局:《关于调整房地产营业税有关政策的通知》(财税〔2006〕75号)。

② 财政部、国家税务总局:《关于个人住房转让营业税政策的通知》(财税〔2008〕174号)。

此外，为促进廉租住房、经济适用住房制度建设和住房租赁市场的健康发展，实行了支持廉租住房、经济适用住房建设的税收政策，中国还制定了关于廉租住房经济适用住房和住房租赁有关税收政策。[①]

为适当减轻个人住房交易的税收负担，支持居民首次购买普通住房，自2008年11月1日起，房地产交易环节的有关税收政策作了调整：第一，对个人首次购买90平方米及以下普通住房的，契税税率暂统一下调到1%。首次购房证明由住房所在地县（区）住房建设主管部门出具。第二，对个人销售或购买住房暂免征收印花税。第三，对个人销售住房暂免征收土地增值税。

——证券交易印花税政策的调整

1991年中国开始对股市中证券交易行为征收印花税。证券交易印花税从普通印花税发展而来，是专门针对股票交易额征收的一种税。长期以来，证券交易印花税是政府调控股市的工具。2005年1月，财政部将证券交易印花税税率由2‰下调为1‰。2007年5月30日起，财政部将证券交易印花税税率由1‰调整为3‰。2008年4月24日起，财政部将证券交易印花税税率由3‰调整为1‰。从2008年9月19日起，证券交易印花税政策再次进行调整，由现行双边征收改为对出让方单边征收，税率保持在1‰。

此外，1951年8月8日政务院公布的《城市房地产税暂行条例》自2009年1月1日起废止。自2009年1月1日起，外商投资企业、外国企业和组织以及外籍个人，依照《中华人民共和国房产税暂行条例》缴纳房产税。房地产税实现了内外资的统一。2009年还实行了小排量汽车车辆购置税减半征收（原税率10%，减半之后为5%）的政策；2010年车辆购置税减税政策继续维持，但税率优惠幅度下降，仅为7.5%。

---

① 财政部、国家税务总局：《关于廉租住房经济适用住房和住房租赁有关税收政策的通知》（财税〔2008〕24号）。

二　2006—2009 年中国财政收支概况

（一）财政收入

1. 2006—2009 年的财政收入形势

2006—2008 年，全国财政收入延续了 1994 年财税改革以来的快速增长趋势。（表1）2006 年全国财政收入为 38730.62 亿元，比 2005 年增加 7081.33 亿元，增长 22.4%。2007 年，全国财政收入 51304.03 亿元，比 2006 年增加 12543.83 亿元，增长 32.4%。2008 年全国财政收入 61316.9 亿元，比 2007 年增加 9995.12 亿元，增长 19.5%。2009 年，财政收入形势发生了一些变化，但 2009 年全国财政收入仍保持较快的增速，预计达到 68477 亿元，增长 11.7%。[①]

财政收入的快速增长，直接导致财政收入占 GDP 的比重上升。（表1）1994 年财税体制改革之后，财政收入占 GDP 比重的最低值出现在 1995 年，为 10.27%。1996—2005 年，这个数字一直在提升。2006 和 2007 年延续了其稳步上升的态势，分别为 18.29% 和 20.56%。2008 年该比重略微下降，为 20.39%，但也比 1994—2006 年之间的任何一年都要高。

表1　　　　　　　　1994—2008 年国家财政收入　　　　　　　（亿元）

年份	财政收入	国内生产总值（GDP）	财政收入占 GDP 比重（%）	财政收入增长速度（%）
1994	5218.1	48197.9	10.83	20.0
1995	6242.2	60793.7	10.27	19.6
1996	7407.99	71176.6	10.41	18.7
1997	8651.14	78973.0	10.95	16.8

---

①　财政部新闻办公室：《扎实实施积极财政政策 促进经济平稳较快增长》，2010 年 1 月 10 日，http://www.mof.gov.cn/mof/zhengwuxinxi/caizhengxinwen/201001/t20100110_ 258368.html。

续表

年份	财政收入	国内生产总值（GDP）	财政收入占 GDP 比重（%）	财政收入增长速度（%）
1998	9875.95	84402.3	11.7	14.2
1999	11444.08	89677.1	12.76	15.9
2000	13395.23	99214.6	13.5	17.0
2001	16386.04	109655.2	14.94	22.3
2002	18903.64	120332.7	15.71	15.4
2003	21715.25	135822.8	15.99	14.9
2004	26396.47	159878.3	16.51	21.6
2005	31649.29	183867.9	17.21	19.9
2006	38760.2	211923.5	18.29	22.5
2007	51321.78	249529.9	20.56	32.4
2008	61330.35	314045.0	19.53	19.5
2009	68477	335353	20.42	11.7

资料来源：《中国财政年鉴》（2007，2008）；谢旭人：《关于 2008 年中央决算的报告——2009 年 6 月 24 日在第十一届全国人民代表大会常务委员会第九次会议上》；http：//www.mof.gov.cn/mof/zhuantihuigu/2008nianzyjuesuan/2008zyjuesuanbaogao/200907/t20090706-176618.html。

财政部新闻办公室：《扎实实施积极财政政策 促进经济平稳较快增长》，2010 年 1 月 10 日，http：//www.mof.gov.cn/mof/zhengwuxinxi/caizhengxinwen/201001/t20100110_ 258368.html。

国家统计局网站（www.stats.gov.cn）。

2. 财政收入增长的基本判断与原因分析

（1）**基本判断**。从财政收入占 GDP 的比重来看，财政收入的增长是正常的。财政收入的增长表明 1994 年财税改革所确定的提高财政收入占 GDP 比重的目标已经实现。伴随着"财政收入稳定增长机制的形成"，财政收入以高出 GDP 增速较多的速度快速增长。从总体上看，经济向好是财政收入增长的基础。如果没有经济的快速增长，财政收入的快速增长是难以做到的。

财政收入的快速增长，有一次性、政策性和超常规因素。但从现实来看,税收征管的改善是财政收入超 GDP 增长的最主要因素。

(2)**财政收入增长的原因分析:一次性、政策性和超常规因素**。在 2006—2009 年中的每一年份,都有一次性、政策性和超常规因素促进了财政收入的增长。2006 年,中国银行、中国建设银行等国有商业银行股改后利润增加,所得税大幅增收;开征石油特别收益金;探矿权采矿权价款收入集中入库;受固定资产投资和工业生产增长较快、资源性产品价格上扬等影响,相关行业税收超常规增长。

2007 年,证券市场交易活跃和适用税率提高〔调整证券(股票)交易印花税税率,由 1‰调整为 3‰〕年第期,证券交易印花税增收 1825.85 亿元;出口退税政策调整,减少退税 400 亿元,相应体现为收入增加;铁道运输企业出售国有资产收入上缴 196 亿元,属于一次性收入;石油特别收益金全年征收 501.4 亿元,增加 129.37 亿元(2006 年只征收了两个季度)。

2008 年上半年,由于 2007 年企业利润大幅增长、汇算清缴企业所得税入库较多以及税收政策调整翘尾增收等特殊因素影响,全国财政收入增长 33.3%;推进资源有偿使用制度改革,探矿权、采矿权使用费及价款收入和矿产资源补偿费收入增加。

2009 年财政收入恢复上涨的原因同样包括清理补缴 2008 年欠缴收入等带动非税收入增长等一次性因素。

(3)**财政收入增长的原因分析:税收征管的改善**。税收收入提供了 90% 以上的财政收入。在税收制度未作根本性改革的前提下,财政收入在较长时间内以快于 GDP 的速度增长,与税收征管的改善有着密切的关系。

税收收入增长的解释有多种。较早时候,人们曾经用经济增长、政策调整和加强征管即所谓"三因素"论来解释。有的还将三因素做了相应分解,即经济增长因素占 50%,政策调整和加强征管因素各占 25%。

随着 2004 年的税收收入增幅窜升至 5000 亿元,"三因素论"的解释显得相对粗糙了。作为"三因素论"的替代，"多因素论"应运而生。在多因素论下，税收收入的持续高速增长被归结为经济增长、物价上涨、GDP 与税收的结构差异、累进税率制度、加强税收征管和外贸进出口对 GDP 与税收增长的影响差异等 6 种因素交互作用的结果。

相对于三因素论来说，多因素论的分析显然向前跨进了一步，更全面、更细致、更贴近现实。然而，问题在于，持续十几年且在税制基本未变条件下实现的税收收入持续高速增长，毕竟是发生在中国的一个奇迹。要透视这个特殊的现象，只能采用特殊视角，以特殊的思维、特殊的方法、特殊的线索，去描述、归结这一轨迹背后的特殊缘由。

无论经济增长同税收收入之间的相关性，还是物价上涨同税收收入之间的相关性，抑或 GDP 与税收结构差异、累进税率制度、加强税收征管等因素同税收收入之间的相关性，在世界上都是普遍存在的，均属于一般性而非特殊性的因素。

不过，上述因素对于税收收入持续高速增长的支撑效应，并非是等量的。一旦聚焦于诸种因素的效应差异并由此入手，真正可以依赖、真正有点特殊的因素便可一下子浮出水面：中国税务机关的"征管空间"巨大。

有必要引入一对概念，这就是法定税负和实征税负（钱冠林，2006）。所谓法定税负，就是现行税制所规定的、理论上应当达到的税负水平。所谓实征税负，则是税务部门的征管力能够实现的、实际达到的税负水平。二者差距取决于税收征收率。"法定"的税负水平是税基和税率两个因素的乘积，而"实征"的税负水平，是税基、税率和税收征收率 3 个因素的乘积。

根据国家税务总局的分析报告（许善达，2004），1994 年中国税收的综合征收率只有 50% 上下，而到了 2003 年，综合征收率已提升至 70% 以上。10 年之间，中国税收的综合征收率提升了 20 个百分点。在如此巨大的征管空间内，税收征收率的迅速提升，自然意味着税收跑冒滴漏的迅速减少和税收收入的迅速增长。

增值税是中国第一大税种,提供了 40% 以上的全国税收收入。国家税务总局的另一份分析报告《增值税征收率变动与金税工程二期效果宏观分析》认为,增值税的征收率在 1994—2004 年的 11 年间,经历了一个先少许下降、转而迅速提升的过程,从 1994 年的 57. 45%,到 1998 年的 51. 75%。以 1997 年为转折点,开始迅速提升,至 2004 年已达 85. 73%。

2006—2009 年,各级财政、税务、海关等部门依法加强收入征管,积极实施科学管理,全面清理和规范税收优惠政策,提高税收征管质量和效率,规范非税收入管理,全国财政收入保持了快速增长。

3. 财政收入面临的挑战

2008 年下半年,财政收入增长形势发生了逆转。受国际金融危机影响,经济增幅下降,企业利润减少;进口国际大宗商品经济增长形势的变化直接体现在财政收入上。2008 年下半年,全国财政收入仅增长 5. 2%。尤其值得注意的是,2008 年下半年中央本级收入下降 0. 9%。从月度数据来看,2008 年 7—11 月份财政收入形势急剧变化。7 月份财政收入同比增速为 16. 5%;8 月份下降到 10. 1%;9 月份降至 3. 1%;10 月份出现了负增长,为 - 0. 3%;11 月份继续出现负增长,为 - 3. 1%。12 月份,全国财政收入比 2007 年同月也仅增长 3. 3%,其中,中央本级收入 756. 16 亿元,同比下降 15. 5%;地方本级收入 2492. 53 亿元,同比增长 10. 8%。

新企业所得税制自 2008 年开始实施,内资企业所适用的企业所得税税率从 33% 下降为 25%,而且税前扣除标准大为放宽,企业税负大为下降。但是,企业所得税汇算清缴导致 2007 年较好的企业效益体现在 2008 年上半年的所得税收入上,而且导致上半年企业所得税收入的高速增长。从 2008 年下半年开始,这种增收因素不复存在。新企业所得税制的减税效应逐步释放。这会形成未来财政减收的压力。

2008 年下半年,为了刺激经济,政府出台了一系列减税政策,包括提高出口退税率、证券交易印花税从双边征收改为单边征收、免征储蓄存款利息所得税和证券市场个人投资者交易结算资金利息所得税等等,都在一定程度上形成了财政减收的压力。

2009 年全年财政收入同比增长预计达到 11.7%,再次超过 GDP 增速(8.7%)。但是 2009 年的财政收入形势可谓一波三折。1—4 月份,财政收入每个月遭遇的是负增长。虽然之后财政收入开始恢复性增长,但是一直到 7 月份结束,财政收入累计数仍维持负增长。第 3 季度之后财政收入形势才转好,并最终保证了年度财政收入的稳定增长。

(二) 财政支出

1. 2006—2009 年的财政支出形势

2006—2009 年,全国财政支出一直保持快速增长趋势。2006 年全国财政支出 40213.16 亿元,比 2005 年增加 6282.88 亿元,增长 18.5%。2007 年全国财政支出 49565.4 亿元,增加 9142.67 亿元,增长 22.6%。2008 年全国财政支出 62592.66 亿元,增加 12811.31 亿元,增长 25.7%。2009 年全国财政支出 76235 亿元,增长 22.1%。① 2006—2009 年,财政支出的快速增长与收入增长是一致的。

2. 财政支出结构的调整

财政支出结构的调整是完善公共财政体系的要求。从总体上看,2006—2009 年延续了改革以来财政支出结构的变动趋势,财政支出中用于经济建设的比重下降。② 表 2 是 1978—2006 年中国财政支出数据。

---

① 2009 年财政支出数为预算数。
② 截至本文写作时,2009 年的具体支出数字尚未公布。

表 2　　　　　　　　　　1978—2006 年国家财政分类支出　　　　　　　（亿元）

年份	支出合计	经济建设费	社会文教费	国防费	行政管理费	其他支出
1978	1122.09	718.98	146.96	167.84	52.90	35.41
1979	1281.79	769.89	175.18	222.64	63.07	51.01
1980	1228.83	715.46	199.01	193.84	75.53	44.99
1981	1138.41	630.76	211.46	167.97	82.63	45.59
1982	1229.98	675.37	242.98	176.35	90.84	44.44
1983	1409.52	794.75	282.51	177.13	103.08	52.05
1984	1701.02	968.18	332.06	180.76	139.80	80.22
1985	2004.25	1127.55	408.43	191.53	171.06	105.68
1986	2204.91	1158.97	485.09	200.75	220.04	140.06
1987	2262.18	1153.47	505.83	209.62	228.20	165.06
1988	2491.21	1258.39	581.18	218.00	271.60	162.04
1989	2823.78	1291.19	668.44	251.47	386.26	226.42
1990	3083.59	1368.01	737.61	290.31	414.56	273.10
1991	3386.62	1428.47	849.65	330.31	414.01	364.18
1992	3742.20	1612.81	970.12	377.86	463.41	318.00
1993	4642.30	1834.79	1178.27	425.80	634.26	569.18
1994	5792.62	2393.69	1501.53	550.71	847.68	499.01
1995	6823.72	2855.78	1756.72	636.72	996.54	577.96
1996	7937.55	3233.78	2080.56	720.06	1185.28	717.87
1997	9233.56	3647.33	2469.38	812.57	1358.85	945.43
1998	10798.18	4179.51	2930.78	934.70	1600.27	1152.92
1999	13187.67	5061.46	3638.74	1076.40	2020.60	1390.47
2000	15886.50	5748.36	4384.51	1207.54	2768.22	1777.87
2001	18902.58	6472.56	5213.23	1442.04	3512.49	2262.26
2002	22053.15	6673.70	5924.58	1707.78	4101.32	3645.77
2003	24649.95	6912.05	6469.37	1907.87	4691.26	4669.40
2004	28486.89	7933.25	7490.51	2200.01	5521.98	5341.14
2005	33930.28	9316.96	8953.36	2474.96	6512.34	6672.66
2006	40422.73	10734.63	10846.20	2979.38	7571.05	8291.47

数据来源:《中国统计年鉴（2007）》;《中国财政年鉴（2007）》。

通过比较1978年和2006年的数据，我们很明显地可以发现财政支出结构的显著变化（见图1、图2）。经济建设费占财政支出的比重从1978年的64.08%下降为2006年26.56%；社会文教费从13.10%上升为26.83%。

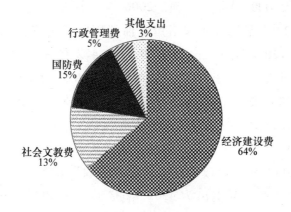

图1　1978年中国财政支出结构

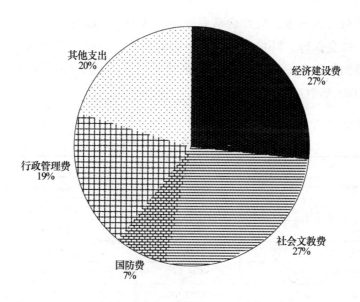

图2　2006年中国财政支出结构

自 2007 年起,实行了新的财政收支分类。由于新旧分类方法的差异,目前暂无可与 1978 年口径直接对比的数据。不过,从 2007 年和 2008 年的年度预算报告可以看出,随着财政可支配财力的增强,财政按照完善公共财政体系的要求,加大了重点领域的支持力度。

财政支农力度一直在加强。2006 年,中央财政用于"三农"的各项支出 3397 亿元(不包括用石油特别收益金安排的对种粮农民综合直补 120 亿元),比 2005 年增加 422 亿元,增长 14.2%。2007 年,中央财政用于"三农"的各项支出合计 4318 亿元,比 2006 年增加 801 亿元,增长 23%。通过增加支出,财政继续加强了对新农村建设的支持力度,主要措施包括:大幅增加涉农补贴资金;改善农村生产生活条件;支持抗灾救灾和扶贫开发;促进农村事业发展。2008 年,财政继续加大对"三农"的投入。表 3 显示,2008 年的农林水事务支出为 4502.82 亿元,比 2007 年的 3404.70 亿元增加了 1098.12 亿元("三农"支出还包括医疗卫生支出和其他支出中的涉农部分)。

财政支出的重点向社会事业倾斜。从表 3 可以看出,教育、医疗卫生、社会保障、环境保护等支出得到有力的保障,社会发展的薄弱环节得到加强,促进了经济社会的协调发展。图 3 和图 4 显示 2007年和 2008 年财政支出结构。

表 3　　　　　**2007 年和 2008 年的全国财政支出**　　　　　　(亿元)

项　　目	2007 年	2008 年
农林水事务	3404.70	4502.82
教育	7122.32	8937.91
医疗卫生	1989.96	2722.44
社会保障和就业	5447.16	6770.03
文化体育与传媒	898.64	1086.34
科学技术	1783.04	2108.13
环境保护	995.82	1427.42

续表

项　　目	2007 年	2008 年
公共安全	3486.16	4040.09
国防	3554.91	4180.06
外交	215.28	240.74
一般公共服务	8514.24	9831.34
城乡社区事务	3244.69	4200.83
交通运输	1915.38	2372.96
工业商业金融等事务	4257.49	6207.61
地震灾后恢复重建支出	—	766.29
其他支出	2951.56	3032.02
全国财政支出	49781.35	62427.03

注：2007 年为决算数，不包括安排中央预算稳定调节基金 1032 亿元；2008 年为预算执行数，不包括安排中央预算稳定调节基金 192 亿元。

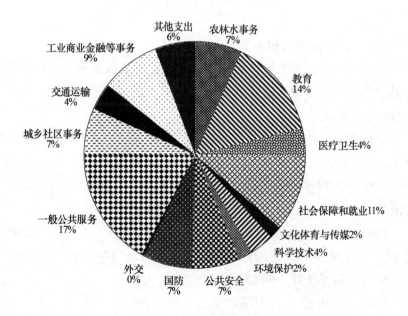

图 3　2007 年财政支出结构

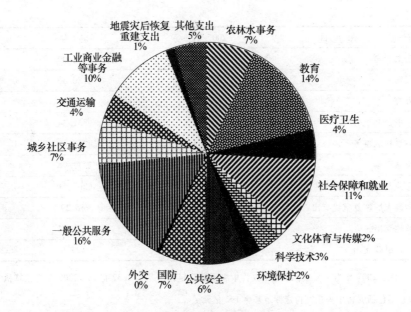

图 4　2008 年财政支出结构

（三） 财政赤字与债务负担

从 2006 年到 2008 年,中央财政赤字规模逐步缩小,而且,每年的国债余额均控制在年度预算限额之内。可以说,这是稳健(中性)财政政策的体现。

2006 年中央财政赤字 2749.95 亿元,比十届全国人大四次会议批准的 2950 亿元减少 200.05 亿元,占 GDP 的比重下降为 1.3%。2006 年末中央财政国债余额为 35015.28 亿元,控制在 35381.68 亿元的限额以内。

2007 年中央财政赤字 2000 亿元,比十届全国人大五次会议批准的 2450 亿元减少 450 亿元。2007 年末中央财政国债余额 52074.65 亿元,控制在年度预算限额 53365.53 亿元以内。

2008 年中央财政赤字 1800 亿元,控制在十一届全国人大一次会议批准的数额之内。2008 年末中央财政国债余额 53270.76 亿元,控制在年度预算限额 55185.85 亿元以内。

从国际上常用的衡量财政风险的指标来看，这几年，我国财政赤字占 GDP 的比重远低于 3% 的警戒线：2006 年仅为 1.30%；2007 年为 0.80%；2008 年为 0.57%。年末国债余额占 GDP 的比重也远低于 60% 的警戒线：2006 年为 16.52%；2007 年为 20.87%；2008 年为 17.72%。（表4）2009 年财政赤字增加到 9500 亿元，也仅占 GDP 的 2.83%。

国内外债务付息与每年数万亿的财政收入相比，仅占较低比例。2006 年为 975.39 亿元，占 2.52%；2007 年为 993.45 亿元，占 1.94%；2008 年为 1309.31 亿元，占 2.14%。

表 4　　　　　　　　　　2006—2008 年间的财政赤字与国债

项目 ＼ 年份	2006	2007	2008
中央财政赤字（亿元）	2749.95	2000.00	1800.00
中央财政赤字占 GDP 的比重（%）	1.30	0.80	0.57
年末国债余额（亿元）	35015.28	52074.65	53270.76
国债余额占 GDP 的比重（%）	16.52	20.87	17.72
国内外债务付息（亿元）	975.39	993.45	1309.31
国内外债务付息占财政收入的比重（%）	2.52	1.94	2.14

三　财政政策

（一）积极财政政策的主要内容

2006—2009 年在财政政策上所呈现的最大变化，就是 2008 年下半年财政政策实现了从稳健向积极的转型。自 1998 年为应对亚洲金融风暴出台积极财政政策以来，这是第二次。1998 年，正是凭借着以"增发国债—扩张支出—拉动内需"为主要线索的一系列扩张性财政举措，才使中国走出了通货紧缩的阴影，并使经济重返平稳较快发展的轨道。2008 年的全球性金融危机，牵涉的范围更广，影响的程度更深，带来的压力更大。故而，积极财政政策的操作，用温家宝总理的话讲，必须"更直接、更有力、更有效"。

　　与上一次积极财政政策的重心主要放在扩大财政支出一条线索上不同，这一次实施的积极财政政策，则是财政支出与财政收入两翼同时并举、两条线索协同作战。其中，不仅有扩大财政支出的传统举措，也有结构性减税的新动作。就扩大财政支出而言，不仅有增加政府公共投资的项目，也有增加中低收入群体收入以及实施家电下乡、汽车下乡等方面的安排。就结构性减税而言，不仅涉及诸如增值税转型、两个企业所得税法合并等份额较大的税种的减收，也有包括个人所得税、二手房交易税负、股票交易印花税等份额相对较小的税种的减收。因而，可以说，这一次的积极财政政策所实施的是"全方位"的扩张。

　　在财政收入一翼，实行结构性减税，为企业和居民减轻负担。通过实施企业所得税新税法、提高个人所得税工薪所得减除费用标准、暂免征收储蓄存款和证券交易结算资金利息个人所得税、降低住房交易环节税收负担、调高部分产品出口退税率、取消和降低部分产品出口关税、下调证券交易印花税税率并改为单边征收、调整汽车消费税政策、允许困难企业阶段性缓缴社会保险费、降低 4 项社会保险费率等税费减免举措，2008 年共减轻了大约 2800 亿元的企业和居民负担。在此基础上，2009 年又推出了全面实施消费型增值税、实施成品油税费改革、取消和停征 100 项行政事业性收费等新的税费减免举措，从而拿出了将减轻企业和居民负担约 5000 亿元的"减税大单"。

　　在财政支出一翼，扩大政府公共投资并增加中低收入群体收入，以此带动和引导投资和消费需求。继 2008 年新增中央政府公共投资 1040 亿元并提前安排 2009 年灾后恢复重建资金 200 亿元之后，2009 年的中央政府公共投资达到 9080 亿元，增加 4875 亿元。这些投资，主要用于农业基础设施及农村民生工程建设（2081 亿元）、保障性住房建设（493 亿元）、教育和医疗卫生等社会事业建设（713 亿元）、地震灾后恢复重建（1300 亿元）、节能减排和生态建设（680 亿元）、自主创新和技术改造及服务业发展（452 亿元）以及包括铁路、公路、机场和港口等在内的基础设施建设（2317 亿元）。

除此之外，通过进一步增加对农民的补贴、提高城乡低保补助水平、增加企业退休人员基本养老金、提高优抚对象等人员抚恤补贴和生活补助标准、对困难群体直接发放一次性生活补贴等途径，在不断提高中低收入群体收入方面投入了 2208.33 亿元。并且，还分别安排了家电下乡补贴 200 亿元和汽车下乡补贴 50 亿元，以实施家电和汽车下乡补贴政策。

（二）积极财政政策的成本与风险

任何事情都是效益和成本并存的。上一次长达 7 年（1998—2004）之久的积极财政政策实践成果，是在我们付出了国债和赤字规模双双激增的昂贵代价之后取得的。这一次的积极财政政策操作，仅在第一年，就安排了高达 9500 亿元的赤字和相应规模的国债发行。根据目前的经济态势和经济周期运行的规律，即便做非常保守的预期，这一次积极财政政策的实施区间至少要跨越 3 年。注意到当前财政收入持续下滑和财政支出逆势上扬的势头，可以预期，与积极财政政策操作的进一步深化与完善相伴随，在今后一个可能不算短的时间内，我国财政收支上的困难局面在所难免。

从目前的情况看，积极财政政策的成本与风险已经有所显现。2009 年 1—4 月，财政收入每个月都是负增长；1—5 月，税收收入每个月都是负增长。与此同时，财政支出压力未减。虽然这种形势随着2009 年下半年财政收入的快速增长而相对好转，但是迄今为止宏观经济面的不确定性，意味着未来财政收入仍可能面临极为严峻的挑战。

影响财政收入形势的最主要因素是经济因素，但影响财政收入形势的还包括政策性因素等其他因素。经济决定财政。随着国际金融危机对我国经济的影响在 2008 年下半年逐步显现，财政收入势必要呈下行态势。2008 年上半年，我国财政收入形势主要是经济低迷带来的。

积极财政政策的实施也给财政运行带来严峻的挑战。不同于上一次的积极财政政策实践,新积极财政政策举措,系收支两翼并举。在较大规模增加财政支出的同时,也陆续出台了一系列的结构性减税举措。如新企业所得税法实施、增值税转型、个人所得税工薪所得额费用扣除标准提升、证券交易印花税率下调和单边征收等。据估计,2009年减税举措所涉及的减税规模,高达5500亿元。如此规模的减税,虽是我们主动应对金融危机的政策安排,但作为其成本,自然会对财政收入形成不小的冲击。

还要看到,从1994年税制改革以来,尤其是1999年以后,我国经济处于快速增长时期,我们习惯了财政收入以远高于GDP的速率持续增长。但是,经济的周期性波动是不可避免的,经济调整导致财政收入波动也是正常的。即使在国际金融危机之后,如果经济进入稳定增长阶段,财政收入可能也难以回到2008年之前20%、30%的高速增长轨道。

与此同时,以1.18万亿中央财政投资为依托的4万亿投资方案的出台,以及其他一些改善民生的财政支出调整措施,都会直接增加财政支出。增支在很大程度上也是积极财政政策落实的结果。通过扩大支出规模,从而起到刺激内需的作用。

处于经济低迷期,减收增支会给政府财政带来压力。无论是减税政策,还是扩大支出的措施,都需要勇气和智慧,以用尽可能低的代价换来经济的快速稳定增长。

(三) 积极财政政策任重而道远

应当看到,尽管目前我国经济在总体上出现了回暖的迹象,但基础并不牢固,还有许多不确定性因素:全球经济复苏仍有阴影,出口、产能过剩和就业困难的局面短期内难以得到根本缓解,等等。这就意味着,我国正处于应对全球性金融危机的关键时期。鉴于2008年全球性金融危机的严峻性以及积极财政政策的角色定位,往前看,要让我国经济真正回暖、站稳并最终走出危机,积极财政政策还有相当长的一段路要走。

一方面是我国经济的总体回暖需要进一步夯实基础，另一方面，财政减收增支势头的持续已经使财政陷入十分严峻的形势，在当前的条件下，我们只有瞻前顾后，做好各方面的应对性安排，才能渡过经济与财政的双重难关。

具体而言，进一步深化和完善积极财政政策的主要备选举措，可能有如下几条：

第一，以增值税转型为重点，将结构性减税的功效落到实处。实行结构性减税，可说是这一次实施的积极财政政策的一大亮点。注意到增值税系现实中国的第一大税种，2008 年，它在全部税收收入中的占比达 40% 以上，要使结构性减税真正起到拉动内需的作用，当前我国的减税重点应当也必须锁定在增值税上。

从 2009 年 1 月 1 日起，增值税在全国范围内实施由生产型转为消费型的改革，给企业带来的最大变化，说到底，就是企业购入设备所付出的款项，可以冲抵增值税的计税基数从而免征增值税。它既体现着对企业固定资产投资的一种激励，又可说是政府能够拿出的最大的一笔减税单。据估算，这一项减税一年将减少大约 1200 亿元的税收收入。

但是，应当看到，与操用在其他税种上的减税举措有所不同，增值税转型毕竟只是政府推出的一项有利于减轻企业税负、激励企业投资的政策安排。除了小规模纳税人可以直接按调低了的征收率计税之外，对于一般纳税人而言，这项政策能否产生预期的效应或者其实际的效应究竟有多大，最终还要取决于企业对这项政策安排的反应。只有在企业真的着手技术改造、真的扩大设备投资的条件下，它才能据此去抵扣其应缴的增值税税款。增值税转型的减税效应，也才能真正"落袋为安"——进入企业的腰包。否则，如果企业的投资行为不因此而调整，或者，其调整的程度远低于人们的预期，那么，它便很可能只是政府所放飞的、等待人们去抓的"树林子里的鸟"。

如前所述，面对全球性的产能过剩，企业难有足够的投资热情或投资动力，我们对于增值税转型减税效应的预期，不能不有所保留并备有预案。倘若增值税转型的减税效应未能如所期望的那样发挥出来，并且，经济形势的变化需要在税收上采取更有力的扩张措施，那么，在增值税转型改革上可以考虑的选择，便是进一步"割肉"：在财政收支状况允许的条件下，将房屋、建筑物投资纳入抵扣范围，允许抵扣全部的固定资产投资，从而实行完全意义上的消费型增值税。

另外，增值税转型之后，仍有不动产等所对应的进项税额不能扣除，增值税距离严格意义上的消费型还有一定的差距。未来应创造条件，尽可能缩小不可扣除进项税额的范围。

第二，积极创造条件，加快个人所得税迈向综合与分类相结合道路的进程。作为一个兼顾收入与调节功能的现代税种，在现实我国的税收收入格局中，个人所得税份额不大。在 2008 年，其占比仅为 6.4%。然而，相对于其他税种，特别是隐含于价格之中、间接征收的各种流转税，人们对于个人所得税的敏感程度甚高。这固然与我国纳税人税收意识淡薄、对于税收常识的把握"缺位"有关，但在 2008 年全球性金融危机中，可以看到，尽管政府已经先后拿出了增加工资薪金所得额扣除标准和暂免征收存款利息所得税等两项举措，并且一年将减少大约 460 亿元的税收收入，人们仍然对进一步减轻个人所得税的负担充满期待。因而，从长期看，很有必要在个人所得税税负的进一步减轻上有所回应。

鉴于当前以进一步增加工资薪金所得额扣除标准为主要内容的"小步微调"已经基本走到尽头，也鉴于个人所得税的"小步微调"并不能带来中低收入者负担的有效减轻，更鉴于新一轮税制改革方案早已确定了个人所得税制的"综合与分类相结合"改革方向，将减税的意图与税制改革的目标相对接，可以明确的一个重要事实是，个人所得税税负的减轻也好，改革也罢，必须着眼于做"大手术"：采取实质性的举措，尽快增大综合计征的分量，加速奠定实行综合计征的基础。以此为契机，实施"个性化"的所得费用扣除并将其调整制度化，从而让高收入者比低收入者多纳税并以此调节居民之间的收入分配差距。

事实上,从个人所得税制的发展规律看,这一步迟早要走。认识到这是一个不可回避的基本趋势,积极创造条件,尽快地迈出这一步,可以也应当成为我们的备选方案。

第三,围绕"增"、"减"两字做文章,把扩大政府支出的主要着眼点放在刺激最终消费需求上。迄今为止,政府所推出的扩大支出举措的重点,主要放在了增加公共投资方面。这当然是必要的,但也应当看到,扩大政府支出的根本着眼点,毕竟在于拉动最终的消费需求。只有最终的消费需求被真正拉动起来并步入正常轨道,我国经济的回暖才会有坚实的基础。

一旦聚焦于最终消费需求并注意到不同收入群体在消费需求上的巨大差异,便可发现,针对不同收入群体而在扩大政府支出上追求不同的政策目标,不仅是必要的,也是可能的。

对于低收入群体而言,其消费需求不足的深层原因在于收入水平相对较低。故而,在扩大政府支出方面要着眼于"增":即通过扩大政府支出,直接增加低收入群体的收入水平,全力提高人们的消费能力。比如,以增发国债扩大政府公共投资,要与刺激消费、统筹发展、深化改革等方面的目标有机结合起来,在优化政府公共投资结构的前提下,重点安排民生工程、基础设施、生态环境和灾后恢复重建。由此带动和引导消费需求,拉动经济增长。再如,着眼于发挥财政政策在调整国民收入分配格局中的作用,通过增加财政补助的规模,提高城乡低保对象等低收入群体的收入水平,提高其消费能力。由此增加居民收入在国民收入分配中的比重和劳动报酬在初次分配中的比重,拉近居民之间的收入分配差距。

对于中等收入群体而言,其消费需求不足的深层原因在于社会保障制度有欠完善。故而,在扩大政府支出方面应着眼于"减":即通过建立起行之有效的医疗、退休、教育等社会保障制度体系,减缓或解除人们的后顾之忧。比如,要进一步优化财政支出结构,加快以改善民生为重点的社会建设。以此为基础,稳定和改善居民消费预期,促进即期消费,拉动消费需求。又如,要进一步调整财政支出结构,严格控制一般性支出,重点加大"三农"、教育、就业、住房、医疗卫生、社会保障等民生领域的投入。同时,根据社会事业发展规律和公共服务的不同特点,积极探索有效的财政保障方式,建立健全保障和改善民生的长效机制,等等。

第四,增收节支,进一步加强税收征管,全力压缩不必要的支出。操用积极财政政策应对全球性金融危机并不意味着我们可以不计财政成本。相反的,在任何时候、任何情况下,都必须在加强管理的基础上,合理组织好每一笔收入,合理安排好每一项支出,力争以尽可能少的投入取得尽可能大的效益。

增收节支是应对财政运行困难很自然的选择。在当前,特别要强调增收节支的重要性。增收,当然要建立在加强税收征管的基础上。这些年,我国税收征管水平有了显著提高,但与世界发达国家相比,税收实征率仍有提高的空间。我们应在落实好各项结构性减税政策的同时,进一步加强税收征管的力度,通过挖掘征管潜力求得财政收入的增长。节支,当然要将压缩的重点盯在不必要的支出项目上。我们应在落实好各项旨在拉动内需的扩大政府支出举措的同时,进一步压缩出国考察、接待、更新公务用车等不紧迫、不必要的开支,缓解财政收支的矛盾。

(四) 既立足当前,又着眼长远

在经济低迷期,增收不应该通过税收制度的改变来加以实现。一些客观上具有增税效果的税制改革措施也不适宜出台。甚至从某种意义上,过分加强税收征管也会对经济带来不利的影响。作为税收重要来源的企业,感受到的是实际税负,而非名义税负。这一点,对于中小企业来说,更是如此。中小企业往往由于财务会计制度不够健全,在现实中,税收征管上不同程度地采用了较为灵活的做法。这样,企业的实际税负比名义税负要轻。这里也就留下了加强税收征管的空间。在现实中,一些地方为了完成税收任务,采取了过于严厉的征管措施，可能导致此类企业的实际税负提高。对于早已习惯了较低实际税负的此类企业而言，金融危机本来已经给它们带来了沉重的压力，征管力度的加强，对于企业来说，只可能更是雪上加霜。

当然，从制度完善来看，应该降低税收征管自由裁量权的空间，让不同企业在平等的税收环境中公平竞争。但这需要一个渐进的过程。经济低迷期，放水养鱼的政策虽然带来了直接的损失，但政府收入不见得会因之减少。过于严厉的税收征管可能导致部分企业关门，那么政府不仅再也得不到税收，而且随着企业的关门，就业问题可能也会变得更为突出。

看似合理的做法，现实中还是需三思而后行。通过加强税收征管，虽有一定增收的空间，但空间不是太大。

未来若财政支出压力不减，那么增发国债是较为合理的选择。

不少人担心增发国债会影响财政的可持续性。9500亿元的预算赤字前所未有，在此基础之上还要扩大赤字规模，担心实属正常。但如果考虑到中国的现实，我们会发现，通过增发国债应对财政的短期困难是可行的。

在过去的岁月里，中国财政收入增速惊人。1994—2008年，财政收入均保持了较快的增速。其中，与上年同比增长最慢的1998年也达到了14.2%。2004—2007年，除了2005年增速为19.9%外，其他年份均在20%以上，2007年甚至达到32.4%。2008年财政收入增速虽有回落，但也在2007年高位的基础之上增长了19.5%。前些年财政收入增速很快，为应对财政的短期困难打下了很好的基础。也正是在这样的背景下，2006—2008年，中国分别投入500亿元、1032亿元和192亿元的预算超收资金，建立起中央预算稳定调节基金，以保持中央预算的稳定性和财政政策的连续性。也正因如此，中国的赤字率和债务负担率都处于很低的水平。

如果财政收支缺口拉大，财政赤字规模扩大，那么财政赤字占GDP的比重有可能超过3%这一通常所理解的债务规模警戒线。但是，债务负担率无论如何都难以越过60%的所谓警戒线。

退一步说，即使超过 3% 和 60% 的所谓警戒线，在中国，也可能不成为一个问题。赤字率 3% 和债务负担率 60% 是欧元区各国为了保持欧元的稳定而进行讨价还价的产物，是政治妥协的结果。这些指标只具有一定的参考意义。只要公债能够顺利发行，也没有偿债违约问题，那么这样的债务风险就是可以承受的，财政的可持续性就是有保障的。

中国是一个高储蓄率的国家，拥有超过 20 万亿元的城乡居民储蓄存款，加上企业储蓄和超过 2 万亿美元的外汇储备，为增发国债提供了资金基础。

中国政府还拥有世界上其他许多国家所不具备的资产条件。处于转型期的中国拥有大量的国有资源、国有土地和国有企业。这些都是实实在在的国有资产。无疑，这些资产能够为政府抵御财政风险提供更为充足的保障。

当然，增发国债不是无限度的。毕竟中国还有大量的间接负债、隐性负债和或有负债。增发国债必须跳出财政收支来思考全局问题，需要从短期与中长期相结合的角度来考虑问题。经济总是有周期的。发债解决的是经济处于低谷期的财政收入不足问题。一旦经济转好，债务规模就应作相应的压缩。

从中长期来看，中国仍要加快财税改革，建立起应对危机的快速反应机制，做到未雨绸缪，积极应对。特别是健全地方财政，让地方政府摆脱对土地出让金的依赖，能够在危机到来时与中央政府一起有能力来共同面对。

（执笔：高培勇、杨志勇）

参考文献

高培勇（主编）：《中国财税体制改革 30 年研究——奔向公共化的中国财税改革》，经济管理出版社 2008 年版。

高培勇：《把脉当前的中国财政走势》，《财贸经济》2007 年第 4 期。

高培勇：《保增长：财政政策担当"主攻手"》，《中国税务》2009 年第 2 期。

高培勇：《财税形势 财税政策 财税改革——面向"十一五"的若干重大财税问题盘点》（上下），《财贸经济》2006 年第 1 期、第 2 期。

高培勇：《个人所得税改革的内容、进程与前瞻》，《理论前沿》2009 年第 6 期。

高培勇：《个税改革：还是要加快向综合与分类结合制转轨》，《税务研究》2008 年第 1 期。

高培勇：《关于减税问题的四个基本判断》，《光明日报》2002 年 7 月 2 日。

高培勇：《积极财政政策代价虽大但值得付出》，《经济参考报》2009 年 4 月 29 日。

高培勇：《新一轮税制改革评述：内容、进程与前瞻》（上下），《财贸经济》2009 年第 2 期、第 4 期。

高培勇：《中国税收持续高速增长之谜》，《经济研究》2006 年第 12 期。

金人庆：《中国当代税收要论》，人民出版社 2002 年版。

李方旺：《2000—2005 年我国税收收入增长的数量特征与新一轮税制改革》，《税务研究》2006 年第 8 期。

李萍主编：《中国政府间财政关系图解》，中国财政经济出版社 2006 年版。

刘积斌主编：《我国财政体制改革研究》，中国民主法制出版社 2008 年版。

钱冠林：《税收分析是税收管理的眼睛》，《中国税务报》2006 年 8 月 21 日。

王朝才编译：《日本财政法》，经济科学出版社 2007 年版。

谢旭人：《加强执政能力建设，推进税收事业发展》，《中国税务》2005 年第 1 期。

许善达：《在中国税收高层论坛 2004 上的演讲》，2004 年。

杨萍：《国外地方政府债券市场的发展经验》，《经济社会体制比较》2004 年第 1 期。

杨志勇、杨之刚：《中国财政制度改革 30 年》，格致出版社、上海人民出版社 2008 年版。

杨志勇：《地方债启动之配套条件研究》，《地方财政研究》2009 年第 4 期。

杨志勇：《省以下财政体制建设：实践与观点述评》，《中国财政》2008 年第 13 期。

第十二章

金融发展与货币政策

"十一五"以来，在邓小平理论、三个代表重要思想和科学发展观的指导下，我国积极推进金融体制改革开放，在金融宏观调控、金融机构与市场体系的改革发展方面都取得了显著的成效。本章主要跟踪分析"十一五"期间我国金融业改革发展的总体情况，研究目前突出存在的全局性问题，并提出初步的政策建议。

一 我国金融业改革与发展的"十一五"规划与"十七大"报告的要求

"十一五"规划就完善货币政策宏观调控、金融机构与金融市场的改革发展做出了远景性的规划。在宏观金融调控方面，"十一五"规划指出，加强货币政策与其他宏观政策以及金融监管之间的相互协调配合，完善金融调控体系。稳步发展货币市场，理顺货币政策传导机制，推进利率市场化改革。完善有管理的浮动汇率制度，逐步实现人民币资本项目可兑换。

在金融机构改革发展方面，积极推进国有商业银行综合改革，通过加快处置不良资产、充实资本金、股份制改造和上市等途径，完善公司治理结构，健全内控机制，建设具有国际竞争力的现代股份制银行。合理确定政策性银行职能定位，健全自我约束机制、风险调控机制和风险补偿机制。加快其他商业银行、邮政储蓄机构等金融机构改革。稳步发展多种所有制金融企业，鼓励社会资金参与中小金融机构的设立、重组与改造。完善金融机构规范运作的基本制度，稳步推进金融业综合经营试点。推进金融资产管理公司改革。完善保险公司治理结构，深化保险资金运用管理体制改革。

在金融市场体系建设发展方面，"十一五"规划指出，建立健全货币市场、资本市场、保险市场有机结合、协调发展的机制，维护金融稳定和金融安全。积极发展股票、债券等资本市场，稳步发展期货市场。推进证券发行、交易、并购等基础性制度建设，促进上市公司、证券经营机构规范运作，建立多层次市场体系，完善市场功能，拓宽资金入市渠道，提高直接融资比重。发展创业投资，做好产业投资基金试点工作。

2007年10月，党的"十七大"报告又提出了深化金融体制改革、完善宏观调控体系。指出要"发展各类金融市场，形成多种所有制和多种经营形式、结构合理、功能完善、高效安全的现代金融体系。提高银行业、证券业、保险业竞争力。优化资本市场结构，多渠道提高直接融资比重。加强和改进金融监管，防范和化解金融风险。完善人民币汇率形成机制，逐步实现资本项目可兑换"。

二　货币政策的实施与改革情况

1. "十一五"期间，货币政策经历了从防经济过热、防通货膨胀到应对金融危机的转变，因此，货币政策调控方向也经历了"稳中适度从紧"、"从紧货币政策"和"适度宽松货币政策"的转变

"十一五"期间，宏观经济经历了从经济增长过快、物价结构性快速上涨到金融危机冲击下的急剧变化，货币政策也经历了相应的调整转变。主要得益于高投资、房地产市场快速发展和贸易顺差的推动，按可比价格计算，2006年国内生产总值209407亿元，同比增长了10.7%，增速较2005年提高了0.3个百分点。2007年经济继续保

持高增长，各季度增长率分别为 11.1%、11.9%、11.5% 和 11.2%，全社会固定资产投资增长了 24.8%，进出口总值为 21738 亿美元，比 2006 年增长 23.5%，其中，出口 12180 亿美元，增长 25.7%，贸易顺差 2622 亿美元，比 2006 年增加 847 亿美元。同时，2007 年物价也呈逐月上升之势，1 月 CPI 上涨 2.2%，8 月份上升到 6.5%，11 月份上涨到了 6.9%，全年 CPI 上涨 4.8%。2008 年 2 月份，CPI 升到了 8.7%，经济增长已呈疲弱之势，宏观调控目标从"双防"调整为"一保一控"（保经济增长、控制通货膨胀）。2008 年 9 月，雷曼破产事件标志着美国次贷危机蔓延成了一场全球性金融危机，大宗商品价格大幅下跌，中国进出口贸易也出现了大幅下降，经济增长率迅速下降，自此，货币政策的任务也变成了全面保稳定、保增长。

宏观经济形势的变化，货币政策也经历了三次明显的调整。第一次是在 2007 年 6 月，国务院常务会议决定货币政策"稳中适度从紧"，改变了 1998 年以来的"稳健货币政策"。然而，在随后半年左右时间里，通货膨胀预期有所上升，2007 年 12 月，中央经济工作会议明确提出要实行"从紧的货币政策"。这是货币政策的第二次转变。2008 年 9 月中旬，中国人民银行开始降低存贷款利率和法定存款准备金利率，到 11 月初，为应对金融危机，政府提出要实行积极的财政政策和"适度宽松的货币政策"。这是短短两年时间里货币政策的第三次转变。尤其是在 2009 年，货币政策处于前所未有的宽松状态，货币供应量 M_2 大幅增长，截至 11 月末，已经达到 59.46 万亿元，比 2008 年末增加了 11.94 万亿元；截至 11 月末人民币新增信贷规模达 9.25 万亿元。

2. 货币政策实践：央行公开市场操作，从冲销流动性到保障流动性供给的转变

2006 年至 2008 年 9 月份之前，在国际收支失衡压力之下，除了提高法定存款准备金比率冲销外汇占款外，央行继续加大力度发行央行票据紧缩流动性。2006 年和 2007 年分别发行央行票据 36612.5 亿元和 40350 亿元。央行票据期限结构也发生了较大的变化，采用期限

更长的票据能够更好地发挥冲销流动性扩张的效果。2007 年，1 年期和 3 年期央行票据占了绝大部分，短期央行票据所占的比重大幅度下降，3 个月期央行票据发行量为 10330 亿元，较 2006 年同期减少了 860 亿元。另外，为了引导信贷的合理投入，2007 年定向发行的央行票据规模也大幅度增加，全年共发行了 5 次 3 年期定向票据，总计 5550 亿元。

表 1 　　　2008 年各月央行票据发行及债券正回购操作量 　（亿元）

月份	3 个月	6 个月	1 年	3 年	合计	正回购
1	1440	0	1500	460	3400	6220
2	850	0	1630	2520	5000	2970
3	2590	0	3240	2610	8440	6320
4	1600	0	2960	2730	7290	3570
5	710	0	1120	1030	2860	1210
6	550	580	630	210	1970	350
7	1100	145	505	0	1750	1040
8	960	10	1700	0	2670	2140
9	640	0	4170	0	4810	2420
10	900	0	1900	0	2800	1550
11	150	0	150	0	300	310
12	610	0	0	0	610	1920
小计	12100	735	19505	9560	41900	30200

资料来源：根据中国人民银行公开市场业务交易公告整理而得。

2008 年，人民银行共发行各期限央行票据 41900 亿元，各期限正回购操作 30200 亿元。期限以 1 年期和 3 个月期为主，7 月份起再没有发行期限较长的 3 年期央行票据。9 月份之前，公开市场操作依然以冲销和回收流动性为主，所以各月央行票据发行规模较大，发行的频率也较高。但是，9 月份之后，随着提高法定存款准备金比率的累积效应显现和全球金融危机加剧，公开市场操作的主要任务不再是回收和冲销流动性,而是要维护金融体系稳定的流动性供给和贯彻适度宽松的货币政策,央行票据的发行频率和规模都大幅下降。11月份和12月份发行的票据量仅为300亿元和610亿元。

2007年初,央行曾试图通过央行票据的利率上升来引导金融机构贷款利率的上升,这也导致央行冲销外汇占款的财务成本随之迅速上升,从而促使央行在2007年积极提高法定存款准备金比率来进行冲销操作,央行票据的发行力度有明显下降。2007年和2008年中央银行在公开市场操作中除了日常的回购和发行票据之外,2007年8月29日,人民银行以数量招标方式进行了公开市场业务现券买断交易,买入了6000亿元的特别国债,避免了特别国债发行对市场流动性造成太大的冲击,体现了央行与财政部在加强流动性管理、外汇管理体制改革等方面的协调与配合。由于特别国债的期限较长,相对于期限较短的央行票据而言,大量特别国债的发行能够对流动性管理起到更为积极的作用。

3. 货币政策实践:法定存款准备金比率依旧是央行流动性管理的最重要工具,也经历了冻结流动性到保障流动性供给的转变

继2006年先后3次提高法定存款准备金比率后,2007年和2008年上半年,央行把提高法定存款准备金比率当做冻结流动性的主要工具。2007年央行先后10次提高法定存款准备金比率,其中,前9次各提高0.5个百分点,第10次是在中央经济工作会议确定从紧的货币调控方向后,法定存款准备金比率提高了1个百分点。除了准备金率的大幅度提高外,中国人民银行还对金融机构充当法定准备金的资产进行了调整,即要求商业银行以外汇资产充当新增的法定存款准备金,这既减少了中国的外汇储备增长,同时也冻结了一部分商业银行的超额准备金。央行自身对法定存款准备金比率在流动性管理中的作用曾给予了高度评价,认为发行央行票据仅是一种浅层次的对冲,而提高法定存款准备金比率则可以深度冻结银行体系的流动性,为中国人民银行提供更大的自主性,减轻了人民银行票据赎回对流动性扩张的压力。

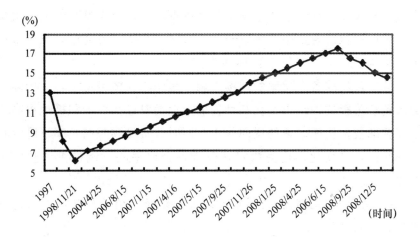

图1　中国的法定准备金比率

资料来源：根据中国人民银行网站数据整理。

　　2008 年上半年，央行法定存款准备金政策的实施依然是在冲销流动性这一主导思想下展开的。央行又多次继续提高法定存款准备金比率，最高时达到 17.5% 的罕见水平。2008 年 6 月，央行再次决定提高法定存款准备金比率 1 个百分点，同时宣布地震重灾区法人金融机构暂不上调，体现了货币政策结构性调整的原则。实际上，在法定存款准备金比率连续多次提高后，商业银行体系的超额准备金比率捉襟见肘，加之受全球金融危机冲击的影响，中国金融体系的流动性也略显紧张。在内外因素的夹击下，央行改变了激进的准备金政策，从 2008 年 9 月 25 日起，除工商银行、农业银行、中国银行、建设银行、交通银行、邮政储蓄银行暂不下调外，其他存款类金融机构人民币存款准备金率下调 1 个百分点，汶川地震重灾区地方法人金融机构存款准备金率下调 2 个百分点。2008 年 10 月 15 日起再次下调存款类金融机构人民币存款准备金率 0.5 个百分点。11 月 26 日第三次宣布下调法定存款准备金比率，从 2008 年 12 月 5 日起，下调工商银行、农业银行、中国银行、建设银行、交通银行、邮政储蓄银行等大型存款类金融机构人民币存款准备金率1个百分点，下调中小型存款类金融机构人民币存款准备金率2个百分点。12月25日，法定存款准备金比率又下调了0.5个百分点至14.5%。

法定存款准备金比率的连续下调，是国内实体经济逆转、国际金融市场动荡影响的结果，在某种程度上也是对过去过于积极地提高法定存款准备金比率政策的反向修正，同时，贸易顺差增长率下降等其他一些因素的变化，也为法定存款准备金比率的下调提供了空间和条件。

4. 货币政策实践：利率政策经历了频繁上调存贷款利率到急剧下调利率的逆转

2006年央行两次调整了金融机构利率。第一次是在4月28日采取"非对称性升息"，即提高各期限档次贷款基准利率0.27个百分点，存款利率维持不变。这次利率调整反映了央行在努力追求货币政策的前瞻性，根据宏观指标的先行变化提早采取政策行动以稳定币值和物价水平。第二次升息是在8月19日，金融机构1年期存款和贷款基准利率均上调0.27个百分点，其他各档次存贷款基准利率也相应调整，长期利率上调幅度大于短期利率上调幅度。同时，商业性个人住房贷款利率的下限由贷款基准利率的0.9倍扩大为0.85倍，即商业银行可根据风险状况，对商业性个人住房贷款利率水平最大下浮15%。

2007年，央行先后6次提高利率，其中有两次值得特别关注。一次是5月18日的非对称性的利率调整，与2006年不同，这次是存款利率的上调幅度大于贷款利率的上调幅度（见表2）。究其原因，主要在于上半年股票市场的持续上涨吸引了大量的储蓄存款流入股票市场，助长了资本市场的投机泡沫，也导致了居民储蓄存款净额的减少。另一次是2007年12月21日的利率调整。央行首先将活期存款的利率下调了0.09个百分点，定期存款的期限越短，则利率上调的幅度越大；贷款利率也大体如此，5年期以上的贷款利率则没有相应上调。如此复杂的利率调整显然反映了央行不得不顾及多方面的目标。首先，调整利率的直接动因依然在于物价水平的持续上涨。其次，通过贷款利率的上升来抑制过多的借款需求，实施从紧货币政策。再次，定期存款的期限越短，利率上调的幅度越大，是针对2007 年股票市场的大幅上涨对居民资产配置结构产生深远影响而采取的措施，避免资金过快大规模"脱媒"影响金融稳定。最后，需要考虑商业银行的适当利差，以免受到商业银行的抵制。

表 2   2007 年利率调整表   （%）

调整时间	03.18	05.19	07.21	08.22	09.15	12.21
城乡居民和单位存款						
活期存款	0.72	0.72	0.81	0.81	0.81	0.72
三个月	1.98	2.07	2.34	2.61	2.88	3.33
半年	2.43	2.61	2.88	3.15	3.42	3.78
一年	2.79	3.06	3.33	3.60	3.87	4.14
二年	3.33	3.69	3.96	4.23	4.50	4.68
三年	3.96	4.41	4.68	4.95	5.22	5.40
五年	4.41	4.95	5.22	5.49	5.76	5.85
各项贷款						
六个月	5.67	5.85	6.03	6.21	6.48	6.57
一年	6.39	6.57	6.48	7.02	7.29	7.47
一至三年	6.57	6.75	7.02	7.20	7.47	7.56
三至五年	6.75	6.93	7.20	7.38	7.65	7.74
五年以上	7.11	7.20	7.38	7.56	7.83	7.83
个人住房公积金贷款						
五年以下	没调整	4.41	4.50	4.59	4.77	4.77
五年以上	没调整	4.86	4.95	5.04	5.22	5.22

资料来源：根据中国人民银行网站数据整理。

2008 年上半年存贷款利率水平未作调整。尽管物价水平处于高位，"负利率"现象较为严重，但贷款利率经多次调整后已经处于较高水平,且物价上涨预期压力有所减缓,况且国际价格上涨的输入也无法直接通过利率政策来控制,人民币升值可能会更有效果。2008年9月雷曼破产事件给全球金融市场严重打击,中国人民银行也在雷曼事件当天宣布下调1年期人民币贷款基准利率0.27个百分点,其他期限档次贷款基准利率按短期多调、长期少调的原则调整。然而,此次利率调整仍是非对称的,存款利率并未做任何调整,这对银行盈利前景带来了一定的不利冲击。在中国国庆长假期间,欧洲的形势骤然恶化,全球金融市场再度陷入恐慌之中,中国也不能置身事外,中国人民银行在10月8日将存贷款基准利率调降27个基点。10月29日,在美联储联邦公开市场委员会利率决策之前,中国第3次降低存贷款基准利率。11月初,中国政府提出了要实行积极的财政政策和适度宽松的货币政策。11月27日,人民银行第4次调整利率,下调金融机构存贷款基准利率1.08个百分点,同时将活期存款利率由原来的0.72%下调至0.36%。这次大幅下调存贷款基准利率充分体现了中央政府提出"出手要快、出手要狠"的原则。2008年12月23日再一次下调存贷款基准利率0.27个百分点。在短短3个月里,5次下调贷款基准利率、4次下调存款基准利率。

表 3　　　　　　　2007—2008 年存款基准利率的变动　　　　　　(%)

调整时间	活期存款	定 期 存 款					
		三个月	半年	一年	二年	三年	五年
2007. 12. 21	0.72	3.33	3.78	4.14	4.68	5.40	5.85
2008. 10. 09	0.72	3.15	3.51	3.87	4.41	5.13	5.58
2008. 10. 30	0.72	2.88	3.24	3.60	4.14	4.77	5.13
2008. 11. 27	0.36	1.98	2.25	2.52	3.06	3.60	3.87
2008. 12. 23	0.36	1.71	1.98	2.25	2.79	3.33	3.6

资料来源:根据中国人民银行网站数据整理。

表 4　　　　　　　　　　**2007—2008 年贷款基准利率的变动**　　　　　（％）

调整时间	六个月以内（含六个月）	六个月至一年（含一年）	一至三年（含三年）	三至五年（含五年）	五年以上
2007.12.21	6.57	7.47	7.56	7.74	7.83
2008.09.16	6.21	7.20	7.29	7.56	7.74
2008.10.09	6.12	6.93	7.02	7.29	7.47
2008.10.30	6.03	6.66	6.75	7.02	7.20
2008.11.27	5.04	5.58	5.67	5.94	6.12
2008.12.23	4.86	5.31	5.4	5.76	5.94

资料来源：根据中国人民银行网站数据整理。

另外，央行决定自 2008 年 10 月 27 日起，将商业性个人住房贷款利率的下限扩大为贷款基准利率的 0.7 倍；最低首付款比例调整为 20%。商业银行可对居民住房抵押贷款的利率向下浮动 30%，进一步扩大了住房抵押贷款利率的下浮幅度，不仅有利于增加商业银行风险定价的自主性，也可在一定程度上降低抵押贷款的融资成本，还有利于房地产市场的稳定。

5. 货币政策实践：重启信贷规模控制及其转变

2007 年前 3 个季度，商业银行的信贷增长过快，第 4 季度开始，央行采取了更为严厉的信贷规模控制政策，并延续到 2008 年上半年。在相当程度上，过去旧体制下的信贷控制措施出现了复归。但是，在连续多次提高法定存款准备金比率和信贷规模控制的作用下，许多商业银行的超额准备金比率大幅下降，可贷资金急剧减少，尤其是中小企业融资难的问题再次突现出来。2008 年 8 月，中国人民银行与财政部、人力资源和社会保障部共同采取措施刺激金融机构的担保小额贷款：（1）扩大了小额担保贷款的范围，提高了小额担保贷款的额度。（2）允许小额担保贷款利率按规定实施上浮。（3）改进财政贴息资金管理，放宽对劳动密集型小企业的小额担保贷款政策。

随着金融危机的加剧，商业银行为了控制信用风险和资产质量，信贷扩张倾向发生了较大的转变,信贷偏好日益明显,银行信贷增长率持续回落。央行在 2008 年 10 月取消了对商业银行扩贷规模的严厉控制,12 月 8 日,国务院发布了《关于当前金融促进经济发展的若干意见》,强调了要认真执行适度宽松的货币政策,追加政策性银行 2008 年度贷款规模 1000 亿元,鼓励商业银行发放中央投资项目配套贷款,力争 2008 年金融机构人民币贷款增加 4 万亿元以上。至此,信贷政策从数月前的严格控制信贷增长,彻底转向刺激信贷增长。

6. 货币政策实践:人民币汇率灵活性有所增强,升值态势暂时终结,但人民币过快升值带来的不利后果值得深思

在经济全球化日益加深的情况下,我国货币政策的困境在相当程度上与汇率有关,进一步改革人民币的汇率机制是提高央行货币政策自主性的必要措施。央行在调整利率的同时,2007 年 5 月 18 日将人民币兑美元的浮动区间由原来每日的 3‰扩大到 5‰。这被坊间称作货币政策"组合拳",也说明了央行这次在主动谋求货币政策的变革,尝试本外币的政策协调。扩大人民币兑美元的浮动区间,也只是货币调控机制"腾挪"的一个初步尝试,进一步扩大并最终取消人民币汇率的波幅限制,则是中国完成市场化改革的必经之路。就完善货币调控手段和提高央行货币政策的自主性而言,单纯扩大浮动区间并不够,还应进一步改革外汇管理体制,建立国内外的居民、企业和金融机构广泛参与的外汇市场,将过多的流动性引导到外汇市场中去,通过人民币汇率的更大灵活性来调节本外币的流动性。在面对全球化和越来越大规模资本流动的环境下,让汇率机制在调节资源配置中发挥更大的作用,央行对人民币的流动性管理、稳定币值和其他货币调控目标才会有更大的回旋余地和空间。

2007 年中国连续 6 次提高存贷款基准利率,而美联储在次贷危机发生后降低了 150 个基点再贴现利率,降低了 100 个基点的联邦基金利率目标值,中美之间的利差大幅度缩小。美联储的降息政策牵制了中国的升息空间。在此情况下,中国人民银行提出要加强汇率与利率机制的协调配合,明显加快人民币升值的步伐。2007 年,

人民币兑美元的汇率升值幅度达到了 6%。汇率机制与汇率水平在中国宏观调控中的作用有所加强。2008 年上半年，人民币兑美元升值的幅度达到 6.5% 左右，人民币兑美元汇率一度接近 6.80 的水平。若从 2005 年的汇率改革算起，人民币兑美元汇率累计升值了 20% 左右。

事实上，这一政策选择具有较大的不确定性。人民币加速升值和金融危机使国外需求不振的双重打击，给中国那些依赖出口的中小企业带来了沉重的打击。在国际金融危机对中国的负面影响尚未全面显现之际，出口导向地区的经济增长已显现疲弱之态。人民币加速升值不仅给中国出口带来了麻烦，还招来了更多的资本流入，结果外汇占款不仅没有减少，反而还保持了高速增长。

受金融危机向全球扩散，英镑、欧元、澳元等兑美元的汇率也大幅贬值，在参考一篮子货币的汇率机制下，人民币兑美元的升值势头停顿下来，加速升值的步伐停止了。随着危机的加深，中国的出口大幅下跌，市场上对人民币汇率贬值的预期也有所增强。央行曾表示不排除汇率贬值刺激出口，汇率贬值隐隐约约地被纳入到了"适度宽松"货币政策的工具箱中。随后不久，人民币兑美元汇率出现了少见的跌停，人民币升值正式告一段落。

三　"十一五"期间金融业发展和改革的基本情况

（一）银行部门

1. 银行业改革与发展

在"十一五"期间，银行业改革继续深入。中国工商银行成功改制上市，农业银行改革方案最终确定，国家开发银行以及邮政储蓄银行的改革也得到实质推进。在农村金融方面，除农信社改革之外，村镇银行等新型农村金融机构的发展也进入了全面试点的新阶段。

（1）**农业银行改革**。2008 年 10 月国务院常务会议审议通过《农业银行股份制改革实施总体方案》，其股改路径与其他 3 家国有商业银行基本一致，即在全面外部审计、清产核资的基础上，推进财务重组，设立股份公司，引进战略投资者，择机上市。所不同的是，农行的改革方案明确要求以完善现代金融企业制度为改革的核心任务，以服务“三农”为农业银行未来的重要发展方向。在财务重组方面，农业银行剥离了大约 8000 亿元不良资产，中央汇金公司注资 1300 亿元人民币等值美元（约 190 亿美元），与财政部各持有农业银行 50%的股份。2009 年 1 月 15 日，中国农业银行股份有限公司正式挂牌成立，标志着农业银行改革中最为困难的坏账核销及注资工作基本完成，股改开始进入引进战略投资方和筹划上市的阶段。

（2）国家开发银行改革。对政策性银行按照“一行一策”的改革设想，2007 年初，中央金融工作会议正式确定了国家开发银行商业化改革的方向，中央汇金公司在 12 月向国家开发银行注资 200 亿美元，总注册资本达到 3000 亿元，财政部和中央汇金分别持有国开行股份公司 51.3%和 48.7%的股份。2008 年 2 月，国家开发银行的改革方案终于获得国务院批准，12 月 15 日，国家开发银行股份有限公司正式挂牌成立，标志着其正式转向了自主经营、自担风险、自负盈亏的商业化运作。但由于其既有业务的特殊性，国家开发银行仍将侧重于中长期融资领域。

（3）邮政储蓄银行。2007 年 3 月 20 日，邮政储蓄银行正式挂牌成立。邮政储蓄银行改革的重点开始转向推进公司治理建设和分支机构组建工作。2007 年 8 月，邮政储蓄银行广东、深圳分行及其所属分支机构首批获准筹建。之后，银监会先后批准邮政储蓄银行在全国 31 个省（自治区、直辖市）筹建 36 家一级分行（包括 5 家计划单列市分行）、316 家二级分行和 20089 家支行。截至 2008 年底，广东、深圳、北京等 19 家一级分行及其部分二级分行和支行已在当地银行监管部门核准下开业。为促进邮政储蓄资金返回农村，银监会特别批准其开展新农村建设专项融资业务，参与南水北调、农村电网建设等国家重大农村基础项目融资，支持农村经济建设。相比而言，邮政储蓄银行机构网点数量众多、分布广泛是其最为突出的特点和优势，在发展农村小额贷款业务方面有着很大的潜力。

（4）**农村金融机构**。农村信用社改革的重点是产权制度和管理体制。通过改革产权制度，明晰产权关系，完善法人治理结构，转换经营机制。在管理体制上将农村信用社交由省级政府负责。各地根据实际情况分别实施了股份制、股份合作制、合作制等各种制度形式，组建农村商业银行、农村合作银行、以县（市）为单位统一法人社，以及县（市）辖域内两级法人社等多种组织形式。截至 2008 年年末，全国共组建农村商业银行 22 家，农村合作银行 163 家，组建以县（市）为单位的统一法人机构 1966 家。在改革过程中，国家在资金、财税、利率等多方面给予政策扶持，农村信用社历史包袱得到有效化解，资产质量不断改善。2008 年末，全国农村信用社不良贷款余额和比例分别为 2965 亿元和 7.9%，比改革之初分别下降 2182 亿元和 28.9 个百分点；在资本充足率方面，农村信用社、农村合作银行和农村商业银行分别达 13%、14.1% 和 13.3%。而在 2002 年末全国农村信用社资本充足率为 −8.45%。

为解决农村地区金融供给不足的问题，中国银监会在 2006 年底调整放宽农村地区银行业金融机构准入政策，首批选择在四川、内蒙古等 6 省（区）进行村镇银行、贷款公司、农村资金互助社等 3 类新型农村金融机构试点。到 2008 年底，全国已有 105 家新型农村金融机构获准开业。其中，村镇银行 89 家，贷款公司 6 家，农村资金互助社 10 家。尽管目前村镇银行仍处在试点阶段，可持续的发展模式也还尚未明确，但从快速发展的情况看，村镇银行发起人多元化，表明不同金融机构对村镇银行持有较为积极的看法，它给农村金融体系引入了许多良性的竞争性因素，这对促进农村金融发展有着至关重要的意义。

2. **银行业经营绩效的变化与改进**

（1）**存贷款规模继续大幅增长**。截至 2008 年底，中国金融机构本外币贷款余额为 32.0 万亿元，同比增长 18.0%，增速比 2007 年高 1.5 个百分点，比年初增加 5.0 万亿元，同比多增 1.1 万亿元。各项存款余额 47.8 万亿元,增长 19.3%。其中,居民储蓄存款余额 22.2 万亿元,增加 4.5 万亿元,增长 25.7%,同比上升 19.9 个百分点;企事业单位存款余额 16.4 万亿元,增加 2.0 万亿元,增长 13.5%,同比下降 8.3 个百分点。

表 5 　　　　　2006—2008 年分机构人民币贷款情况　　　　　(亿元)

机　构	2006 年新增额	2007 年新增额	2008 年新增额
政策性银行	3418	4280	5791
国有商业银行 *	12199	13055	18022
股份制商业银行	7358	7716	11479
城市商业银行	2773	2978	3952
农村金融机构 * *	4246	5085	5908
外资金融银行	969	1704	628

　* 人民银行对国有商业银行的统计口径仍维持工商银行、建设银行、中国银行和农业银行四家,而交通银行仍被归于股份制商业银行,与银监会不同,本文所用人民银行数据的分析,均按此口径。

　* * 农村金融机构包括农村合作银行、农村商业银行、农村信用社。

　(2) 银行业整体抗风险能力进一步增强。中国银行业整体抗风险能力在经历这次国际金融危机中有明显提高。截至 2008 年底,商业银行整体加权平均资本充足率为 12%,比 2007 年提高 3.7 个百分点,远远超过 8% 的国际监管水平。达标银行 204 家,比 2007 年增加 43 家,未达标银行仅 1 家。同时,商业银行的减值准备和拨备覆盖率大幅上升,商业银行各项资产减值准备金余额 7735 亿元,拨备覆盖率 116.4%,比年初提高 75.2 个百分点,风险抵补能力进一步提高。大型商业银行贷款损失准备充足率达到 153%,同比上升 122.2 个百分点,拨备覆盖率达到 109.8%,同比上升 76.4 个百分点;股份制商业银行贷款损失准备充足率达到 198.5%,同比上升 28.3 个百分点,拨备覆盖率达到 169.6%,同比上升 55.1 个百分点。

中国银行业的资产质量明显改善。截至 2008 年底，商业银行不良贷款余额为 5681.1 亿元，占全部贷款的比率为 2.45%。其中，损失类贷款余额为 570.6 亿元，占全部贷款比重为 0.26%。分机构看，不良贷款的主要部分依然集中于国有商业银行，2008 年末不良率为 2.81%；12 家股份制商业银行总体的不良贷款余额为 736 亿元，不良率为 1.51%，比 2007 年下降 0.64 个百分点；城市商业银行的资产质量改善也略有改善，年末不良资产余额为 484.5 亿元，不良率为 2.33%；农村商业银行不良贷款余额为 191.5 亿元，不良率为 3.94%，较 2007 年略有上升；外资银行年末不良贷款余额为 61 亿元，较 2007 年增加 29 亿元左右，不良率为 0.83%，比 2007 年上升 0.37 个百分点。单看不良贷款余额和不良率的整体数据，中国商业银行 2008 年的资产质量改善异常显著，不良贷款余额下降 7000 亿元左右，损失类贷款占比更是下降到了 0.25%，这主要是中国农业银行改革剥离了约 8000 亿元不良资产所致。

表 6　　　　　　　　　　**中国银行业不良贷款状况**　　　　　　　　（亿元、%）

机构 \ 年份 项目	2006		2007		2008	
	不良贷款余额	不良率	不良贷款余额	不良率	不良贷款余额	不良率
国有商业银行	10534.9	9.22	11149.5	8.05	4208.2	2.81
股份制商业银行	1168.1	2.81	860.4	2.15	736.6	1.51
城市商业银行	654.7	4.78	511.5	3.04	484.5	2.33
农村商业银行	153.6	5.90	130.6	3.97	191.5	3.94
外资银行	37.9	0.78	32.2	0.46	61.0	0.83

资料来源：中国银行监督管理委员会。

（二）资本市场改革与发展

1. 股票市场

在"十一五"的前 3 年时间里，中国股票市场经历了一次大的牛市和股市泡沫破灭的过程。2006 年至 2007 年 10 月中旬,中国股票市场价格持续大幅上涨,沪深两市的成交量也迅速扩张。2007 年两市成交量高达 46.0556 万亿元,上市公司增加到 1530 家,总市值达到 32.71 万亿元,首次超过了 GDP 总值,占 GDP 比重达到 158%。但进入 2007 年第 4 季度后,股票价格指数不断下跌,成交量也逐步萎缩。到 2008 年 11 月初,中国陆续采取了大规模经济刺激计划后,股票市场开始摆脱持续下跌的趋势,出现了较大幅反弹的行情。股票市场的多层次性正在逐步显现,继中小板之后,2009 年 10 月 30 日创业板正式开始运行,为"两高"与"六新"类型的中小企业开辟了新的融资渠道。

2005 年中国开始股权分置改革,到 2007 年底基本完成,原来制约中国股票市场发展的一个重要的基础制度因素——分割的且具有不同制度安排的公司所有权结构和治理结构得到了改善。由于股权分置改革时间短,从方案设计上导致解禁的"大小非"进入流通的时间也相对集中,虽然一些人把股票市场的下跌归咎于"大小非"减持的结果,但尚缺乏实践数据支持。实际上,"解禁"只是从制度规定角度放开了对股份入市交易的限制,但其是否真正入市交易还取决于一系列条件。总体来看,股权分置改革对股票市场的健康发展具有长远的重要意义。

股市的快速发展也充分展示了融资功能。特别是中国石油、中国人寿、建设银行等大型优质中央企业到 A 股市场融资,使得融资额大幅增长。2007 年沪深两市共发行新股 123 只,包括首发和再融资在内的股票融资额达到 7791.56 亿元,不仅当年融资额位居全球之首,而且突破了年融资额长期徘徊在 1000 亿元左右的格局。发行市场的申购资金总额屡创新高,最高时超过了 3.6 万亿元。

2008 年,受全球金融危机和宏观经济下行的影响,股票市场的融资功能有所弱化,但通过股票市场筹集的资本总量依然相当可观。

表7　　　　　　　　　　　　2008 年证券市场融资情况

类别 时间	境内外筹资合计 （亿元）	境内筹资合计 （亿元）	首发筹资			再筹资			
			A 股 （亿元）	B 股 （亿美元）	H 股 （亿美元）	A 股 （亿元）			H 股 （亿美元）
						增发	配股	可转债	
2007 年累计	8680.17	7722.99	4590.62	0	95.3	2850.09	227.68	54.6	30.34
2008.01	787.63	787.64	308.13	0	0	462.94	16.57	0	0
2008.02	325.82	325.81	234.48	0	0	91.33	0	0	0
2008.03	372.07	167.38	3.7	0	25.96	111.43	52.25	0	2.84
2008.04	326.45	324.87	215.75	0	0.23	81.12	0	28	0
2008.05	428.75	404.52	90.52	0	0	276.56	37.44	0	3.49
2008.06	209.28	169.64	53.44	0	5.78	96.54	19.66	0	0
2008.07	191.07	191.08	35.75	0	0	155.33	0	0	0
2008.08	294.95	253.08	82.41	0	6.13	117.43	25.64	27.6	0
2008.09	32.5	32.51	12.35	0	0	20.16	0	0	0
2008.10	138.7	138.7	0	0	0	138.7	0	0	0
2008.11	264.92	264.92	0	0	0	264.92	0	0	0
2008.12	284.57	276.26	0	0	0	276.26	0	0	1.22
2008 年累计	3656.7	3336.41	1036.52	0	38.09	2092.71	151.57	55.6	7.54

资料来源：中国证监会网站。

2. 债券市场

"十一五"的前3年，中国债券发行市场呈现出如下特点：一是债券发行总量大幅增加；二是"公司债券"与"企业债券"分立，新的债券品种继续涌现；三是债券发行的平均期限明显延长；四是股票市场对债券发行的影响显著增加，资金的波动性和需求的稳定性均与此相关。

从债券类别的分布来看，截至2008年底，在债券市场面值15.11万亿元债券中，国债存量最多，为4.88万亿元，占比32.26%；央行票据4.81万亿元，占比31.85%；政策性金融债券3.67万亿元，占比24.30%；企业债券6803亿元，占比4.50%；其他金融债券4248

亿元,占比 2.81%;短期融资券 4203 亿元,占比 2.78%;其他类债券规模较小,如中期票据 1672 亿元,资产支持证券 551 亿元,外国债券则只有 30 亿元。由此可见,尽管我国债券市场近年来有较快发展,品种也逐渐增多,非金融企业的债券发行总体上仍然滞后,但在 2008 年第 4 季度开始实施的适度宽松货币政策环境下,2009 年非金融企业发行企业债、中期票据和短期融资券的数量增长较快。另外,中国债券远期交易和利率互换分别于 2005 年 6 月和 2006 年 2 月相继出现,初步形成了境内人民币互换利率曲线,一批机构通过互换达到了避险目的。但总体而言,我国债券市场的衍生产品种类与数量都还太少。

债券市场的基础制度建设也较有成效。一是建设同业拆放利率(Shibor)利率基准,继续推动利率市场化。已有若干以同业拆放利率为参考基准的固定收益工具,包括央行票据、政策性金融债、商业银行金融债,以及利率掉期的报价和交易。二是酝酿非银行金融机构的券款兑付(DVP)结算系统的构建。2008 年 7 月中国人民银行就银行间债券市场交易券款对付结算有关事项做出明确规定,使得全国银行间债券市场成员均可享受券款兑付的交易结算方式。三是在上海证券交易所推出具有场外性质、通过做市商进行报价和交易的固定收益平台建设。四是降低利率互换市场的准入门槛,将参与利率互换业务的市场成员扩大至所有银行间市场成员。

(三) 货币市场的发展与改革

1. 货币市场发展总体状况

货币市场在解决金融机构的流动性、满足企业的短期资金需求、货币政策的传导乃至于利率市场化改革等诸多方面都发挥了重要作用。例如,美国次贷危机爆发后,货币市场融资链的断裂加速了美国原第五大投资银行贝尔斯登的终结,结果进一步恶化使美国整个金融体系受到了沉重打击。

我国货币市场的发展历史并不长,但发展较快,在 2006—2008

年发展尤其突出。尽管近 2 年宏观经济环境急剧变化，外部有严重的金融危机冲击，国内先是物价快速上涨、后是失业增加与经济增长下降的不利影响，但我国货币市场仍然保持了有序、良好的发展状况。无论是票据市场、债券回购市场还是同业拆借市场的交易量均大幅上升，这些子市场得到了较为均衡的发展。同业拆借市场在 2007 年和 2008 年的交易量分别为 106500 亿元和 150500 亿元；债券回购交易量分别为 447900 亿元和 581200 亿元；票据市场交易总量分别为 159938 亿元和 206109 亿元。同时，货币市场交易结构也发生了较大的变化。非金融企业、非银行金融机构和银行金融机构均可以较好的利用货币市场进行流动性管理或短期融资。货币市场的稳定、快速发展在相当程度上推动了中国的金融深化，也为中国货币调控机制、利率市场化改革以及衍生品市场的发展创造了良好的条件，在当前危机时期更有助于稳定中国的信用秩序和金融环境。

表 8   **1997—2008 年中国货币市场交易总量**   （亿元）

年份	票据贴现年度发生额	企业累计签发商业汇票	央行办理再贴现额	票据市场交易总量	同业拆借交易额	债券回购交易额
1997	4600	4600	1332	10532	8298	13183.1
1998	3841	3840	1001	8682	1978	17283.8
1999	5076	5076	1150	11302	3291	16737.2
2000	7445	7442	2667	17554	6728	30515.7
2001	12699	11000	2778	26477	8082	55620.9
2002	23073	16139	0	39212	12107	126304.9
2003	43595	27700	405	71700	22220	170202.9
2004	45000	34000	223.7	79223.7	14600	138500
2005	67500	44500	25	112025	12800	182600
2006	84900	54300	39.9	139239.9	21500	265900
2007	101100	58700	138.22	159938.2	106500	447900
2008	135000	71000	109.7	206109.7	150500	581200

资料来源：中国人民银行《货币政策执行报告》各年，《中国人民银行统计季报》及中国人民银行网上统计数据。

2. 货币市场制度建设与改革

(1) 同业拆借市场。我国同业拆借市场相对起步较早，已有 20 多年的历史，但同业拆借市场规模不断扩大以及中国金融业的发展变化，越来越需要一部能适应同业拆借市场发展的法规。2007 年 7 月，中国人民银行制定了《同业拆借管理办法》，对中国同业拆借市场进行了系统性的规范。新颁布的《办法》允许更多的金融机构进入同业拆借市场，有利于进一步增加市场的广度和深度。《办法》还对同业拆借的交易和清算、风险控制、信息披露管理、监督管理和法律责任等做了更为具体的规定，保证了市场的规范运行和有效监管。2007 年 9 月，人民银行上海总部又颁布了《关于统一拆借市场中企业集团财务公司信息披露规范的有关事宜的公告》和《保险公司等六类非银行金融机构进入同业拆借市场审核规则》，对相应金融机构进入同业拆借市场的信息披露、进入同业拆借市场的申请做出更具体的规定。2008 年发布了《同业拆借操作规则》和《中国外汇交易中心暨全国银行间同业拆借中心本币市场信息披露管理办法》。《同业拆借操作规则》对信用拆借的交易系统、联网及交易等事宜做出了相关的详细规定。《信息披露管理办法》就信息提交、信息披露和信息使用做了详细的规定。办法要求指定信息披露人要保证信息的真实性、准确性和完整性。办法的出台促进了信息的合理和合规的披露，为信息使用的利益相关方利益提供了保障。

(2) 短期融资券及债券回购市场。短期融资券已成为中国货币市场的重要金融工具之一，也是非金融企业利用货币市场筹集短期资金的重要途径，已受到了许多企业的青睐。2008 年 4 月，发布了《银行间债券市场非金融企业短期融资券业务指引》，对非金融企业发行短期融资券的规模、用途、信息披露和评级等做了简单的规定。这些规定有助于解决短期融资券的发行者与购买者之间的信息不对称问题。同时还发布了《银行间债券市场非金融企业债务融资工具尽职调查指引》、《银行间债券市场非金融企业债务融资工具募集说明书指引》、《银行间债券市场非金融企业债务融资工具中介服务规则》、《银行间债券市场非金融企业债务融资工具信息披露规则》、《银行间债券市场非金融企业债务融资工具发行注册规则》，这些都构成了短期融资券市场的规范性规章，市场的制度建设相对完善。

债券回购市场的交易量近两年急剧扩张，交易主体也不断扩充，但该市场的主要监管者——中国人民银行尚未颁布类似于《银行间同业拆借管理办法》那样的一部新法规。随着债券回购市场的发展，有关债券回购市场的制度建设也会处于不断完善之中。

（3）**票据市场**。票据贴现具有期限短、周转快、风险可控、收益稳定等特点，已成为企业和商业银行进行短期融资的重要渠道，近两年发展很快。2006 年年末，直贴余额达到 1.7 万亿元。2007 年商业银行贷款规模受到限制，为调整贷款结构和提高收益，商业银行办理的贴现业务量有所减少。2008 年企业全年累计贴现 13.5 万亿元，同比增长 33.6%，年末余额 1.9 万亿元，同比增长 50.4%。2003 年，中国外汇交易中心暨全国银行间同业拆借中心成立了"中国票据"网站，为网站成员提供了在线交流和报价的平台，运行较好，在一定程度上起到了整合全国票据市场的作用。到 2008 年末，在"中国票据"网站注册的金融机构会员达到 1345 家，其中占主体的是商业银行授权分行（734 家）和农村信用社（364 家）。部分外资银行和企业财务公司也加入其中，进一步丰富了全国性票据市场的参与者结构。2008 年共有 421 家金融机构向"中国票据"网站发送报价 8277笔，累计金额 4.4 万亿元。"中国票据"网的建立为国内票据市场提供了一个信息交流电子平台，但该网目前仅提供信息发布，还不能提供交易、结算和托管服务，而且通过该网获取信息所达成的交易，只占全部票据交易中很小一部分。此外，还有多家民间网站也提供票据交易信息，由于这些网站缺乏足够权威性，尚不具备成为统一交易平台的潜质。

票据市场的活跃为金融机构和企业的票据交易提供了便利，提高了票据流动性，从而进一步鼓励了金融机构以票据贴现形式向企业提供短期融资的积极性。目前我国票据市场仍然是一个比较初级和分散的市场,随着票据发行量的不断增长和金融机构对于票据融资及票据交易业务的关注度提高,这一市场有望继续发展壮大。

(四) 利率市场化改革

1. 基准利率的建设

2007 年 1 月 4 日上海银行间同业拆放利率(简称 Shibor)正式运行,这是中国利率体系建设的重要事件。同业拆放利率是以位于上海的全国银行间同业拆借中心为技术平台计算、发布并命名,由信用等级较高的银行组成报价团自主报出的人民币同业拆出利率的算术平均值,是单利、无担保和批发性利率。报价银行是公开市场一级交易商或外汇市场做市商,在中国货币市场上人民币交易相对活跃、信息披露比较充分的银行。目前,对社会公布的同业拆放利率品种包括隔夜、1 周、2 周、1 个月、3 个月、6 个月、9 个月及 1 年。同业拆放利率报价银行团现由 16 家商业银行组成。

同业拆放利率已初步确立了其作为货币市场基准利率的地位。这表现在,同业拆放利率报价的准确性、灵敏性、代表性稳步提高,与同业拆借利率、债券回购利率的利差稳定性不断增强,以同业拆放利率为基准的市场交易持续扩大,同时,同业拆放利率在市场化产品定价、尤其是在一些人民币利率衍生产品中得到了广泛运用。据央行统计,2007 年共发行以同业拆放利率为基准的浮息债券 990 亿元、短期融资券 1376 亿元、企业债券 1657 亿元,分别占市场发行总量的 18%、41% 和 97%。2008 年共发行以同业拆放利率为基准的浮息债 3 只,发行量为 122 亿元,分别包括政策性金融债、商业银行次级债和企业债各 1 只。全年共发行固定利率企业债 57 只,总发行量为 2346.9 亿元,全部参照同业拆放利率定价;参照同业拆放利率定价的短期融资券有 156 只,发行量为 1786.3 亿元,占短期融资券总发行量的 42%,基本与上年持平;中期票据参照同业拆放利率定价的有 17 只,发行量为 449 亿元,占比 26%。此外,同业拆放利率还推动了中国利率衍生品市场的发展,远期利率协定、利率互换等均以同

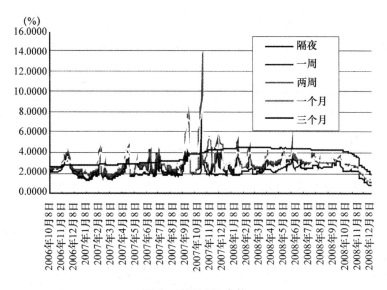

图 2 SHIBOR 走势

资料来源：根据中国货币网数据绘制。

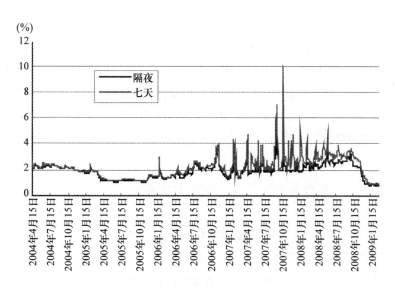

图 3 银行间回购定盘利率

资料来源：根据中国货币网数据绘制。

业拆放利率作为定价的基准。票据转贴现、回购业务也初步建立了以同业拆放利率为基准的市场化定价机制，一些商业银行的内部资金转移价格也已不同程度地与同业拆放利率结合。总体来看，虽然同业拆放利率推出的时间才短短两年，但中国金融市场正在形成以同业拆放利率为基准的定价群，初步显现了作为其他金融工具定价基准的功能。

但从同业拆放利率两年来的实际运行来看，受资本市场的影响，同业拆放利率的波动性过于剧烈，这大大弱化了央行对同业拆放利率的可控性。而作为货币政策中介目标的利率，则需要中央银行能够平滑操作。另外，同业拆放利率波动过于剧烈，也会导致那些与它作为定价基准的债券利率的剧烈波动，使得这些债券的利率难以真实地反映其发行的信用风险溢价。因此，若要让同业拆放利率能够推动中国货币调控机制的改革和真正发挥基准利率的作用，还需要降低新股发行之类的事件对同业拆放利率波动的影响。

2. 存贷款利率市场化

在应对全球金融危机的过程中，央行也顺势推动了贷款利率的市场化改革。自 2008 年 10 月 27 日起，将商业性个人住房贷款利率的下限扩大为贷款基准利率的 0.7 倍；最低首付款比例调整为 20%。商业银行可在人民银行规定的基准利率基础上对居民住房抵押贷款利率向下浮动 30%，进一步扩大了住房抵押贷款利率的下浮空间，有利于增强商业银行利率和风险定价的自主性，对那些信用风险较低的借款者而言，也可在一定程度上降低融资成本。

（五）汇率机制与外汇管理体制改革

1. 汇率机制改革

根据主动性、可控性、渐进性的原则，2006 年继续推出一系列汇率形成机制改革配套措施，完善有管理的浮动汇率制度：一是完善外汇市场体系，在银行间外汇市场推出做市商制度和引入询价交易方式（OTC 方式），并改进人民币汇率中间价形成方式。统一银行间外汇市场即期竞价交易和询价交易的交易时间，便利金融机构及时平补外汇头寸，促进外汇市场的健康发展。二是扩大远期结售汇业务范围，便利市场主体规避汇率风险。推出人民币外汇掉期交易，丰富外汇市场产品，活跃市场，更好地为企业、居民和金融机构管理汇率风险服务。同时，对外汇指定银行结售汇综合头寸实行权责发生制管理制度，完善了人民币远期市场定价机制，使境内人民币远期市场取得了人民币远期汇率定价主导权，促使远期市场价格回归理性，为我国外汇市场健康有序发展提供良好的市场环境。三是扩大外汇市场做市商和会员，提高外汇市场交易活跃程度。2006 年末，我国银行间外汇市场共包括 22 家做市商银行、262 家即期市场会员银行、76 家远期市场会员银行和 62 家掉期市场会员银行。

2007 年，继续完善以市场供求为基础、参考一篮子货币进行调节、有管理的浮动汇率制度，进一步发挥市场供求在人民币汇率形成中的基础性作用，增强人民币汇率弹性，保持人民币汇率在合理均衡水平上的基本稳定。自 5 月 21 日起将银行间即期外汇市场人民币兑美元交易价日浮动幅度由 3‰扩大至 5‰，扩大浮动空间。

2. 货币可兑换改革

2006 年，为促进国际收支基本平衡，加快推进外汇管理体制改革，有重点、分步骤地推动人民币可兑换的发展。一是便利市场主体持有和使用外汇。对居民购汇和个人结汇实行年度总额管理，允许个人对外贸易开立外汇结算账户办理外汇资金收付，进一步规范个人资本项目外汇收支。取消经常项目外汇账户开户事前审批，进一步提高境内机构经常项目外汇账户保留外汇的限额，改进服务贸易售付汇管理。二是有序拓宽资本流出入渠道。允许银行集合境内外汇或人民币购汇投资境外金融市场，支持证券经营机构集合境内机构和个人自有外汇投资境外证券市场，鼓励保险机构在一定比例内以自有外汇或购汇对外金融投资。取消境外直接投资购汇额度限制，允许提前购汇支付前期费用。完善合格境外机构投资者制度的相关管理政策，积极引导其促进国内资本市场发展。三是加强和改进资金流入和结汇管理。

对贸易外汇收汇结汇实行分类管理,对合法经营企业给予充分便利,对"关注企业"进行严格审核。加强对外资房地产企业外债和结汇管理,对外资购买境内房地产实行实需和自用原则。继续加强短期外债管理。

2007 年,市场主体持有和使用外汇的需求得到更便利的满足。个人年度购汇总额从 2 万美元提高到 5 万美元,取消对境内机构经常项目外汇账户的限额管理,整合海关特殊监管区域外汇管理政策。QFII 投资额度提高至 300 亿美元,进一步扩大合格境内机构投资者(QDII)投资额度和领域。完善贸易收汇结汇管理,分阶段调减金融机构短期外债指标,严格限制返程投资设立或并购房地产企业,加强对外资房地产企业借用外债管理,加大对地下钱庄和非法买卖外汇等违法犯罪活动的打击力度。进一步扩大对外投资主体。中国投资公司 9 月 29 日正式成立,该公司接受财政部发债购汇的注资,用于境外投资,拓宽了我国多元化、多层次的外汇投资体系。

2008 年,颁布实施新的《中华人民共和国外汇管理条例》。继续深化人民币可兑换改革,对经常性国际支付和转移不予以限制,扩大了企业、个人持有外汇资产的自由度,基本上改变了过去的强制结售汇制。除了经常项目的改革外,资本账户的改革也在新的外汇管理条例中得到深化,为境内外的企业、个人在境内或境外从事有价证券投资奠定了制度基础。在金融机构的外汇贷款方面,条例第二十条规定,"银行业金融机构在经批准的经营范围内可以直接向境外提供商业贷款"。总的来看,新的外汇管理条例从三个方面深化了外汇管理体制的改革:一是促进贸易投资便利化取得新进展;二是进一步加强跨境资金流动监管;三是进一步完善国际收支监测预警制度。

3. 人民币国际化的尝试

由于资本与金融项目的限制,人民币国际化应该率先在贸易项下取得突破,推进的对象是对我国贸易依赖性较强的发展中国家和地区。近年来,我国与周边国家和地区的贸易量不断增长,将本币结算从边贸扩展到一般国际贸易的需求不断增加,目前已与越南、蒙古、老挝、尼泊尔、俄罗斯、吉尔吉斯、朝鲜和哈萨克斯坦8个国家的中央银行签署了有关边境贸易本币结算的协定。2008年12月，国务院决定对广东和长三角地区与港澳地区、广西和云南与东盟的货物贸易进行人民币结算试点。2009年4月决定在上海市和广东省广州、深圳、珠海、东莞4个城市开展跨境贸易人民币结算试点，尽管该项业务试点有半年时间，采用人民币结算的贸易量还很小，但这标志着人民币结算由此前仅限于边贸领域开始向一般国际贸易拓展。

除了作为国际贸易结算货币试点外，中国人民银行还于2008年底开始推出与其他中央银行的货币互换。目前已先后与韩国、中国香港、马来西亚、白俄罗斯、印度尼西亚和阿根廷共签订了6500亿元人民币的货币互换协议，互换的有效期延长到3年，并支持互换资金用于贸易融资。这样，在双边贸易中出口企业可收到本币计值的货款，可以有效规避汇率风险、降低汇兑费用。在金融危机中，可推动双边贸易及直接投资，促进经济增长。通过互换，双方可以为本国金融机构在对方分支机构提供融资便利，缓解这些机构可能出现的资金紧张，维护各自金融体系的稳定。

四　存在的主要问题

"十一五"以来，我国金融宏观调控体系不断完善，金融业的发展与改革成就显著，金融市场体系基本形成，以银行业为主的金融机构抗风险能力明显增强，金融监管能力不断提高。在看到这些历史性变化的同时，我们还应该清楚地认识到金融发展改革过程中所存在的以下突出问题。

（1）货币政策效果不尽如人意。一是政策最终目标定位不清，是多目标还是收敛于单一目标，如何更好权衡物价稳定（包括资产价格）与经济增长，尤其是在物价上涨主要原因不是国内货币因素时，如基础产品的价格改革推动的物价上涨、自然灾害导致食品带动的结构性物价上涨、国际大宗商品价格上涨的传导等，这些都无法通过调节货币供应量来调控，对此央行仍采用货币政策手段调控将会造成宏观经济风险。另外，近年来房地产等资产已经成为吸收货币与流动性的主要领域，货币政策的目标含义中应该关注这些资产价格变化。实际上，从各国央行应对这次金融危机的情况来看，宏观金融调控的基本目标更应该保证经济金融秩序的基本稳定。二是价格型政策调控方式不当，不仅效果不好甚至无效，而且给银行体系造成了系统性风险隐患。在市场经济条件下，商业银行的利率应该是政策中介目标，而非央行的直接政策工具。我国央行一直直接决定商业银行的存贷款利率，不仅严重阻碍了利率市场化，而且在商业银行市场化改革后，继续使用这种利率政策工具的效果必然会大打折扣，并会造成商业银行的风险。三是习惯性的数量调控力度不断加大，但效力递减。一方面大量金融创新使所设定的包括货币供应、贷款等调控指标未能有效实现；另一方面主要依托银行信贷渠道的政策传导机制愈加不畅。四是预警机制不足导致政策大幅度急转弯，严重削弱了政策的公信力，导致经济中的风险与不确定性大量增加。

（2）金融体系不健全，结构不尽合理。一是相对于银行业，资本市场和保险市场发展仍然滞后，直接融资比重偏低，风险相对集聚在银行体系。二是多层次资本市场进展缓慢。尽管创业板市场已经开始运行，但其发行与交易的规则与主板市场之间没有实质性差异。债券市场整体规模相对偏小，其中企业（公司）债券市场存在分割，发展相对滞后。且存在行政监管直接干预股市、期货等市场价格的问题，造成“政策市”风险。三是城乡、区域金融发展不协调，地方性中小金融机构发展滞后，对“三农”和中小企业金融服务较薄弱，融资瓶颈问题突出。四是保险的短期投资型品种发展较快，保障功能存在弱化倾向，责任保险与再保险等发展不足。

（3）金融企业的经营机制尚未根本转向市场化。一是金融企业公司治理、内部控制、风险管理有待进一步提高，政府出资人职能分散弱化，金融企业内部人控制现象较为严重。二是商业银行的信贷自主权经常受到外部行政性干扰，不仅影响市场机制配置资源的效率，也给银行增加了坏账风险，特别是统一的行政性命令导致同质化行为，潜藏系统性风险。三是行政部门长期习惯于直接采用行政手段控制和处置微观主体的风险，而不是强调由微观主体自主化解。

（4）金融创新能力不足，竞争力还不强。尽管银行理财类产品发展较快，但机构定价能力弱，产品种类较少，贷款证券化与债券衍生类产品几乎空白，许多保险产品主要依靠从外部引进，险种单一，雷同率高，期货品种不够齐全，覆盖面也不够广等。

（5）金融监管机制尚需进一步发展完善。分业监管部门之间协调不畅，分业监管与综合经营的矛盾开始显现，"一行三会"缺乏有效协调，监管的过度与不足问题同时并存。同时，分业体制下的微观审慎监管缺乏对系统性风险的判断与识别，应该强化针对系统性风险的宏观审慎监管。

（6）包括市场基础设施在内的金融运营环境有待完善。例如，交易结算和托管系统分割，系统之间信息传输效率低下，客观上增加了交易成本，也难以识别票据造假等风险行为；市场缺乏做市商等中介机构，流动性较差；信用评级体系的公信力不强，信用环境不佳制约了发展；现行的新股发行制度客观上造成了新股发行市场的短缺状态等。

（7）国际金融危机冲击造成金融市场与资本账户的开放风险加大。我国资本项目管理已经实现了相当程度的开放，余下大多是针对短期资本和债务资本。但国内企业普遍缺乏识别对外投资风险的经验与能力，专业人员严重短缺，QDII在治理结构和风险管理架构方面存在不足。一些企业参与海外金融机构设计的金融衍生品交易出现了大量亏损。其他形式的海外投资也出现较大浮亏，如中投、平安保险、国开行及中铝公司等企业，以及多数QDII损失都较为惨重。

五 未来的发展与改革建议

展望未来，我们认为，要进一步完善金融体系和加强金融风险防范，更加有效的服务经济社会和谐发展，中国金融体制改革与发展、货币政策的实践还需要在以下几个方面做出进一步的努力。

（一）大力完善金融宏观调控体系

一是适当调整货币政策的目标，要避免有损于经济与金融运行秩序稳定的政策操作。从我国经济的实际情况来看，一些基础性产品与服务的价格变化是体制改革的结果，这并不是货币政策可以调节的。另外，对于国际价格变化的传导和自然灾害所引发的价格结构性变化，也都无法通过货币政策来调控，因此货币政策追求币值稳定的目标意义不大。从金融危机的教训与政策操作实践来看，货币政策的主要目标在更大程度上应该是保持经济与金融运行秩序的基本稳定。

二是大力改善人民银行资产负债表，增强人民银行采取金融方式调控的能力。在人民银行目前所持有的资产中，国外资产所占比例已经超过80%，国内资产占比过少，大大削弱了其对国内金融的调控能力。应该加大人民银行持有国内资产的比例，同时在负债方应该增加国内货币发行，尽可能减少通过发行债券与票据和提高存款准备金率的方式从商业银行获取资金。

三是改进和加强货币政策的前瞻性。货币政策的前瞻性是提高货币政策效力的必要前提，否则，不仅起不到熨平经济周期性波动的作用，反而会引发和加剧经济的波动。为此，不仅要加强对经济周期性运行规律的认识和研究，而且应当加强对货币政策实施后对宏观经济影响和效果的研究，真正做到货币政策的动态微调。

四是改革完善货币统计分析口径，加快改革货币政策调控机制，丰富和完善货币政策的调控工具，提高政策效果。通过改革清理阻碍货币政策有效操作的各类基础条件，改进传导机制。在货币统计中尽快纳入那些在实际使用中承担货币职能的流动性工具，如基金账户和各种"一卡通"业务工具。综合协调运用多种政策工具，做到"对症下药"。加快推进利率市场化进程，彻底改变人民银行直接调控商业银行存贷款利率的做法。进一步加强货币政策与其他宏观经济政策以及金融监管的协调配合，促进总量平衡和结构优化。

五是加强货币政策的国际协调。当今一国的货币政策会对其他国家的宏观经济产生相应的影响，但这种相互影响往往并不对称，发达国家对发展中国家和新兴市场国家的影响，要远远大于后者对前者的影响，发达国家货币政策的松紧可能成为发展中国家宏观经济波动的重要因素。我国应向发达国家提出合理的诉求，要求发达国家承担责任，充分评估其货币政策对发展中国家可能存在的冲击和影响。

（二）加快建设多元化、多层次的金融市场体系

1. 积极发展和完善多元化的货币市场

一是强化为非金融企业和投资者的服务功能。二是建立全国性集中统一的票据结算、托管和信息系统，形成统一的全国性电子交易平台。三是在产品结构上，实现从银行间市场向全国性的短期融资市场转变，加大非金融企业短期融资工具的比重。四是逐步完善信息披露制度，提高市场透明度，建立具有货币市场特色的外部评级体系，帮助投资者辨识和管理信用风险。五是加强货币市场监管体系建设，建立监管机构协调机制，有效预防违法违规交易行为对市场稳定的冲击。

2. 大力建设外汇市场

第一，汇率制度与外汇管理体制的改革是建设高效外汇市场的基础，应进一步增强汇率弹性，推进外汇管理体制改革，为加快外汇市场的建设创造条件。第二，应进一步放宽市场准入限制，增加市场交易主体。积极培育外汇经纪人、外汇交易所等市场中介机构，构建多元化的市场交易模式，提高市场运行的效率。第三，应逐步放宽外汇交易限制，在严格监测风险的情况下，加快发展金融和资本性的外汇交易，提高市场的活跃度与流动性。第四，应进一步加强对市场风险的预警和评估，完善市场自律机制，建立有效的电子化监管系统，提高监管效率，降低监管成本。

3. 加快发展债券市场

一要进一步扩大债券市场的总体规模，包括各种债券的发行量与交易量，这也是扩大直接融资比重的重要途径。二要大力改善债券市场结构，切实贯彻《证券法》关于企业债券发行条件的各项规定，健全市场化发行导向，显著提高非金融企业各类债务融资工具的比重，扩大投资者队伍，提高市场投资的活跃程度。三要加快市场运行机制的建设，大力推进适合中国国情与风险管理要求的信用评级体系建设，建立清算系统高效联通机制。四要加快统一市场的建设，“十二五”期间尤其应大力消除体制性障碍，理顺监管体制，整合设立债券市场单一的监管机构，统一监管规则，避免市场分割。五要逐步取消各种债券发行的实质性审批制度，贯彻落实《证券法》关于债券发行主体资格的规定要求，按照市场化原则统一实行债券发行注册制。

4. 稳步发展多层次的股票市场

一要加快推进多层次股票市场体系的建设步伐，形成有实质差异的多层次的场内和场外股票市场体系。二要加快建设专业投资者队伍，改善市场投资结构。继续扩大外国机构投资者的数量和种类，不断提升市场的国际化程度。三要切实改革新股发行制度。有序增加各市场的新股发行数量，减少对新股定价的行政性干预和影响，逐步取消股票发行上市的实质性审批程序，全面实现注册制，在股票发行和交易中强化证券经营机构的责任。积极创造条件允许海外企业在主板市场公开发行股票并上市交易。积极探索非公开发行股票的科学办法与途径，注意控制潜在风险。四要鼓励金融机构大力开发与股票市场相连接的银行理财产品、信托产品、保险产品以及股票指数期货等金融衍生品，满足不同类型投资者的需求，强化市场的交易与投资功能，进一步改善市场的流动性。五要适应多层次市场建设要求，全面完善市场监管体制。

5. 积极稳妥发展保险市场

一要加强保险业基础建设，夯实保险业发展的基础。进一步加强法律制度建设，完善保险法律体系。加强信息化建设，实现全行业信息系统的规范化、标准化。二要大力调整保险结构。抓住发展保障型业务、服务民生这条主线，更加注重发挥风险管理和保障功能，加强创新，通过调整和优化保险产品结构、区域结构、市场结构，实现从外延式增长向内涵式发展的转变，实现从粗放经营向集约管理的转变。三要大力扩展保险业服务民生的覆盖面。大力发展巨灾保险，整合全社会资源和力量共同面对巨灾带来的危险。积极发展"三农"保险。稳步推进政策性农业保险发展，不断扩大农业保险覆盖面。稳步发展产品质量、环境污染责任和安全生产等相关领域的责任保险。继续发展商业养老和健康保险，积极探索保险业参与和服务医药卫生体制改革的新途径和有效模式。发挥政策性出口信用保险的作用，适度扩大保险责任范围，支持出口贸易发展，同时要大力发展国内贸易信用保险，促进扩大内需。四要努力发挥保险的资金融通功能。

6. 推动期货市场与其他金融衍生品市场的健康发展

要继续重点发展能源、金属、农畜产品等战略性资源商品的期货品种系列，做深做细现有品种，增强我国对国际大宗商品定价的话语权。大宗商品定价权的竞争在很大程度上实际已经脱离了基本经济因素，而变成了国际金融资本的竞争。要大力推动我国期货市场的发展来增强大宗商品的定价权，一是现有的期货市场交易品种需要逐步国际化，使得价格与国际市场真正接轨。二是大力发展专业化的机构投资者，进一步完善期货市场结构，提高市场定价效率和市场流动性。三是积极研究探索适应期货市场发展需要的中介服务体系，积极研究国内实力较强、资质较好、规范经营的期货公司开展境外期货代理业务的途径和办法。四是全面开展对期货市场和期货行业对外开放政策成效的分析和评估，结合自身发展需要，持续完善并有效实施对外开放的整体战略，有序推进我国期货市场和期货行业的对外开放。另外，应适时推出股指类金融期货，加强我国金融资本的国际竞争力和对商品期货市场的影响力。

按照风险可控、循序渐进的原则，有序建立场外与场内金融衍生品市场。完善有关法规、交易规则与监管机制。着力加强市场投资者教育，普及有关金融衍生品的专业知识。稳步发展风险较低、国际上较为成熟的金融衍生品，反对高杠杆、不透明和脱离实体经济需要的金融衍生品创新。

（三）深化金融企业改革并优化和完善金融组织体系结构

一是继续深化国有商业银行与股份制银行的公司治理改革，切实改善大型商业银行的经营管理与激励约束机制。二是加快改革城市商业银行、农村信用社等地方中小金融机构。农村信用社要通过产权制度与管理体制改革，大力化解不良资产包袱，补充资本、转换机制，积极创造条件改制为农村商业银行或农村合作银行。三是在强化基层金融监管的前提下，进一步放松市场准入，加快吸收社会资本参与发展服务“三农”与小企业的村镇银行等新型中小金融机构，切实改善当前由大银行垄断的金融结构所导致的“三农”与小企业金融服务严重不足的问题。四是改革和优化政策性银行机构的功能定位与运作机制。五是推动存款保险制度的建设。有效发挥存款保险制度减少有问题银行破产对社会可能造成的冲击，以利于在银行体系中建立市场化的退出机制，改变监管部门直接处置微观主体风险的不良习惯，保证金融体系的健康运行。六是稳步推进金融业开展综合化经营。要从建设和完善我国金融发展总体架构上进行适当规划与引导，适时调整金融分业体制，为金融综合化经营创造环境条件。要鼓励金融业开展从产品、服务到机构、股权投资多层面、多形式的综合化经营。金融机构自身不应盲目追求多元化的综合模式，金融控股集团公司内部不同业务之间要设立清晰的“防火墙”，做好不同业务单元之间的风险隔离，避免基于企业自身考量的利益输送和风险传递，特别是要避免银行与资本市场之间的过度融合而放大系统性风险问题。

（四）稳步扩大金融业对外开放

我国已经全部履行了加入 WTO 时有关金融业对外开放的承诺，

金融业对外开放开始进入新的发展阶段。一是继续加大资本市场的国际化建设，进一步扩大境外合格机构投资者（QFII）投资我国证券市场的规模，进一步放开外资投资我国证券市场和投资额度的限制，稳步推进境外企业与国际组织在境内发行人民币债券，适时启动符合条件的境外企业在沪深主板市场发行 A 股。二是贯彻外资金融企业的"国民待遇"，进一步拓宽其在境内的人民币融资渠道和人民币零售业务范围，鼓励和引导其进入中西部及农村地区开展金融服务。三是支持大型商业银行与保险企业实施海外并购，鼓励有条件的中资金融机构"走出去"设立分支机构，积极参与国际市场的竞争，为本土企业的国际化提供优质高效的金融服务，要充分发挥好中投公司与 QDII 机制的示范作用，提高对外投资的质量，加强风险管理。四是进一步改革外汇管理体制，审慎推进人民币区域化、国际化进程，循序渐进地开放资本项目，最终实现人民币资本项目可兑换，使人民币成为世界货币。五是高度重视金融开放对国家金融以至经济安全构成的潜在威胁。对外资金融机构侵蚀处于行业领导地位的大型金融机构的控股权、主导权应严格限制，对外资金融机构可能控股目前规模小但区位重要性突出、发展前景较好的中资金融机构，也应从国家战略需要和经济金融安全层面加以关注。

（五）改进和完善金融监管体系

一要不断健全金融监管法规体系建设。进一步清理现有金融法规，不断适应金融发展改革的新要求，及时对相关法规与规章制度进行废、改、立，健全各项金融法规。二要明确宏观审慎监管机构。现行的微观审慎监管很难全面评估金融体系的系统性风险，由此可能形成针对系统性风险的监管漏洞，进而威胁金融体系的稳定。为此，应加强对系统性风险的确认和评估，明确针对系统性风险的宏观审慎监管机构。从制度设计的要求与国际经验来看，可以明确赋予人民银行宏观审慎监管职责，采取"牵头监管"模式，以解决现行的微观审慎监管过程中可能存在的"盲区"。三要积极构建以风险为本的全面监管框架，突出对风险的发现、判断、预警和监控。大力推进监管理念、制度、手段、方法、流程和机制创新，提高专业化监管水平。针对银行、证券、保险业的不同特点，加强全方位、全过程的分类监管。四要建立实体化、制度化的监管协调机构，为最终实现统一监管奠定基础。在目前金融分业监管格局下，监管部门之间的协调机制缺乏正式的制度保障，监管联席会议制度未能有效发挥作用。尽管国际上对金融体系的统一监管已成为一种趋势，英国率先建立的统一监管模式已被德国、日本、韩国等纷纷效仿，但从我国的实际情况来看，暂时很难建立一个完全统一的监管机构。因此，更为可行的途径是建立实体化、制度化的监管协调机构，即组建由国务院分管领导牵头、具有明确法律权限和实体组织的金融监管协调机构，监督指导金融监管工作，协调各个监管部门，解决监管重叠和监管真空问题。

（执笔：董裕平）

第十三章

中国"十一五"规划的节能目标、绩效与展望

2005 年，国家在社会经济发展的"十一五"规划纲要中，首次提出约束性的量化节能减排目标，强调要控制温室气体排放。这既是向全社会做出的一项郑重承诺，也受到国际社会的高度关注。本章试图就 2006—2008 年 3 年期间中国节能目标的实现情况和相关政策的实施绩效进行评估，分析其中存在的问题和障碍，并对未来发展趋势进行展望，为开展"十二五"规划的研究提出若干政策建议。

一 "十一五"规划的节能减排目标和相关政策

（一）目标及提出背景

在"十一五"规划中，节能工作受到高度重视，明确提出了以 2005 年为基年，2010 年相比 2005 年单位 GDP 能源消耗减排 20%，主要污染物（SO_2 和 COD）排放减少 10% 的约束性指标，还首次列入控制温室气体排放的定性目标，标志着中国在应对气候变化方面的一个重要突破。

该目标的提出反映了进入 21 世纪后，中国社会经济发展面临的诸多挑战。首先，随着中国经济的高速增长，能源需求呈现强劲增长的态势，能源安全问题日益突出。2007 年中国能源消费总量达 26.5

亿吨标煤,是 1990 年 9.9 亿吨标煤的 2.68 倍。石油进口依存度已高达 46.6%。2008 年 6 月国际原油价格一度高达每桶 147 美元,引发对能源安全的担忧。

其次,资源短缺问题不断加剧。据预测,到 2020 年,在我国经济发展所需的 45 种主要矿产资源中,可以保证的只有 24 种,基本保证的 2 种,短缺的 10 种,严重短缺的 9 种。重要矿产资源都将主要依靠进口满足国内需求(任勇,2008)。节能减排将有利于降低对资源的消耗,促进粗放型经济增长方式的转变。

再次,环境污染压力日趋增大,尤其是与能源利用相关的,如空气污染、酸雨等有不断恶化的趋势,经济运行成本和社会成本进一步扩大。国家环保总局和国家统计局 2006 年发布的数据显示,2004 年环境污染损失约占同期 GDP 的 3.05%[1]。节能减排有利于改善环境和生态保护。

最后,气候变化问题升温,中国面临日益强大的国际减排压力。大力推动节能减排,不仅是中国自身发展的需求,还将为全球减缓气候变化作出贡献,展现中国负责任的大国形象。

(二) 相关政策

在上述背景下,"十一五"规划提出节能减排目标恰逢其时。然而,要实现该目标并非易事。近年来,国家相继出台了许多规划、法规、政策和措施(解振华,2008)。大致可分以下几类:

1. 综合工作方案

2007 年 6 月,国务院印发的发展改革委会同有关部门制定的《节能减排综合性工作方案》[2],明确了 2010 年中国实现节能减排的目标任务和总体要求。将节能减排工作的意义上升到贯彻落实科学发展观、构建社会主义和谐社会,维护中华民族长远利益的新高度。该

---

① 环保总局、国家统计局:《中国绿色国民经济核算研究报告 2004》http://www.zhb.gov.cn/xcjy/zwhb/200609/t20060907_ 92529. htm。

② 国务院关于印发节能减排综合性工作方案的通知,新华社,2007 年 6 月 3 日。

方案共分 10 大部分，包括 40 多条重大政策措施和多项具体目标，是全面部署节能减排工作的重要指导性文件。

2007 年 6 月中国政府发布了《中国应对气候变化国家方案》[①]，全面阐述了中国在 2010 年前应对气候变化的对策，不仅是中国第一部应对气候变化的综合政策性文件，也是发展中国家在该领域的第一部国家方案。该《方案》共分 5 部分，将减缓气候变化与"十一五"降低单位 GDP 能源强度的节能目标紧密结合，同时提出力争到 2010 年使中国可再生能源的比重提高到 10%，到 2020 年提高到 16% 的发展目标。体现了国家在促进节能和控制温室气体排放上的目标、政策和实施途径的高度一致性，二者相辅相成，相互促进。

2. 能源立法和中长期能源规划

节能和发展可再生能源是能源立法和制定中长期能源规划的重点。2007 年 4 月颁布《能源发展"十一五"规划》[②]，进一步强化了 2004 年 11 月颁布的《节能中长期专项规划》中的节能目标，重申 2010 年单位 GDP 能源强度下降 20% 的目标，并针对重点耗能行业的主要产品、主要耗能设备以及汽车、家用电器等，对能源效率改进的目标做出具体的规定。实现该目标，相当于"十一五"期间减少排放 3.6 亿吨碳。2007 年 10 月 28 日，国务院通过了修订后的《节能法》。

2005 年 2 月 28 日通过的《可再生能源法》，2007 年 9 月 4 日推出的《可再生能源中长期规划》，以及 2008 年 3 月为落实中长期规划推出的《可再生能源发展十一五规划》[③]，为推动可再生能源发展提供有力的法律保障。根据规划，2010 年可再生能源在能源消费中的比重将达到 10%，全国可再生能源年利用量要达到 3 亿吨标准煤，

---

① 国家发展和改革委员会：《中国应对气候变化国家方案》，2007 年 6 月，气候变化信息网，http://www.ccchina.gov.cn/WebSite/CCChina/UpFile/File189.pdf.

② 国家发展和改革委员会：《能源发展"十一五"规划》，2007 年 4 月，气候变化信息网，http://www.ccchina.gov.cn/WebSite/CCChina/UpFile/File186.pdf.

③ 发改委公布《可再生能源发展"十一五"规划》，新华网，2008 年 3 月 18 日。

比 2005 年增长近 1 倍。其中水电总装机容量达到 1.9 亿千瓦,风电总装机容量达到 1000 万千瓦,生物质发电总装机容量达到 550 万瓦,太阳能发电总容量达到 30 万千瓦。此外,2010 年,我国沼气年利用量将达到 190 亿立方米,太阳能热水器总集热面积达到 1.5 亿方米,增加非粮原料燃料乙醇年利用量 200 万吨,生物柴油年利用量达到 20 万吨。

3. 行业节能政策和相关立法

除了国家宏观政策之外,发电、高耗能制造业、交通、建筑等重点行业,也纷纷加强行业立法和制定鼓励本行业节能减排的产业政策。例如:

电力行业的"上大压小"的结构调整政策。电力工业是高耗能高污染行业,2005 年,全国发电用煤占全国煤炭消费总量的近 50%,占一次能源消费总量的 36%。由于火电机组容量的不同,煤耗和污染物排放量上差别很大。大型高效发电机组每千瓦时供电煤耗为 290—340 克,中小机组则达到 380—500 克。5 万千瓦机组其供电煤耗约 440 克/千瓦时,"上大压小",具有巨大的节能减排潜力。为此,电力行业电力工业将"上大压小"、加快关停小火电机组放在了"十一五"期间工作的首位。规划要求"十一五"期间要力争实现三个目标,一是确保全国关停小燃煤火电机组 5000 万千瓦以上,包括关停燃油机组 700 万—1000 万千瓦;二是通过关停小火电机组,要形成节约能源 5000 万吨标准煤以上、减少二氧化硫 160 万吨以上的能力;三是建成一批大型高效环保机组和其他清洁能源、可再生能源发电机组①。

大力推动建筑节能政策。中国每年新增建筑面积高达 18—20 亿平方米,是世界上最大的建筑市场。建筑能耗目前已经占全国能源消耗总量的 27.5%,民用建筑节能潜力巨大。2008 年 7 月 23

---

① 《"十一五"期间电力工业"上大压小"促节能减排》,中国网,2007 年 2 月 4 日,http://www.china.com.cn/policy/txt/2007—02/14/content_7829231.htm。

日，国务院通过《民用建筑节能条例》①。根据住房和城乡建设部设定的建筑节能目标，到 2010 年要实现建筑节能 1.1 亿吨标准煤，其中新建建筑节能 7000 万吨标准煤，既有建筑节能改造和运行管理实现节能 3000 万吨标准煤，推广应用节能型照明器具实现节能 1040 万吨标准煤。此外，可再生能源应用面积占新建建筑面积比例达 25% 以上。

4. 贸易政策

贸易政策对促进节能减排的作用长期以来受到忽视。2003 年开始，受到国际市场价格的吸引，我国出口能源密集型产品发展迅速。能源密集型产品加工生产过程要耗费大量能源和排放污染物，大量出口能源密集型产品加大了对国内能源安全和环境的压力（陈迎、潘家华、谢来辉，2008）。为此，2005 年 7 月国家发改委、财政部和商务部等 7 部委联合发布《关于做好控制高耗能、高污染、资源性产品出口有关配套措施的通知》之后，陆续出台了一系列降低和取消"两高一资"产品出口退税的宏观调控政策，且调整力度不断增强。②这些贸易政策通过抑制高耗能产品出口促进国内节能减排起到一定效果，但 2008 年下半年起，随着全球金融危机的蔓延，高耗能产业受到的影响最大，为了促进出口拉动经济增长，贸易政策又做出了反向的调整。

5. 财政、金融和投资政策

为了实现"十一五"的节能减排目标，除了政策引导之外，中央还运用财政金融资源鼓励节能减排，最重要的举措是政府直接投资的 10 大重点工程，主要涉及低效燃煤工业锅炉（窑炉）改造、区域热电联产、余热余压利用、节约和替代石油、电机系统节能、能量系统优化、建筑节能、绿色照明、政府机构节能，以及节能监测和技术

---

① 《民用建筑节能条例》，中国网，2008 年 8 月 8 日 http：//www. china. com. cn/policy/txt/2008—08/08/content_ 16159611. htm。

② 《高耗能产品加剧能源紧张 我国将严格控制出口量》，中国能效标识网，http：//www. energylabel. gov. cn/list. asp？ id =487。

服务体系建设等部门或领域以及一系列重大节能技术。2006 年 7 月 25 日，国家发展改革委会同科技部、财政部等 8 部门编制下发了《"十一五"十大重点节能工程实施意见》。

6. 重点高耗能企业节能监管政策

中国能源消费的突出特点之一是工业耗能占总能耗的 70% 左右。重点耗能行业中的高能耗企业又是工业能源消费的大户。2006 年 4 月，国务院国资委启动了"千家企业能源审计和节能规划"项目。选择钢铁、有色金属、石油石化、化工、建材、煤炭、电力、造纸、纺织等 9 个重点耗能行业中年综合能源消费量超过 18 万吨标准煤的 998 家企业进行重点监管。2006 年，千家企业耗能 8 亿吨标准煤，约占全国能源消费总量的 1/3，占工业能源消费量的一半左右。2006 年 12 月 6 日，发改委还印发了《企业能源审计报告审核指南》和《企业节能规划审核指南》，目标是通过千家企业并带动重点耗能行业能源利用效率大幅度提高，主要产品单位能耗达到国内同行业先进水平，部分企业达到国际先进水平或行业领先水平，"十一五"期间实现节能 1 亿吨标准煤左右。

除了上述法律、法规和政策措施之外，许多其他政策也与节能减排有密切的关系。例如：建立和完善能源统计制度，加强能源消耗统计、监测和预测工作。2006 年 2 月出台的《国家中长期科学和技术发展规划纲要（2006—2020 年)》，以及 2007 年出台的《气候变化科技专项规划》，都将先进能源技术、节能减排技术等作为科技创新的重点领域。总之，节能减排已经成为各级政府工作的一项重要内容，力图采取多种政策手段，大力推进节能减排工作。

二　2006—2008 年节能目标完成情况和政策实施的主要绩效

（一）节能目标完成情况

从 2006—2008 年节能目标总体完成情况看，全国单位 GDP 能耗指标，从 2006 年上半年同比上升 0.8%，较快地扭转了上升态势，2006 年全年同比下降 1.79%①，实现由升到降的拐点。此后，能源强度指标加速下降，2007 年同比下降 3.66%，2008 年首次超过了年节能 4% 的目标，同比下降 4.59%。3 年累计大约下降 10.04%，完成"十一五"目标的 50.2%②。节能工作虽然取得明显成效，但与规划预期相比还有较大差距。

分地区来看，如表 1 所示，有 20 个省、市和自治区目标与国家目标持平，山西、内蒙古、吉林、山东 4 省和自治区目标在 22%—30% 之间，高于国家目标，其中吉林最高为 30%③，而福建、广东等 7 个省和自治区目标在 12%—17% 之间，明显低于国家目标，其中西藏和海南最低为 12%。

在具体实施中，各地区由于社会经济发展水平、产业结构、能源结构等具体情况不同，根据自身情况政策制定和实施的情况也不同，造成最终实施效果的差异较大。其中北京 2006—2008 年连续 3 年都处于领先地位，累计下降 17.53%，达到 20% 节能目标的 86.37%。进展相对缓慢的，如青海、海南、新疆、四川。如海南 3 年累计下降 4.46%，仅完成节能目标的 35.70%，而四川累计下降 9.76%，仅完成节能目标的 46.04%。

当然各地区完成情况的差异背后原因值得分析。例如，北京节能减排工作成效显著有地方政府的努力，更有作为首都的独特优势，尤其是为承办 2008 年奥运会所开展的一系列基础设施建设、污染治理

---

① 调整 GDP 后，单位 GDP 能源强度数据也相应调整，2005 年基年由 1.22 调整为 1.226 吨标煤/万元，2006 年由 1.21 调整为 1.204 吨标煤/万元，下降幅度由 -1.33% 调整为 -1.79%。

② 根据 2009 年 12 月 25 日公布的第 2 次全国经济普查结果，GDP 和能源消费数据调整后，2008 年单位 GDP 能耗比上一年下降 5.2%，3 年累计完成 12.45%，后 2 年完成目标的压力有所缓解。http://finance.sina.com.cn/review/fxzs/20091225/16447156657.shtml。

③ 根据 2009 年 10 月 9 日国家发改委公布的第 13 号公告《2008 年省自治区直辖市节能目标完成情况》的数据测算，高于全国节能目标较多的吉林、山西、内蒙古的目标均有下降，分别从原来的 30%、25% 和 25% 调整为 23% 左右。http://www.sdpc.gov.cn/zcfb/zcfbgg/2009gg/t20091013_306579.htm。

环保工作的贡献①。例如：为了改善环境质量，北京将属高耗能、高污染行业的首钢集团搬迁到河北曹妃甸，采取限号措施减少机动车上路，利用陕西长途运输的天然气替代燃煤锅炉，公共照明系统节能改造等，都有利于降低北京能源消费强度，减少温室气体的排放量。又如四川节能工作受到地震灾害的影响，灾后重建尽管有全国其他省份的支持，但对当地建材、水泥、钢铁等高耗能产品的需求也有较大拉动作用，使得一些计划关闭的高耗能小厂在特殊环境下得以生存。再如，海南省的经济具有特殊的地域特色，原本工业较少而旅游业发达，减排潜力不大。

表1　　　　　　　各地区单位 GDP 能耗指标（2006—2008 年）　　　　　（吨标煤/百万元）

地区	2005 年指标值	2010 年目标（%）	2006 年		2007 年		2008 年		2006—2008 年累计	
			指标值	上升或下降（±%）	指标值	上升或下降（±%）	指标值	上升或下降（±%）*	上升或下降（±%）	完成目标（%）
全　国	1.226	20	1.204	-1.79	1.160	-3.66	1.107	-4.59 调整为 -5.2	-10.02 调整为 -12.45	62.25
北　京	0.80	20	0.760	-5.25	0.714	-6.04	0.662	-7.36	-17.53	86.37
天　津	1.11	20	1.069	-3.98	1.016	-4.90	0.947	-6.85	-14.94	72.53
河　北	1.96	20	1.895	-3.09	1.843	-4.02	1.727	-6.29	-12.83	61.54
山　西	2.95	25 **	2.888	-1.97	2.757	-4.52	2.554	-7.39	-13.32	57.52
内蒙古	2.48	25 **	2.413	-2.50	2.305	-4.50	2.159	-6.34	-12.79	55.09
辽　宁	1.83	20	1.775	-3.20	1.704	-4.01	1.617	-5.11	-11.83	56.44
吉　林	1.65	30 **	1.591	-3.32	1.520	-4.41	1.444	-5.02	-12.22	52.47
黑龙江	1.46	20	1.412	-3.50	1.354	-4.09	1.290	-4.75	-11.43	54.37
上　海	0.88	20	0.873	-3.71	0.833	-4.66	0.801	-3.78	-11.67	55.60
江　苏	0.92	20	0.891	-3.50	0.853	-4.28	0.803	-5.85	-13.04	62.60

---

① 《北京市节能减排工作成效显著减排目标全面完成》，北京市人民政府网站，2009 年 1 月 5 日。

续表

地区	2005年指标值	2010年目标（%）	2006年		2007年		2008年		2006—2008年累计	
			指标值	上升或下降（±%）	指标值	上升或下降（±%）	指标值	上升或下降（±%）*	上升或下降（±%）	完成目标（%）
浙 江	0.90	20	0.864	-3.52	0.828	-4.18	0.782	-5.49	-12.64	60.51
安 徽	1.21	20	1.171	-3.44	1.126	-4.11	1.075	-4.52	-11.59	55.2
福 建	0.94	16	0.907	-3.20	0.875	-3.51	0.843	-3.70	-10.05	60.77
江 西	1.06	20	1.023	-3.18	0.982	-4.01	0.928	-5.53	-12.20	58.32
山 东	1.28	22	1.231	-3.46	1.175	-4.54	1.100	-6.47	-13.81	59.80
河 南	1.38	20	1.340	-2.98	1.285	-4.11	1.219	-5.10	-11.71	55.82
湖 北	1.51	20	1.462	-3.21	1.403	-4.06	1.314	-6.29	-12.98	62.3
湖 南	1.40	20	1.352	-3.39	1.313	-4.43	1.225	-6.72	-13.88	66.95
广 东	0.79	16	0.771	-2.93	0.747	-3.15	0.715	-4.32	-10.05	60.74
广 西	1.22	15	1.191	-2.50	1.152	-3.31	1.106	-3.97	-9.47	61.21
海 南	0.92	12	0.905	-1.17	0.898	-0.80	0.875	-2.55	-4.46	35.70
重 庆	1.42	20	1.371	-3.41	1.333	-4.46	1.267	-4.97	-12.30	58.82
四 川	1.53	20	1.498	-2.10	1.432	-4.44	1.381	-3.55	-9.76	46.04
贵 州	3.25	20	3.188	-1.85	3.062	-3.97	2.875	-6.11	-11.51	54.78
云 南	1.73	17	1.708	-1.52	1.641	-3.98	1.562	-4.79	-9.97	56.36
西 藏	1.45	12	—	—	—	—	—	-2.50	7.13	57.88
陕 西	1.48	20	1.426	-3.39	1.361	-4.54	1.281	-5.92	-13.23	63.61
甘 肃	2.26	20	2.199	-2.61	2.109	-4.09	2.013	-4.53	-10.82	51.34
青 海	3.07	17	3.121	1.51	3.063	-2.20	2.935	-4.18	-4.79	26.37
宁 夏	4.14	20	4.099	-1.01	3.954	-3.52	3.686	-6.79	-10.98	52.12
新 疆	2.11	20	2.092	-1.06	2.027	-3.08	1.963	-3.15	-7.13	33.16

资源来源：2006—2008年国家统计局统计公报，国家统计局公布各地区单位GDP能源消耗统计公报，西藏部分数据暂缺。

*2008年和3年累计完成数据采用2009年10月9日发改委第133号公告公布的数据。在3年实施过程中，个别省的目标有所调整，全国各省GDP和能耗数据调整等原因，各省份年数据与3年累计完成数据出现一定程度的出入。

**根据3年累计完成指标测算，原目标有明显调整，3个省的节能目标大约调整为23%。

不同行业对国家节能目标的贡献也不同。一般而言，高耗能的工业制造业是节能减排的重点领域。2006—2007 年，钢铁、水泥等高耗能行业继续保持高增长的势头是全国单位 GDP 能耗强度指标难以完成年度任务的主要原因。2006 年上半年，全国单位 GDP 能耗同比上升 0.8%，高耗能行业单位增加值能耗增长高于全国平均水平，例如煤炭上升 5.5%，石油石化上升 8.7%。2008 年，随着针对重点高耗能行业节能减排政策的不断强化，以及全球金融危机的影响，主要耗能行业能耗有较大幅度的下降。据统计，2008 年 1—9 月全国单位 GDP 能耗同比降低超过了 3%。而高耗能行业的下降幅度超过全国平均水平。例如煤炭、建材和纺织行业的降幅分别为 6.74%、9.98%、9.61%。

（二）相关政策的主要实施绩效

为促进"十一五"节能减排，国家制定和实施了一系列的法律、法规以及各类的政策措施。从 2006—2008 年的实施情况，已经初见成效，为推动节能减排发挥了重要作用。

1. 可再生能源开发利用

以风能为例，在国家大力支持可再生能源发展的政策鼓励下，我国风电发展速度明显加快。其中，2008 年新增风电装机 400 多万千瓦，到 2008 年底，全国风电装机已超过 1000 万千瓦，位居世界第 5。按目前的发展速度，要不了几年，我国风电装机就会达到 2000 万—3000 万千瓦，位居世界第 1。

2. 投资重大节能工程

根据相关统计资料，2007 年以来，10 大重点节能工程共安排681 个项目，形成 2550 万吨标准煤的节能能力。各级政府引导的企业节能技术改造可形成 6000 多万吨标煤的节能能力。预计通过实施10 大重点节能工程，"十一五"期间可实现节能 2.4 亿吨标准煤（未含替代石油），对实现"十一五"单位 GDP 能耗降低目标的贡献率近40%①。节能成效比较突出的重点领域有：

区域热电联产。 2005—2007年，全国新增热电联产装机约为5300万千瓦，占新增火电装机的近1/4。到2007年底，我国热电联产电站运行规模约为10100万千瓦，是2004年的2.4倍。热电机组占全国装机比例由2004年的10.9%上升到2007年的14.2%。已有一批20万、30万千瓦较大型的热电联产机组投产，改变了长期以来以13.5万千瓦供热机组为主的供热装机结构。

建筑节能。 在执行建筑节能标准方面，截至2007年10月，全国城镇新建建筑在设计阶段的执行率达到97%，施工阶段达到71%，分别比2006年提高了1个百分点和17个百分点；在北方采暖地区既有居住建筑供热计量及节能改造方面，安排用于改造计划等基础工作的补助资金9亿元，部分地区率先开展了一批既有建筑供热计量及节能改造试点工作；在建筑中可再生能源规模化应用方面，中央财政安排补助资金7亿多元，支持了3批212个示范推广项目。截至2007年底，各地太阳能光热应用面积达到7亿平方米，浅层地能应用面积近8000万平方米。在先进适用的新型墙体材料技术与装备推广应用方面，全国新型墙体材料产量达3850亿块标准砖，占墙体材料总量的46%，全国城镇建筑采用新型墙材的建筑面积占建筑总面积的57.6%。

绿色照明。 2007年，财政部、国家发改委联合印发《高效照明产品推广财政补贴资金管理暂行办法》，中央财政对高效照明产品按中标协议供货价格给予30%—50%的补贴。2008年4月，启动了5000万只高效照明产品推广工作。2008年，北京市通过落实国家、北京市、区县三级财政补贴，在城4区居民家庭中推广"一元节能灯"500万只，计划3年内全市基本实现绿色照明。到2007年10月底，中央国家机关办公区共更换非节能灯具43.3万余只，实现了节

① 《"十一五"国家10大重点节能工程可实现节能2.4亿吨标准煤》，上海节能信息网，2008年10月28日。

能灯使用率 100%。

3. 电力行业"上大压小"淘汰落后产能

2009 年 3 月 12 日,国家发改委、能源局、环保部、电监会联合发布公告,"十一五"前 3 年全国累计关停小火电机组 3421 万千瓦,已完成"十一五"目标的 68%。其中 2008 年全国共关停小火电机组 1669 万千瓦,超额完成年度计划目标[①]。

4. 千家企业节能考核

2009 年 11 月 16 日公布的国家发改委发布第 18 号公告[②],签署《节能目标责任书》的千家企业共有 998 家,参加考核的有 922 家[③],886 家完成了年度节能目标,占 96.1%,较 2007 年 92.2% 完成率有所上升;36 家未完成年度节能目标,占 3.9%。2008 年实现节能量 3572 万吨标准煤。截至 2008 年底,千家企业共实现节能量 1.06 亿吨标煤,完成"十一五"节能目标的 106.2%,已经提前 2 年完成了"十一五"节能任务,其中完成或超额完成的企业 443 家,占 48.05%,完成 80%—100% 的 161 家,占 17.46%,完成 60%—80% 的 163 家,占 17.68%,完成 40%—60% 的 80 家,占 8.7%,完成不足 40% 的 75 家,占 8.13%。

5. 能源统计制度和考核

通过"十一五"节能减排工作,极大地推动了能源统计制度的建立和完善,为相应的考核制度的实施创造了条件。不仅建立了全国和各地区单位 GDP 能耗公报制度[④],而且建立了全国和各地区季度能耗核算评估制度。从 2007 年下半年开始,按季度核算、评估、审核

---

① 《"十一五"前 3 年已完成关停小火电机组任务 68%》,煤炭网,2009 年 3 月 13 日。

② 2008 年完成情况见 2009 年 11 月 16 日公布的中华人民共和国发展和改革委员会第 18 号公告,http://www.ndrc.gov.cn/zcfb/zcfbgg/2009gg/W020091124461789026145.pdf。2007 年完成情况见 2008 年 8 月公布的中华人民共和国发展和改革委员会第 58 号公告。

③ 因兼并、破产、关停和用能发生重大变化等原因,部分企业不参加考核。

④ 确定 2005 年为基年,以后每年 6 月底发布上年全国和各地区单位 GDP 能耗指标公报,每年 7 月底发布当年上半年全国和主要耗能行业单位 GDP 能耗、单位增加值能耗、单位 GDP 电耗公报。

各地区能源消费总量和单位 GDP 能耗及其降低率数据。2007 年 11 月，国务院批准了节能减排统计监测及考核实施方案和办法，全国各省、自治区、直辖市根据该办法，结合本地实际，初步完成了相关监测和考核体系的建设。2008 年 12 月 31 日启动的第二次全国经济普查将能源消耗普查列为 7 大主要普查内容之一，目标是为"十二五"继续推进节能减排工作提供翔实的数据支持。

三　节能目标的中期评估和关键问题分析

1. 总体评价

单位 GDP 能耗指标是一个关乎经济发展的全局性指标。从 2006—2008 年 3 年节能目标的执行情况看，国家关于节能减排的一系列政策措施正在发挥积极作用，节能减排已逐见成效。有几个方面值得肯定：

第一，政府高度重视，全社会高度关注。节能减排工作作为调整经济结构、转变发展方式的重要着力点，已经上升到了国家战略层面的高度。2007 年成立了以温家宝总理为组长的国家节能减排/应对气候变化领导小组。在当前宏观调控面临更加复杂局面、调控任务更加艰巨的情况下，坚持和推进节能减排工作受到政府的高度重视和全社会的高度关注。

第二，强化法律法规体系，建立统计监测考核和行政问责制度。2008 年以来，加强监督检查和环境执法，对省级和地市级政府节能目标完成情况和节能措施落实情况进行考核，2009 年 10 月 9 日公布了 2008 年各省（区、市）减排目标完成情况。行政考核和问责制度的实施，将极大地调动各级政府推动节能减排工作的积极性和主动性。

第三，财政税收等经济激励手段的应用。中央在推进节能减排中不断总结得失经验，从重行政命令向更加注重运用经济、法律手段来促进节能减排转变，采取了财政直接投资、补贴、奖励等一系列经济激励手段。10 大重点节能工程所需资金，除中央财政投入之外，主要靠企业自筹、金融机构贷款和社会资金投入解决。

第四,发挥市场力量,培育节能服务产业。随着节能减排的不断推进和深入,为节能服务产业的发展创造了机遇。国家统计局中国经济景气监测中心与数据中心发布的能源形势报告透露,中国节能服务行业发展非常迅速。产业规模从 2004 年的 10 亿元左右,至 2006 年增加到 20 亿元左右,年增长率约40%。2007 年后增长明显加快,行业规模也攀升至 70 亿元左右。长远来看,行业规模潜力约有 4500 亿元,节能服务大有可为[①]。

第五,鼓励全社会广泛参与。政府在推进节能减排的过程中发挥了的主导作用,但同时,也比较注重调动地方、企业和全社会的力量,鼓励广泛参与,通过媒体及"依法节能,全民行动"节能宣传周等形式多样的活动,推动全社会提高节能减排意识,使节能减排成为全民的行动。此外,政府部门还采取一些措施率先垂范,例如国务院专门下发通知,明确提倡少开公务车、控制路灯和景观照明,对政府办公楼进行节能改造,控制空调温度等等。

广泛的节能政策措施是控制温室气体排放的重要途径。2008 年12 月在波兰波兹南第 14 次气候公约缔约方会议期间,国际非政府组织(NGO)"气候行动网络"(CAN)发布的"气候变化表现指数",对 50 多个国家应对气候变化的表现进行了评价,由于中国采取了强有力的节能减排措施获得国际社会的好评[②]。

上述经验值得继续坚持和推广,但节能工作依然任重而道远。

2. 实现节能目标仍有差距的深层次原因分析

在国家如此密集出台和采取强有力节能减排政策措施的情况下,能源强度指标与"十一五"节能目标相比仍然不尽如人意,这一现象的背后,既有客观原因,也有主观原因。国家能源领导小组国家能

---

① 《我国节能服务行业规模已达 70 亿元,未来潜力很大》,人民网,2008 年 12 月 9 日。http://energy.people.com.cn/GB/8489391.html

② Germanwatch and Climate Action Network (CAN): Climate Change Performance Index: 2009 results. http://www.germanwatch.org/klima/ccpi09.pdf

源专家咨询委员会主任徐锭明将节能减排工作完不成的主要原因概括为：认识不到位、责任不明确、措施不配套、政策不完善、投资不落实、协调不到位[①]。

（1）**客观原因**。从客观原因分析，目前我国正处于工业化、城市化加速发展的阶段，经济增长对重化工产业需求很大。2001 年到2005 年，国内重工业历年增长率平均达到 16％，2006 年为 17.9％，2007 年为 19.6％，2008 年 1—9 月为 16％，均高于同期国内规模以上工业增加值增长速度。在这个时期推进节能减排的确是一个巨大挑战。虽然中央高度重视节能减排，但在实际操作中，地方政府往往会把经济增长放在首位。而现阶段我国经济增长的一个典型特征是靠投资拉动。新开工项目越多，对能源、资源和环境的压力越大；再加上节能减排技术相对落后，我国能耗水平与国外先进国家差距在 20％左右，技术水平的提高仍需要一个过程。此外，各地经济社会发展情况差异较大，加大了结构调整的难度。调控手段多样性，调控政策的效果往往有滞后性。节能减排目标第一次作为约束性目标，实施过程也缺乏历史经验可以借鉴。

有研究表明，降低单位 GDP 能耗，技术进步的贡献率为 30％—40％，而结构调整的贡献率为 60％—70％[②]。促进结构调整的重要性不言而喻。但结构调整并非易事。现阶段，我国产业结构的不合理是多方面的。首先体现在生产结构不够合理，低水平下的结构性、地区性生产过剩，企业生产高消耗、高成本；其次体现在产业组织结构合理，各类产业普遍存在分散程度较高，集中度较低的问题；再次体现在产业技术结构合理，少数拥有先进技术的大型企业与大量技术水平相对落后的中小企业并存；最后是第三产业，特别是高技术产业、环

---

① 《中美绿色能源论坛召开　共同应对环境气候问题》，《中国审计报》2008 年 11 月 24日。http://www.sjxww.com/folder1/folder2/2008/11/2008—11—244587.html

② 冯飞：《实施节能长期战略的目标与措施》，国务院发展研究中心信息网，2008 年 5 月23 日。

保产业等新兴产业发展相对落后。我国服务业增加值占 GDP 比例在
40%[①]左右徘徊,不但远远落后于发达国家的平均值 64%,也明显落
后于中低收入国家的平均值 55%。

如表 2 所示,近 3 年来,产业结构调整成效非常有限,第二产业
的比重基本持平,能源结构的优化也进展缓慢,甚至 2007 年在能源
需求快速增长的压力下,煤炭消费增长速度超过其他能源,能源结构
出现恶化的趋势。2008 年实现节能目标情况明显好于 2006 年和 2007
年,尽管有强化节能减排政策的效果,但 2008 年下半年起席卷全球
的金融危机,造成中国经济下滑,高耗能产业受到影响最大,部分高
耗能产业被迫减产和停产,是导致能源需求下降的主要原因。2008
年 GDP 增长率从前一年的 13% 下滑到 9.6%,2009 年前 3 季度增长
率更下滑到 7% 左右,说明金融危机的影响已经显现。

表 2　　　　　　　　2006—2008 年主要经济和能源指标

年份	GDP (万亿元)	GDP 同比增长 (%)	第二产业比重 (%)	能源消费总量 (亿吨标煤)	比上一年增长 (%)	煤炭占一次能源 (%)
2005	18.3	9.9	47.3	22.5	9.5	69.1
2006	21.2	11.6	48.7	24.6	9.3	69.4
2007	25.7	13.0	49.2	26.5	7.8	69.6
2008[*]	30.0 调整为 31.4	9.0 调整为 9.6	48.6 调整为 47.5	28.5 调整为 29.1	4	69.3

数据来源:《中国统计年鉴》,统计公报。

*2008 年数据根据 2009 年 12 月 25 日公布的修订后 GDP 进行调整。2005—2007 年数据也
将做出相应调整。(见 http://www.stats.gov.cn/tjdt/zygg/sjxdtzgg/t20091225_402610096.htm)

(2) 主观原因。从主观原因分析,不少人对如何实现节能减排
存有疑虑。比如,认为经济增长是要靠投资拉动,节能减排目标与经
济增长目标之间存在矛盾。比如,我国现在的能源价格水平比之世界

---

① 2009 年 12 月 25 日公布的修订 GDP 最新数据,第三产业比重调整由 40.1% 为 41.8%,
有明显的提高。

发达国家尚有相当差距，需要合理调整，却一方面担心用能大户受影响，另一方面担心消费者对涨价不满意，理论与现实存在两难。

从政府制定和实施政策的角度看，也有需要改进的地方。首先，节能目标很大程度是"自上而下"确定，缺乏充分的科学研究作为决策支撑，节能目标的年度分解和区域分解随意性都很强。从国际经验看，例如英国制定其国家减排目标，往往要聘请专门的独立咨询机构对各部门减排潜力进行"自下而上"全面评估，以确保国家减排目标以及地区和部门目标的分解更为合理。中国2002—2005年能源强度呈现上升趋势，要使上升趋势发生逆转，先要稳定而后才可能下降。将5年内能源强度下降20%的目标平均分解到每年实现4%显然过于简单化。无论中央政府确定全国的节能目标，还是各地政府提出自己的地区节能目标，都应该建立在深入细致的调查研究基础上，提高科学决策的水平。

其次，节能目标实施之前缺乏完整的实施方案和政策设计，只能边走边看，政策协调性有待加强。"十一五"规划目标的实施只有短短的5年时间，2005年确定节能目标后，各种政策措施才开始陆续制定和出台。在前两年节能目标未能按计划实现后，政策措施才得到强化。这样一来，制定政策的过程占用了实施政策的时间，考虑到政策实施效果的滞后效应，实际上政策发挥作用的时间进一步缩短。政策之间缺乏通盘考虑，可能影响不同部门政策之间的协调性。

再次，节能工作是关系社会经济全局的问题，调动地方、企业和全社会的力量，不仅是让地方政府、企业和全民广泛参与政策的执行，还应该广泛吸纳各方面的利益相关者参与决策。尤其是倾听企业的声音，调动企业的积极性。因为企业作为经济活动的主体，是耗能和排放大户，也是节能减排行动的具体实施者，对节能目标的实现起到非常关键的作用。节能减排不能只靠行政命令，还要从企业利益出发，创造经济激励，让企业从节能降耗中获得经济效益。这方面有不少国际经验可以借鉴。

最后，应该重视各地区分工不同的差异性和产业转移问题。单位

GDP 的能源消耗是一个综合性指标，与经济增长、经济结构、能源结构、技术水平、资源环境等多种因素有关，各地区应该根据自身实际确定不同的节能目标。而且，区域之间高耗能产业的转移相当普遍，呈现从东部经济相对发达地区向中西部转移的趋势，对西部地区节能目标的影响值得重视，同时各地也应该根据实际情况对节能政策进行相应调整。例如，北京将首钢等工业企业转移出去后，经济结构的变化有利于节能减排，同时节能重点发生转移，从生产用能转向消费用能。而接受产业转移的地区必须对其带来的经济利益与环境影响进行权衡，通过政策对产业转移进行适当的调控。总之，"十一五"期间多数省份提出的节能目标都与全国 20% 的节能目标持平是不尽合理的。目标不合理，考核的效用自然打了折扣，问责制也难以实施。

四　未来走势分析与展望

"十一五"规划还剩下不到两年时间，短期来看，2009 年上半年单位 GDP 能耗下降 3.35%，全年有望超过 5%。2010 年继续努力，"十一五"节能目标基本能够实现，这将是中国付出巨大努力的成果，不仅兑现对全社会的郑重承诺，也是对国际减缓气候变化做出的重要贡献。但从长期来看，中国节能减排形势仍不容乐观，在当前面临全球金融危机以及国际减排压力日益强大的新形势下，中国面临着严峻的挑战。

1. 全球金融危机的可能影响

2008 年下半年开始的全球金融危机，波及范围之广、影响程度之深、扩散速度之快，超出人们的预料，对发展中国家经济也造成严重影响[1]。为了应对金融危机，防止经济出现过快的下滑，国家出台

---

[1]　World Bank. "Global Financial Crisis and Implications for Developing Countries." Paper for G-20 Finance Ministers' Meeting. São Paulo, Brazil. November 8, 2008.

了4万亿元的拉动内需和经济刺激计划，财政、金融和产业政策等都进行了全面调整，"保增长、保就业、保民生"成为2009年经济工作的重点。新的经济形势和政策的重大调整，对节能减排的可能影响是复杂多面的，可谓挑战和机遇并存①。

金融危机造成短期经济下滑，2009年第1季度经济同比增长仅6.1%，第2季度为7.1%，对高耗能的重工业打击较大，节能减排的压力暂时有所缓解。金融危机似乎对节能减排有利，其实不然。首先，这只是短期暂时现象，违背通过节能减排促进可持续发展的初衷。因为随着能源价格下跌，企业开工不足，经营困难，企业节能就缺乏动力，节能项目经济性下降，不利于节能减排。其次，能源市场需求萎缩，社会对新能源的需求也会随之下降，能源价格大幅度下降使新能源在与传统能源的竞争中处于不利的地位，新能源产业的发展会受到冲击。最后，经济工作的重心转向保经济增长，客观上有弱化节能减排工作的可能。刺激经济增长，无论是拉动内需，还是加大基础建设投资，鼓励外贸出口，甚至某些地方通过补贴鼓励高耗能企业用电，都会增加能耗和排放。如果审查不严，一些高耗能生产项目有可能借机仓促上马，造成投资浪费和长期"锁定效应"。

但从积极角度看，如果因势利导、措施得当，应对金融危机的短期目标也可以与促进节能减排的长期任务结合起来，以应对金融危机作为改变经济增长方式和加快结构调整的良好机遇，有助于长远的可持续发展。例如：应加大能源基础设施建设，特别是有利于节能环保的能源项目的投入，增强能源产业的可持续发展能力和对经济社会发展的保障能力；转变发展方式，加快能源结构调整。2009年2月3日国家发改委副主任、能源局局长张国宝在全国能源工作会议上表示，要充分利用当前电力需求下降的有利时机，大力调整电力结构，继续加快"上大压小"的步伐。今后3年，分别计划关停小火电机

---

① 《金融危机令绿色能源需求倒退　新能源产业面临问题》，中国新能源网，2009年1月15日。http://www.newenergy.org.cn/html/0091/1150924792.html

组 1300 万千瓦、1000 万千瓦和 800 万千瓦，相应建设大型、高效、清洁燃煤机组 5000 万千瓦[①]。同时，推进煤炭资源整合，积极加快发展核电，大力发展可再生能源，培育大型能源企业集团。此外，金融危机还为加强国际能源对话交流，扩大海外油气资源合作开发，加强能源资源战略储备提供了机遇。

综合来看，世界经济已经出现了复苏的迹象，中国经济第 4 季度比前 3 季度有明显的增长，全年可以实现"保 8"的目标。但在完成走出金融危机的阴影之前，经济复苏的趋势还不稳固，短期金融危机的影响仍值得关注。但无论如何，长期来看，全球金融危机不仅对中国，而且对全球都是一次向绿色经济转型的良好契机。2008 年 12 月，联合国秘书长潘基文在波兹南会议上强调，不能因为金融危机减慢应对气候危机的步伐，激励全球各国进行"哥白尼式的低碳革命"，实现应对气候变化和金融危机的双赢[②]。2009 年 2 月，UNEP 发表了《全球绿色新协议》的报告[③]，号召各国从危机中寻求机遇。欧美都提出通过发展新能源和可再生能源，鼓励低碳技术创新，作为经济新增长点和创造绿色就业的机会。

如果中国仅仅将目光局限在刺激短期的经济增长，忽视长远的经济增长方式的根本转变，未来一旦经济复苏，能源需求和排放又将快速反弹，节能减排的效果不能持续。1997 年亚洲金融危机就是一个明显的教训。当时中国经济开放度不高，受危机影响相对较小，但也出现了经济发展减速和能源消费量下降的情况。为了应对金融危机，中国大量投资建设基础设施，刺激外贸出口产业的发展。金融危机过后，从 2001 年开始，中国经济出现一轮高速增长和资本密集型发展的特征，重工业比重超过了 70%，外贸出口的增长速度达到 25%—30%，能源需求的快速增长，一改近年 20 年来能源强度持续下降的

---

① 《能源局担忧电力过剩 今后三年"上大压小"》，北极星电力新闻网，2009 年 2 月 5 日。http://news.bjx.com.cn/html/20090205/188793.shtml

② 《节能减排，双输还是双赢?》，机电商情网，2008 年 12 月 22 日。

③ Barbier E. B. Global Green New Deal (final report). UNEP, Feb. 2009.

趋势，能源弹性高达 1.5—1.6。此次全球性的金融危机影响程度和范围都大大超过 1997 年的亚洲金融危机，我们应该吸取教训，避免重蹈覆辙。

2. 国际减排压力和中国的自主行动

2009 年 12 月 7—18 日在丹麦首都哥本哈根召开的联合国气候公约第 15 次缔约方会议，是一次规模空前的盛会，有来自全球 193 个国家大约 4 万名政府、企业、非政府组织、国际机构代表，以及新闻媒体的记者出席，100 多个国家元首或领导人在最后时刻齐聚哥本哈根展开最高级别的政治磋商。会议人数之多、规格之高，是非常罕见的。哥本哈根会议的谈判过程可谓一波三折，扣人心弦。最终通过了一项会议决定，将美国与中国、印度、巴西和南非等主要发展中国家达成的《哥本哈根协议》以及同意这一协议的国家名单记录在案，并决定延长公约和议定书下两个特设工作组的授权，到明年墨西哥召开气候公约第 16 次缔约方会议时达成法律协议。

哥本哈根会议之前，根据"巴厘路线图"的相关规定，几乎所有发达国家都提出了各自的中期减排目标。如欧盟承诺 2020 年在 1990 年基础上减排 20%—30%；美国总统奥巴马宣布到 2020 年在 2005 年基础上减排 17%；日本承诺 2020 年在 1990 年基础上可以减排 25%；加拿大承诺 2020 年在 2006 年基础上减排 20%；澳大利亚承诺在 2000 年基础上减排 15%—25%；俄罗斯提出 2020 年将在 1990 年基础上减排 20%—25% 等。但据有关国际机构的专家估算，发达国家 2020 年相对 1990 年的整体减排幅度仅在 8%—14%，距离 IPCC 科学评估结论 2020 年发达国家整体至少减排 25%—40% 的目标仍有很大差距，离多数发展中国家要求的减排 40% 以上的目标相距更远。

中国作为最大的发展中国家，为了推动哥本哈根谈判进程，提出了 2020 年在 2005 年基础上将单位 GDP 的碳强度降低 40%—45% 的减排目标。这一目标是中国根据国情采取的自主行动，不附加任何条件，也不与任何国家的减排目标挂钩。温家宝总理在联合国气候大会上表示中国"言必信，行必果，无论会议达成什么成果，中国都将坚定不移地实现、甚至超过这一个目标而努力"。这不仅展现了中国负责任大国的国际形象，同时节能作为控制温室气体排放的重要途径之一，该目标的提出也对中国"十二五"和"十三五"节能工作提出了具体的要求。应该说，中国在完成"十一五"目标的基础上，进一步加强节能减排，完成该目标是有很大难度的，必须付出更艰苦的努力。

五 结论和建议

从以上分析，我们可以得出几点结论和建议：

首先，在"十一五"剩余不到两年间，在应对金融危机努力保持经济增长的同时，要特别强调扩大投资规模与结构优化并举，有保有压，兼顾短期利益和长远目标，努力协调好应对金融危机与节能减排的关系，确保完成"十一五"单位 GDP 下降 20% 的节能目标。

其次，"十二五"和"十三五"继续加强节能和控制温室气体排放工作不放松。节能和减少温室气体排放是长期任务，关系到中国社会经济发展的全局，坚定不移地推进节能减排，不仅是应对日益强大的国际减排压力的要求，更是中国自身可持续发展的内在需求。即使"十一五"目标能够顺利完成，"十二五"和"十三五"规划仍应高度重视和切实落实节能减排工作，对完成 2020 年碳强度在 2005 年基础上下降 40%—45% 目标的时间进度进行合理规划。

再次，在"十二五"和"十三五"规划中，建议把应对气候变化放在更突出的位置，以低碳发展统领节能和控制温室气体排放目标。节能与减缓气候变化目标具有高度的一致性。建设低碳经济已经成为国际发展的潮流和大趋势，因此有必要将应对气候变化放在更突出的位置，明确建设低碳经济社会的蓝图，其中，约束性的定量目标是必不可少的。"十一五"规划仅提出了能源强度目标，"十二五"和"十三五"规划，为了与 2020 年碳强度在 2005 年基础上下降

40%—45%目标协调一致,不仅需要保留定量的能源强度目标,还需要将定性的控制温室气体减排目标提升为定量目标,并与节能目标很好衔接。

最后,制定"十二五"节能目标和相关政策措施,应吸取"十一五"规划的经验教训,使决策过程更加科学,实施方案更加具体,政策措施更加协调,评估考核和问责制度进一步落实。特别要在充分的节能减排潜力评估的基础上,建立科学合理且具有一定灵活性的目标分解和协调机制,对一些未来可能引入的政策工具,例如碳税或者排放贸易体系,即使目前实施的时机尚不成熟,也应该早做研究和试点,进行必要的政策储备。

(执笔:陈迎)

参考文献

陈迎、潘家华、谢来辉:《中国外贸进出口商品中的内涵能源及其政策含义》,《经济研究》2008年第7期。

陈迎:《英国促进企业减排的激励措施及其对中国的借鉴》,《气候变化研究进展》2006年第4期。

解振华:《2007中国节能减排〈政策篇〉》,中国发展出版社2008年版。

任勇:《我国开始步入环境与发展战略转型期》,中国社会科学院第四届中国经济论坛论文集2008年版。

第十四章

中国"十一五"规划主要污染物控制
目标、绩效与展望

近年来,资源环境对经济社会发展的制约作用日益突出,我国已进入环境污染事故多发期,环境安全问题凸显,环境保护面临严峻的挑战。我国环境问题呈现出复合型污染的特点,必须运用综合手段,才能根本解决环境污染问题。中国是一个负责任的国家,来自国际环境保护压力也将加大,环境保护面临越来越严峻的挑战。"十一五"规划将污染减排目标列为约束性目标,力图从国家战略的高度,通过全面调整经济结构和产业布局,完善污染治理设施,发展循环经济等措施,全面和持续地解决所面临的环境挑战。本章试图对2006—2008年3年间中国污染减排目标的实现情况和相关政策的实施绩效进行评估,分析其中所遇到的问题,对未来发展趋势进行预测和展望,并提出相应的对策建议。

一 国家环境保护"十一五"规划目标与主要任务

(一) 环境保护"十一五"规划制定背景

国家"十五"环境保护计划指标没有全部实现,特别是大气污染物二氧化硫排放量和水污染物化学需氧量排放量的削减目标没有实现。实际上,2005年二氧化硫排放量比2000年增加了27.8%,化学需氧量减少了 2.1%，均没有达到分别比 2000 年削减 10% 的计划目标。主要污染物排放量远远超过环境容量，环境污染非常严重。

在"十五"期间，需要解决的一些深层次环境问题没有取得突破性进展，特别是产业结构不合理、粗放型的经济增长方式没有发生根本性转变，环境保护滞后于经济发展的局面没有改变，同时，体制不顺、机制不活、投入不足等问题仍然突出，有法不依、违法难究、执法不严、监管不力的现象比较普遍。

近年来，资源环境对经济社会发展的制约作用日益突出，我国已进入环境污染事故多发期，环境安全问题凸显，环境保护面临严峻的挑战。我国环境问题呈现出复合型污染的特点，必须运用综合手段，才能从根本上解决环境污染问题。中国是一个负责任的国家，来自国际环境保护压力也将加大，环境保护面临越来越严峻的挑战。

（二）　国家环境保护"十一五"规划指标

2006 年 3 月 16 日发布的《国家国民经济和社会发展第十一个五年规划纲要》中，有关污染控制的指标共有 2 个，1 个约束性指标和 1 个预期性指标。约束性指标是：到 2010 年，主要污染物排放总量减少 10%，主要污染物包括二氧化硫和化学需氧量，即全国化学需氧量排放由 2005 年的 1414 万吨减少到 1270 万吨，二氧化硫排放量由 2549 万吨减少到 2295 万吨；预期性指标是：到 2010 年，工业固体废物综合利用率达到 60%。

2007 年 11 月 22 日国务院发布了《国家环境保护"十一五"规划》，总体目标是："到 2010 年，二氧化硫和化学需氧量排放得到控制，重点地区和城市的环境质量有所改善，生态环境恶化趋势基本遏制，确保核与辐射环境安全。"《国家环境保护"十一五"》规划目标有三项与《国民经济和社会发展第十一个五年规划纲要》的规划目标相同,主要是:化学需氧量排放总量①、二氧化硫排放总量和工业固体废物综合利用率。另外还有其他 4 项环保指标,包括地表水国控断面劣 V 类水质的比例、7 大水系国控断面好于 III 类的比例、重点城市空气质量好于 II 级标准的天数超过 292 天的比例和全国设市城市污水处理率,具体的目标值见表1。

表1　　　　　　　　　国家环境保护"十一五"规划主要指标②

序号	环保指标	2005 年	2010 年	"十一五"增减情况	属 性
1	化学需氧量排放总量（万吨）	1414	1270	−10%	约束性
2	二氧化硫排放总量（万吨）	2549	2295	−10%	约束性
3	工业固体废物综合利用率（%）	55.8	60	4.2	预期性
4	地表水国控断面劣 V 类水质的比例（%）	26.1	<22	−4.1	
5	7 大水系国控断面好于 III 类的比例（%）	41	>43	2	
6	重点城市空气质量好于 II 级标准的天数超过 292 天的比例（%）	69.4	75	5.6	
7	全国设市城市污水处理率（%）	52	>70	18	

（三）环境保护"十一五"规划总体目标

根据《国民经济和社会发展"十一五"规划纲要》和《国务院关于落实科学发展观加强环境保护的决定》（国发〔2005〕39 号）编制的《国家环境保护"十一五"规划》,在此规划中明确的"十一五"期间环境保护的总体目标是:"到 2010 年,二氧化硫和化学需

---

　　①　两个规划中的化学需氧量排放总量目标值存在一定差异,在《国家国民经济和社会发展第十一个五年规划纲要》中是 1273 万吨,在《国家环境保护"十一五"规划》中是 1270 万吨。

　　②　表1 中的第 1—3 项约束性目标和预期性指标为《国家国民经济和社会发展第十一个五年规划纲要》中的目标;第 1—7 项指标为《国家环境保护"十一五"规划》（2007 年 11 月 22 日发布）中的目标。

氧量排放得到控制，重点地区和城市的环境质量有所改善，生态环境恶化趋势基本遏制，确保核与辐射环境安全。"

（四）环境保护"十一五"规划的主要任务

围绕实现"十一五"规划确定的主要污染物排放控制目标，把污染防治作为重中之重，把保障城乡人民饮水安全作为首要任务，全面推进、重点突破，切实解决危害人民群众健康和影响经济社会可持续发展的突出环境问题。具体任务主要有以下8方面：

1. 削减化学需氧量排放量，改善水环境质量

以实现化学需氧量减排10%为突破口，优先保护饮用水水源地，加快治理重点流域污染，全面推进水污染防治和水资源保护工作。

加快城市污水处理与再生利用工程建设。到2010年，所有城市都要建设污水处理设施，城市污水处理率不低于70%，全国城市污水处理能力达到1亿吨/日。

2. 削减二氧化硫排放量，防治大气污染

以火电厂建设脱硫设施为重点，确保完成二氧化硫排放量减少10%的目标，遏制酸雨发展。以113个环保重点城市和城市群的大气污染综合防治为重点，努力改善城市和区域空气环境质量。

"十一五"期间，加快现役火电机组脱硫设施的建设，使现役火电机组投入运行的脱硫装机容量达到2.13亿千瓦。新（扩）建燃煤电厂除国家规定的特低硫煤坑口电厂外，必须同步建设脱硫设施并预留脱硝场地。在大中城市及其近郊，严格控制新（扩）建除热电联产外的燃煤电厂。

3. 控制固体废物污染，推进其资源化和无害化

实施城市生活垃圾无害化处置设施建设规划，新增城市生活垃圾无害化处理能力24万吨/日，城市生活垃圾无害化处理率不低于60%。

重点推进煤矸石、粉煤灰、冶金和化工废渣、尾矿等大宗工业固体废物的综合利用。到2010年，工业固体废物综合利用率达

到 60%。

4. 保护生态环境,提高生态安全保障水平

5. 整治农村环境,促进社会主义新农村建设

推动编制农村环境综合整治规划。完成 1 万个行政村的环境综合整治,建设 2000 个环境优美乡镇。加大农村企业污染监管和治理力度,禁止工业固体废物、危险废物、城镇垃圾及其他污染物向农村转移。

6. 加强海洋环境保护,重点控制近岸海域污染和生态破坏

到 2010 年,大中型海港都要建设船舶油类、化学品、垃圾、生活污水回收、转运设施。港口和船舶污水、垃圾处理设施建设要纳入城市污水、垃圾处理设施建设规划。加强对海洋倾废的监督管理。

7. 严格监管,确保核与辐射环境安全

8. 强化管理能力建设,提高执法监督水平

二　国家环境保护"十一五"规划实施绩效评估

(一) 主要规划目标实现情况分析

到 2008 年底,"十一五"环境规划目标实现情况好于预期,3 项环境质量指标和 2 项污染治理设施建设指标完成情况良好,主要污染物排放量控制指标出现了重大突破(见表 2)。

表 2　　　　"十一五"主要环保指标实现情况表①

环保指标	2005 年	2006 年	2007 年	2008 年	2010 年目标	"十一五"增减情况
化学需氧量排放总量(万吨)	1414	1428.2	1381.8	1320.7	1270	-10%
二氧化硫排放总量(万吨)	2549	2588.8	2468.1	2321.2	2295	-10%

---

① 根据《2006 年中国环境状况公报》、《2007 年中国环境状况公报》、《2008 年全国环境质量状况》数据整理得出。http://www.mep.gov.cn

续表

环保指标	2005 年	2006 年	2007 年	2008 年	2010 年目标	"十一五"增减情况
地表水国控断面劣 V 类水质的比例（%）	26.1	28	—	23.1	<22	-4.1
7 大水系国控断面好于Ⅲ类的比例（%）	41	46	49.9	55	>43	2
重点城市空气质量好于Ⅱ级标准的天数超过 292 天的比例（%）	69.4	—	—	95.6	75	5.6
工业固体废物综合利用率（%）	55.8	60.2	62.1	64.9	60	4.2
全国设市城市污水处理率（%）	52	57	63	65	70	18

　　根据国务院和国家环保部公布的数据分析，到 2008 年底，有 2 项环境质量目标已经提前完成并超过规划目标要求，有 1 项环境质量目标已接近规划目标的要求。其中，7 大水系国控断面好于Ⅲ类的比例达到了 55%，远高于 43% 的规划目标；重点城市空气质量好于Ⅱ级标准的天数超过 292 天的比例达到 95.6%，远高于 75% 的规划目标；地表水国控断面劣 V 类水质的比例达 23.1%，与规划目标 22% 相比差 1.1%。[1] 到 2008 年底，全国工业固体废物综合利用率已经从 2005 年的 55.8% 提高到 64.9%，超额完成"十一五"规划目标 60% 的要求。[2] 全国设市城市污水处理率从 2005 年的 52% 提高到 65%，与"十一五"规划目标要求相比还需要再提高 5 个百分点。

　　2008 年全国化学需氧量、二氧化硫排放量分别为 1320.7 万吨、2321.2 万吨，比 2007 年减少 4.42% 和 5.95%；2006—2008 年，化学需氧量、二氧化硫排放量 3 年累计分别减少 6.61% 和 8.95%。[3]

---

　　[1]　中国环境监测总站：《2008 年全国环境质量状况》，《中国环境报》2009 年 1 月 13 日。

　　[2]　中国环境部：《2008 年中国环境状况公报》，http://www.zhb.gov.cn/plan/zkgb/2008zkgb/，2009 年 6 月 4 日。

　　[3]　《2009 年全国两会政府工作报告》，新华网，http://www.xinhuanet.com/2009lh/gzbg/20090305/，2009 年 3 月 5 日。

(二)"减排"政策的实施进展

在党中央、国务院的正确领导下,各地各部门深入贯彻落实科学发展观,加快建设资源节约型、环境友好型社会,在经济快速增长和消费水平显著提高的情况下,落实减排责任制,通过工程减排、结构减排和监管减排等措施,运用经济、财税、贷款、法律等综合手段,促进减排。2007年二氧化硫和化学需氧量排放量第一次出现了"拐点",实现双下降,2008年两种主要污染物排放量持续下降,污染减排取得突破性进展,污染防治由被动应对转向主动防控,这些举措为进一步推进污染减排提供了经验。

1. 科学统筹全面部署,为节能减排提供了强有力的政治保障

2006年3月16日国务院颁布的《国家国民经济和社会发展第十一个五年规划纲要》中,将污染减排指标列为"十一五"约束性指标,将污染减排作为国家发展战略目标之一。为贯彻落实纲要精神,2006年8月5日国务院批复了《关于"十一五"期间全国主要污染物排放总量控制计划》(国函〔2006〕70号),此"控制计划"在综合考虑各地环境质量状况、环境容量、排放基数、经济发展水平和削减能力以及各污染防治专项规划的要求,对东、中、西部地区实行区别对待,统筹确定各省、自治区和直辖市的污染物总量削减工作量(见表3、表4)。

2007年6月12日,国家污染减排最高领导机构"应对气候变化及节能减排工作领导小组"成立,它是国家应对气候变化和节能减排工作的议事协调机构。温家宝总理担任组长,曾培炎副总理担任副组长。领导小组的主要任务之一是:组织贯彻落实国务院有关节能减排工作的方针政策,统一部署节能减排工作,研究审议重大政策建议,协调解决工作中的重大问题。

2007年8月28日,国务院发布了《节能减排综合性工作方案》,为污染减排工作提供了工作纲领;12月22日发布了《国家环境保护"十一五"规划》。另外国务院还批转了污染减排统计、监测、考核

办法等一系列重要文件。

2008 年，国家环境保护总局升格为部级。环保部拥有了表决权，可以更多地参与国家的综合决策。从国务院环境保护领导小组这一没有编制的临时机构起步，到现在的环境保护部经历了 30 多年的历程，在国务院机构改革过程中，我国环境保护管理部门的管理力度在不断得到增强，这说明我国政府以及全社会对环境保护重要性的认识不断深化，对环境问题的严重性的认识不断加深，环境保护管理机构的不断升格是我国环境保护事业不断发展的需要，同时也是我国经济社会不断发展的需要。[①] 所有这些重大举措为推动污染减排工作提供了强有力的政治保障。

表 3　　　　"十一五"期间全国化学需氧量排放总量控制计划表　　　（万吨）

省　市　区	2005 年排放量	2010 年控制量	2010 年比 2005 年（%）
北　京	11.6	9.9	-14.7
天　津	14.6	13.2	-9.6
河　北	66.1	56.1	-15.1
山　西	38.7	33.6	-13.2
内蒙古	29.7	27.7	-6.7
辽　宁	64.4	56.1	-12.9
其中：大连	6.01	5.05	-16.0
吉　林	40.7	36.5	-10.3
黑龙江	50.4	45.2	-10.3
上　海	30.4	25.9	-14.8
江　苏	96.6	82.0	-15.1
浙　江	59.5	50.5	-15.1
其中：宁波	5.22	4.44	-14.9
安　徽	44.4	41.5	-6.5

[①] 李宇军：《中国城市环境保护》，载牛凤瑞、潘家华、刘志彦主编《中国城市发展 30 年》(1978—2008)，社会科学文献出版社 2009 年版，第 393—394 页。

续表

省 市 区	2005 年排放量	2010 年控制量	2010 年比 2005 年（%）
福 建	39.4	37.5	-4.8
其中：厦门	5.56	4.94	-11.2
江 西	45.7	43.4	-5.0
山 东	77.0	65.5	-14.9
其中：青岛	5.79	4.75	-18.0
河 南	72.1	64.3	-10.8
湖 北	61.6	58.5	-5.0
湖 南	89.5	80.5	-10.1
广 东	105.8	89.9	-15.0
其中：深圳	5.59	4.47	-20.0
广 西	107.0	94.0	-12.1
海 南	9.5	9.5	0
重 庆	26.9	23.9	-11.2
四 川	78.3	74.4	-5.0
贵 州	22.6	21.0	-7.1
云 南	28.5	27.1	-4.9
西 藏	1.4	1.4	0
陕 西	35.0	31.5	-10.0
甘 肃	18.2	16.8	-7.7
青 海	7.2	7.2	0
宁 夏	14.3	12.2	-14.7
新 疆	27.1	27.1	0
其中：新疆生产建设兵团	1.43	1.43	0
总 计	1414.2	1263.9	-10.6

备注：1. 全国化学需氧量削减 10% 的总量控制目标为 1272.8 万吨，实际分配给各省 1263.9 万
　　　吨，国家预留 8.9 万吨，用于化学需氧量排污权有偿分配和交易试点工作。

　　　2. 新疆生产建设兵团化学需氧量排放量不包括兵团所属各地生活来源及农八师（石河子
　　　市）化学需氧量排放量。

表 4 "十一五"期间全国二氧化硫排放总量控制计划表 （万吨）

省 份	2005 年排放量	2010 年 控制量	其中：电力	2010 年比 2005 年（%）
北 京	19.1	15.2	5.0	−20.4
天 津	26.5	24.0	13.1	−9.4
河 北	149.6	127.1	48.1	−15.0
山 西	151.6	130.4	59.3	−14.0
内蒙古	145.6	140.0	68.7	−3.8
辽 宁	119.7	105.3	37.2	−12.0
其中：大连	11.89	10.11	3.54	−15.0
吉 林	38.2	36.4	18.2	−4.7
黑龙江	50.8	49.8	33.3	−2.0
上 海	51.3	38.0	13.4	−25.9
江 苏	137.3	112.6	55.0	−18.0
浙 江	86.0	73.1	41.9	−15.0
其中：宁波	21.33	11.12	7.78	−47.9
安 徽	57.1	54.8	35.7	−4.0
福 建	46.1	42.4	17.3	−8.0
其中：厦门	6.77	4.93	2.17	−27.2
江 西	61.3	57.0	19.9	−7.0
山 东	200.3	160.2	75.7	−20.0
其中：青岛	15.54	11.45	4.86	−26.3
河 南	162.5	139.7	73.8	−14.0
湖 北	71.7	66.1	31.0	−7.8
湖 南	91.9	83.6	19.6	−9.0
广 东	129.4	110.0	55.4	−15.0
其中：深圳	4.35	3.48	2.78	−20.0
广 西	102.3	92.2	21.0	−9.9
海 南	2.2	2.2	1.6	0
重 庆	83.7	73.7	17.6	−11.9
四 川	129.9	114.4	39.5	−11.9

续表

省　份	2005 年排放量	2010 年		2010 年比 2005 年（%）
		控制量	其中：电力	
贵　州	135.8	115.4	35.8	-15.0
云　南	52.2	50.1	25.3	-4.0
西　藏	0.2	0.2	0.1	0
陕　西	92.2	81.1	31.2	-12.0
甘　肃	56.3	56.3	19.0	0
青　海	12.4	12.4	6.2	0
宁　夏	34.3	31.1	16.2	-9.3
新　疆	51.9	51.9	16.6	0
其中：新疆生产建设兵团	1.66	1.66	0.66	0
合　计	2549.4	2246.7	951.7	-11.9

备注：1. 全国二氧化硫排放量削减 10% 的总量控制目标为 2294.4 万吨，实际分配给各省 2246.7 万吨，国家预留 47.7 万吨，用于二氧化硫排污权有偿分配和排污权交易试点 工作。

2. 新疆生产建设兵团二氧化硫排放量不包括兵团所属各地生活来源及农八师（石河子 市）的二氧化硫排放量。

2. 减排目标责任制的落实，强化了地方减排工作

2007 年 11 月 17 日，国务院发布了《主要污染物总量减排考核 办法》，明确"十一五"主要污染物总量减排的责任主体是地方各级 人民政府。"主要污染物总量减排考核结果"在报经国务院审定后， 交由干部主管部门，依照《体现科学发展观要求的地方党政领导班 子和领导干部综合考核评价试行办法》的规定，作为对各省、自治 区、直辖市人民政府领导班子和领导干部综合考核评价的重要依据， 实行问责制和"一票否决"制。

2008 年 7 月，国家公布"2007 年度各省（区、市）和五大电力 集团公司主要污染物总量减排考核结果"，对问题突出的部分地区和 企业分别作出暂停建设项目环评和经济处罚决定，促进了有关地区和 单位的减排工作。2008 年，山西省共对 80 名未认真履行环保职责、

违法问题突出的有关责任人进行了党纪政纪处理和责任追究。将主要污染物总量削减指标完成情况，作为干部政绩考核的重要内容和奖惩的重要依据，全省关停 20 台燃煤机组、70% 以上的焦化企业完成焦炉煤气全脱硫、新建成 31 座污水处理厂等，一系列牺牲和投入，置换出了如此大的污染物减排量，超额完成国家下达的两项主要污染物的减排任务，减排幅度均高于全国平均水平，二氧化硫减排进度和减排量均名列全国前茅。[①]

（三）三管齐下 推进减排

1. 环保投资力度加大，推进工程减排

多年来，我国环境治理投资逐年增加，2006—2007 年全国环保共投入 5560 亿元，占同期 GDP 的比例从 2000 年的 1.1% 提高到了 2007 年的 1.36%（见表 5）。2008 年中央环境保护投资达到 340 亿元，比 2007 年增长百亿元。

表 5　　　　　　2005—2007 年环境治理与基础设施投资统计表

年份	环境治理投资（亿元）	约占同期 GDP 的比例（%）	城市环境基础设施投资（亿元）
2000	1060.7	1.10	561.3
2005	2388	1.3	1289.7
2006	2567.8	1.23	1314.9
2007	3387.6	1.36	1467.8

数据来源：国家环境保护总局，《中国环境状况公报》2005 年、2006 年、2007 年。

2007 年，全年新建成城市污水处理厂 482 座，新增污水处理能力 1300 万吨/日，城镇污水处理率由 2006 年的 57% 提高到 60%，2700 家重点工业企业新建了废水深度治理工程。建成并投入运行 345

---

① 人民网山西视窗：《八十名官员受处分　山西 08 污染减排居全国前列》，2009 年 2 月 11 日。http://sx.people.com.cn/GB/channel2/23/200902/11/44591.html

台、装机容量1.2亿千瓦的燃煤脱硫机组，脱硫机组装机容量达到2.66亿千瓦，占全部火电机组的比例由2006年的32%提高到48%。建成一批烧结机烟气脱硫、炼焦煤气和炼油烟气硫磺回收等工程。污染治理工程的竣工与投入运行，为减排目标的实现奠定了基础。

2008年，两项污染控制指标呈现较大幅度下降。一是通过工程减排，全国新增化学需氧量减排量121万吨，二氧化硫减排量135万吨。全国新增城市污水处理能力1149万吨/日，新增燃煤脱硫机组容量9712万千瓦。二是通过结构减排，全国新增化学需氧量减排量34万吨，二氧化硫减排量81万吨。淘汰和停产整顿污染严重的造纸企业1100多家，关闭小火电机组1669万千瓦，淘汰了一批钢铁、有色、水泥、焦炭、化工、印染、酒精等落后产能。三是通过监管减排，各地减排统计监测和执法监管能力进一步加强，省级环境保护部门污染源在线监控系统陆续建成，企业达标排放水平稳步提升。全国燃煤脱硫机组脱硫综合效率由2007年的73.2%提高到78.7%，提高了5.5个百分点。①

2. 调整产业结构，限制"两高一资"过快发展，促进结构减排

近年来，我国固定资产投资增长较快，"两高一资"产能增幅偏高，环境压力陡增。为引导产业结构向绿色经济方向发展，国家提高了电力、钢铁、化工、造纸等13个高耗能、高排放行业建设项目的环境准入条件，并落实"以新带老"、"上大压小"措施，对大批"两高一资"建设项目作出了不予审批或暂缓审批的决定。同时，对全国9000多个新开工项目开展了环保专项清理检查，对不符合环评要求的1194个项目依法予以严肃处理。同时，对环境污染严重、环境违法突出的行业和地区，采取"区域限批"、"流域限批"等措施，暂停10市、2县、5个开发区和4个电力集团的环评审批。这些措施都有效地控制了"两高一资"的过快发展，促进了经济增长方式的

---

① 国家环境部：《2008年中国环境状况公报》。http://www.mep.gov.cn/plan/zkgb/2008zkgb/

根本转变，从源头上促进了污染减排。

另外，还通过淘汰落后产能，关闭重污染小企业，实现结构减排。2007 年，全国关停落后造纸企业 2018 家，关闭化工企业近 500家、纺织印染企业 400 家。关停小火电机组 1438 万千瓦、淘汰落后产水泥能力 5200 万吨、落后炼铁能力 4659 万吨、落后炼钢能力 3747万吨、平板玻璃 650 万重箱。①

3. 环保监管能力有所提高，强化了监管减排

在监管减排方面，对达不到环保要求的企业实行限产限排、停产整治，直至关闭；对化工、造纸等重污染行业，以及其他超过污染排放标准、超过总量控制指标、生产或使用有毒有害物质的企业，实行强制性清洁生产审核。各地区的污染减排统计、监测和执法监管能力普遍提高，省级环保部门污染源在线监控系统陆续建成，并与脱硫设施、城市污水处理厂、国家重点监控企业等实现联网，企业达标排放水平稳步提高。

4. 实施经济鼓励政策，引导企业主动减排

为加快燃煤机组烟气脱硫设施建设，提高脱硫效率，减少二氧化硫排放，促进环境保护，2007 年 5 月 29 日，国家发展改革委、国家环保总局发布了《燃煤发电机组脱硫电价及脱硫设施运行管理办法（试行）》（发改价格［2007］1176 号）。

《管理办法》采用经济手段，有效地引导企业主动减排。《管理办法》中规定，对安装脱硫设施并正常运行的发电企业的上网电量执行在现行上网电价基础上每千瓦时加价 1.5 分钱的脱硫加价政策，同时也对脱硫设施非正常运行的发电企业处以 1—5 倍总脱硫电价的罚款。

5. "水专项"获批与启动，为污染减排提供了技术支撑

2007 年 12 月 26 日国务院总理温家宝主持召开国务院常务会议，审议并原则通过水体污染控制与治理（简称"水专项"）等 3 个科技

---

① 国家环保总局：《2007 年中国环境状况公报》。http：//www.mep.gov.cn/plan/zkgb/2007zkgb/

重大专项实施方案。"水专项"将分三个阶段进行组织实施，第一阶段目标主要突破水体"控源减排"关键技术，第二阶段目标主要突破水体"减负修复"关键技术，第三阶段目标主要是突破流域水环境"综合调控"成套关键技术。"水专项"是建国以来投资最大的水污染治理科技项目，总经费概算 300 多亿元。[①]

　　水专项"十一五"期间拟启动 33 个项目，238 个课题。总经费预算为 112.66 亿元。2008 年已启动 21 个项目，105 个课题，启动课题数占课题总数的 44.1%。2008 年度安排国家拨款经费 6.55 亿元。

　　"水专项"的启动，为我国水体污染控制与治理提供强有力的科技支撑，为"十一五"期间主要污染物排放总量，化学需氧量减少 10% 的约束性指标的实现提供了科技支撑。

　　6. 环境执法力度加大，为污染减排提供法律保障

　　为了保障广大群众身体健康，围绕现有突出的环境问题，连续开展了整治违法排污企业保障群众健康环保专项行动，一方面集中整治了饮用水源保护区、工业园区以及涉铅和造纸企业环境违法问题；另一方面努力建立健全长效机制，开展环保后督察。

　　2006—2007 年以来，全国共出动执法人员 395 万人次，检查企业 172 万家次，查处环境违法案件 4.5 万件，挂牌督办 1.1 万件，追究责任人 786 名，维护了群众环境权益。对松花江、淮河、海河、黄河、长江及太湖 6 个流域进行了专项检查，对环境违法严重企业进行了挂牌督办，限期整治。2007 年 7 月，又集中开展造纸行业"抓整治、促减排"行动，关闭了 2000 多家不符合产业政策、污染严重的企业。

（四）实现污染减排目标面临的困难

　　当前，我国经济社会发展与资源环境约束的矛盾日益突出，虽然前 3 年已经取得一定成绩，但要完成减排目标，还面临严峻的挑战。

---

　　① 国家环境保护部：《水专项简介》，http：//nwpcp. mep. gov. cn/200808/t20080822 _ 127498. htm，2008 年 8 月 22 日。

1. 污染减排压力仍然很大

"十一五"期间，我国经济高速稳定发展与城市化水平不断提高的趋势不会改变，一方面，将导致每年新增化学需氧量的排放量增量大大提高，城市污染可能加剧；另一方面，城市建设需要大量的水泥、钢铁和玻璃等建筑材料，造成这些行业的污染减排工作压力巨大。

"十一五"环境保护目标是主要污染物的静态减排目标，实际的减排量要远远高于这一目标减排量。据测算，如果"十一五"期间GDP以年均7.5%的速度增长，在节能目标如期实现和新建项目环保措施到位的情况下，新建项目将导致二氧化硫和化学需氧量排放量分别新增加187万吨和310万吨，两者实际需要的动态削减量分别为441万吨和454万吨；如果GDP以10%的速度增长，新建项目将导致二氧化硫和化学需氧量排放量分别新增加370万吨和430万吨，两者实际需要削减总量分别为624万吨和574万吨（见表6）。[①]

因此，我国的经济发展形势仍然与污染减排形成结构性矛盾，短时间内很难彻底解决，污染减排压力巨大。

表6　　　　　　　　　　2010年主要污染物减排量的预测

GDP年均增长速度	主要污染物指标	"十一五"期间新增排放总量	"十一五"规划目标需要减排量	实现"十一五"污染减排目标实际需要减排量
7.5%	二氧化硫排放量（万吨）	187	254	441
7.5%	化学需氧量排放量（万吨）	310	144	454
10%	二氧化硫排放量（万吨）	370	254	624
10%	化学需氧量排放量（万吨）	430	144	574

---

① 中国环境与发展国际合作委员会：《实现"十一五"环境目标政策机制研究报告》，2007年年会（2007.11.28—30）。

2. 资金投入不到位是工程减排的最大障碍

实现"十一五"污染减排目标最根本的措施就是工程减排,在《节能减排综合性工作方案》中要求:"十一五"期间新增4500吨/日污水处理能力,新增年COD削减能力300万吨;投运脱硫机组3.55亿千瓦。其中,新建燃煤电厂同步投运脱硫机组1.88亿千瓦;现有燃煤电厂投运脱硫机组1.67亿千瓦,形成削减二氧化硫能力590万吨。根据估算"十一五"环境污染治理投资需求约为15300亿元,约占同期GDP的1.35%,污染治理资金主要来自中央政府、地方政府和企业。中央及地方政府自筹资金存在不能及时到位的现象,另外,占环保总投资需求45%的6900亿元都需要企业自行筹措,但目前企业治污资金筹措渠道有限,在经济不景气的情况下,企业投资难以保证。这在一定程度上会影响工程减排按计划进行。

3. 缺乏促进稳定减排的长效机制

从工程减排的角度分析,由于国家关于脱硫和污水处理设施运营管理的相关配套政策、机制、措施不健全和不到位,电厂脱硫设施和城市污水处理厂等治污设施虽然已经建成,具有减排能力,但因受到经济利益驱动,不运转减排设施,导致减排能力大打折扣。据统计,到2006年底,全国有248个城市没有污水处理厂,有30多个城市的约50多座污水处理厂运行负荷率不足30%,或者根本没有运行。2006年全年,污水处理行业亏损面为24.49%,亏损额为1.48亿元,有相当部分的城市污水处理收费偏低,达不到污水处理成本,一定程度上影响了污水处理厂的有效运转。在2007年的污染减排执法检查中,发现有一些城市污水处理厂建设严重滞后或长期处于低负荷运行或无故不运行,还有一些发电厂脱硫设施运行不正常。虽然被通报的城市新建项目被"限制"、发电企业的新建项目被"限制"并受到经济处罚,但本质问题没有得到解决。

从结构减排的角度分析,由于国家实施产业结构调整缺乏配套扶持政策,实施难度较大。产业结构调整大多采用行政手段,存在短期性、阶段性和易反弹等缺陷，还易出现发达地区污染向落后地区转移的现象。在构建和谐社会的大背景下，产业结构调整要涉及企业关闭、人员安置以及地方税收减少等原因，执行起来既复杂又困难。因为没有配套扶持政策，在淮河流域治理工作中，关停并转后二次复产的企业不在少数，严重影响了淮河治理效果，这一难题至今没有得到解决，结构减排持续稳定发展受到限制。

4. 环境监管能力面临考验

在目前经济不景气的大环境下，一方面，污染减排任务巨大，治污设施建设进度紧迫；另一方面，由于经济利益驱动，发生污染设施不运行或低负荷运行的概率大大提高。特别是在经济落后区域，由于对环境监管能力重要性认识不足和环保能力建设资金不到位，环境监控中心以及国控重点污染源在线监测系统建设滞后，环境监管缺乏必要手段。

5. 过度依赖工程减排、末端减排

实现"十一五"污染减排目标最根本的措施就是工程减排，主要依靠建设脱硫设施和城市污水处理厂等末端处理设施，形成主要污染物的削减能力，而在源头减排、过程减排方面推进工作较少。事实上，通过技术革新，清洁生产，有可能大大降低污染物的产生量，起到事半功倍的效果。国家、各地区下了大力气抓污染减排，但最终的结果显示，污染减排工作主要是发电企业和污水处理厂的事情，虽然国家也发布了《节能减排全民行动实施方案》，但在推进全民减排工作方面成效不明显。

三　中国环境保护未来形势与展望

（一）全球经济危机背景下的污染减排走势分析

在全球范围内经济衰退的大背景下，我国污染减排目标的实现存在很多的不确定性，污染减排和环境保护工作面临更严峻的挑战。

污染减排不利因素主要有 3 个方面：（1）为了振兴经济，带动就业,地方政府有可能放松环境管制,已经关闭的污染企业可能会重新开工,导致污染物排放量的增加;(2)企业为了降低生产成本,停止污染处理设施运行的可能性增大,人为因素降低减排能力的趋势有所增加;(3)中央对4万亿元建设投资有明确的环境保护要求,但在地方落实投资的过程中,有可能会出现一定的偏差。总之,在全球经济危机背景下,地方在拉动经济发展的过程中,有可能放松对环保的严格控制,污染控制难度加大,影响减排工作成效的持续稳定。

污染减排有利因素:(1)2008年,受出口下滑内需不足等因素影响,一些污染排放量大、能耗高的资源类产业被迫减产甚至局部性停产,企业开工不足,对各种资源和能源的消耗量减少,企业污染物排放量呈下降趋势,缓解了污染减排压力。据有关方面预测,2009年我国经济增长率在6.5%—8%,[①]远低于2006年、2007年的经济增长速度,经济增长速度放缓,为结构减排创造了空间。(2)实施3年来的污染减排政策、措施效果逐渐显现,并且会发挥更好的作用。(3)在国家4万亿元的经济刺激计划中,环境保护也是重点投资领域。

总之,既不能低估经济危机对污染减排和环境保护工作所带来的压力,又应该把握好国家扩大内需、加快节能减排和生态环境保护工程建设等措施给环保事业带来的前所未有的机遇。

经过前3年的不懈努力,全国主要污染物排放量持续2年出现下降,为后2年的工作打下了坚实的基础,但由于不确定性的存在,2009—2010年污染减排压力仍然非常大,因此,需要在充分把握环境保护发展有利时机的同时,还应看清所面临的挑战。

---

① 联合国亚洲及太平洋经济和社会委员会发布的《亚洲及太平洋2009年经济和社会概览》指出:2008年中国的增长率减缓至9%,达到2002年以来的最低水平,而且目前仍在继续下滑之中,预测2009年中国的增长率将为7.5%;2009年3月18日世界银行预测2009年中国的增长率将为6.5%;温家宝总理在《政府工作报告》中指出,今年国民经济和社会发展的主要预期目标是:国内生产总值增长8%左右。

（二）环境保护的发展机遇

事实上，我国当前面临的环境保护问题已经不再是单纯的环境问题，而是国家社会经济发展问题，政府已经深刻地认识到这一问题的本质，并且下大决心、下大力量来解决这一问题。

党中央、国务院提出了要全面落实科学发展观，加快构建社会主义和谐社会，实现全面建设小康社会的奋斗目标，就必须把环境保护摆在更加重要的战略位置。同时，胡锦涛总书记在"十七大"报告中，提出了实现全面建设小康社会奋斗目标的新要求，中国共产党将建设"生态文明"这一理念首次写进党的行动纲领，必将在建设中国特色社会主义过程中产生重大影响。环境保护与经济发展工作一样已经成为我国社会主义建设的长期奋斗目标。环境保护工作的地位提高到前所未有的高度，为推进我国环境保护建设提供了坚强的政治保障。

我国为应对日益严峻的经济形势，从2008年10月份开始调整宏观经济政策，并确定了今后两年总额达4万亿元的投资计划。在4万亿元投资结构中，没有形成大规模生产能力的投资，也没有"两高一资"的投资。2008年第4季度增加的1000亿元中央投资，国家也设定了明确的准入门槛，必须符合产业政策和准入标准，必须符合土地、环评、节能等各项条件，严格防止新增中央投资用于"两高"行业和低水平重复建设项目。中央政府贯彻污染减排的决心非常坚定，为污染减排提供了政策保障。

在4万亿元的投资中，虽然直接投向生态环境建设的资金为3500亿元，但其他几项投资都会对生态环境改善起到积极的促进作用。例如，对农村民生工程和基础设施的投入，将直接起到改善农村生态环境的作用；对灾后重建的投入，国务院发布的《汶川地震灾后恢复重建总体规划》，根据资源环境承载能力，优化城乡布局、人口分布、产业结构和生产力布局，遵循人与自然和谐的基本原则，将可持续发展思想落实到重建工作中，也必将会促进灾区的环境保护工作;用于自主创新结构调整的投资,将更直接通过提升科学技术水平和改善产业结构,减少环境污染,提高资源利用率。

4万亿元的刺激经济措施,一方面,可以对环境质量的持续改进提供资金保障,对我国环境保护工作以及对生态环境保护的影响将是极其深远的。另一方面,国家的投资导向再次证明环境与经济协调发展是主旋律。政府对环境保护高度重视,我国的环境治理工作没有受"经济危机"的影响,反而得到了进一步的加强。因此,无论是在宏观政策层面上,还是资金供给方面,都为我国环境保护发展提供了良好条件,2009—2010年,将是我国环境保护得到重大发展的黄金年。

四　结论与建议

经过前3年的不懈努力,全国主要污染物排放量持续两年出现下降,为后两年的工作打下了坚实的基础,但由于不确定性的存在,2009—2010年污染减排压力仍然非常大,因此,需要在充分把握环境保护发展有利时机的同时,还应看清所面临的挑战。在全面分析的基础上得出如下建议。

(一) 对"十一五"时期后两年的建议

2009—2010年是实现"十一五"污染减排目标的决胜期,2009年污染减排工作能够获得较大突破,就可以赢得主动权,为2010年全面实现"十一五"减排目标奠定坚实基础。环保部公布了2009年减排目标:国家将力争实现二氧化硫、化学需氧量排放量分别比2008年下降2%和3%以上,比2005年下降9%和8%。为保证实现2009年的减排目标,对策建议如下:

1. 多方筹措资金,加大资金投入力度

通过多方筹措资金,加大投入力度,确保重点工程的建设进度与质量,完成污染治理工程的建设任务。2009年计划新增城市污水日处理能力1000万吨;新增燃煤电厂脱硫装机容量5000万千瓦以上;

新增 20 台（套）钢铁烧结机烟气脱硫设施。

2. 加强建成污染治理设施的检查和监督

加快推进电厂脱硫设施、城镇污水处理厂等重点企业在线监控系统联网工作。加强监督和检查工作，及时掌握和分析污染减排进展，采取有效措施解决存在问题，确保治污设施能力真正能够转化为治污措施。

3. 严格控制污染增量

环评审批是依法控制"两高一资"、产能过剩项目的重要手段，因此，必须通过严把环评关，遏制高耗能、高排放行业过快增长，有效控制污染增量。

4. 建立与完善促进污染减排的经济政策

加快研究和出台相关经济政策，利用市场机制激励企业污染减排。例如，调整"排污费收费标准"，有利于促进企业治污积极性，政府可以筹措污染治理资金；调整"污水和垃圾处理费"收费标准，促进公共环境设施微利运转；开展环境税、强化实施生态补偿试点、排污权有偿使用和交易等。

5. 进一步落实减排目标责任制考核制度

将考核结果引入政绩考核，强化政府的环保责任，营造从中央到地方齐心协力推进污染减排的社会氛围。

6. 加快环保能力建设

实施污染源自动监控、执法监督、监督性监测、信息传输与统计能力建设等重点项目，尽快出台环境统计审核办法、排污许可证管理条例，尽快制定排污交易管理政策，大力推进污染源普查工作，为污染减排效果核算提供技术支持。

（二）对"十二五"规划的建议

党中央、国务院已经提出了要全面落实科学发展观，加快构建社会主义和谐社会，实现全面建设小康社会的奋斗目标，就必须把环境保护摆在更加重要的战略位置。党的"十七大"报告指出："坚持节约资源和保护环境的基本国策,关系人民群众切身利益和中华民族生存发展。必须把建设资源节约型、环境友好型社会放在工业化、现代化发展战略的突出位置,落实到每个单位、每个家庭。"因此,我国环境保护工作的战略地位已经确立,环境保护工作是我国长期任务。因此,在全面总结和分析"十一五"环境目标完成情况的基础上,提出在"十二五"期间环境保护工作的改进建议。

1. 改善环境质量应列为国家经济社会发展的目标

在《中华人民共和国环境保护法》第三章第十六条规定:地方各级人民政府,应当对本辖区的环境质量负责,采取措施改善环境质量。也就是说,地方政府对本地区的环境质量以及改善环境质量负有不可推卸的法律责任,公众和中央政府都有权利对环境质量的改善实施监督。而污染减排只是改善环境质量的重要手段之一,因此,可将改善环境质量列为环境保护目标,即应将污染控制目标转变为环境质量控制目标这样有利于各地方根据本地区的实际污染状况(如有些地区主要污染物有可能不是二氧化硫或化学需氧量),通过综合分析,采取针对性更强的综合污染控制措施,促进环境质量的持续改进。

2. 深入研究,科学合理地制定目标

"十一五"污染减排目标主要是二氧化硫和化学需氧量两种污染物排放量绝对量的削减,事实上,经济发展速度的变化、产业结构的调整、企业技术革新等都会引起污染物排放水平的变化,污染减排目标的实现受到许多因素的制约,因此,"十二五"应采用污染物排放的绝对量减少来作为污染减排指标。

3. 全过程减排应是污染控制的重要手段

"十一五"污染减排目标的实现主要是依赖工程末端减排措施,如电厂上脱硫设施、城市上污水处理厂等设施。当然,采取这些措施也与我国环保设施建设滞后和欠账多有关。"十二五"随着环境保护工作的不断深化,促进污染减排更有效的手段应是加强源头污染的控制,实现生产、流通、消费和污染治理的全过程控制,进一步提高污染治理的效率。

4. 促进全社会参与减排

虽然制定了《节能减排全民行动实施方案》，但"十一五"污染减排的目标实现，除了依赖工程减排以外，主要还依赖某些产业（味精、造纸、酒精等行业）的减排。污染减排是全社会共同的责任与义务，因此在"十二五"应推动全社会共同参与污染减排行动。

（执笔：李宇军）

第十五章

中国"十一五"规划自然资源和生态
保护目标、绩效与展望

一　土地、矿产、森林与生物多样性资源保护
与利用"十一五"规划目标

（一）"十一五"规划制定背景

中国土地资源禀赋特征可概括为"一多三少"，即：总量多，人均量少，优质资源和后备资源少。耕地资源稀缺，与不断增长的建设用地需求形成尖锐矛盾。"十五"期间，建设用地的过快增长加大了耕地保护压力。土地资源总体利用效率较低，浪费严重。为保证粮食和生态安全，中国实行最严格的耕地保护制度。"十一五"时期，工业化和城市化进入中期阶段，土地资源对经济社会发展的瓶颈制约作用越发明显，供需矛盾更加突出。

矿产资源总量居世界前列，但人均占有量少。资源结构性矛盾突出：大宗矿产资源相对不足，储量丰富的矿产优势未能发挥，贫劣资源比重大，经济可利用的资源储量少。"十五"时期，部分重要矿产资源可采储量下降，后备勘察和开发基地减少。国内矿产资源保障程度下降，对外依存度攀升。开发利用方式粗放，综合利用水平低。"十一五"时期，加强资源勘察与合理开发利用任务紧迫，矿产勘察

技术难度加大。

中国森林面积 17491 万公顷，森林覆盖率 18.21%。森林资源总量不足、质量不高、森林覆盖率分布不均匀。人工林面积居世界第一，以中幼林为主，不能适应经济发展的现实需求。林种树种结构比例失调，生态效益较低。森林经营滞后，资金扶持不足。

生物多样性资源丰富。有种子植物 30000 余种，裸子植物 250 种，是世界裸子植物最多的国家。有脊椎动物 6347 种，占世界种总数的 13.97%。受人类活动影响，中国原始森林面积每年减少约 0.5 万平方公里，草原退化面积达 87 万平方公里，导致生态系统结构和功能降低，许多物种成为濒危或受威胁种。

（二）"十一五"规划目标

1. 土地资源保护与利用目标

到 2010 年，耕地保有量保持在 12120 万公顷（18.18 亿亩）；基本农田确保 10400 万公顷（15.6 亿亩）；建设用地总面积控制在 3374 万公顷（50610 万亩）以内；新增建设用地 195 万公顷（2925 万亩）；新增建设用地占用耕地控制在 100 万公顷（1500 万亩）以内；土地整理复垦开发补充耕地面积不低于 114 万公顷（1710 万亩）；新增交通运输用地 69 万公顷（1035 万亩）；新增水利设施用地 22 万公顷（330 万亩）；单位建设用地二、三产业产值年均提高 10% 以上；土地招拍挂出让比例提高到 35%①。土地资源对经济社会发展的制约得到初步缓解；以市场为主导的土地资源配置体系和土地资源管理参与宏观调控的能力进一步加强；耕地减少过多的状况得到有效控制；基本农田建设力度显著加大；土地节约集约利用程度明显提高；土地资源产权制度进一步改革和完善。

---

① 土地招拍挂出让比例指标采用国土资源"十一五"规划纲要指标，其他指标均采用全国土地利用规划纲要（2006—2020 年）指标。

2. 矿产资源保护与利用目标

到 2010 年，新增石油探明地质储量 45 亿—50 亿吨；新增天然气地质储量 2 万亿—2.25 万亿立方米；新增铁矿石探明地质储量 50 亿吨；新增铜探明地质储量 2000 万吨；新增铝土矿探明地质储量 2 亿吨；新增煤炭普查详查资源储量 1000 亿吨；矿产资源采选综合回收率达到 35%；矿山环境恢复治理率达到 35% 以上。基础地质调查程度提高，能源和重要矿产资源勘察力度加大，实现找矿重大突破。矿产资源综合利用水平明显提高。矿产资源产权制度进一步改革和完善。

3. 森林与生物多样性资源保护与利用目标

到 2010 年，森林覆盖率达到 20%，森林蓄积量达到 132 亿立方米。其中，国家保护的重点公益林面积达到 0.51 亿公顷，占国土面积的 5.37%；国家工程保护的天然林面积 0.57 亿公顷；各级自然保护区面积达 1.25 亿公顷，占国土面积的 13%，其中，国家级自然保护区面积达 0.8 亿公顷，占国土面积的 8.3%；90% 的国家重点保护野生动植物种、50% 的自然湿地、70% 的重要湿地得到有效保护；建设 22 个国家重点生态功能保护区和一批地方生态功能保护区；建设 88 个规范化国家级自然保护区；生态环境恶化趋势得到基本遏制，部分地区生态环境质量有所改善；重点生态功能保护区的生态功能基本稳定；自然保护区、生态脆弱区的管理能力得到提高；生物多样性锐减趋势和物种遗传资源的流失得到有效遏制。

二　土地、矿产、森林与生物多样性资源保护与利用"十一五"中期评估

(一)"十一五"重大政策支撑

1. 耕地保护政策

第一，加强耕地保护问责制度。由各级政府主要负责人对耕地保

护负总责，凡行政区域内发生严重土地违法案件或对土地违法行为不及时查处上报的，追究政府主要负责人责任。建立耕地保护责任考核体系，落实最严格的耕地保护制度；第二，建立基本农田示范制度与永久保护制度。建立116个国家基本农田保护示范区，涉及基本农田面积1.33亿亩，覆盖了我国主要农作物种植区。十七届三中全会提出划定永久基本农田的全新思路，意味着基本农田保护将获得更强有力的法律支持；第三，建立国家土地督察制度。国务院向地方派驻9个国家土地监察局，其职责包括监督检查地方政府耕地保护责任目标落实情况、土地执法情况，核查土地利用和管理中的合法性和真实性等。

2. 土地宏观调控政策

第一，控制建设用地增量，抑制投资增长速度。将新增建设用地指标纳入土地利用年度计划，作为管理和考核的主要依据，旨在把握建设用地投放规模和速度，抑制个别部门投资过热，转变单纯以投资拉动的粗放型经济增长方式；第二，供地有保有压，促进产业结构优化。新版《限制用地项目目录》和《禁止用地项目目录》配合国家产业政策，列举各类限制用地和禁止用地项目，土地政策与产业政策形成联动机制，土地调控从单纯的紧缩供地转向结构调控；第三，提高土地取得和保有成本，抑制囤积闲置土地。城镇土地使用税税额标准提高2倍，耕地占用税税额标准提高4倍，旨在提高土地取得和保有成本，抑制土地囤积闲置造成资源浪费和扰乱房地产市场，有利于优化地方政府税收结构，促进耕地保护。

3. 土地集约利用政策

第一，实施工业用地最低价标准。将全国土地类型分为15个等级，制定相应的从60元/平方米到840元/平方米不等的最低价标准，规定工业土地使用权出让一律采取招拍挂方式，必须执行最低价标准。第二，加大闲置土地处理力度。在全国范围内进行闲置土地清查处理，明令将清查处置情况限期上报。对闲置土地征收土地闲置费或无偿收回土地使用权。第三,为缩短建设用地开发周期,规定建设用地使用权全部"净地"出让,并要求合理确定建设用地使用权出让的宗地规模。第四,强化土地利用总体规划的整体控制作用。要求各类与土地利用相关的规划要与土地利用总体规划相衔接,按照节约集约用地原则,审查调整各类相关规划的用地标准。

4. 促进土地市场发展政策

第一,扩大市场配置土地资源的范围。出台《招标拍卖挂牌出让国有土地使用权规范》,明列必须纳入招拍挂出让方式的 6 类土地。实施工业用地出让最低价标准,将工业用地出让纳入市场配置范围。《关于促进节约集约用地的通知》规定,除军事、社会保障性住房和特殊用地等可以继续以划拨方式取得土地外,对经营性公共设施和基础设施用地实行有偿使用;第二,健全土地市场机制。出台《招标拍卖挂牌出让国有土地使用权规范》,对国有土地出让的组织方式、操作程序、信息披露、价格争议裁决等问题作出详细规定,对健全土地市场机制、规范土地市场行为具有重要意义。《招标拍卖挂牌出让国有建设用地使用权规定》重申土地使用权出让公开、公平、公正和诚实守信的原则,进一步完善了土地市场规范,土地市场制度建设取得实质性进展。

5. 土地出让金收支管理政策

2007 年 1 月 1 日起,土地出让收入全额缴入地方国库纳入预算管理,收入支出一律通过地方政府基金预算安排,实行"收支两条线管理"。地方国库设立专账核算土地出让收支情况,并对土地出让收入使用范围做出明确规定,土地出让收支管理步入规范化轨道。

6. 矿产资源开发整合政策

《对矿产资源开发进行整合的意见》提出对矿产资源及矿业生产进行整合重组,扭转矿业企业"多、小、散"的局面,旨在优化矿业企业结构和矿业开发布局,促进矿产资源开发利用水平和矿山安全生产条件的提高,增强矿产资源对经济社会可持续发展的保障能力,有利于矿区生态环境的治理改善。

7. 规范探矿权与采矿权出让政策

2006 年 1 月，国土资源部出台《关于进一步规范两权出让管理的通知》，对原《探矿权采矿权招标拍卖挂牌管理办法》规定的两权招拍挂出让范围进行调整，将矿产资源勘察与开采权取得方式分为 3 类，实行两权的分类分级管理。对于两权招拍挂出让的主体和具体实施程序，也有了更详细的规定，形成较为完整的探矿权、采矿权市场化出让制度框架。

8. 加大矿产勘查投入政策

2006 年建立中央地质勘察基金，出台《中央地质勘察基金（周转金）管理暂行办法》。标志着国家加大财政对矿产勘察的投入力度。中央地质勘察基金主要用于支持重点成矿区带、重点矿种的前期勘察，作为公益性地质工作与商业性地质工作的衔接，主要投向社会资本不愿意独立承担风险的勘察项目。基金采取项目投资方式，根据矿产勘察项目的不同分为全额投资、合作投资两种方式。旨在鼓励和引导社会资金投入，建立矿产勘察投入的良性机制。

9. 加强森林资源管理政策

第一，实行征占用林地定额管理。对各省、自治区、直辖市征占用林地总量，按照确定的年度定额进行供给和管理，旨在形成"总量控制、定额管理、合理供地、节约用地"的林地使用机制。第二，建立森林资源资产评估机制。财政部、国家林业局联合出台《森林资源资产评估管理暂行规定》，明确了必须依法评估的 8 种国有森林资源资产产权变动情形以及根据需要进行评估的 3 种情形，并对从事森林资源资产评估业务的机构和人员资质条件等做出明确规定。

10. 完善森林与生物多样性保护立法政策

重新修订《森林法》、《湿地保护条例》和《森林防火条例》；颁布《中华人民共和国濒危野生动植物进出口管理条例》、《开展林木转基因工程活动审批管理办法》、《林木种苗质量管理办法》等法规;通过《江苏省生态公益林条例》、《江西省森林资源保护激励暂行办法》、《广西壮族自治区木材运输证管理与签发规定》等地方法规;编制了《全国生物物种资源保护与利用规划》、《国家重点生态功能保护区规划纲要》、《全国生态功能区划》和《全国生态脆弱区保护规划》。

(二)"十一五"规划目标实施进展与评估

1. 土地资源保护利用"十一五"规划目标实施进展与评估

(1) **耕地保护**。耕地减少速度趋缓。2008 年全国耕地面积 1217.6 万公顷,比 2005 年减少 36.7 万公顷。从耕地减少速度来看,2005—2008 年全国耕地年均减少 0.10%,2000—2005 年全国耕地年均减少 0.98%,显示"十一五"前 3 年耕地减少速度较"十五"时期明显趋缓。

从耕地减少原因来看,2001—2006 年,生态退耕是造成耕地减少的最主要原因,其在耕地减少构成中所占比例每年都在 50% 以上。2007 年调整生态退耕政策,原定"十一五"期间退耕还林 2000 万亩的规模,除 2006 年已安排 400 万亩外,其余暂不安排,致使 2007 年生态退耕占用耕地面积由 2006 年的 33.9 万公顷减少至 2.4 万公顷,2008 年更减少至 0.76 万公顷,是耕地减少速度骤减的主要原因。2007 年之后,新增建设用地是造成耕地减少的主要原因,2007 年、2008 年 2 年其在耕地减少构成中所占比例分别达 79.6% 和 77.0%。

按照"十一五"规划目标要求,耕地保有量 2010 年应保持在 12120 万公顷,即比基期 2005 年减少 88.3 万公顷,2006—2008 年全国耕地减少已占规划指标的 41.6%,2009—2010 年耕地可减少空间为 51.6 万公顷,占规划指标总量的 58.4%。

(2) **新增建设用地占用耕地**。2006—2008 年,新增建设用地占用耕地面积 63.89 万公顷,占 3 年全部新增建设用地的 61.97%,2002—2005 年,占用耕地的新增建设用地面积占全部新增建设用地的 46.17%，显示"十一五"前 3 年建设占用耕地的比重较"十五"时期提高，说明建设用地规模扩张以征占耕地为主，开发利用未利用地、废弃地的比重较低。2006—2008 年，新增建设用地占用耕地面积已占用"十一五"规划指标的 63.9%。新增建设用地占用耕地指标需严格控制。

（3）**土地整理复垦**。土地整理复垦开发补充耕地成绩显著。2006—2008 年土地整理复垦开发补充耕地面积 79.24 万公顷，超过新增建设用地占用耕地总量 15.38 万公顷，不仅实现耕地占补平衡，而且增加了耕地面积。2006—2008 年已完成"十一五"规划指标的 69.5%，2009—2010 年如保持或加大土地整理复垦开发力度，有望超额实现"十一五"规划目标。但应加强补充耕地的质量控制标准体系建设，按照各项工程技术标准严把质量验收关口，保证补充耕地的质量，防止以次充好，降低耕地的实际生产能力。

（4）**建设用地增长**。建设用地增长速度下降。2008 年全国建设用地总面积 3306.7 万公顷，较 2005 年增长 3.59%。2005—2008 年建设用地年均增长速度 1.18%，2001—2005 年建设用地年均增长速度 1.29%，显示"十一五"前 3 年建设用地增长速度较"十五"时期下降。从各年份建设用地增长来看，2006 年建设用地增长幅度较大，2007 年增长幅度减小，2008 年有所回升；从各年份新批准建设用地数量来看，2006 年新批准建设用地数量较 2005 年增长 16.58%，2007 年、2008 年连续两年下降，年均降速 2.61%；从建设用地结构变动看，工矿仓储用地所占比例呈缩小趋势。2006 年新增独立工矿用地占当年新增建设用地比例为 44.4%，2008 年新批准建设用地中，工矿仓储用地占 27.4%；从建设用地增长分布来看，2008 年新批准建设用地中，东部地区占 40%，中部地区占 29.3%，西部地区占 30.7%。

按照"十一五"规划目标，到 2010 年建设用地总面积控制在 3374 万公顷以内，即比基期增长量控制在 181.8 万公顷以内，2008

年建设用地总面积较 2005 年增长 114.5 公顷，已占用规划指标 63%，未来两年实现控制目标的压力较大。2006—2008 年，交通运输和水利设施用地分别增加 15.8 万公顷和 6.8 万公顷，分别占“十一五”规划可利用目标的 22.9% 和 30.9%，为“十一五”后两年留有较大指标空间。

（5）土地集约利用。单位建设用地二、三产业产值增长呈现波动。2006—2007 年，全国单位建设用地二、三产业产值快速增长，年均增长速度为 16.2%，2008 年受金融危机影响，全国单位建设用地二、三产业产值较 2007 年降低 4.7%。“十一五”前 3 年全国单位建设用地二、三产业产值年均增长 8.8%。

从各省情况来看，2006—2007 年所有省、自治区和直辖市①单位建设用地二、三产业产值年均增长速度均超过 10%。2007 年每万公顷建设用地二、三产业产值超过 100 亿元的地区有：上海（497.41亿元）、北京（277.84 亿元）、浙江（175.66 亿元）、广东（165.38亿元）、天津（137.23 亿元）、福建（130.7 亿元）、江苏（125.79亿元）。

单位建设用地二、三产业产值最高的地区与年均增长速度最快的地区匹配较差。例如，上海单位建设用地二、三产业产值远高于其他地区，但年均增长速度排第 29 位，仅高于新疆和黑龙江，说明以年均增长速度作为衡量土地集约利用水平的规划指标有所偏差。

（6）土地市场化配置

市场配置土地资源的比例大幅提高。2006—2008 年，招拍挂出让土地面积占当年出让土地总面积比例快速提高，年均增长 32.7%。2008 年招拍挂出让土地面积占当年出让土地总面积比例为 81.9%，远超“十一五”规划所制定的 35% 的目标，显示推进土地资源市场化配置和土地市场发展的一系列政策发挥了作用。

---

① 不包括台湾省和香港、澳门特别行政区。

表1　　　　　　　　　　土地资源"十一五"主要目标实现情况

项目	指标	2005年（基期）	2006年	2007年	2008年	2010年（规划目标）	目标实现程度（%）
保护耕地	耕地保有量（万公顷）	12208.3	12177.6 — 0.25%	12173.5 — 0.03%	12171.6 -0.015%	≥12120；较基期减少≤88.3	指标已占用41.6
	新增建设用地占用耕地（万公顷）	13.9	25.9	18.8	19.16	<100	指标已占用63.9
	补充耕地（万公顷）	30.70	36.70	19.58	22.96	>114	完成69.5
控制建设用地增长	建设用地（万公顷）	3192.2	3236.5 +1.3%	3272.0 +1.0%	3306.7 +1.1%	<3374；较基期增加<181.8	指标已占用63.0
	新批准建设用地（万公顷）	34.68	40.43	39.50	38.35	<195	指标已占用60.7
	居民点及独立工矿用地（万公顷）	2601.5	2635.4	2664.7	2693.3	—	—
	交通运输用地（万公顷）	230.9	239.5	244.4	246.7	299.9；较基期增加69	指标已占用22.9
	水利设施用地（万公顷）	359.9	361.5	362.9	366.7	381.9；较基期增加22	指标已占用30.9
土地集约利用	单位建设用地二、三产业产值（亿元/万公顷）	50.1	57.5 +14.7%	67.7 +17.7%	64.5 -3.2	年均提高>10%	年均提高8.8
土地市场化配置	招拍挂出让土地比例	35.06%	28.6%	50.9%	81.9%	35%	超额46.9

数据来源：根据《国土资源"十一五"规划纲要》；《全国土地利用规划纲要（2006—2020）》；2005年、2006年、2007年、2008年《中国国土资源公报》；《中国统计年鉴》相关数据整理计算。

2. 矿产资源保护利用"十一五"规划目标实施进展与评估

(1) **新增资源储量**。2006 年,有 72 种矿产新增查明资源储量,其中新增石油基础储量 88.5 亿吨,天然气 50072.9 亿立方米,煤 41.98 亿吨,铁矿 140 万吨,铜矿 2019 吨,铝土矿 9601 万吨;2007 年,有 77 种矿产新增查明资源储量,其中石油 12.11 亿吨,天然气 6974 亿立方米,原煤 406.25 亿吨;2008 年,石油、天然气、煤、铁、铜、铝土矿、铅、锌、金、磷、硫铁矿、钾 12 种支柱性矿产查明资源储量呈增长态势,其中煤、天然气、铜矿等 9 种矿产新增资源储量增幅较大。发现和证实 15 个亿吨级油气储量区,新增探明地质储量石油 13.4 亿吨、天然气 6472 亿立方米,原煤 231.1 亿吨。

(2) **地质勘察投入**。"十一五"以来,矿产资源地质勘察投入大幅增加,国土资源大调查和地质勘察基金项目的实施,引导带动了社会资金投入,勘察投资趋于多元化。2008 年地质勘察总投入为 717.2 亿元,较 2005 年增长 372.8 亿元,增长 52%,2005—2008 年地质勘察投入年均增长 27%,表 2 显示地质勘察投入增长和构成状况。

表 2　　　　　2001—2008 年地质勘察投入情况　　　　　　　(亿元)

年份	2001	2002	2003	2004	2005	2006	2007	2008
总计	222.4	222.1	259.8	312.9	344.4	495.2	781.2	717.2
财政拨款	14.6	17.3	16.1	19.5	27.2	37.8	92.0	92.6
社会投资	207.8	204.8	243.7	293.4	317.2	457.4	689.2	624.6

数据来源:2008 年《中国国土资源公报》。

(3) **矿业权市场**。"十一五"以来,矿业权市场在整顿中发展。由于加大对矿产资源开发整合的力度以及宏观调控限制投资过热,许多地方严格限制矿产勘察、开采许可证件的发放,2007 年有些地方甚至暂停办理矿产权证进行整合治理,由此导致许可证件数和两权出让金总价呈现波动(表 3)。2008 年底有效勘察许可证 3.87 万件,有效采矿许可证 10.06 万件，当年招拍挂出让探矿权总价款 63.19 亿元，招拍挂出让采矿权总价款 40.34 亿元。

表 3　　　　　　　　　探矿、采矿权批准发证与出让情况

年份	勘察许可证件数（万个）	采矿许可证件数（万个）	探矿权出让金额（亿元）	采矿权出让金额（亿元）
2005	2.18	9.26	10.43	39.49
2006	2.61	11.79	39.70	106.04
2007	2.92	10.62	17.98	32.85
2008	3.87	10.06	63.19	40.34

数据来源：2008 年《中国国土资源公报》。

（4）主要矿产品产量。"十一五"以来，中国大部分主要矿产品产量稳步上升，对社会经济发展的保障能力不断提高（表 4）。2008 年中国原煤产量 27.93 亿吨；原油产量 1.90 亿吨；天然气产量 760.8 亿立方米；铁矿石产量 8.24 亿吨；粗钢产量 5.01 亿吨；黄金产量 282.01 吨，首次位居世界第一。

表 4　　　　　　　　　　主要矿产品产量

年份＼种类	2006	2007	2008
原煤（亿吨）	23.80	25.26	27.93
原油（亿吨）	1.84	1.87	1.90
天然气（亿立方米）	585.53	693.10	760.80
铁矿石（亿吨）	5.88	7.07	8.24
粗钢（亿吨）	4.19	4.89	5.01
黄金（吨）	240.08	270.49	282.01
10 种有色金属（万吨）	1917	2379	2520
磷矿石（万吨）	3896	4542	5074
原盐（万吨）	5403	6176	5953
水泥（亿吨）	12.36	13.61	13.88

　　(5) 主要矿产品进出口。2006 年,全国矿产品进出口贸易总额 3839 亿美元,占全国进出口贸易总额的比例为 21.6%。其中进口原油 1.45 亿吨,铁矿石 3.26 亿吨,锰矿石 621 万吨,铬铁矿 432 万吨,铜矿石 363 万吨。2007 年,全国矿产品进出口贸易总额 4942 亿美元,比 2006 年增长 28.7%,占全国进出口贸易总额的比例为 22.7%。其中进口原油 1.63 亿吨,铁矿石 3.84 亿吨,锰矿石 664 万吨,铬铁矿 609 万吨,铜矿石 453 万吨。2008 年,全国矿产品进出口贸易总额 6588 亿美元,比 2007 年增长 33.3%,占全国进出口贸易总额的比例为 25.7%。其中进口原油 1.79 亿吨,铁矿石 4.44 亿吨,锰矿石 757 万吨,铬铁矿 684 万吨,铜矿石 520 万吨。大宗短缺矿产品进口量持续增加。2006 年我国 36 种主要矿产品中有 13 种矿产品出口量大于进口量,23 种矿产品进口量大于出口量,说明我国多种矿产品自给不足,需利用国际市场获得满足。

　　(6) 矿产资源综合利用。目前中国国有矿业企业实现综合开发的约占 1/3,其中黑色金属矿完成 30 多种,有 20 多种得到综合利用。一些有色金属矿产 70% 以上的成分得到综合利用。目前 50% 的矾,22% 以上的黄金,50% 以上的钯、锑等稀有金属元素都来自于综合利用。通过加强矿产综合利用,使镍的产量增长 4.1 倍,铂、钯、金的冶炼回收率达到 70%。通过资源综合利用取得的经济效益高达 25 亿元,为同期利税的 44.5%。

　　大部分中小型矿尚未摆脱粗放式经营。非金属矿企业中 90% 为中小企业,技术装备水平较低,大部分依靠采富弃贫维持利润,采矿率最低可至 20%—30%,煤炭的综合回收率只有 30%,油田的平均采收率只有 32.7%,其中稠油的油田产出率只有 15%,天然气只有 65% 左右[①]。

　　3. 森林与生物多样性资源保护利用 "十一五" 规划目标实施进展与评估

---

　　① 吴荣庆:《合理开发利用矿产资源　促进经济又好又快发展》,中国国土资源网,2008 年 5 月 6 日。

（1）**森林资源保护和建设**。"十一五"期间，林业建设稳步推进。2006 年，全国完成造林面积 271.79 万公顷，2007 年完成造林面积 390.77 万公顷。6 大林业重点工程进展较快：2006 年，共完成造林面积（人工和飞播造林）179.07 万公顷，占全国总造林面积的 65.89%，森林管护面积 9837.72 万公顷；2007 年，完成造林面积 268.16 万公顷，占全国总造林面积的 68.62%，森林管护面积 9930.83 万公顷。林种结构进一步优化，除生态公益林（防护林和特种用途林）仍然作为人工造林的重点之外，经济林造林所占比重也在逐步提高。森林抚育管理能力增强。

（2）**林业产权制度改革**。2007 年底，全国有 27 个省（自治区、直辖市）成立了集体林权制度改革领导小组，18 个省出台了集体林权制度改革相关文件。已完成承包林地约 7.1 亿亩（4730 多万公顷），占集体林业地总面积的 27.9% 。东北、内蒙古等国有森林资源管理改革试点基本实现了所有权与经营权的分离，改善了主权缺位、职责不清、管理效益低下的局面，改变了以往森工企业既是森林资源管理者，又是森林资源经营者的不合理状况。

表5　　　　　　　　　　　6 大林业重点工程建设情况 ①

项目 ＼ 年份	2006	2007
天然林资源保护工程	95.17 万公顷	73.29 万公顷
退耕还林工程	111.47 万公顷（含京津风沙源治理工程退耕还林 8.96 万公顷）	105.60 万公顷（含京津风沙源治理工程退耕还林 6.87 万公顷）
京津风沙源治理工程	41.60 万公顷	31.51 万公顷
三北及长江流域等重点防护林体系建设工程	61.54 万公顷	57.42 万公顷

① 国家林业局发展计划与资金管理司：《2006 年全国林业统计年报分析》，http：//www.forestry.gov.cn/distribution/2007/05/15/sjcx－2007—5—15—369.html；《2008 中国林业发展报告》，http：//www.forestry.gov.cn/distribution/2008/11/19/lygk—2008—11—19—2067.html。

续表

年份 项目	2006	2007
速生丰产用材林基地建设工程	0.91 万公顷	0.34 万公顷
野生动植物保护及自然保护区 建设工程（当年新增）	41 个	26 个

（3）自然保护区建设。"十一五"期间，中国自然保护区建设发展较快。2006 年在山西、内蒙等 17 个省、自治区新建国家级自然保护区 22 个，面积 286.25 万公顷；2007 年新建国家级自然保护区 19 个。截至 2007 年底，全国已建立不同生态系统类型的自然保护区 2531 个，总面积 15188 万公顷，占国土总面积的 15.6%。其中，国家级自然保护区 303 个，面积 9365.6 万公顷，占全国自然保护区总面积的 61.7%。初步形成了类型比较齐全、布局比较合理、功能比较健全的全国自然保护区网络。全国各类保护区涵盖了 85% 的陆地自然生态系统、绝大多数自然遗迹、85% 的野生动植物种群、65% 以上的高等植物群落以及大熊猫、朱鹮、亚洲象、扬子鳄、珙桐、苏铁等国家重点保护的珍稀濒危野生动植物及其栖息地。有 28 处自然保护区加入联合国教科文组织"人与生物圈"保护区网络，33 处列入国际重要湿地名录，10 余处成为世界自然遗产地。

表 6　　　　　　　　自然保护区类型（GB 分类）结构①

类型	数量		面积	
	总量（个）	占总量比例（%）	总面积（万公顷）	占总面积比例（%）
自然生态系统	1717	67.84	10529.18	69.32
森林生态系统	1314	51.92	3372.76	22.21
草原与草甸生态系统	45	1.78	316.05	2.08

---

① 《2007 年中国环境状况公报》，http://www.mep.gov.cn。

续表

类型	数量		面积	
	总量（个）	占总量比例（%）	总面积（万公顷）	占总面积比例（%）
荒漠生态系统	29	1.15	4027.45	26.52
内陆湿地和水域生态系统	261	10.31	2713.02	17.86
海洋与海岸生态系统	68	2.69	99.91	0.66
野生生物	683	26.99	4483.38	29.52
野生动物	523	20.66	4220.86	27.79
野生植物	160	6.32	262.52	1.73
自然遗迹	131	5.18	175.62	1.16
地质遗迹	99	3.91	123.04	0.81
古生物遗迹	32	1.26	52.58	0.35
合　计	2531	100	15188.18	100

（4）**物种调查与监测**。"十一五"期间，在全国 26 个国家级自然保护区展开外来有害入侵物种调查。2006 年，农业部组织江西等 10 省对 1700 多种农业野生植物资源进行调查，掌握了部分野生植物资源的地理分布现状；2007 年，对 10 种危险性农业入侵植物情况进行调查；建立了 120 种外来入侵物种的信息数据库；国家生物物种资源数据库初步建立。

（5）**对外合作与履行公约**。2006 年，启动"中国生物多样性伙伴关系框架项目"和"中国—欧盟生物多样性项目"，旨在通过这些项目加强中国履行《生物多样性公约》的能力，建立生物多样性保护信息和监测体系，扩大生物多样性保护宣传，推动中国生物多样性保护相关政策和法律体系建设。2008 年，18 个中国—欧盟生物多样性地方示范项目正式启动。

2007 年，中国向《生物多样性公约》秘书处提交 12 份专题报告和《中国履行〈卡塔赫纳生物安全议定书〉第一次国家报告》，包括生物多样性保护资金、生物燃料、碳汇与气候调节等。2008 年 2 月，作为《全球植物保护战略》重要组成部分的《中国植物保护战略》

中英文本正式发行。成立了由国家林业局、中国科学院和国家环保总局共同组成的中国履行全球植物保护战略的国家联络点,标志着中国将进一步推动野生植物保护管理的进程。

三 土地、矿产、森林与生物多样性资源保护 与利用面临的关键问题

(一) 土地资源保护与利用关键问题

1. 保障"扩内需,保增长"投资项目的土地供应

"十一五"前两年,在宏观经济增长较快的背景下,耕地减少速度和建设用地增长速度均呈下降趋势,土地整理复垦开发成绩显著,土地资源市场化配置水平稳步提高,显示土地资源调控与管理的一系列政策初见成效。同时,耕地保护与土地资源需求之间的矛盾依然尖锐。2008年下半年以来,世界金融危机对我国经济的影响逐渐显现,出口需求大幅减少,消费需求增长乏力,企业未来投资趋于紧缩,显露经济增长速度减缓趋势。为应对金融危机,刺激经济增长,国务院出台4万亿元投资计划,以期扩大内需,促进经济持续稳定增长。4万亿元投资将在两年内落实到位,并将带动大量地方投资。大规模集中投资在短时期内产生激增的土地需求,给土地资源保护与管理带来巨大压力。据测算,4万亿元投资在两年内约需新增建设用地120万亩,其中需占用耕地60万亩。各级地方政府上报投资规模总计达18万亿元,具有更强劲的用地需求。按照全国土地利用规划指标限制,土地供应必将产生巨大缺口。如何在建设用地指标有限、坚守18亿亩耕地红线不被突破的条件下,为"扩内需,保增长"政策投资提供土地支撑,保障特殊时期经济增长对土地需求的及时供应,是目前土地资源保护与利用面临的最关键问题,也是决定我国经济是否能够成功应对世界金融危机压力,实现长期平稳健康发展的重要影响因素。

2. 坚守18亿亩耕地红线不被突破

土地供需矛盾突出是中国的基本国情,实行严格的耕地保护制度

对中国的长远发展与安全具有重要战略意义。长期以来，中国经济发展是在建设用地增长过快、土地利用方式低效粗放的基础上进行的。实行严格的耕地保护制度，划定耕地保护红线，有利于转变经济增长方式，迫使土地利用从以规模扩张为主逐步向存量挖潜、集约节约利用的模式转变。2009 年 3 月 5 日，在第十一届全国人民代表大会第二次会议上，温家宝总理在《政府工作报告》中再次提出"严守 18 亿亩耕地红线不动摇"。在"扩内需、保增长、促发展"，应对金融危机的背景下，保障政策性投资项目及时落地，成为土地利用与管理的首要任务。由于建设用地增量指标与激增的土地现实需求之间存在巨大缺口，18 亿亩耕地红线受到前所未有的严峻挑战。据国家土地督察局调查，上海督察局所辖上海、福建、浙江 3 省市扩大内需项目预计新增建设用地需求为 94.7 万亩；沈阳督察局所辖辽宁、吉林、黑龙江三省预计新增建设用地需求为 325 万亩；广州督察局所辖广东、广西、海南三省预计新增建设用地需求为 108 万亩。一些地区土地整理复垦开发补充耕地的难度加大，如上海市已经无法在本市范围内通过土地整理复垦开发实现耕地的占补平衡。在投资冲动与供地紧缺情况下，一些地方出现了未批先用、损害农民权益等违法违规现象，土地执法压力加大。

坚守 18 亿亩耕地红线与保障促进经济增长投资项目土地需求，体现了国家长远与现实的利益，如何将两者相互协调，实现长远与现实利益的兼顾，是目前面临的又一重大关键问题。国土资源部正在讨论通过用地指标调剂，即提前释放未来几年用地指标，缓解目前激增的土地需求，以期在中长期内使土地利用需求总量实现平衡。这一措施的风险在于，一旦土地指标提前占用，而土地利用的经济效益不能达到预期目的，或由于宏观经济背景的影响致使土地需求持续强劲，将使耕地保护红线面临更大压力甚至出现被突破的危险。反之，如果在目前的投资狂潮中保持清醒的供地理性，以科学发展观为指导，以产业结构调整优化为目标，在供地项目、供地规模等方面严格把关，防止低水平重复建设，限制高污染、高耗能产业，杜绝多占、浪费土地的现象,积极推进土地集约利用,同时严格落实耕地占补平衡政策,有效遏制违法违规用地,则有望既满足促进经济增长用地的巨大需求,又可实现守住18亿亩耕地红线的目标。

3. 完善土地集约利用机制

2008年12月22日,国土资源部与10部委联合发布《关于切实做好扩大内需促进经济平稳较快发展的用地保障和管理的通知》,提出加强对扩大内需各项建设用地的统筹规划和计划调控。在严格控制城乡建设用地总规模的前提下,统筹安排新增中央投资计划项目用地,确保新增中央投资计划项目用地得到落实;加快建设项目用地报批;在符合土地利用总体规划和城市总体规划的前提下,尽量安排使用存量建设用地和未利用地。加大存量土地挖潜力度,优先利用闲置土地、空闲土地等存量建设用地,加大对原有低效用地的增容改造和深度开发。政策显示有限的建设用地指标首先保障中央投资计划项目用地需求,大量地方投资用地则主要依靠存量土地挖潜提供。最大限度地集约节约利用土地,提高土地利用效率,是保证我国土地资源长期可持续利用的唯一选择,也是目前在"保增长"与"保红线"双重目标要求下实现土地供需平衡的重要途径。危机与挑战使土地利用模式转变更加迫切,巨大的土地供需压力倒逼土地集约利用机制尽快完善与生效。"十一五"前3年,国家出台一系列旨在促进土地集约利用的政策措施,包括工业用地最低价标准的实施、清理处置闲置土地、规定建设用地净地出让、加强土地利用规划的控制作用等,标志着土地集约利用机制的初步构建。但是,由于各种原因所致土地闲置和土地低效利用的现象仍普遍存在,在土地扩张冲动的同时,存量土地尚存较大潜力有待挖掘,主要原因在于土地集约利用机制尚未真正完善。目前国家促进土地集约利用相关政策仍停留于观念的倡导阶段,远未上升到实际控制的层面。覆盖全国的土地集约利用指标体系尚未建立,缺乏对土地利用集约程度进行衡量和控制的技术量标。现有未成体系的标准指标如容积率、建筑密度等主要体现对环境质量的控制。工业用地最低价标准等指标作为最低标准,其指导和推促意义有限。土地项目预审过程缺乏土地集约利用限制门槛，对集约利用土地或浪费土地的行为缺乏进行法律或经济奖惩的制度依据。因此，土地集约利用政策设计亟待进一步深化，以期使土地集约利用机制尽快完善生效，加强政府对土地集约利用的控制能力，使土地利用从低效粗放向集约节约模式的转变真正落到实处。

4. 探索与推进土地管理制度改革

我国现行土地管理制度对土地资源的有效配置和集约利用存在诸多滞碍因素。主要表现为：第一，城乡土地二元划分制度限制农村建设用地自由进入市场，农村建设用地的经济效益难以充分发挥，造成大量土地资源的低效粗放利用。第二，征地范围的法律界定存在漏洞，导致征地权力滥用和征地范围扩大，一方面严重损害农民利益，不利于和谐社会建设与城市化健康发展；另一方面，政府通过对征地权力的垄断形成对土地一级市场的垄断，严重干扰土地市场机制的合理构建，不利于土地资源的优化配置。同时，土地征收与土地出让之间存在巨大利益空间，诱使地方政府热衷于通过征地满足新增建设用地需求，忽视对存量土地的集约挖潜利用。第三，现行土地税制使土地收益短期集中支付，不能形成长期稳定的地方财源，是地方政府征地冲动的重要诱因，同时也造成地价高企，不利于房地产市场的健康发展。

"十一五"期间，成都等国家综合配套改革试验区在统筹城乡土地管理制度改革方面进行了积极的探索，包括以农村土地整治为基础，开展城乡建设用地增减挂钩；建立城乡统一土地市场；建立耕地保护补偿机制，调动广大农民保护耕地的积极性；对旧村庄、旧工厂、旧城区进行改造和二次开发，提高土地集约利用水平；探索征地制度改革等多项内容。这些改革的先行探索，不仅推动了新农村建设和城乡统筹发展，也为深化土地管理制度改革积累了实践经验。目前，国家继续支持和鼓励各类综合改革试验区先行先试，要求着重把握"梳理突出问题，设计解决方案，局部先行先试，形成制度成果"4个关键环节，边试点、边总结、边规范，切实加强监管，深入调查研究，跟踪评估改革效果，为土地管理制度改革的实施创造条件。

5. 促进与规范土地二级市场发展

由于城市土地一级市场供应规模有限且资金门槛较高，因此并不能满足所有土地需求者的差异性需求，土地二级市场成为城市土地进一步流转配置的必要补充。土地二级市场有利于加快土地流转周期和流转速度，有利于土地利用结构与产业结构调整的协调，有利于产业结构调整用地需求的及时满足，从而保障产业结构调整目标的实现。土地二级市场的活跃可以使土地资源配置不断深化和优化，有效避免土地的闲置浪费。改革开放以来，我国土地一级市场获得较快发展，土地二级市场则长期被忽视，处于不规范的自我发展状态，严重滞后于土地一级市场发展和城市土地利用结构不断调整的现实需求。目前我国城市土地二级市场发展特征主要表现为：第一，缺乏统一的有形市场和公开的信息平台。交易在土地产权渡让双方间自发进行，多为隐性交易，交易行为不规范，存在极大交易风险成本。第二，市场管理薄弱。对土地二级市场进行监督管理和推进土地二级市场制度建设的相关政策严重滞后，管理缺乏依据。未明确专门管理机构，存在房产管理部门、土地资源管理部门、法院等机构多头管理的现象。第三，违法交易频繁。由于缺乏规范和管理薄弱，在土地二级市场中，划拨土地和集体土地使用权违法租赁、转让以及擅自改变土地用途的现象大量存在。土地供求双方以股权转让等方式联合规避土地增值税的违法行为亦极为普遍。第四，存在制度性障碍。根据《房地产管理法》规定，为防止土地投机，属于房屋建设工程的用地，须在开发投资额达到总投资额的25%时，才允许进行土地转让，为土地二级市场流转设置了门槛。另根据《土地管理法》，建设用地使用权年限为：居住用地70年，工业用地50年，对产权到期后如何续约没有明确规定，给土地二级市场定价带来困扰，阻碍市场交易量的增加。

在目前新增建设用地指标极度稀缺的背景下，盘活存量土地成为扩大土地供应能力的重要渠道。据国土资源部专家组调查，目前土地二级市场存在大量闲置土地。由于出口受阻，珠江三角洲等地区许多企业停产倒闭，出现土地、厂房的大量空置，仅深圳就有 2500 万平方米厂房闲置①。建立规范的土地二级市场，促进闲置土地有效流转，使低效用地获得二次深度开发，必然成为目前化解土地供应困境的重要途径。一些地方政府（如深圳市政府）已经意识到土地二级市场的重大潜力和作用，开始着手进行土地收购。值得思考的是，如果土地二级市场资源主要掌握在地方政府手中，形成以政府为主导的模式，将会降低土地资源流转效率，导致土地收益分配的失衡，不利于构建合理有效的土地市场机制。土地二级市场建设应积极鼓励土地供需主体直接进入市场，在公开、有形的市场平台和相关规范的严格制约下，进行合法的土地产权交易。积极制定相应政策法规，提供完善的配套服务，推动与规范土地二级市场发展，是目前面临的重要任务。

（二）矿产资源保护与利用关键问题

1. 矿产资源节约与综合利用法律法规不健全

尚未形成全国统一的矿产资源节约利用与综合利用管理体系和运作机制，现有法规没有明确的责权划分，缺乏操作性，难以落实并产生实效。

2. 矿产开采存在严重浪费资源的违法行为，资源综合利用总体水平低

一些采矿企业缺乏监管，存在采富弃贫，大量浪费中低品味矿产资源的违法现象。资源利用效率十分低下，对矿产资源破坏严重。

3. 优势矿产普遍存在过量开采、过量出口的问题

在国外市场高额利润的驱动下，我国优势矿产资源生产总量控制指标难以得到严格的执行。以钨矿为例，2006 年我国钨矿实际产量

---

① 钟良：《21 世纪经济报道》2009 年 5 月 8 日，第 2 版。

达到 8.73 万吨,超过控制指标的 47.8%,产量中的大部分被用于出口,历年出口量都在 3 万吨以上,占世界消费量的 80%,导致钨矿储量过快消耗,战略储备能力下降。

4. 矿产资源综合利用指数较低

目前我国实现综合利用较好的矿产种类只有 30% 左右,进行部分综合利用的矿产种类占 25% 左右,完全没有进行综合利用的矿产占 45% 左右。集体和个体矿产企业基本不搞综合利用。矿产资源进行综合回收的矿种只占可利用综合回收矿种的一半,综合利用指数 50%,比发达国家低约 30 个百分点。

5. 矿产资源综合利用技术水平不过关

目前我国的富矿资源基本已开采殆尽,一些复杂的伴生矿,由于综合利用工艺技术没有突破,导致一些伴生矿资源迟迟得不到开发利用,或者即使开发了,一些重要的共伴生成分不能分选,综合利用与回收率很低。

6. 矿产品科技含量和附加值不高

相当部分矿产企业的生产属于低层次的原料生产和加工,产品档次较低,附加值不高。

7. 尾矿及固体废弃物资源的开发利用尚处起步阶段①

(三)森林与生物多样性资源保护与利用关键问题

近年来中国森林覆盖率的提升,并没有从本质上改善森林资源的总体质量。一方面,由于中国面临城市化和工业化快速发展态势,加剧了土地资源稀缺程度,未利用地多在不适宜造林的沙漠、高原和草原地带,未来大幅度提高森林覆盖率的困难非常大;另一方面,全球气候与环境变化加剧了生态系统的脆弱性,增加了各种自然灾害的发生频率和强度。例如,受 2008 年初冰冻雨雪灾害打

---

① 吴荣庆:《目前我国矿产资源开发利用保护现状存在的主要问题》,中国有色网,2008年 5 月 16 日。

击，许多自然保护区和林场受到严重破坏，2009年初大范围的旱灾也为春季造林增加了难度。中国森林资源总体质量退化对于生物多样性也将产生不利影响。"十一五"期间，我国自然保护区数量增加迅速，但是在物种资源普查，保护区物种监测，遗传资源保护、防治外来物种入侵、生物多样性惠宜共享、生物安全技术等生物多样性保护领域，与许多发达国家甚至发展中国家相比仍有很大差距，资金、人才、技术和管理机制等方面也存在不同程度的缺陷和制约。总体来看，目前我国森林与生物多样性资源保护与利用关键问题主要集中于以下几个方面：

一是林业的管理体制和经营机制仍未彻底理顺，保护和利用的关系仍未真正理清；二是生态系统十分脆弱，一些生态脆弱地区造林投入高但效果有限；三是林权改革刚刚起步，具体的机构设置、运作方式等方面还需进一步调整完善；四是自然保护区在数量增加的同时管理相对滞后，许多自然保护区存在资金短缺、管理效率低下、缺乏部门合作以及保护区管理部门与地方之间存在利益冲突等问题，严重制约着自然保护区的健康发展；五是一些地方政府出于发展动机和利益驱使，常常以发展旅游经济为借口，违规开发国家自然保护区；六是生物多样性保护协调机制有待进一步加强。目前中国涉及生物多样性保护与管理的部门有十多个，由于错综复杂的利益和权属关系，使得一些生物多样性保护立法难以协调，"多龙治水"的局面制约了生物多样性保护的实际效果。

四　未来趋势展望

"十二五"期间，中国土地供需矛盾更加突出，将继续实行最严格的土地管理制度和耕地保护制度；"十一五"期间出台的土地集约利用政策持续生效，土地集约利用管理机制更加完善，土地集约利用水平不断提高；第二次土地资源调查2009年底结束，预计"十二五"时期可建立全面覆盖的土地资源信息数据库，实现土地资源管理信息平台的全国联网,土地资源管理更加规范。

作为发展中大国,经济社会发展对矿产资源的需求仍将不断增加,矿产资源保障总体不足的状况短时间内不会根本转变,"十二五"期间,矿产资源供需矛盾依然尖锐。

林业发展与减缓气候变化密切相关,未来中国的碳汇造林具有极大发展潜力;森林旅游、生态旅游已发展成为带动经济增长的新兴产业,将促进我国森林资源的增长和林业发展。中国是最早加入《生物多样性公约》的成员国之一,近年来,各级政府对生态保护和生物多样性资源的重视程度逐渐提高,按照公约要求逐步加强生物多样性领域的政策立法和保护区建设;通过生物多样性保护创造生态与经济双重效益的前景显著。据估算,在全部实现履约投资的情况下,到 2010 年,中国每年将产生生态效益 1234 亿元,同时创造经济效益 556 亿元。因此,未来应当积极利用国际合作项目,引进资金、技术和先进的保护管理手段,促进中国的生态建设和生物多样性保护。

五　对策建议

（一）建立耕地保护补偿机制

逐渐弥平耕地与建设用地之间的收益差距,调动农民主动保护耕地的积极性。积极探索建立耕地保护补偿机制的模式方法,可首先针对基本农田保护实行补偿制度,补偿力度由小到大,补偿机制在探索中完善。

（二）改革土地税收制度

改革现有土地税收制度,拓宽税基,合理设置税收种类,调整税制结构,提高土地保有环节税率,使土地税收成为地方政府长期稳定的财源,避免土地收益的短期集中支付,从根本上消除地方政府热衷征地的利益驱动。

（三） 改革征地制度

在明晰"公共利益"范畴的前提下，逐步缩小征地范围；完善征地补偿机制，给予农民合理补偿；通过改革征地制度，有效限制建设用地增长速度。

（四） 建立城乡建设用地统一市场

在加快农村土地产权制度改革，对集体建设用地权属进行清晰的划分确权，并对集体土地所有权各项权能范围进行详细规定的基础上，打破城乡土地二元划分，建立城乡建设用地统一市场，实行城乡建设用地同地、同价、同权，以统一的市场机制决定土地价格。

（五） 新农村建设与村庄土地整理相结合

农村建设用地效率普遍较低，农村居民点空心化现象严重，村庄土地整理补充耕地潜力巨大。通过农村土地整治，使农民居住向中心村镇集中，耕地向适度规模经营集中，产业向园区集中，实现耕地增加、用地节约、布局优化、要素集聚的目标。

（六） 提高矿产资源开发利用效率

引导企业采用集约利用资源的先进技术，淘汰粗放落后产能；加强矿产资源开发技术研发力度；严格依法处置浪费资源的行为。

（七） 降低矿产品消耗速度

通过加强管理和提高技术水平，降低生产过程中的能耗物耗；大力发展循环经济，提高资源重复利用水平和综合利用效率；积极倡导节约型生活方式和社会消费方式，降低资源消耗速度。

（八） 积极利用境外矿产资源

制定矿产资源全球战略，扶持企业进一步"走出去"，实施境外矿产风险勘查开发，开辟大宗紧缺资源的海外稳定供矿渠道，逐步建立海外资源生产基地和储备基地。

(九) 健全矿产资源产权制度

废除矿产资源无偿划拨制度，实行探矿、采矿权的市场化运作模式；完善探矿权、采矿权市场自由交易制度，使矿产资源产权价格在市场机制下形成；严格产权管理，对无证开采实行法律制裁；提高单宗出让资源规模，促进资源开发利用的整合。

(十) 深化林业制度改革

深化林业制度改革，建立市场经济下的林业生产、管理、政策法规体系，促进林业发展和森林资源的保护。

(十一) 积极利用国际合作机制促进生态保护

在积极履行国际义务及维护国家权益的前提下，积极利用各种国际环境公约，在气候变化、生物多样性保护、荒漠化防治、湿地保护、臭氧层保护等领域展开广泛的国际合作，促进中国的生态保护与可持续发展。

(十二) 加强生物多样性保护的制度建设

从管理协调机制、政策立法、资金机制、对外合作、人才培育和技术开发等多个方面积极推动生物多样性保护；把生物多样性保护作为生态省、市、县建设的重要考核指标，加强城市和农村生物多样性保护工作，处理好经济发展与生物多样性保护的关系；加快生物多样性保护立法进程，力使《自然保护区法》、《生物安全法》、《生态保护法》、《物种遗传资源保护条例》等法律、法规尽快出台。

（执笔：孟雨岩、郑艳）

后　记

　　本书系中国社会科学院经济学部"中国经济重大问题跟踪分析"课题的阶段性成果，它多层面、多角度地追踪和分析了中国"十一五"规划期间的经济发展和经济体制改革进程。"中国经济重大问题跟踪分析"是一项长期的连续性研究项目。目前，"十一五"规划的执行已进入最后一年，"十二五"规划的制定正在紧张进行，而本项目的第一期研究任务也已完成。

　　为了保持研究的连续性和系统性，我们已经着手开展这一项目的第二期研究。第二期"中国经济重大问题跟踪分析"的基本任务是，着眼于后国际金融危机的大背景，全面分析中国经济发展和改革的总体态势，重点研究中国经济在调整经济结构、转变经济增长方式上所面临的挑战和应取思路。在具体研究上，我们仍会按专题分工，多角度地评估"十二五"规划的启动和展开，揭示中国经济在结构转换上的新问题、新挑战和新进展，并依据翔实的实证研究对中国经济"十二五"期间的发展趋势做出预测。

　　这是一项牵涉面广、学术难度高、极富挑战性的研究，国内外同行和关心中国经济前景的人士关注我们的工作，性的意见。

著　者
4 月 20 日

后　记

　　本书系中国社会科学院经济学部"中国经济重大问题跟踪分析"课题的阶段性成果，它多层面、多角度地追踪和分析了中国"十一五"规划期间的经济发展和经济体制改革进程。"中国经济重大问题跟踪分析"是一项长期的连续性研究项目。目前，"十一五"规划的执行已进入最后一年，"十二五"规划的制定正在紧张进行，而本项目的第一期研究任务也已完成。

　　为了保持研究的连续性和系统性，我们已经着手开展这一项目的第二期研究。第二期"中国经济重大问题跟踪分析"的基本任务是，着眼于后国际金融危机的大背景，全面分析中国经济发展和改革的总体态势，重点研究中国经济在调整经济结构、转变经济增长方式上所面临的挑战和应取思路。在具体研究上，我们仍会按专题分工，多角度地评估"十二五"规划的启动和展开，揭示中国经济在结构转换上的新问题、新挑战和新进展，并依据翔实的实证研究对中国经济在"十二五"期间的发展趋势做出预测。

　　这是一项牵涉面广、学术难度高、极富挑战性的研究工作，欢迎国内外同行和关心中国经济前景的人士关注我们的工作，并惠赐建设性的意见。

作　者

2010 年 4 月 20 日